21 世纪小学教师教育系列教材

总主编　张民选　惠　中

湖南师范大学 2009 年度出版基金资助

小学科学课程与教学

主编　刘德华

中国人民大学出版社

·北京·

总 序

在中国，由中等师范学校培养小学师资源远流长。1896 年，盛宣怀在上海创办南洋公学，内设师范院培养各级教师，拉开了中国师范教育的序幕。1902 年，张謇创办通州师范学校，中国出现了培养近代小学师资的师范学校。新中国成立以来，我国逐步建立起三级师范的教师培养体制，即由中等师范学校培养小学师资，高等师范专科学校培养初中师资，师范大学培养高中师资。在相当长的一个历史时期，这一体制适应了中国经济、社会和国民教育发展的现实，中等师范学校成为我国师范教育的一个重要组成部分，培养了大批合格的小学师资。

20 世纪 80 年代以来，中国师范教育的社会背景正在逐步发生变化。一方面，教师专业化形成强劲的世界性潮流，极大地推动了教师教育理念和制度的创新，许多国家和地区对小学教师的学历要求越来越高，小学教师培养早已突破中等师范教育的范畴，进入高等教育领域；另一方面，改革开放使中国经济和社会进入快速发展的新阶段，特别是东南沿海地区和一些中心城市，逐步形成了对高学历小学教师的现实社会需求，开始了对高学历小学教师培养的实践探索。1984 年，江苏南通师范学校招收初中毕业生，学制五年，培养大专层次的小学教师，是这一探索的起点。1985 年，上海建立了全国第一所培养专科程度小学师资的上海师范高等专科学校，为上海地区培养高学历的小学师资。1998 年，南京师范大学晓庄学院、杭州师范学院教育系开始了培养本科学历小学教师的探索。1999 年，上海师范大学、南京师范大学、杭州师范学院和东北师范大学先期被教育部批准开设本科小学教育专业，表明小学教育专业已被正式纳入我国高等教育体系。

进入新世纪，教育部明确提出了我国教师教育发展的目标：到 2010 年基本形成以本科院校为依托的专科、本科和研究生三个层次，以本科和研究生为主的教师教育新格局；2015—2020 年基本实现教师教育的本科化，全国中小学教师平均学历水平得到大幅度提升；到 2010 年，全国城乡新增小学教师中，具有本科学历者平均达到70%；通过新教师补充和在职教师培训，使在职小学教师基本具备大专以上学历。在这样的背景之下，我国三级师范教育体系迅速向二级甚至一级师范教育过渡，培养高学历小学教师获得较大的发展空间。据不完全统计，目前开设小学教育专科专业的学校已达130多所，开设小学教育本科专业的学校已达60多所，同时，函授、夜大、自考、电大等在职小学教师学历提升教育的发展速度也十分惊人。

小学教育专业是我国高等师范教育体系中一个全新的专业，加强教学基本建设是专业建设的中心问题之一。课程是组织教学的基本单位，教材则是课程的载体，加强小学教育专业的教材建设则是保证教学质量的重要方面。近年来，这一问题引起了培养学校和出版社的重视，已出版了部分教材，取得了一定成绩。但是，由于高学历小学教师的培养模式、课程体系仍在探索阶段，课程结构的调整必然导致教学内容的变化，这些都应体现在新的教材中。有鉴于此，我们组织编写了这套“21世纪小学教师教育系列教材”。

在本套教材的编撰过程中，我们始终坚持以下原则：

(1) 科学性。教材的选题必须科学、合理，能够反映21世纪高等教育领域课程体系和教学内容改革的成果，反映我国基础教育课程改革和小学教师教育的发展趋势；编写框架的设计应科学、新颖，编写内容的选择应反映本学科研究的新成果、新动向，适应21世纪我国小学师资培养的要求。

(2) 实用性。教材的内容应坚持理论与实践相结合，注意紧密联系我国小学教师专业发展和小学教育教学的实际，注意对实践经验的理论总结；教材的形式应改变纯理论演绎的传统方式，采用理论与实践有机结合的、灵活多样的表达方式，以利于学生的使用。

(3) 开放性。在教育国际化的大背景下，教材编撰必须具有国际视野，注重汲取国际上特别是发达国家小学教师教育和初等教育领域的研究成果；同时将教材编撰与小学教育专业建设紧密结合，及时反映专业建设的成果，并组织各方面的专家参与此项工作。

本套教材的组织编写，得到了教育部师范司和全国从事小学教师教育工作的兄弟院校领导的大力支持，得到了中国人民大学出版社领导的直接关心，上海市教师教育高地建设项目也给予了一定资助，在此，我们一并表示衷心感谢。我们希望“21世纪小学教师教育系列教材”的编撰出版，能够进一步推进小学教育专业建设，为我国小学教师教育事业作出一定的贡献。

张民选　惠　中

2006年10月26日于上海

目录

第一章

科学的本质

内容提示与思考

◎ 科学是什么，它有哪些基本的特征？
◎ 科学有哪些不同维度的内容？
◎ 伪科学与反科学有什么不同？
◎ 科学与技术是什么样的关系？
◎ 科学文化与人文文化的关系怎样？

小学科学教育正确的教育理念、合理的课程结构与有效的教学活动都需要多方面地理解科学的本质。在思考科学教育问题之前，我们需要理解什么是科学。科学可以从不同的维度去思考，科学与科学主义、伪科学与反科学、科学与技术、科学与社会、科学文化和人文文化这些概念需要理性地加以审视。

第一节　科学的定义与特征

一、科学的定义

通常所说的科学是自然科学的简称。《辞海》对科学有如下的表述：

关于自然、社会和思维的知识体系。它是为适应人们的生产斗争和阶级需要而产生和发展的，是实践经验的结晶。每一门科学通常都只是研究客观世界发展过程的某一阶段或某一种运动形式。科学的任务是揭示事物发展的客观规律，探究客观真理，作为改造世界的指南。自然科学是研究自然界的物质形态、结构、性质和运动规律的科学，包括数学、物理学、化学、天文学、气象学、海洋学、地质学、生物学等基础学科，以及材料科学、能源科学、空间科学、农业科学、医学科学等应用技术学科，是人类改造自然的实践经验，即生产斗争经验的总结。它的发展取决于生产的发展，并反过来推动生产的发展。①

科学一词的历史考察

在古代，中国没有科学一词，与之相当的是“格致之学”。《礼记·大学》中说：“致知在格物，物格而后知至。”其中的“格物”有接触事物的意思，致知可以理解为获得知识。19 世纪 70 年代，日本开始用“科学”代替“格致”，康有为（1858—1927）首先把科学一词介绍到我国。严复（1854—1921）在翻译《天演论》时把英语词汇 science 翻译成“科学”。1915 年，留美学生创办了《科学》刊物，从此科学一词就成了“science”的定译。五四时期的“赛先生”指的就是科学。英文 science 源于拉丁语 scio，意为知识。古代的科学没有独立的地位，它被包含在哲学之中。在牛顿的《自然哲学的数学原理》中，“自然哲学”即是指科学。

显然，《辞海》所讲的科学具有广义性，不仅包括了自然科学，也包括了社会科学和人文科学。对于什么是科学这一问题，有许多不同的思考和回答。

最早对科学进行明确规定的是亚里士多德（Aristotle，公元前 384—前 322），他认为科学研究是一种从观察上升到一般原理，然后再返回到观察的活动，科学的重要功能在于解释，科学解释就是关于某种事实的知识过渡到关于这个事实的原因的知识。

罗素（Russell，1872—1970）把凡是诉诸人类的理性而不是诉诸权威的一切确切的知识，称为科学。罗素所强调的是把科学知识与宗教知识严格地加以区分，把“从经验中得来的知识”与“天启的知识”区别开来。

贝尔纳（J. D. Bernal，1901—1971）认为，“科学是对未知的发现，是在非常不可预见的要素之中的发现”②。他还给科学多方位定位，“科学可以作为一种

① 参见《辞海》，1746、1897 页，上海，上海辞书出版社，1979。

② ［英］J. D. 贝尔纳：《科学的社会功能》，325 页，上海，上海人民出版社，1982。

建制，一种方法，一种积累的知识体系，一种维持和发展生产的主要因素，以及构成我们的诸信仰和对宇宙、对人类的诸态度的最强大的势力之一”①。

巴伯（Bernard Barber，1918—　）认为：“只有当理性思维被应用于我们可以称之为‘经验的’目的——即对于我们的几种感官或对于科学仪器的形式加以改进发展的感官来说，是可以达到的客体时——科学才存在。”② 巴伯重视的是人的理性运用于经验领域的过程，随着经验领域的拓展，科学研究的范围与对象也在不断地扩大。

杜威（John Dewey，1859—1952）对科学的规定是：科学是一种工具，一种方法，一套知识体系。对人类生存而言，科学是一种手段和工具；对人的思维过程而言，科学是一种方法；对思维的结果而言，科学是一种知识体系。杜威强调的是科学不同于意见、猜测和神话传说。

任鸿隽（1886—1961）认为，广义的科学是人们运用智慧对客观现实分门别类地解释，是系统的知识。狭义的科学是关于某一现象的认识，有条理地观察，对实验结果加以解释和推理所得的结论。

胡明复（1891—1927）对科学作过如下的说明：“科学观动察变，集种种变动成事实，集多种事实而成通律，有条有理，将自然界细细分析，至于至微，而自然界运行规则见焉。”③

上述对于什么是科学这一问题的回答，有的强调科学与宗教的区别，有的强调科学与主观意见的差异，有的强调科学与技术的不同；有的强调科学的知识体系，有的注重科学探究过程与方法，有的更重视科学的精神与气质。

正如贝尔纳所言，科学的本质是不能用定义一劳永逸地固定下来的，科学在人类社会发展的历史中发生了急剧的变化，以至于人们无法给它下一个合适的定义，他认为：“过于刻板的定义有使科学精神被阉割的危险。”④ 但是我们还是有必要对科学的概念加以适当的限定和说明。首先，科学是客观存在在人脑中的反映，这一客观存在不仅指自然界的物质世界，也包括社会界的精神存在；其次，科学是以范畴、定理、定律、规律等形式反映客观存在的本质与规律，是一种系统化了的知识体系，它不同于意见、猜测和传说；最后，科学不仅仅指认识的结果，也应该包括认识的思维过程与思维方法。从探究的过程看，科学是一种探索

① ［英］J. D. 贝尔纳：《历史上的科学》，6页，北京，科学出版社，1959。
② ［美］巴伯：《科学与社会秩序》，8页，北京，三联书店，1991。
③ 转引自段治文：《中国现代科学文化的兴起》，8页，上海，上海人民出版社，2001。
④ ［英］J. D. 贝尔纳：《科学的社会功能》，13页。

未知的创造性活动，这一创造性活动以批判为基础。

本书中所指的科学是自然科学，它以物质世界为研究对象，研究物质世界的现象，力图把握物质的属性、本质和运行规律，以便于人们在社会实践活动中合理地利用和改造物质世界，并建立人与自然之间的和谐关系。一般而言，科学可以分为无机的科学和有机的科学，前者包括宏观和微观力学、物理学、化学、地质学和天文学，后者包括生物科学以及研究人的生理学和部分心理学的内容。人是自然界的一部分，人在物质层面的某些属性与特征可以成为科学研究的对象。

二、科学的本质特征

科学的本质特征在不同的时期会有变化。目前科学的本质特征被归纳为十个方面。

(1) 科学应该是系统化的，它是对物质世界的一般性、共同性、规律性的描述。人们可以从不同的角度，以不同的方式，用不同的观念来描述世界上的事物，但科学有它自己特定的角度、观念和方法。

(2) 科学力图对事物做出统一的、数量化的、因果性的解释，甚至对未来的事情做出预测，这是科学家的愿望，但很多时候是做不到的。由于多种因素之间的相互作用，科学家研究的这些系统并不遵循简单的规律，然而科学家们还是在努力探索。

(3) 科学是极为严谨的，它建立在实验的基础上。科学实验有自己严格的定义，科学实验是可以重复的。

(4) 从社会学的角度看，过去的许多知识系统，几千年来基本上都保持不变或者变化很少。然而，科学要不断充实自己的知识，人们不断地用过去的知识创造新的知识。科学知识是一种不断修正、补充和自我扩张的系统。

(5) 从某种意义上说，科学探索是一种带有游戏性的活动，有时会得到意想不到的结果。人们进行科学探索的时候，很多重要科学成果的获得，开始并不是出于直接预定的计划和功利目的，而是出于对大自然持久的好奇心。

(6) 科学与技术之间呈现一种极其复杂的互动关系。从人类创造知识的历史过程看，人类最先创造的是技术。在相当长的时期内，科学在很多国家依附在哲学的传统上。技术则长久地依附在工匠的传统上。这两种传统相互之间的影响非常小。直到 17 世纪近代科学诞生之后，这种情况才发生了质的变化。

(7) 科学家们对待实验结果很认真，在追求预想结果的时候，格外关注这些

实验带来的副产品和副结果。如果实验的结果偏离原来的假设和预期的结果，也可能预示着新的发现，科学家会感到高兴。

(8) 科学是不可替代的，然而科学并不能解决一切问题。因为有很多人类关心的问题，在目前以至相当长的时期内，科学家还不能做出满意的答复，但是他们会努力继续探索这些问题的原因，并寻求解决问题的方案。

(9) 科学不仅仅是一种知识系统，而且是一种思维方法。科学从不迷信权威。科学家不断地质疑，发现新的东西。无论是探究自然的奥秘，还是解决人类所面临的实际问题，科学的途径、方法和手段都在不断地被创造。即使是应用已有的知识解决问题，也是以创造性的方式实现的。科学在不断地创造中增长自己新的知识。科学接纳一切新的思想，但是它们最终都必须遵循科学本身的规则——严格的实验验证和严密的逻辑推理。

(10) 科学是人类共同的文化。人类的文化千差万别，但科学是共同的文化，因为科学能够促进任何一个地区的人类社会迅速发展。

第二节　科学的多维视角

一、作为知识系统的科学

作为科学研究的成果的科学理论不仅仅是知识，而且是一种系统的知识，如欧几里得（Euclid of Alexandria，公元前330—前260）的几何学、哥白尼的日心说、牛顿（Isaac Newton，1643—1727）的经典力学、爱因斯坦（Albert Einstein，1879—1955）的相对论、道尔顿（John Dalton，1766—1844）的原子论、达尔文（Charles Darwin，1809—1882）的进化论、赖伊尔（Charles Lyell，1797—1875）的地质学原理等。

20世纪上半叶的逻辑经验主义认为，科学是一种可以确证的知识体系。可确证性是科学的一个本质属性。如果一个命题所断言的内容与经验事实相符，那么这个命题就被证实。1915年爱因斯坦提出了广义相对论，其中一条定律是："光线通过强的引力场会弯曲传播。"若干年后，英国科学家爱丁顿（Arthur Stanley Eddington，1882—1944）利用一次观察日全食的机会，验证了爱因斯坦的这个观点。因此爱因斯坦的理论就被经验事实所确证。而宗教断言："上帝是存在的。"这个命题无法被经验事实所检验，它就不是科学命题。

与逻辑经验主义不同，英国哲学家波普尔（Karl Popper，1902—1994）提出：科学是一种可以证伪的知识系统。用经验事实证明科学理论是错的，这是证伪。他认为可证伪性是科学知识的本质特征。从逻辑上看，要证明所有的天鹅都是白的，个体的经验有限而无法确证这个命题，但是只要发现一只天鹅并非白色，就可以证明这个命题是假的。历史地看，一些观点曾经被认为是真理，但是后来被证明存在着一些错误，如亚里士多德的物理学、托勒密（Claudius Ptolemaeus，约公元 90—公元 168）的地心学说、斯塔尔（Georg Ernst Stahl，1660—1734）的燃素说等。

天文学家哥白尼

哥白尼（Copernicus Nicholas，1473—1543）生于波兰，创立了天体运行论这一“自然科学的独立宣言”。哥白尼 10 岁时父亲去世。1491 年至 1495 年，哥白尼进入波兰的克拉科夫大学学习。1496 年哥白尼前往意大利求学，先后进入博洛尼亚大学、帕多瓦大学和费拉拉大学学习和研究法律、天文学、数学、神学和医学，他同时还学会了希腊文。1503 年，哥白尼获得了教会法规博士学位。1510 年后，他先后从事过牧师、管理、外交等工作。他是一个杰出的经济学家，著有《货币的一般理论》一书。他医术高明，利用业余时间行医，免费为穷苦人治病。他还是一位出色的数学家，发表过关于球面三角的论文。当条顿骑士团疯狂侵略波兰时，他挺身而出保卫自己的祖国。尽管事务繁忙，但他始终保持冷静的头脑，把主要精力放在天文学的研究上。

无论是证实还是证伪，都说明科学理论具有可检验性。科学知识的证实和证伪反映出科学知识可以接受反驳和批判。波普尔说：

> 由此科学家看一种理论应当看它是否受到批判讨论；看它是否使自己受到各种批评，又是否能经受得住这些批评。例如，牛顿理论预言了当时没有观察到的偏离开普勒定律的现象（由于行星之间的相互作用），由此反使自己受到有意的经验反驳，反驳的失败则意味着理论的成功。爱因斯坦的理论也受到类似的检验。一切真正的检验实际上都是有意的反驳。只有当一种理论成功地顶住了这些反驳的压力，我们才能声称它已为经验所确证或确认。①

① ［英］波普尔：《猜想与反驳》，365 页，上海，上海译文出版社，1986。

二、作为探究活动的科学

在多种文化活动形态中，客观地说，神话、宗教、艺术、历史和哲学等学科在一定程度上都可以描述和说明自然现象，具有一定的认识自然的功能。在《圣经》中就有上帝创造人和各种生物的宗教神话，试图以此来解释生物和人类的起源。在中国古代哲学中，就有“阴阳说”来解释自然界万物运动变化的原因。但是只有科学探究活动为人类提供了认识自然的精确和有效工具。

在科学研究活动中，新的科学理论经历了一个探究的过程。最基本的发现科学理论的途径有三种：“归纳—猜想”的探究过程、“假说—演绎”的探究过程和“认知调节”的探究过程。

（一）“归纳—猜想”的探究过程

“归纳—猜想”的探究方法源远流长。古希腊的亚里士多德认为，科学研究总是从对某些现象的观察开始，人们通过观察获得大量的关于自然现象的经验事实。然后对这些经验事实进行归纳推理，概括出科学原理，即定律或理论。最后根据这些科学理论去解释自然现象中的某些问题。

科学探究案例

月食问题的探究

科学家观察月食现象，发现了一个经验事实，即月球表面逐渐变暗并且又由暗变明。此外，科学家还对其他的光现象进行了观察，如太阳光、蜡烛光等，获得了大量有关光现象的事实，然后他们对这些众多的经验事实进行归纳整理，得出了如下的结论：

（1）光在同一种媒质中直线传播；

（2）如果在一个光源之外，有一个不透明的物体，那么光在不透明物体之后会投下阴影；

（3）靠近一个光源的两个特定形态的物体，其中的A绕着B旋转，则在某一个特定的时刻，B物体会在A物体上投下阴影。

创建以上理论之后，科学家再来解释月食现象。太阳是光源，地球和月球是不透明的物体，月球绕地球转，月食在某一个特定的条件下就发生了。

哲学家培根（Francis Bacon，1561—1626）在亚里士多德的科学研究程序的基础上增加了实验的环节，他认为在观察自然现象时，应主动进行科学实验，以获得更多有关现象的事实经验，为随后归纳出科学理论奠定更坚实的基础。在这个研究程序中，观察在前，理论在后；归纳在前，结论在后。由于在科学发现过程中的归纳都不是完全归纳，得出的结论就带有猜想的性质，所以这一探究程序被称为“归纳—猜想”的探究程序。

“归纳—猜想”的探究程序有两个核心思想：一是非常强调经验事实在整个科学研究中的作用，认为要认识自然现象，必须先观察自然现象，包括在实验中观察自然现象。观察实验是科学研究的起点，其目的是获取经验事实，在经验事实的基础上进行分析。二是非常强调归纳的发现方法，认为归纳是科学发现的通道。在历史上，除了亚里士多德外，牛顿、波义耳（Robert Boyle，1627—1691）等科学家都认为自己的科学发现活动符合“归纳—猜想”的探究程序。

（二）“假说—演绎”的探究过程

19 世纪末，经典物理学的时空观遇到了麦克尔逊-莫雷实验事实的严重挑战，爱因斯坦为了解决这个问题，在 1905 年前后，通过“思维的自由创造”，进行了大胆的猜想，提出了两个假设，即“相对性原理”和“光速不变原理”。然后以此为基础，通过形式逻辑演绎，推出了如下的科学命题：

（1）运动物体的长度会收缩；

（2）运动时钟会变慢；

（3）物体的质量随其运动速度的增大而增大；

（4）质能公式 $E=mc^2$，其中 E 是能量，m 是质量，c 是光速。

上述两个假设和演绎后得出的四个命题就是现代物理学上著名的“狭义相对论”。爱因斯坦认为，狭义相对论针对麦克尔逊-莫雷实验问题而构建，当然能够解决该问题，但是它是否是真理尚有待实践检验。后来运动时钟变慢的命题在 μ 子衰变中得到验证，质能公式在原子核裂变反应的实验中也得到验证。

“假说—演绎”的核心思想有两个：其一，新理论是科学家依托一定的文化知识背景，通过创造性思维大胆猜想并加上演绎方法而建构的；其二，大胆猜想之后要用经验事实去检验，猜想若被证实，则形成了相关的科学理论。

（三）认知调节的探究程序

20 世纪 60 年代以后，随着心理学家皮亚杰（Jean Piaget，1896—1980）发生认识论的提出，科学史案例分析法的兴起以及系统科学方法向认知科学的渗透，有人根据诺贝尔奖获得者普里高津（Ilya Prigogine，1917—2003）关于耗散结构理论的发现这一案例提出了认知调节的探究程序。

科学理论发现的实践活动实际上是科学家作为认识主体与作为认识对象的客体之间的相互作用活动。这一活动包括三个层面：第一，科学家对客体的观察实验；第二，科学家关于自然观、方法论和已有科学理论的思维；第三，科学家对被观察到的经验事实的解释。在科学研究的过程中，科学家依靠理性来调节自己的探索。如果原有的理论不能解释新的经验事实，科学家就尝试在原有理论之上建构新的理论，采用试错的方法，不断地猜想和检验，即猜想、证伪、再猜想、再证伪，直到猜想被经验事实证实为止。最后科学家还要对新旧理论进行整合，使之成为一个自洽的整体性理论。这种主客体之间，观察实验、理性思维、科学解释之间的相互作用有一定的结构，一个新的科学理论的发现就是这种认知结构随机调节的结果。①

科学探究过程的模式一般涉及如下环节：科学问题的提出、科学事实和资料的收集、猜想和假设的建立、验证与评价、表达与交流。杜威把思维的过程概括为："感觉问题所在，观察各个方面的情况，提出假定的结论并进行推理，积极地进行实验的检验"。

三、作为思维方法的科学

科学探究中进行猜想和提出假设，主要是一个创造性的思维过程，科学思维包括直觉、想象和抽象等具体方法。

（一）直觉的思维方法

直觉是指人们对某一问题的一种突如其来的领悟或理解。在人不自觉地思考某一问题时，某种解决问题的思路、猜想或假设突然跃入人的大脑之中。灵感和顿悟也用来形容这一思维方法的特点。直觉是新思想产生的主要途径，科学史上有很多这样的例证。直觉的思维方法主要有这样几个阶段：

（1）最初的一种持续不断的研究，直到几乎不可能再进行下去；

（2）一段时间的休息后，再继续恢复研究；

（3）一个突然的、意想不到的思想的突然出现。

数学家彭加勒（Henri Poincaré，1854—1912）对"福克斯群"和"福克斯函数"研究了15天，试图证明这种函数不存在，但是没有取得明显的进展。于是他喝了一些咖啡，也没有睡觉，就在这个夜晚，"各种想法纷至沓来，我觉得它们在碰撞冲突着，直到其中一对联结在一起，可以说是形成了一个稳定的结构"。第二天，在去郊外进行地质考察的路上，他要上一辆公共汽车，就在他把脚踩在汽车踏板上的时候，一个念头突然冒了出来，即"以前经常定义为福克斯函数的变换与非欧几何的变换是同一的"。于是一个新的思想产生了。几天后，他在又一个突如其来的想法中认识到："不定的三元二次形式的算术变换与非欧

① 参见袁运开主编：《自然科学方法研究》(1)，91～104页，上海，华东师范大学出版社，1988。

几何的变换是同一的。”这些新的思想导致了数学领域的巨大突破。

尽管人们对直觉思维发生的机制不了解，但是它的发生也是有条件的。这些条件包括：

（1）对问题和资料进行了长时间的思考。连续一段时间的思考依然没有找到解决问题的思路或提出假设。在思考的过程中进入了“山重水复疑无路”的境地。

（2）大脑中消除了分散注意力的其他事情或其他问题，保持乐观开朗的心态。

（3）在紧张思考一段时间之后，从事一些不费脑力的轻松活动，如沐浴、乡间漫步、欣赏音乐等。

（4）与他人对话，寻找激活思维的刺激点。与学术同行或其他人讨论；发表相关的演说；阅读他人的科学论文，包括与自己观点不同的论文；尝试写出相关的一些研究内容。

（5）养成随身携带纸笔的习惯，记下冒出来的每一个想法，不管这个想法当时似乎多么微不足道。

（二）想象的思维方法

想象是一种形象思维方式，能够把不在场的事物再现出来。一般来说，有对具体事物的想象，如绘画和表演中体现出来的想象；有通过语言的想象，如小说中体现出来的想象；还有表征想象，如神话中的想象。诗人需要想象，数学家也需要想象，没有想象就不可能发明微积分，科学同样也需要想象，爱因斯坦是一位具有丰富想象力的科学家，他说：“当我考察自身以及自己的思维方法时，我得出结论，幻想的才能对于我来说比我在知识上的才能更有意义。”

想象可以通过意象、隐喻等途径来实现。闭上眼睛在想象中看见了妈妈，就属于意象式的想象。意象与过去的知觉有关，对记忆内容有加工润饰。丰富的知识和经验是产生意象的重要条件。学习和理解一定的科学知识有利于形成有新意的见解。隐喻是一种比喻，其本质是通过另类事物来理解和体验某类事物，从而把不熟悉的事物与熟悉的事物联系在一起。人类思维总是倾向于以熟知的事物为参照，来认识未知的事物。达尔文的进化论就是典型的一例。1838 年，达尔文偶然读到了马尔萨斯（Thomas Robert Malthus，1766—1834）在 40 年前写的人口论。他结合自己为期 5 年的环球航行考察，认为同一物种之间的生存竞争与马尔萨斯在人类社会里所发现的竞争相类似。达尔文把马尔萨斯在人类社会中发现的原理推演到整个有机生命范围内，提出了他的生物进化论思想。

（三）抽象的思维方法

事物都有它的现象和本质，科学家透过现象深入事物内部，认识事物的本质，形成概念、定律和公式，这就是抽象的思维方法。英国科学家道尔顿

(Dalten，1766—1844）提出原子概念的过程就是一个抽象的过程。他把古代模糊的原子假说发展为科学的原子理论，为近代化学的发展奠定了重要的基础。恩格斯（Friedrich Engels，1820—1895）曾称赞他为“近代化学之父”。1799 年道尔顿找到两种很容易分离的气体，分别测量了混合气体和各部分气体的压力。结果发现，装在容积一定的容器中的某种气体压力是不变的，引入第二种气体后压力增加，但这个压力等于两种气体的分压之和，两种气体单独的压力没有改变。于是道尔顿得出结论：混合气体的总压等于组成它的各个气体的分压之和。道尔顿发现由此可以得出某些重要的结论，气体在容器中存在的状态与其他气体无关。用气体具有微粒结构来解释就是，一种气体的微粒或原子均匀地分布在另一种气体的原子之间，因而这种气体的微粒所表示出来的性质与容器中没有另一种气体一样。由此道尔顿认为，物质的微粒结构是存在的，这些质点也许是太小了，即便采用显微镜也无法看到。这时他想起了古希腊哲学家提出的原子假设，于是他选择了原子这一名词来称呼这种微粒。

第三节　科学主义与伪科学、反科学

一、科学与科学主义

科学的发展引发了科学主义（scientism）思潮①，科学主义思想源自启蒙运动。牛顿理论使人看到了科学在阐释世界方面的理性力量，宗教对自然的阐释逐渐让位于科学。19 世纪，数学、物理、化学、天文学、地学和生物学自成体系，并以数学为基本语言、以实验为基本手段形成了十分庞大的科学体系。科学被认为是反映了自然的本质规律，是绝对正确的客观真理。人们希望用科学的标准来评判其他文化成果，如文学、史学、哲学、政治学、经济学、法律等，并希望这些学科具有像科学一样的严密性、准确性和可预测性。处于独尊地位并君临一切的科学演化成了科学主义。与此相应的是科学改造世界的力量从工业革命时期(18 世纪中叶至 19 世纪初）开始显现，科学与技术似乎能够解决人类当时面对的和将要面对的一切问题，科学及其技术成了新的救世主。根据《韦伯斯特国际新英语词典》，“科学主义”指“一种主张科学的方法应该推广应用到包括哲学、社会科学和人文学科在内的所有领域的观点，是一种坚信只有这些方法才能有效

① 科学主义在有的学者那里被称为“唯科学主义”，参见郭颖颐：《中国现代思想中的唯科学主义》，南京，江苏人民出版社，1989。

地用来获取知识的信念”。

20世纪初在中国，对西方自然科学的崇拜就曾泛化成为一种科学主义思潮。1923年，胡适（1891—1962）曾对这一时期的科学思潮有过评论，他说：“这三十年来，有一个名词在国内几乎做到了无上尊严的地位：无论懂与不懂的人，无论守旧和维新的人，都不敢公然对他表示轻视或戏侮的态度。那个名词就是‘科学’。这样几乎全国一致的崇信，究竟有无价值，那是另一个问题。我们至少可以说，自中国讲变化维新以来，没有一个自命为新人物的敢公然毁谤‘科学’。”① 吴稚晖（1865—1952）曾说：“科学在世界文明各国皆有萌芽。文艺复兴以后，它的火焰在欧土忽炽。近百年来，更是火星迸裂，光明四射。一切学术，十九都受它的洗礼。即如言奥远的哲学、言美感的美学，甚至瞬间万变的心理、琐碎纠纷的社会，都一一立在科学的舞台上，手携手地向前走着……欧美各国的兴盛，除了科学还能找出别的动力吗？”② 丁文江（1887—1936）认为：“科学的方法是辨别事实的真伪，把真事实取出来详细地分类，然后求它们的秩序关系，想一种最简单明了的话来概括它。所以科学的万能，科学的普遍，科学的贯通，不在它的材料，在它的方法。”“我说‘以科学知识为向导’，其实科学二字是可省的，因为我相信，不用科学方法所得的结论都不是知识。在科学界内，科学知识是万能的。”③ 应该说，胡适、吴稚晖、丁文江的这些话具有科学主义的特征，反映了20世纪初中国知识界的

主义意味着什么

“主义”并不是一般性地表示某种学说或主张，它力图用某种形而上的知识阐释系统来垄断对世界的阐释权，具有权威性、中心性和等级性。“主义”往往以某一个概念为其中心，使自己在整个知识阐释的空间成为具有霸权性的话语。中心建立在等级化的划分之上，必然产生自己的权威。所谓柏拉图主义就是以“理念”为中心，基督教主义就是以“上帝”为中心，现代主义则以“理性”为中心。由此看来，科学主义就是以科学为中心，凡是非科学的知识，比如人文学科的知识，社会学科的知识都需要在它的“法庭”上接受审判，或者被科学化，或者被迫放弃其作为知识“生存”的权利。因此，主张多元阐释世界的后现代思潮认为，主义乃是十足的贬义词，它凭借虚构的中心，把阐释世界的多种可能性加以消除，整个世界就只剩下某种唯一的声音。

---

① 转引自张君劢等：《科学与人生观》，9页，沈阳，辽宁教育出版社，1998。

② 转引自王善博：《追求科学精神——中西科学比较与融通的哲学透视》，87页，南宁，广西人民出版社，1996。

③ 转引自张君劢等：《科学与人生观》，9页。

科学主义思潮。

概括地讲，科学主义有以下不同的表现形态：

第一种形态，科学知识是人类知识的典范，它不仅是必然正确的，而且可以推广用以解决人类所面临的所有问题。

第二种形态，科学的方法应该被应用于包括哲学、人文学科和社会学科在内的一切研究领域，只有这样的方法才能富有成效地被用来追求知识。

第三种形态，一切研究领域都应遵循科学精神。

二、科学与伪科学

伪科学（pseudo-science）是指借用科学的名义有意识地把违反科学的内容说成是科学，把没有科学根据的非科学理论或方法宣称为科学的言论，如占星学、李森科的"无产阶级遗传学"等。伪科学不同于一时的科学错误，它在特定的时间和地点冒充科学，把已经被科学界证明不属于科学的东西当作科学对待，并且长期不能或者拒绝提供严格的证据。伪科学不同于非科学，非科学在某种程度上有其存在的价值。例如哲学、逻辑学、伦理学、美学、宗教、文化、艺术等人文社会科学以及魔术等表演活动通常都有其存在的价值。

伪科学常与科学研究中的作伪或者故意违背科学研究的惯用程序等活动相伴随。伪科学活动在世界各地都有"市场"，一方面是因为科学相对发达，科学的社会声誉良好，"科学的"意味着就是"正确的"，科学有被利用的价值；另一方面是因为科学固有的局限性，它不能解决世界上所有的问题，伪科学就有了活动的"舞台"。但是，有时因为人们认识的局限性，有些观点或学说最终被证明是错误的甚至是有危害的，它们一般会得到较宽容的对待。历史上的"燃素说"后来被证明是错误的，但在科学史上没有人指责它是伪科学。历史地看，燃素说对化学的发展起到了特定的积极作用。

伪科学案例 1　　李森科事件

李森科（Trofim Denisovich Lysenko，1898—1976）出于政治与其他方面的考虑，坚持生物进化中的获得性遗传观念，否定基因的存在性，用拉马克（J. B. de Lamarck，1744—1829）和米丘林（I. V. Michurin，1855—1935）的遗传学抵制孟德尔（G. Mendel）-摩尔根（T. H. Morgan）的遗传学，并把西方遗传学家称为苏维埃人民的敌人。李森科本是一位普通的农学家，开始时他的朴素观点也与当时注重实践的自然选择论者的想法差异不大，有些观点有实践根据。但他依据自己所处的政治和社会形势，把遗传理论与阶级斗争相结合，攻击西方科学的遗传学，越来越极端和霸道，最后成为伪科学的代表，给苏联科学发展造成了重大损失。

伪科学案例 2　　水变油事件

黑龙江人王洪成总共上了四年小学，从 1984 年初开始推出了他的所谓“水变油”的发明，唯一的依据是他能够即兴“表演”。后来在全国各地表演，吸引了一些科学素养水平不高的人的注意。水变油一度被宣传成中国继古代的“四大发明”之后的第五大发明。1995 年 41 位科技界的全国政协委员联名呼吁调查“水变油”的投资情况及其对经济建设的破坏后果，从此“中国第五大发明”破产。据《科技日报》报道，水变油事件中的直接经济损失达 4 亿元之多，这个大骗局历时 10 年之久，“发明人”王洪成曾“红”极一时。1996 年王洪成被判处有期徒刑 10 年。

伪科学是一种复杂的社会现象，涉及认识、心理和政治三个层面，其影响已经远远超出科学界内部讨论的范围。少量伪科学在小范围的存在和发展是不可避免的，科学探索也允许犯各种各样的错误。但是大规模的伪科学泛滥对科学和社会都将产生不良影响。区分科学与伪科学需要有一定的科学素养。一般可以从以下几个方面加以识别：(1) 看它所声称的功能。科学是绝对有限的、有条件的，科学有其无能为力之处；而伪科学常说神功无限，无所不能。(2) 看它与现有整个科学的联系。现代科学基本原理已为无数次实践所检验，即使未来科学有重大进步，也必然将这些现代科学基本原理作为特例包含在内。而伪科学常别出心裁，自立门户，与现代科学的逻辑、概念体系根本不相容。(3) 看它的可重复性和可检验性。一项惊人的主张或实验结果要在科学上确立，必须是可检验的和可重复的。科学的见解应当原则上是“可证伪的”。伪科学常声称其实验结果独一无二，原则上不可重复。(4) 看它与神灵世界的关系。伪科学主张“心诚则灵”，这是它的万能法宝。科学不相信神灵，实验结果的正确与否与个人是否相信它无关。(5) 看它对待经济效益的态度。伪科学直接谋求的是金钱，追求立竿见影的收益；而科学谋求的是“优先权”，需要通过得到共同体成员的肯定才能获得效益。(6) 看它对待批评的态度。科学总是接受理性的批评，而伪科学拒绝人们特别是科学家的批评。

三、科学与反科学

反科学按字面理解就是反对或反思科学。与伪科学不同的是，反科学思潮是从反思科学技术产生的一些不利影响和后果出发而否定科学的价值和地位，批判科学的局限性。

美国科学史家杰拉尔德·霍尔顿在他的《科学与反科学》一书中，曾经广泛收集和探讨了在欧美存在的反科学现象。他认为反科学现象十分复杂，形式多种多样。他分析了在现代科学技术成就如此辉煌的美国，反科学现象仍如此普遍、反科学势力仍如此强大的多种原因：绝大多数人仍不了解科学；宗教势力强大；有些人害怕现代科学技术带来的不良后果，如对生态环境的破坏；科学家在美国的社会地位的上升，引起另一部分人的不满。在反对科学的队伍中，还有一些科学哲学家和科学社会学家，他们认为科学同神话和小说没有什么本质的区别；也有一些知识分子，因为科学变得日益深奥、复杂、抽象、难以理解，而对科学产生反感；有些浪漫主义的人文主义者认为现代科学强调理性、客观性、非人格化，使人生失去了魅力。

早在我国春秋时期，老子就提出"绝学"、"弃智"、"常使民无知无欲"的思想，表达了对科学技术的悲观看法。法国启蒙思想家卢梭（Jean-Jacques Rousseau，1712—1778）在《论科学与艺术》一书中说："随着科学和艺术的光芒在我们的地平线上升起，德行也就消失了，并且这一现象是在各个时代和各个地方都可以观察到的。"① 卢梭把科学技术视为道德的敌人，罪恶的渊薮。20 世纪以来，科学技术的负面影响为反科学思潮的兴起与壮大提供了现实的土壤。战争破坏、环境污染、生态危机、资源短缺、人口危机都与科学技术的发展与应用有关。第一次世界大战之后，梁启超（1873—1929）曾生动描述了欧洲的科学破产的思潮："当时讴歌科学万能的人，满望着科学成功，黄金世界便指日出现。如今总算成功了，100 年物质的进步，比从前 3 000 年所得的还加几倍，我们人类不惟没有得着幸福，倒反带来许多灾难。好像沙漠中失路的旅人，远远望见个大黑影，拼命往前赶，以为可以靠他向导。哪知赶上几程，影子却不见了，因此无限凄凉失望。影子是谁？就是这位'科学先生'。欧洲人做了一场科学万能的大梦，到如今却叫起科学破产来。"②

美籍德国哲学家、法兰克福学派的主要代表人物之一马尔库塞（Herbert Marcuse，1898—1979）认为，科学技术的高度发展和工业化并没有带来人的解放，相反却使科学技术自身成了全面统治人的工具，带来了对人性的更深的压抑。技术实现了对人最全面、最彻底的控制。人创造的技术反过来控制人、奴役人，技术的异化使人在生产和政治领域变成了可以像物品那样进行计算和控制的

① ［法］卢梭：《论科学与艺术》，11 页，北京，商务印书馆，1963。

② 梁启超：《科学万能之梦》（《欧游心影录》之七），载《时事新报》，1920（3）。

客体。因此，马尔库塞得出的结论是：科学技术的进步带来了社会财富的增长，也强化了对人的奴役。

反科学的目的是否定科学的价值，它不同于对科学的反省。对科学的反省是必要的，这是保证科学不至偏离人类文明进步轨道的一个重要因素。毫无疑问，鉴于科学家在社会中的角色地位和作用越发重要，科学家必须时刻对科学产生的社会后果进行思考，即使自己对某些社会恶果无能为力，也要对此做出警示。

第四节　科学、技术与社会

一、科学与技术

近代以来，科学与技术之间的关系越来越密切，科学技术常简称为“科技”一词，其实科学与技术具有不同的内涵。我国近代学者很注意科学与技术之间的区别。科学是知识系统，科学探究是追求真理的过程，是认识世界的过程；技术是行为系统，技术发明是运用科学理论的过程，是改造世界的手段。

> **科学与技术的区别**
>
> 严复在《原富》一书的按语中写道：“盖学与术异。学者考自然之理，立必然之例，术者据已知之理，求可成之功。学主知，术主行。”梁启超在《学与术》一文中曾说：“学也者，观察事物发明其真理者也；术也者，取所发明之真理而致诸用者也。”吴大猷（1907—2000）在《近数百年我国科学落后于西方的原因》一文中指出，科技代表科学与技术，但应注意二者的区分。“虽则科学发展的结果，可能很大地改进我们的物质生活，但是科学的探究者的主要动力，多不是以物质的收获为目标的。科学研究与技术研究的主要分别，乃前者是不为先定的目标所局限，而是无止境地为‘求知’前进。”①

技术一词在希腊文中表示生产的技艺、能力或技能。在拉丁语、法语、德语中，技术这一词汇表达的是与各种技能生产相联系的过程和活动的全部领域。狄德罗（Denis Diderot，1713—1784）把技术定义为完成特定目标而协调动作的方法、手段和规则体系。德国的贝克曼（J. Bechman，1739—1811）把技术定义为“指导物质生产过程的科学或工艺知识”。这种知识“清楚

① 转引自李慎之：《中国传统文化中有技术而无科学》，载《新华文摘》，1998（4），152页。

明白地解释了全部操作及其原因和结果”。随着机器和工业应用占据统治地位，技能逐渐变为制造和利用机器的过程，以至于人们认为技术的定义就是工具、机器和设备，它是一个没有生命的装置。德国哲学家 E. 卡普（Ernst Kapp，1808—1896）认为，从简单工具到复杂机器，人类所发明的一切技术都是人体器官向外界的延伸。这样技术就有了两个含义，一个是活动方式本身（即技能），另一个是代替人类活动的装置。

近代科学以前，科学与技术几乎没有什么联系。最初的技术纯粹源于经验而没有科学的因素，可以称之为“经验的技术”。科学与技术在两个不同的领域缓慢地向前发展，相互之间的联系甚少。直到相当晚的时期，许多技术的进展依然独立于科学的进步。然而，今天新的技术通常取决于科学发现，电的发现引发了很多的技术发明，这可以称之为“科学的技术”。近代以来，科学与技术的相互依赖性无疑在不断增加。

从哥白尼天文学革命开始，科学与技术就建立了密切的联系，科学与技术互相推动、互相促进。以牛顿、伽利略为代表的经典力学体系的建立标志着第一次科学革命的到来。到了 18 世纪下半叶 19 世纪初，在第一次科学革命的基础上发生了第一次技术革命，它以牛顿建立的经典力学体系为背景，以纺织机械的革新为起点，以蒸汽机的发明和广泛使用为标志，从而实现了工业生产从手工工具到机械化的转变。生产技术的变革又推动了近代科学的全面发展，引发了 19 世纪中叶的第二次科学革命。这次革命以热力学、电磁学、化学、生物学为代表，其规模远远超过了前一次。近代化学、生物学、地质学、数学、电磁学、热力学、光学、生理学、地理学、物理学等都是在这个世纪诞生和发展的。19 世纪中叶以后，随着科学的迅猛发展，在世界范围内又兴起了近代第二次技术革命。这次技术革命以电力技术为主导。它的产生、发展及其应用，极大地推动了化工技术、钢铁技术、内燃机技术等，创造了巨大的生产力。19 世纪末，物理学领域连续发生的三个重大事件：X 射线、放射性现象和电子的发现，引发了现代科学革命。现代科学革命是以物理学革命为先导，以现代宇宙学、分子生物学、系统科学、软科学的产生为重要内容，以自然科学、社会科学和思维科学相互渗透形成交叉学科为特征的一次新的科学革命。这场革命也引发了开始于 20 世纪 40 年代的现代技术革命，这次技术革命的主要标志是原子能、空间技术和电子计算机的广泛应用。

二、科学、技术与社会

科学、技术与社会的关系问题十分复杂。科学技术的发展不仅是一个智力认识的过程，也是一个社会化的过程。“科学、技术与社会”（Science，Technology and Society，缩写为STS）是20世纪60年代末在美国诞生的一门综合性的新兴交叉学科，引起了全球学术界和社会的广泛关注。STS研究科学、技术与社会之间的关系问题，引导人类对自己生存的环境开展深刻反思。

现代科学技术是高悬在人类头顶上的“达摩克利斯之剑”①，科学技术一方面为人类的幸福提供了空前无限的能力和广阔美好的前景；另一方面又为破坏人类的生存基础，造成自我毁灭提供了条件，给人类的未来笼罩上阴影。人类对自然取得支配力量的同时也让自身处于危险之中。英国作家狄更斯（Charles John Huffam Dickens，1812—1870）在描写第一次产业革命时道出科技是一把双刃剑（double-edged sword），他写道：

> 这是一个最坏的时代，
> 这是一个最好的时代，
> 这是一个令人绝望的冬天，
> 这是一个充满希望的春天，
> 我们面前什么都没有，
> 我们面前什么都有。②

在近代史上，几乎每一次科技上的突破都给社会带来了福与祸的双重影响。近代工业革命实现了生产的机械化，利用机器工具代替手工工具，延伸了人类的肢体，使人从繁重的体力劳动中解放出来。但单调重复的劳动方式，又使人成了机器的“零件”，让人感到空虚和乏味；信息科学技术延伸了人类的视觉、听觉和大脑，使人从部分烦琐的脑力劳动中解放出来，同时又产生了种种利用现代信息和电子技术从事犯罪活动的现象；以基因工程为核心的生物技术的发展为预防和治疗疾病开发了新技术，研发了新药品，同时又产生了新的伦理和法律问题；空间技术开创了宇宙时代，使世界变成了地球村，同时空间垃圾不仅造成了空间污染，还给空间飞行带来了危险；能源技术带来了生活水平的提高，也带来了环境污染；自动化技术提高了劳动生产力，也破坏了职业的稳定性，使人心理失衡；材料技术为新产品的制造提供了原料，但是材料制造过程中也排出了有毒物

---

① 据古希腊传说，达摩克利斯（Damocles，活动时期在公元前4世纪）是叙古拉君主狄奥尼修斯的宠臣。有一次君主安排盛宴，邀请他坐在黄金宝座上，而在他的头顶上用一根马鬃悬挂一把闪光的宝剑，以此表示大权在握的人往往朝不保夕。

② 转引自宋健主编：《现代科学技术基础知识》，42～43页，北京，科学出版社、中共中央党校出版社，1994。

质，对生物和人体造成了危害。

早在 1923 年，“科玄之争”就反映出我国学者对科学、技术与社会问题的关注。玄学派代表人物张君劢（1887—1968）把战争的责任归之于科学的发展，丁文江对此进行了激烈的反驳。他认为：“工业发达当然是科学昌明的结果之一，然而实验室同工厂绝对是两件事——张君劢无故地把他们混在一起——实验室是求真的所在，工厂是发财的机关。”① 对未来持乐观态度的托夫勒（Alvin Toffler，1928— ）也认为：“可以毫不夸张地说，从来没有任何一个文明，能够创造出这种手段，能够不仅摧毁一个城市，而且可以毁灭整个地球。从来没有整个海洋面临中毒的问题。由于人类贪婪或疏忽，整个空间可以突然一夜之间从地球上消失。从未有开采矿山如此凶猛，挖得大地满目疮痍。从未有过让头发喷雾剂使臭氧层消耗殆尽，还有热污染造成对全球气候的威胁。”② 人类是继续推进科学技术的发展还是回到前科学的时代，这是一个时代性的问题。科学教育不能回避对这个问题的思考。

三、科学文化与人文文化

1956 年，英国人查尔斯·斯诺（Charles Percy Snow，1905—1980）发表了《两种文化》一文。三年后，他在剑桥大学作了一个著名演讲——《两种文化与科学革命》。斯诺在这次演讲中提出了一个词汇，阐述了一个问题，引发了一场争论。提出的新词汇是“两种文化”，即科学文化与人文文化；阐述的问题是存在于人文学者和科学家之间的文化割裂；引发的争论就是围绕着“两种文化”展开的一场旷日持久的思想论战。③ 这场争论的意义远远超出了文化自身，折射了科学技术与社会政治、经济、文化的多层面关系。

由不同文化立场引起的思想论战，在斯诺之前就屡有出现。英国近代史上最有名的一场辩论发生在因捍卫进化论而声名大噪的赫胥黎（Thomas Henry Huxley，1825—1895）与被称为“维多利亚时代文化使徒”的马修·阿诺德（M. Arnold，1822—1888）之间。1880 年，赫胥黎在英格兰的工业中心伯明翰发表了一篇名为“科学与文化”的演说，提出要为那些希望从事工业和商业的人们提供系统的科学教育，批评传统的古典教育对科学课程的抵制，宣称“文学将不可避免地被科学所取代”。阿诺德则于 1882 年在剑桥作了名为“文学与科学”的演

① 丁文江：《玄学与科学——评张君劢的〈人生观〉》，见张君劢等：《科学与人生观》，50 页。

② ［美］阿尔温·托夫勒：《第三次浪潮》，175～176 页，上海，上海三联书店，1983。

③ 参见［美］C.P. 斯诺：《两种文化》，北京，三联书店，1994。

讲，以回击赫胥黎对人文教育的指责，他认为，只要人类的天性不变，文化就将继续为他们的道德理解提供支点。

我国近代学人张君劢在清华大学作了题为“人生观”的演讲，对“科学万能”的思想倾向提出批评。他认为，科学是关乎物质的，而人生观是关乎精神的。他对中、西文明进行了对比，认为中国的是“精神文明”，西方的是“物质文明”。他的结论是，科学无论怎样发达也不能解决人生观问题。丁文江把张君劢的人生观哲学斥为“玄学”，从八个方面驳斥了张君劢的“人生观”哲学。丁文江的结论是：“我们观察我们这个时代的要求，不能不承认人类今日最大的责任与需要是把科学方法应用到人生问题上去。”① 20 世纪 80 年代中期的“传统与现代关系”的论争，其直接原因是改革开放之后追赶世界现代化浪潮过程中对传统文化的反思，它一开始就以“文化热”的形式出现，并涉及人文社会科学的各个领域。80 年代的文化讨论表现出强烈的反传统色彩，而 90 年代对传统文化的辩护则构成了文化讨论的主流，21 世纪初保护国粹的呼声日益强烈。在这一长达 30 多年的文化讨论中，传统文化与现代文化、中国文化与西方文化关系的争论隐含着人文文化与科学文化关系问题的主线。

本章小结

古今中外的科学家、哲学家都曾经努力说明什么是科学，但是由于文化背景、时代特征、个人立场的不同而对科学有不同的理解，要给科学下一个能被所有人接受的定义有很大的难度。通常所指的科学是自然科学，它以物质世界为研究对象，通过研究物质世界的现象，力图把握物质的属性、本质和运行规律，以便于人们在社会实践活动中合理地利用和改造物质世界，提升人的生活质量，并建立人与自然之间的和谐关系。科学具有多维性，人们可以从知识系统、探索活动和思维过程等不同视角去审视它。科学在演变为科学主义的同时，也面临着伪科学的泛滥和反科学思潮兴起的双面夹击。科学与技术在中国语境里缩写为“科技”一词，但是二者有着重大的差别，科学重在认识世界，技术重在改造世界。技术有经验层面的技术，也有科学引导下的技术。科学技术的发展给现代社会带来了正面与负面的双重影响。在文化领域里，近代科学文化与人文文化之争折射出科学文化发展的局限与困境。

---

① 张君劢等：《科学与人生观》，55 页。

阅读·思考·交流

1. 阅读下面的资料，思考和讨论中西文化的差异及其对科学技术的影响。

在古代做出某种技术创造无须专门科研人员对理论性知识的储备、分析与沉思，只需要日常生活中经验的积累，并且个体就可完成某一技术发明，发明者将自己的经验与其他相关的个体经验进行适当的组合和创造即可。因此古代的技术发明是一种随机现象，发明数量的多少取决于个体的数量以及相应的文化环境。由于我国古代人口众多，并且重视享受现实生活的文化环境，导致具有个体经验的发明者数量较多，对生活有益的技术发明无论在量和质上都远胜于西方。

但是在欧洲，产生了"为自然立法"的文化环境，主要表现为数学化、逻辑化、理论化。我国古代无论技术发明有多少，也没有产生像欧式几何一样的严密的数学逻辑体系，像阿基米得浮力定律一样规范数学化的自然定律，像亚里士多德物理学一样严格实证推理的物理体系……中世纪和文艺复兴孕育了现代科学。西方人在探索自然之法的过程中，将自然之法转换为自然定律，实际上现代科学就诞生于这一文化传统之中。

2. 阅读下面的资料，思考和讨论近代科学为什么起源于西方而没有起源于中国?

李约瑟博士于1954年在他的《中国科学技术史》第一卷中提出了一个问题：为什么近代科学，亦即经得起全世界考验并得到合理的普遍赞扬的伽利略(Galileo)、哈维（Harvey)、维萨留斯（Vesalius)、格斯纳（Gesner)、牛顿的传统——这种传统注定会成为统一的世界大家庭的理论基础——是在地中海和大西洋沿岸，而不是在中国或亚洲其他任何地方发展起来的呢? 1969年，李约瑟又用不同的方式阐述了这一问题：中国在16世纪以前的科技发展在许多方面超过西方，何以近代科学的崛起起源于欧洲而非中国?

1990年中国《自然杂志》约请90岁的李约瑟撰文，他在《东西方的科学与社会》中回忆道：大约在1938年，我开始酝酿写一部系统的、客观的、权威性的专著，以论述中国文化区的科学史、科学思想史、技术史及医学史。当时我注意到的问题是：为什么近代科学只在欧洲文明中发展，而未在中国（或印度）文化中成长? 总而言之，我相信，经过对中国与西欧之间社会与经济类型之差异分析，当事实材料完备时，我们终会说明早期中国科学技术之先进以及近代科学仅在欧洲后起的原因。

3. 阅读下面的资料，思考和讨论现实中的反科学与伪科学的诸种现象及其成因，理解科学与非科学之间的关系。

“伪科学”既非一般的非科学，也非人们通常所说的反科学。“非科学”的英文是 non-science，“反科学”的英文是 anti-science，而伪科学的英文则是 pseudo-science。这里的 pseudo 的意思就是假的、伪的。“非科学”即“不是科学”。“不是科学”的东西其实很多，粗略地可以分为三类：一类是宗教、迷信、占星术等，它们不是科学；第二类如哲学、技艺等，它们虽然是知识但不属于科学知识，所以也是非科学；第三类是前科学，包括神话、科幻作品等等。非科学的范围相当广泛，而且有的非科学并不一定比科学低下，只是分工不同罢了，例如哲学、技艺等等。“反科学”虽然属于非科学，但它与前述的非科学不同。对科学的批判在某种意义上也含有“反”的意思，但是有时批判的目的不是要否定科学，而是为了发展科学、推进科学的变革。伪科学最根本的特征是处心积虑、想方设法力图逃避对它的观点、命题陈述进行科学的批判。伪科学的观点通常都是理论上不能批判、事实上无法检验。只要有合理的根据和正确可靠的观测事实，批判、怀疑，甚至反对原有科学中的任何结论、方法、思想，都是可以的，都是科学的态度和行为，无可非议。

4. 阅读下面的资料，思考和讨论科学技术给人类社会带来哪些负面影响，应该怎样预防和避免?

1962 年，美国海洋生物学家卡逊（Rachel Carson，1907—1964）出版了《寂静的春天》一书，详细描述了有机氯农药造成的严重污染，使本来生机勃勃的春天“寂静”了。这不仅危及生物的存在，也危害人类自身。她说：“现在每个人从胎儿未出生直到死亡，都必定要和危险的化学药品接触。这个现象在世界历史上还是第一次。”所以她说：“控制自然这个词是一个妄自尊大的想象产物，是当时生物学和哲学还处于低级幼稚阶段时的产物。当时人们设想中的‘控制自然’就是要大自然为人们的方便有利而存在。应用昆虫学上的这些概念和作法在很大程度上应归咎于科学上的蒙昧。这样一门如此原始的科学却已经被现代化，被最可怕的化学武器武装起来了。这些武器在被用来对付昆虫之余，已转过来威胁着我们的整个大地了。这正是我们巨大的不幸。”她通过对农药污染迁移、转化过程的揭示，初步阐明了环境污染如何通过大气、海洋、河流、土壤、动物、植物等环节，对人类和整个生态系统造成危害。该书出版后，很快被翻译成多种文字，引起普遍的关注，大大推动了当时的环境运动。

5. 阅读下面的资料，思考和讨论学习科学史的人文意义。

“不论科学变得多么抽象、它的起源和发展过程本质上都是同人道有关的。每一项科学成果都是博爱的成果，都是人类的德性的证据。人类通过自身努力所揭示出来的宇宙的几乎无法想象的宏大性，除了在纯粹物质的意义上以外，并没有使人类变得渺小；反而使人类的生活和思想具有更深刻的意义。每当我们对世界有了进一步理解，我们也就能够更加深刻地认识我们和世界的关系。并不存在同人文科学截然对立的自然科学：科学和学术的每一门类都是既同自然有关，又同人道有关。如果你指出科学对人道的深刻意义，科学研究就变成了人们所能创造的最好的人道主义工具；如果你排除了这种意义。单纯为了传授知识和提供专业训练而教授科学知识，那么学习科学，就失去了一切教育价值了，无论从纯粹技术观点来看其价值有多大。如果不结合历史，科学知识就可能危及文化；如果把它同历史结合起来并用崇敬过去的精神加以节制，它就会培育出最高级的文化。”（引自萨顿：《科学史和新人道主义》，68 页）

第二章

科学教育的历史

内容提示与思考

◎ 斯宾塞为什么认为科学课程最有价值？
◎ 西方近代以来的科学教育有哪四种模式？
◎ 我国近代科学教育的发展为什么十分艰难？
◎ 科学教育价值的演变在中西方有什么差异？
◎ 科学教育的人文价值意味着什么？

要使科学教育的改革与发展站在历史巨人的肩膀上，科学教师就要学习和理解科学教育发展的历史。“以史为镜，可以知兴替”。中西科学教育发展的历史会给人有益的启示。

第一节　西方科学教育的发展

西方的科学教育源远流长，从古希腊经中世纪到文艺复兴，科学的发展经历了一个比较漫长的时期，在18世纪法国百科全书派的影响下，科学及科学教育开始受到重视，但是科学教育地位的确立却是19世纪的事情。

一、西方科学教育的产生

（一）古希腊罗马的科学教育

古希腊是人类文明早期最辉煌的代表，他们的无所不包的才能与活动保证了他们在人类发展史上为其他任何民族所不能要求的地位。① 古希腊哲学家认为，人具有理性，能够认识自然，希伯来圣经文化赋予人管理和探究自然的权利。两希文明的结合成了西方科学文化的历史源头。

在古希腊，毕达哥拉斯认为，生活和教育的全部目的是通过对数的研究实现灵魂的净化。古希腊的“数学”既包括算术、几何，也包括自然科学。柏拉图（Plato，公元前 427—前 347）在雅典郊外的阿卡德米（academy）创办了一所学园，讲学 40 年。柏拉图在学园的大门上写道：“不懂数学的人免进”。在柏拉图的代表作《理想国》一书中，他设计了自己理想中的教育体制：6～12 岁的儿童接受国家办的初等教育，学习阅读、书写、数字计算，估计日和夜，认识日月星辰，进行简单的测量。这包含了启蒙性的科学教育。

古希腊的毕达哥拉斯

毕达哥拉斯（约公元前 572—前 497）以发现勾股定理著称。传说他有一次参加聚会，主人的餐厅铺着大理石地砖。善于观察和思考的毕达哥拉斯凝视这些方形地砖，想到它们和“数”之间的关系，于是拿起画笔并且蹲在地板上，选了一块地砖以它的对角线为边画了一个正方形，他发现这个正方形面积恰好等于两块地砖面积的和。受好奇心驱使，他再以两块地砖拼成的矩形之对角线作另一个正方形，他发现这个正方形之面积等于五块地砖的面积。后来毕达哥拉斯作了大胆的假设：任何直角三角形，其斜边的平方恰好等于另两边平方之和。毕达哥拉斯学派很重视数学，企图用数学来解释一切。在天文方面，毕达哥拉斯首创地圆说。他的思想和学说，对希腊文化有巨大的影响。

亚里士多德对科学做出了巨大的贡献，被誉为“古代最伟大的思想家”。亚里士多德认为，人类对自然界进行系统而深入的研究是值得的；应当通过实验和逻辑分析得出结论。亚里士多德的《物理学》讨论了自然哲学、存在的原理、物质与形式、运动、时间和空间等自然科学方面的问题。他的著作在那个年代简直就是一本百科全书，内容涉及天文学、动物学、胚胎学、地理学、地质学、物理

① 参见恩格斯：《自然辩证法》，26 页，北京，人民出版社，1962。

学、解剖学、生理学。亚里士多德是古希腊教育经验和教育思想的集大成者，为学校设立了“百科全书”式的课程。幼儿期以身体发展为主；少年期以音乐教育为核心；高年级要学习文法、修辞、诗歌、文学、哲学、伦理学、政治学以及算术、几何、天文、音乐等学科。在教学中，亚里士多德利用地图和标本，重视对事物的观察。

古罗马时期的昆体良（Marcus Fabiius Quiutilianus，公元 35—公元 95）著有《雄辩术原理》一书，他为文法学校规定了一系列课程：文法、作文与论文写作、音乐、数学、体育与声调训练，这些课程以文法为基础，以培养演说家为目的。公元 3 世纪文法学校开始把教学重点集中在文法和文学方面，自然科学、数学、地理等学科在教学中的地位被削弱。

（二）中世纪到 18 世纪末的科学教育

欧洲自公元 476 年西罗马帝国灭亡，开始进入封建时代。从罗马衰落到文艺复兴的一千年间被称为中世纪。在这期间，由教会主办管理的学校，其教学内容以“七艺”（文法、修辞学、逻辑学、算术、几何学、天文学、音乐）为主，渗透着神学精神。骑士们接受军事战术的“骑士七技”（骑马、游泳、投枪、击剑、打猎、下棋、吟诗）的训练和礼法教育。教堂的钟声和骑士的马蹄声谱成了中世纪教育的主旋律。在 12、13 世纪，商人和手工业者的基尔特（行会）为适应手工业和商业的发展，在城市创办了行会学校、商人子弟学校。这类学校注重本族语言和计算的教学，着重学习生产和业务知识，为本行业培养人才。可以说在中世纪，科学内容处于教育的边缘，没有获得大的发展，但是也没有销声匿迹。

欧洲文艺复兴时期（14—16 世纪），意大利人文主义教育家维多里诺（Vittorino da Feltre，1378—1446）为儿童设计了优美的学习环境，并精心组织户外活动；主张设置广泛的学科，注重古典语文教学，也学习数学、天文学；引导儿童到大自然中去观察，以启发他们的求知兴趣。夸美纽斯（Johann Amos Comennius，1592—1670）著有《大教学论》一书，他认为人人需要也能够掌握广博的知识。

法国著名的思想家和教育家德尼·狄德罗作为主编于 1750 年开始组织编纂《科学、艺术和工业详解辞典》（简称《百科全书》），编写工作长达 20 多年。狄德罗和其他科学家、工程师、医生一道，利用为《百科全书》撰写条目这一机会，在传播科学技术知识的同时，把科学技术与教育结合起来。他不赞成学生花过多的时间来学习空泛的古典课程，主张增加实用科学的内容。1775 年，狄德罗受俄国女皇的委托起草了“俄国大学计划”，让数学、物理、化学等科学课程在课程体系中占据了十分重要的位置，而古典课程只在大学的最后一年才开设。他认为，科学教育需要把对自然的观察、实验以及基于感性与理性的思考结合起来。

在18世纪，欧洲国家开始出现一种新型学校——实科学校，传授有关自然科学和实用技术类的知识。德国许多城市陆续办起了建筑学校、采矿学校、林业学校、技术学校和农业学校等新型学校，这类实科学校比较重视自然科学，后来在许多普通中学里也出现了向实科教育发展的倾向。总之，文艺复兴运动之后，科学教育获得了发展的契机，科学内容与人的职业和社会发展日益相关，观察和探究自然受到重视，但当时科学课程在中小学教育中的地位和作用并没有得到普遍确认。

二、西方科学教育的发展

英国著名科学社会学家贝尔纳在考察了近代科学发展和科学教育之间的关系后指出①：

> 科学列入教育课程为时较晚。它在中世纪教育中没有地位原是不足为奇的，可是在文艺复兴中复活的人文主义也差不多同样地毫不理睬它。在大学里可以学到一些数学，航海学校甚至还教授数学，医科学校也教授一点植物学和化学，如此而已。在17和18世纪，科学有了很大发展，但并不是由于它在教育中占着重要地位才有了发展，而恰恰是在它毫无地位的情况下发展起来的。在19世纪中叶以前，所有伟大的科学家就其科学知识而言都是自学出来的，尽管有了波义耳和牛顿的先例，科学并没有在较老的大学中生根。

很显然，在19世纪中叶之前，科学尽管有了很大的发展，但是科学教育并没有得到相应的发展，科学家不是科学教育培养出来的，而是自学出来的。科学进入学校课程中而成为教育的重要组成部分，是19世纪末的事情。随着科学技术及工商业的发展，步入工业社会的西方国家迫切需要大量具有初级技术的劳动力，科学课程开始进入中小学。古典教育的削弱和科学教育的兴起经历了一场相当长时间的拉锯战。“在欧洲国家，各门科学学科进入学校对古典文学课程在中学占主导地位的

① ［英］J. D. 贝尔纳：《科学的社会功能》，120页。

传统提出了挑战，而这些新学科被接受，是在对它们地位的认定经过激烈论争后到19世纪末才获得的”①。

（一）近代科学教育的兴起

英国哲学家、教育家斯宾塞是第一个论述科学教育重要性的人，他在《什么知识最有价值》一文中，系统提出了他的科学教育思想，推动了英国教育改革，并对其他国家的科学教育产生了积极影响。“在19世纪60年代早期，他像闪电一样冲击了美国的大学，他的思想统治了美国大学30年。俄国、中国、日本和其他亚洲国家也受到他的影响。”② 19世纪40年代英国已经完成了工业革命，但当时英国的学校却盛行极为保守的古典教育，学生所学的大部分课程内容同生产活动无关，科学教育被严重忽视。鉴于英国教育滞后于社会发展的现状，斯宾塞提出了“什么知识最有价值”的问题：

英国科学教育家斯宾塞

斯宾塞（H. Spencer，1820—1903）的祖父、父亲和叔叔都是教师。父亲教会斯宾塞从小向自然学习，叔叔则让斯宾塞在自己的物理、化学实验室当助手，教他做实验的科学方法。之后，斯宾塞又自学了代数、几何、生理学、解剖学等课程。在后来担任铁路工程技术人员期间，他还钻研了力学、机械学、测量学、地质学以及工程技术方面的学问。斯宾塞涉猎的知识领域广博。26岁时斯宾塞辞去了铁路工程技术人员的职务，投身于社会活动之中，阅读了大量的哲学、教育、宗教等领域的书籍。28岁到33岁期间，斯宾塞担任了《经济学家》杂志的编辑。1850年，斯宾塞出版了他的第一部著作《社会静力学》，试图用力学原理去解释社会现象。1861年斯宾塞的《教育论》一书在美国出版，随后他又发表了四篇教育论文，从此奠定了斯宾塞在教育学领域里的地位。

> 什么知识最有价值？一致的答案就是科学。这是从所有各方面得来的结论。为了直接保全自己或维护生命的健康，最重要的知识是科学。为了那个叫做谋生的问题保全自己，有最大价值的知识是科学。为了正当地完成父母的职责，正确指导的是科学。为了解释过去和现在的国家生活，使每个公民能合理地调节他的行为所必需的不可缺少的钥匙是科学。同样，为了各种艺术的完美创作和最高欣赏所需要的准备也是科学。而为了智慧、道德、宗教

---

① 丁邦平：《国际科学教育导论》，53页，太原，山西教育出版社，2002。

② 王承绪：《斯宾塞的生平和教育思想》，见《斯宾塞教育论著选》，1页，北京，人民教育出版社，1997。

训练的目的，最有效的学习还是科学。①

斯宾塞通过比较各种知识的价值，论证了近代科学对于个人完满生活和社会进步的价值，为科学进入学校课程提供了思想基础。不过斯宾塞所提到的科学是广义的科学，包括了自然科学及心理学、社会学、政治学和经济学等。在他看来，一切正确的知识都是科学。

英国另一位科学教育的先驱赫胥黎曾指出："现行中小学教育体制阻碍科学教育的严重性是不能低估的。学生养成只会通过书本学习知识的习惯，这种习惯不仅使他们不懂得何谓观察，而且导致学生厌恶对事实的观察。迷信书本的学生宁可相信他在书本上看到的东西，而不愿意相信他自己亲眼目睹的东西。"② 赫胥黎认为，科学教育的最大特点就是使心智直接与事实联系，学习科学知识首先需要学会观察，从对自然界的直接观察而获知的一些个别事实中得出结论。为此，他强调科学观察活动，学生亲自探究、发现并提出问题的重要性。

19 世纪上半叶欧美工业化国家在一些大学和少数中学开始重视科学教育。德国在科学和科学教育上都是当时最先进的国家，在 60 年代，德国建立了大量专门实施科学教育的实科中学，为科学教育的广泛开展和科学在中学课程中的地位奠定了制度上的基础。此外，德国在科学教科书、教学方法和课堂教学实验方面都领先于世界各国，并在世界范围内得到传播，促进了科学教育在工业化国家的发展。法国从 1852 年起，在市立中学和国立中学开展科学教育。1881 年颁布《费里法案》，宣布实施普及、义务、免费和世俗的初等教育，当时，小学科学启蒙教育的课程有地理、生物、自然和卫生。英国在 19 世纪尚未建立全国统一的中等教育制度，文法中学和公学在把现代科学纳入课程方面步履蹒跚，但 1882 年以后兴起的高等小学却热心科学教育。在 90 年代，美国教育家赖斯（J. M. Rice）积极倡导科学教育，哈佛大学校长艾略特（Charles W. Eliot，1834—1926）极为关心中小学的科学教育，主张采用实验室进行科学教学以发展学生的观察力和归纳的思想方法。

（二）实物教学模式和自然学习模式

随着科学进入学校的课程中，先后产生了不同的科学教学思想。最早的教学模式是"实物教学"（object teaching）模式，其思想源自瑞士教育家裴斯泰洛齐（Jonhann Heinrich Pestalozzi，1746—1827）的自然主义教育思想。裴斯泰洛齐重视学生对事物的观察。英国学者在访问裴斯泰洛齐之后，结合科学学科的特

① 《斯宾塞教育论著选》，36 页。

② ［英］托·亨·赫胥黎：《科学与教育》，166 页，北京，人民教育出版社，1990。

点最早提出了实物教学的思想，致力于培养儿童的观察能力。实物教学模式的典型做法是教师选择实物，如各种动物、植物、矿物，并向学生呈现，然后要求学生尽可能详细地描述实物的性质和特点，如形状、大小、颜色、质地和成分等，最后让学生记住相应的名词或术语。这一教学模式流行了 20 余年（19 世纪 60 年代—80 年代）。尽管实物教学的初衷是追求儿童的心理发展，使科学教学与儿童的自然发展协调一致，但是由于师资水平的低下，实物教学最终沦为对实物的机械描述和记忆。到了 19 世纪末，实物教学很快被“自然学习”（nature study）模式所取代。

自然学习模式的主题涉及植物学、动物学、地理学、地质学和天文学。在自然学习课程的教学中，实物采集和园艺种植活动是常见的教学方式。自然学习模式关注儿童对自然的亲身体验，培养儿童关爱自然、理解自然的态度。在教学活动中，采取一种跨学科模式，科学主题学习配合读、写、唱、画、游戏等形式。自然学习模式除了在美国流行外，在英国也很受欢迎。1903 年，英国成立了“学校自然学习联合会”（School Nature Study Union）。自然学习模式的主要倡导人美国康奈尔大学的贝利（L. H. Bailey，1858—1954）强调，要指导儿童探究与他们有关的周围环境，激发儿童探索大自然的热情与欲望，从而为进入高年级学习科学做好准备。

三、西方 20 世纪的科学教育

（一）20 世纪上半叶的科学教育

19 世纪末 20 世纪初，在欧洲发生了以新教育运动为特色的教育改革，美国出现了进步教育运动。科学课程及教学改革随着社会与时代的变革而出现了新的变化。美国进步主义教育的代表人物杜威曾严厉地批判了传统教学的弊端：

> 传统教学的计划实质上是来自上面的和外部的灌输。它把成人的标准、教材和方法强加给只是正在逐渐成长而趋于成熟的儿童。差距是如此之大，所规定的教材、学习和行动的方法，对于儿童现有的能力来说，都是没有关联的。它们都是年轻的学习者已有的经验所不及的东西。结果，尽管优秀的教师想运用艺术的技巧来掩饰这种强制性，以减轻那种显然粗暴的性质，它们还是必须灌输给儿童的。①

① 赵祥麟、王承绪编译：《杜威教育论著选》，346 页，上海，华东师范大学出版社，1981。

英美等国的小学科学教育受新教育和进步教育思想的影响，重视给儿童以活动的自由，儿童的需要和兴趣及经验成为决定课程的重要基础。美国的克雷格（G. S. Craig）分析了儿童提出的有关科学的数千个问题，发现他们感兴趣的领域十分广泛，涉及生物、岩石、电、飞行、化学、大气以及自然科学和地球科学的其他方面。这一研究使小学科学课程在形式上走向综合化。同时，科学课程的内容也更加注重面向社会和生活实际。小学生学习的科学课题有供水、运输、通讯、家庭取暖、保健、森林保护等。科学教学要求向学生提供直接有用的知识，科学方法和科学态度受到重视。在课堂上，当学生面临一个需要解决的问题时，教师便要求他们提出一个假设，收集资料并进行实验，通过实验进行观察并获取资料，最后形成结论。1932 年，进步教育协会列出多项内容作为科学态度的主要指标，包括：合作、运用反省思维解决问题的能力、宽容、创造、自我指导、美的欣赏、具有灵活的观点、坚持等。总之，在这个时期，美国受进步教育思潮的影响，学校的科学课程过分强调学生的兴趣和实用性。

美国的进步教育运动

美国教育史学家克雷明把 1917—1957 年称为美国教育的进步主义时代。进步教育协会（1919—1955 年）有自己的会刊《进步教育》。进步教育时代确立了儿童中心的教育观，注重知识在现实生活中的应用，强调使学习变得快乐和有意义。1938 年进步教育协会会员达 10 500 人。进步教育协会第一任名誉会长是化学家、哈佛大学的校长艾略特，1928 年由杜威继任。人们一般把杜威的教育哲学看作是进步主义教育的同义词。其实，杜威对这个运动中出现的一些现象一开始便提出批评。美国进步教育运动最显著的成就在于带来了课堂生活情况的变化，对于儿童的需要有了更多的认识，师生间关系变得更亲切和民主化。进步主义教育的弱点在于知识性的教材的选择和组织问题。作为一种思潮，进步主义教育在当前美国学校中仍具有较大的潜在的影响。

（二）20 世纪下半叶的科学教育

第二次世界大战后科学教育改革以美国为代表在 20 世纪 50 年代末至 60 年代进入了所谓的“黄金时期”。美国联邦政府在此后 20 余年的时间里推动并影响了这次改革。1945 年哈佛委员会提交了一个报告：《一个自由社会的通识教育》(General Education in a Free Society)，报告指出：

> 普通教育中的科学教育应当体现广泛而综合的因素——科学思维方式与其他思维方式的比较，各门自然科学学科之间的比较和对照，科学与科学史

以及人类一般历史之间的关系，科学与人类社会问题的关系。在这些领域，科学对所有学生的通识教育可以产生深刻持久的影响。遗憾的是，在现代教学中，这些领域经常被忽视。①

50年代后期，进步教育受到批评。1957年10月，苏联人造卫星上天成了美国科学教育改革的导火索。哈佛大学校长科南特（J. B. Conant，1893—1978）在《贫民窟与城郊》（*Slums and Suburbs*）一书中说，所有的学生都应当通过必修一些物质科学或生物学的课程，对科学的本质和科学的方法有所理解。科学教学改革强调科学课程的结构，科学方法，探究、发现和问题解决等话语表达了对科学方法的重视。"做个科学家"（Being a Scientist）则成为这次课程改革的口号。布鲁纳（Jerome Seymorr，Bruner，1915— ）的《教育过程》（*The Process of Education*）标志着科学教育新模式的出现，他重视科学课程的结构，提倡发现法，认为直觉思维和分析思维一样重要。

从60年代开始，小学科学课程的探究模式逐渐取代了以往的自然学习模式。这次科学改革研究出版了大量的课程和教学资料。在美国，有较大影响力的小学科学实验课程有三种：一是由美国联邦政府赞助的ESS课程（the Elementary Science Study）。它的特点是以一个大主题综合相关的知识内容，强调让儿童亲身实践和探究日常生活中的事物。二是由美国科学促进协会组织编写的SAPA课程（Science—A Process Approach），这是一个高度结构化的科学课程，其目的是培养学生的科学"过程技能"。该课程将科学探究技能分为八种初级技能（观察、分类、测量、交流、推断、预测、应用时间/空间关系、应用数字）和五种综合技能（形成假设、控制变量、解释数据、下操作性定义、实验测试）。三是由美国国家科学基金会提供资金支持的SCIS课程（the Science Curriculum Improvement Study）。这三种课程的教学目标或侧重于"内容"——科学概念的掌握，或侧重于"过程"——探究技能的发展。这使科学课程重"内容"还是重"过程"的争论成为后续30年直至今天小学科学课程发展中的一个重要问题。

这次科学课程改革确立了小学科学的必修课地位，并明确提出了以科学概念和科学方法，而不是琐碎的事实性知识或情感教育作为小学科学课程的目标。这是小学科学教育发展史上的一个重要里程碑。与以往的自然学习模式相比，现代小学科学探究课程不但在内容方面新增了简单的物理学（光、声、电等）和化学知识（空气、水等），而且在教学上也突出了发现学习和实验教学的重要性。但这次课程改革过于强调概念结构的形成和过程技能的掌握，忽略了儿童的经验和

① 转引自丁邦平：《国际科学教育导论》，91页。

兴趣以及科学内容与社会生活的联系，致使大部分课程难以被师生接受。

20 世纪 70 年代是一个反思科学教育阶段。面对 60 年代科学课程改革的困境，各国教育界纷纷开始研究教师和学生在课堂教学中的真实情况及存在的困难。有研究表明，儿童在接受学校正规教学之前已经形成了不少关于自然或科学问题的认识。例如，儿童常常认为“人类生活在地球里面”。儿童的这些观念被称为“前概念”（preconception）等。1986 年，英国利兹大学的德赖弗（Driver）博士根据皮亚杰的发生认识论、奥苏贝尔的有意义学习理论以及大量实践研究结果，率先提出了建构主义的科学教学模式，其教学过程共包括四个阶段：（1）意向阶段（orientation），设置情景激发儿童的学习兴趣；（2）启发阶段（elicitation），引出儿童的“前概念”；（3）重建阶段（restructure），使用各种教学策略让儿童建构新的概念理解；（4）审视概念变化阶段（review change in ideas），让儿童比较原有概念与新的或修正后的概念的不同。建构主义学习理论为科学“内容”和“过程”的结合找到了心理学依据，儿童在探究过程中修正原有观念或构建新的概念理解。这个时期的课程内容也更加贴近日常生活，主要围绕社会和生活的重要议题进行组织，并突出技术对人类社会的巨大影响，诸如“环境学习”、“科学—技术—社会”等内容也融入了小学科学课程。“建构主义”模式成为小学科学教学的主流。

总之，从 19 世纪中叶至 20 世纪末，西方小学科学教育的发展经历了实物教学、自然学习、探究发现和建构主义几个阶段。作为科学素养的基石，小学科学教育的基础性地位已经得到认可。

第二节　我国科学教育的发展

我国近代意义上的科学教育是在 19 世纪中叶随着“西学东渐”而逐渐兴盛起来的。在此之前的漫长封建社会里，占据主流地位的儒家文化十分重视对人伦问题的思考，相对轻视对自然现象的探究。

一、我国古代的科学教育

孔子（公元前 551—前 479）尽管也曾教人“多识鸟兽草木之名”，但是他视仁为根本，《论语》就是以“仁”为核心的道德内容，他的私学则以“文行忠信”为教育内容。墨家的教育内容很有特色，其价值主要体现在科学技术教育和训练思维能力的教育上，突破了儒家六艺教育（礼、乐、射、御、书、数）的范畴，但是其思想没有在历史上获得发展。王充（公元27—约公元97）、张载（1020—1077）、王船山（1619—1692）等人重视对自然的思考，但是他们的教育思想没有居于社会主流地位。从整体上看，我国没有产生近代意义上的科学。在漫长的封建社会里，科举考试以四书五经为内容①，科学教育发展缓慢。

墨家的科学教育思想

墨子（约公元前468—前376）名翟（dí），战国初年鲁国人，出身微贱，精于工技。墨家重视科学探究，在数学、光学、声学、力学等许多领域颇有成就。例如墨家对圆的定义是："圆，一中同长也。"（《墨子·经上》）"一中"即"对中心一点"，"同长"即"等距离"，与现代几何学中圆的定义颇为一致。又如"力"，墨子定义为："力，刑（形）之所以奋也。"（《墨子·经上》）。"奋"的原意是鸟张大翅膀从田野里飞起。"奋"字在古籍中有多方面的含义，像由静而动，动到愈速，由下上升等都可以用"奋"字。力就是使物体改变形状的东西。这与现代力学很相近：凡是能使物体获得加速度或者发生形变的作用，都称为力。墨家最早发现光的直线行进的光学原理，并做了类似"小孔成像"的实验。

近代意义上的自然科学没有产生在我国，但是劳动人民对自然现象有较多的观察，对自然现象与农业生产之间的关系积累了丰富的经验，相关的科学内容以识字课和常识课的形式代代相传。其中有代表性的包括：先秦时期的《诗经》②、西汉时期的《急就篇》、南朝时期的《千字文》③、南宋时期的《幼学琼林》、《三字经》和《小学绀珠》等，这些蒙学读本借助通俗易懂的语言，将识字教育与日用生活常识和实用技艺紧密结合在一起，使广大中下层平民及其子弟在"常读熟记"中了解五谷杂粮、农什器具、日用家什以及

---

① 四书指《大学》、《中庸》、《论语》、《孟子》。《五经》指《诗经》、《尚书》、《仪礼》、《周易》、《春秋》。儒家本有六经，秦始皇"焚书坑儒"后，《乐经》从此失传。

② 《诗经·小雅·十月之交》中就提到地震："烨烨（yè）震电，不宁不令。百川沸腾，山冢（zhǒng，坟墓）崒崩。高岸为谷，深谷为陵。"

③ 天地玄黄　宇宙洪荒：苍天是黑色的，大地是黄色的；茫茫宇宙辽阔无边。
日月盈昃　辰宿列张：太阳有正有斜，月亮有缺有圆；星辰布满在无边的太空中（昃 zè，太阳偏西）。
寒来暑往　秋收冬藏：寒暑循环变换，来了又去，去了又来；秋季里忙着收割，冬天里忙着储藏。
闰余成岁　律吕调阳：积累数年的闰余并成一个月，放在闰年里；古人用六律六吕来调节阴阳。
云腾致雨　露结为霜：云气升到天空，遇冷就形成雨；露水碰上寒夜，很快凝结为霜。
金生丽水　玉出昆冈：金子生于金沙江底，玉石出自昆仑山岗。

生产、生活方面的基本技能。我国古代小学教育中的科学内容大多是前人总结的关于天、地、人、物、衣、食、住、用等方面的经验常识，教学方法多是机械式诵读。

二、我国近代科学教育的兴起

从中国近代科学教育的发展历程来看，1904 年癸卯学制的颁布和实施是一个分界线。学制颁布以前，在整个教育体系中占主导地位的仍然是旧的传统教育，在科举制的束缚下，从中央国子监到府州县学乃至书院，大都以讲授经史之学为主。自然科学从未在学校被列为一门独立的课程。学制颁布后，科学教育以法令形式被正式纳入教育体系中，科学教育开始步入制度化阶段，动摇了“道本器末”的传统教育观念，有利于传播西方的科学技术文化，是中国教育近代化的标志。

20 世纪初在“废科举，兴学校”运动的推动下，科学教育逐步受到重视，在历经了种种艰难曲折之后，科学在小学课程中的地位最终得以确立。从 1904 年到 1949 年，科学在整个小学课程计划中所占的比例、课程设置的具体形式以及课程内容和教法的选择等方面经历了多次变动，参见表 2—1。从表中可以看出，科学课程有时单独设置，如 1903 年设置的格致和地理；有时将科学与其他课程合并，如 1929 年的初等小学课程；或科学内容渗透到文学课程中，如 1910 年的初等小学课程。在科学教学方面，教师缺乏科学训练，忽视实验，讲演法几乎是唯一的教学方法。小学生上课时全由教师讲演，教学设备差，实验器材缺乏，合适的教室更是少见。学生机械地接受科学知识。

表 2—1　　1903—1949 年间科学内容在小学的变动

时间	小学年级层次	科学课程的开设情况
1903	完全科初等小学	《修身》《历史》《地理》《格致》等
	简易科小学	历史、地理、格致合为《史地格致》
	高等小学	《修身》《中国历史》《地理》《格致》
1910	初等小学	历史、地理、格致全部并入文学课本
	高等小学	《修身》《中国历史》《地理》《格致》[1]

① “格致”曾易名为“理科”、“博物”、“理化”。袁世凯称帝时取消了格致科，改为尊孔读经科。

续前表

时间	小学年级层次	科学课程的开设情况
1922	初等小学	《社会》（包括卫生、公民、历史、地理）与《自然》
	高等小学	《卫生》《公民》《历史》《地理》《自然》[②]
1928	小学	《历史》《地理》《卫生》《自然》《三民主义》等
1929	初等小学	社会、自然合并为《常识》
	高等小学	历史、地理和部分卫生内容合并为《社会》，个人卫生部分并入《自然》
1932	初等小学	《常识》
	高等小学	《历史》《地理》《自然》《卫生》

清末最初的《格致》教材和民国初年的《理化》课程内容均译自日本的小学科学课本，而日本又是从英美引进的。自1929年以后，我国科学课程工作者在学习英美科学课程的基础上自编教材。1929年颁布的《小学自然课程暂行标准》开宗明义地规定，小学自然的教学目标有三：即“（一）启发进求理解自然的基本知识，并养成对于科学的研究态度和试验精神。（二）增进利用自然以解决物质和精神生活问题的智能。（三）培养欣赏自然，爱护自然的兴趣和理想。”[②] 由此目标出发，教学内容取自存在于儿童身边的“自然现象、生活需要和健康”三大领域，教学方法也强调“以乡土材料为出发点”，为儿童切身需要和儿童所能理解的，提供多图表、通俗易懂的参考书，充分利用自然环境为教学场所，以及“引导学生用自己的方法”，“亲身经验”探讨、观察并解决问题的过程，等等。课程设计上提倡从具体的生活问题出发进行“大单元的设计教学”。所有这些侧面都渗透了杜威的进步主义教育思想。

三、我国1949年后教育的变革

中华人民共和国成立以后，教育与社会政治和经济的关系变得十分密切。科学内容在小学课程体系中的地位及其价值也在发生变化，这不仅反映在课程名称的改变上，也反映在教学目标和教学方法上。这些变革主要涉及小学是否分段，

---

① 当时的政府文件规定，“乡村学校无力单独设科的，可将社会、自然合并为《常识》科”。

② 课程教材研究所编：《20世纪中国中小学课程标准·教学大纲汇编：自然·社会·常识·卫生卷》，9～15页，北京，人民教育出版社，2001。

科学课程是否独立设置，科学课程的名称是《自然》、《常识》还是《科学》等问题，参见表2—2。

表2—2　　1949年以后小学科学内容的变动情况

时间	小学学校类型	小学课程的名称
1949	初等小学	部分地区有《常识》
	高等小学	《历史》《地理》《自然》
1951	初等小学	取消《常识》
	高等小学	《历史》《地理》《自然》
1956	初等小学	常识内容合并到语文教学中①
	高等小学	《自然》
1963	初等小学	常识内容缺失②
	高等小学	《自然》
1966	小学	各地自编《科学常识》
1978	小学四五年级	《自然》
1982	小学三到六年级	《自然》
1986	小学一到六年级	《自然》
1988	小学各年级	《自然》
1992	小学各年级	《自然》
2001	小学一二年级	《品德与生活》
	小学三到六年级	《科学》

新中国成立初期的小学自然课程，受苏联教育思想的影响比较大。1956年制定的《小学自然教学大纲（草案）》除确认“教给儿童一些初步的自然科学知识，促进儿童的全面发展”为自然课的总目标外，还明确规定将“使儿童认识一些自然现象间的相互联系，培养儿童的辩证唯物主义世界观的基础，破除迷信和偏见”，“培养儿童的爱国主义思想”，“发展儿童的观察力，发展儿童的语言和逻辑思维能力”等作为自然教学的基本任务。围绕这些教学目标和任务，教材内容

① 1956年，制定了新中国成立后的第一个自然教学大纲，规定初小阶段的自然课内容在语文课中进行教学。除语文课编有自然课文之外，大纲规定每周要专门拿一节语文课来上“自然专课”。

② 1963年，教育部颁布第二个自然教学大纲。因全国多数初小语文教师反对在语文课中承担自然教学任务，教育部又坚持初小不单设自然课，所以过去初小设置的自然课或常识课无形中就被砍掉了。

主要取材于儿童周围常见的自然现象和事物，编排的顺序则是按主题形式展开的。比如，一年级的学习主题有五个，依次为“秋”、“冬”、“春”、“夏”及“人体和保健”，二年级的学习主题包括“树林”、“菜园”和“保健”。每个年级的学习主题均是儿童可能感兴趣或对他们的生活有用的内容。相比之下，小学高年级的内容离学生的生活较远。

50年代末至70年代，受极左思潮的影响，小学自然课程的教学目标定位于“教给儿童初步的自然常识，指导儿童初步认识自然界和人对自然的利用改造……为儿童进一步学习和将来参加劳动准备必要的基础”。在此思想指导下，当时教材的内容过多地强调了自然科学在工农业生产中的应用，而远离了学生的日常生活经验，导致学生理解不了，学习兴趣极低。

70年代末颁布的小学自然教学大纲重新将课程内容定位于儿童感兴趣、易理解的身边自然现象和事物上来，教学方法上也开始强调鼓励儿童自己探究知识，力求使学生在知识、能力和情感诸方面得到平衡发展。80年代初，人民教育出版社生物自然室根据这套大纲编写了新的小学自然教材。以刘默耕（1922—2000）先生为代表的一批自然课程研究专家引进的“探究式”教学法打开了中国科学课程改革的新局面。

90年代初进行的“九年义务教育课程与教材改革”基于对历史经验教训的总结，把激发学生爱科学、学科学、用科学的志趣，培养学生勤于思考、敢于提问、不惧权威、勇于创新的科学精神作为小学科学教育的总目标。在此目标的驱动下，教学内容的选取注重联系学生的日常生活经验，各种各样的“动手”活动、“探究—研讨”活动被引入课堂。1992年制定的新大纲规定自然课的知识内容由4个系统8个单元组成。4个系统是：生命科学、地球科学、物质科学、宇宙和空间科学。8个单元是：生物、人体、水和空气、地球、力和机构、声光热、电和磁、宇宙。为了适应不同学制和地区的不同需要，新的改革教材又分出不同版本，改变了过去几十年一个版本的教材垄断的局面。

1999年颁布的《中共中央国务院关于深化教育改革全面推进素质教育的决定》和2001年《国务院关于基础教育改革与发展的决定》推动了2001年开始实施的基础教育课程改革。

2001年基础教育课程改革的主要目标

改变课程过于注重知识传授的倾向，强调形成积极主动的学习态度，使获得基础知识与基本技能的过程同时成为学会学习和形成正确价值观的过程。

改变课程结构过于强调学科本位、科目过多和缺乏整合的现状，整体设置九年一贯的课程门类和课时比例，并设置综合课程，以适应不同地区和学生发展的需求，体现课程结构的均衡性、综合性和选择性。

改变课程内容“难、繁、偏、旧”和过于注重书本知识的现状，加强课程内容与学生生活以及现代社会和科技发展的联系，关注学生的学习兴趣和经验，精选终身学习必备的基础知识和技能。

改变课程实施过于强调接受学习、死记硬背、机械训练的现状，倡导学生主动参与、乐于探究、勤于动手，培养学生搜集和处理信息的能力、获取新知识的能力、分析和解决问题的能力以及交流与合作的能力。

小学科学课程改革以培养小学生的科学素养为宗旨，积极倡导学生亲身经历以探究为主的学习活动，培养他们的好奇心和探究欲，发展他们对科学本质的理解，使他们学会探究解决问题的策略，为他们终身的学习和生活打好基础。

第三节　科学教育价值取向的历史演变

价值是客体具有满足主体需要的属性，主体可以是个人也可以是社会，主体的需要可能是物质层面的，也可能是精神层面的。科学教育的价值体现在既满足个人发展的需要，也满足社会发展的需要；既满足物质层面的需要，也满足精神层面的需要。因此可以说，科学教育的价值是多方面的。然而在历史进程中，科学教育多方面的价值并非都受到同等程度的重视，这体现了人们对科学教育的不同价值取向。

一、西方科学教育价值取向的历史演变

在西方国家，科学教育的价值取向经历了一个历史的演变过程。19 世纪的英国以斯宾塞为代表的教育家强调科学教育满足个人生活的实用需要。20 世纪初的美国以杜威为代表的教育家重视科学教育在改造和完善人性方面的作用。20 世纪末美国的科学教育改革方案在科学教育的价值取向上呈现出多元化的特点。

斯宾塞从满足个体未来完满生活的需要出发来评判课程的价值，认为科学最有价值。首先科学教育能够揭示一个富有诗意的世界，“科学正是在那些不懂科学的人看来全是茫然的地方，开辟一些富有诗意的领域”①。其次科学可以发展

① 《斯宾塞教育论著选》，36 页。

学生的判断力，“科学经常要求个人用理智去判断事物。人们不是单根据权威来接受科学真理，而是所有的人都可以自由地去检验；不但如此，通常还要求学生自己做出结论”①。再次，科学教育可以培养学生形成一些良好的个性品质，如虚心、苦干、意志和求实等品行。斯宾塞的科学教育价值观为科学进入教育领域提供了思想基础，科学在整个教育领域从此获得了合法的显赫地位。

杜威认为，科学教育具有改造人性的作用。他认为，人生来倾向于信仰、轻信没有根据的事物，与情绪、冲动和习惯相比较而言，科学理性仍然是人性中最微弱的部分，“理智的方法命定永远处于比较软弱无力的地位”②。杜威指出，有的学者尽管不反对科学教育，但是他们只看到科学在技术、功利和实用方面的价值，而把科学与一切道德上、理想上和精神上的东西分裂开来。科学不仅是实现人生目的的工具，而且也能改变人们关于生活目的的思想观念。他主张通过科学教育使科学的思维方法成为学生的习惯，科学精神成为人生追求的新目的，把科学方法和科学精神应用于人生事务和社会事务。

20 世纪 80 年代美国的科学教育价值取向呈现出多元化的特征，“在我们生活的地球上，人类的生存环境与生活质量更加依赖于科学技术的发展以及它的有效应用，这已成为人类的共识。在 21 世纪，无论社会还是个人想要成功地发展，全民及个人的科学素养至关重要”③。美国学者认为，具备基本的科学素质是对生活负责的前提，科学的思维习惯能够帮助人明智地处理问题。没有批判性思维和独立思考的能力，公民就很容易成为教条主义者和骗子们欺诈的牺牲品。人类究竟如何掌握未来的命运，这在很大程度上依赖于人们利用科学和技术的智慧。

历史地看，西方国家的科学教育价值取向重视从个体的人出发，从生活的幸福出发，重视提高人的个性品质和思维品质。世纪之交的科学教育改革则从个体生活转向社会现实问题的解决。

二、我国科学教育价值取向的历史演变

（一）建国前科学教育的价值取向

建国之前对科学教育价值的认识经历了三个基本的阶段。

第一阶段是洋务运动时期，顽固派几乎全盘否认科学的价值，把科学技术视

① 《斯宾塞教育论著选》，40 页。

② ［美］《杜威文选·新旧个人主义》，160 页，上海，上海社会科学出版社，1997。

③ 美国科学促进协会：《面向全体美国人的科学》，序言，北京，科学普及出版社，2001。

为奇技淫巧，“自来奇技淫巧，衰世所为。”似乎学习西方的科学技术就触犯了“夷夏之大防”的古训。但是洋务派认识到了科学作为社会救亡的工具，具有物质层面的价值。在“师夷长技以制夷”的口号下，科学以“器”、“技”的物质价值而得到认可。

第二阶段是维新运动时期，维新知识分子对科学价值的理解超越了洋务派纯粹的物质价值取向，意识到科学具有转换思想观念的精神价值。较之洋务派，维新思想家更多地将目光由形而下的器与技转向思想、观念和制度层面。他们对科学的理解与诠释往往指向社会政治思想领域，以影响广泛的进化论而论，伴随着从物种进化论到天演哲学的演化，作为科学的进化论开始获得了普遍世界观的意义，科学的思想启蒙价值受到广泛地推崇。

第三阶段是五四运动前后，科学的价值呈现出多元化取向的特点。这种多元化的价值取向在“科玄论战”中表现得最为明显。在教育领域，蔡元培、鲁迅、胡适、陈独秀、丁文江等从人生存和发展以及社会救亡的角度论述过科学教育多方面的价值，既肯定了科学教育具有潜在的生产力价值，又重视了科学教育的思想启蒙价值。

近代以来我国科学教育的发展史表明，最初认可的是科学教育的物质价值，以后逐渐认同了科学教育的精神价值；首先认可科学教育的社会救亡价值，继而逐步认可科学教育的个体生活价值。

（二）建国后科学教育的价值取向

中华人民共和国成立之后，科学教育的价值取向随政治与经济的变革而发生了改变，科学教育的生产力价值受到重视，同时科学的政治文化价值也被认可。到了70年代末“科技兴国”和“科教兴国”的时代，科学教育的生产力价值则被提到了极高的地位，科学活动中的爱国主义精神通过科学家的事迹也受到教育界的广泛重视。

让科学教育满足社会和学生双方的需要，是21世纪初我国科学教育价值取向的重要特点，反映出科学教育价值取向力图平衡社会与个人之间的关系。科学素养的提出折射出科学教育的精神价值比物质价值更为显要。“科学教育既要解决一个人能自如地融入现代社会生活，能驾驭和享受各种高新科技成果，具有使用日常科技新产品，参与科技新技术的能力，又要有科学创造与发明的能力，能参与各种有意义的科技问题的开发与研究，为科学技术的发展做贡献，还要能正确认识科学技术与社会发展的关系，能积极参与各种科学技术与社会有关问题的讨论与行动，如环保、人口、健康、科普等。能自觉抵制科学技术有损于人类与社会健康发展的种种负面效应，正确对待科技发展与社会进步的关系”①。在21世纪初的基础教育改革中，科学教育的价值取向力图在个体与社会、精神与物质之间实现某种程度的平衡。

三、科学教育的人文价值

“人文”一词在汉语里有三个含义，一是指与“天文”相对的以人类自身为观察和思考对象的文化，“文明以止，人文也。观乎天文，以察事变；观乎人文，以化成天下。”这里的“人文”具有教化的意思。二是泛指人世人伦之事。三是指为人之道或道德规范。现代人文一词有时指人文学科、人文教育，有时指人文精神。西方话语体系中的人文一词也具有多层含义，一指人道或仁慈的性质与状态；二指人性，人类的属性；三指人文研究；四指人类。人文学科（humanities）指文学、历史和哲学等领域的学科研究。人文主义（humanism）指与人的需要有关的信仰体系，也指对古希腊罗马观念复兴的研究。humanism在现代汉语语境中被翻译为人道主义（政治学领域）、人本主义（心理学领域）和人文主义（文学和教育学领域）。在广义的意义上，人文主义指自古希腊以来体现、认可和捍卫人类生命和尊严的思想观念。

孟建伟明确提出科学具有人文价值的观点，他认为科学至少具有四个层面的人文价值，即思想价值、智力价值、精神价值和审美价值。② 科学教育具有人文价值意味着科学教育在特定的层面能够满足和促进人的生长与发展的需要。科学研究活动内蕴丰富的精神资源，它以理性为基础，以怀疑为起点，以批判为武器，以求真为指向，以创造为目标。科学研究者在宽容的氛围中自由地探索，在公平的制度里独立地思考，从而养成求真的意识，质疑的态度，宽容的心态与独立的人格。以质疑来取代盲从，以宽容来代替独尊，以独立来摆脱依附，以自由来抑制专制，以公平来化解等级，以创造来克服守成，以理性来平衡非理性，以科学知识来消除愚昧无知，以科学思维方法来取代主观臆断的偏见，以科学精神气质来提升人的品行。这些都是人性的需要，更是儿童发展的需要。科学教育的改革应该把科学中潜在的精神资源转化为学生的精神财富，满足学生身心发展的需要。

历史地看，科学活动中的精神资源长期被遮蔽，科学对人的精神世界的影响

---

① 科学（3—6年级）课程标准研制组编写：《科学（3—6年级）课程标准（实验稿）解读》，71页，石家庄，河北教育出版社，2002。

② 孟建伟：《论科学的人文价值》，载《自然辩证法研究》，1998（8）。

没有得到重视。斯宾塞曾指出："我们可以说在很多知识的家庭中，科学是个家庭苦工，默默无闻地隐藏着一些未被公认的美德。一切工作都归到她身上，一切便利和满足都是由于她的技能、智慧和忠诚而获得；而在不断尽力为他人服务时，她总被压在后面，使她的高傲的姊妹能向外界卖弄她们的漂亮。"①爱因斯坦曾明确指出："科学对于人类事物的影响有两种方式。第一种方式是大家都熟悉的：科学直接地、并且在更大程度上间接地生产出完全改变了人类生活的工具。第二种方式是教育性质的——它作用于心灵。尽管草率看来，这种方式好像不大明显，但至少同第一种方式一样锐利。"②雅斯贝尔斯也认为现代人不知道科学的本真意义，他说："目前整个世界弥漫着对科学的错误看法。科学享受着过分的尊重，由于现实生活秩序只有通过技术才得以治理，而技术则通过科学才成为可能，所以，在这个时代里人们产生了对科学技术的信仰。但是，科学的本真意义被遮蔽，人们仅仅钦佩科学的成就，却并不明白科学的奥义。因此这种盲目的信仰只能变成迷信。"③我国的胡适从中西比较的视角思考了科学的精神发展价值，他认为西方科学的发展为人类增进了物质上的享受，同时也能满足人类精神上的需要。

我国传统文化中以宗法人伦为核心的人文精神观念具有片面性，它过分强调人伦世事，忽视对自然的探究，重视社会人格而忽视个体的独立人格，重视群体之间的和谐而忽视个体自由，重视求善而忽视求真，重视道德的教化而忽视理性的力量，重视权威的教条而忽视批判性思考，重视等级秩序的和谐而忽视平等的竞争，重视守成而忽视创新，重视知足常乐而忽视进取开拓。传统文化的现代性转换，需要科学教育发挥对人精神世界的影响。

本章小结

古希腊和希伯来文明孕育了科学和科学教育。在中世纪，科学处于教育的边缘，但是也没有销声匿迹。在19世纪中叶之前，科学尽管有了很大的发展，但是科学教育并没有得到相应的发展。科学进入学校课程中而成为教育的重要组成部分，是19世纪末的事情。斯宾塞和杜威为科学教育的发展作了理论上的阐述和辩护。西方小学科学教育的发展经历了实物教学、自然学习、探究发现和建构主义几个阶段。

---

① 《斯宾塞教育论著选》，44页。

② 许良英等编译：《爱因斯坦文集》，第三卷，135页，北京，商务印书馆，1979。

③ ［德］雅斯贝尔斯：《什么是教育》，142页，北京，三联书店，1991。

在我国漫长的封建社会里，占据主流地位的儒家文化相对轻视对自然现象的探究。近代意义上的科学教育是在19世纪中叶随着“西学东渐”以及中西政治、军事冲突而逐渐兴盛起来的。1904年癸卯学制的颁布和实施是一个分界线。后来的科学教育因办学条件、战乱和动乱而历尽曲折，21世纪之初的基础教育改革推动了我国科学教育的发展。

科学教育具有多方面的价值，中西科学教育的历史发展进程中，科学教育的价值取向有不同的演进路线。英美等西方国家重视科学教育为个体未来的完美生活做准备，重视科学对人性的改造，继而强调科学教育对科学、技术、社会关系之间问题的解决。我国则重视科学教育的物质价值、救亡图存的社会价值、发展社会生产力的价值。当下的科学教育改革显示了价值取向的转向，科学教育的人文价值开始受到关注。

阅读·思考·交流

1. 阅读下面的内容，思考科学教育在哪些方面能够为完美的生活做准备。

斯宾塞认为人类生活的主要活动按其重要性可以分为以下几类：(1) 直接有助于自我保全的活动；(2) 从获得生活必需品而间接有助于自我保全的活动；(3) 目的在抚养和教育子女的活动；(4) 与维持正常的社会和政治关系有关的活动；(5) 在生活中的闲暇时间用于满足爱好和感情的各种活动。为此，斯宾塞提出的科学课程为主的课程设置体系如下：

第一类课程是生理学。由于生理学指导人们保持健康，而人的健康是人从事各种活动的基础，所以，生理学课程是教育中最重要的一部分。

第二类课程包括数学、力学、光学、电磁学、化学、天文学、地质学、生物学等，再加上社会学。数学和自然科学同生产活动直接相关联。社会学同社会的生存和发展密切相关。

第三类课程有心理学、教育学。儿童的心理发育有规律，父母遵守这些规律，采取合适的教育方法能使儿童健康成长起来。

第四类课程主要是历史。公民要尽社会职责需要学习历史，需要一个国家发展和组织的知识，需要了解中央和地方政权的机构、原则等。合理地解释社会现象依然需要生理学和心理学作为基础。

第五类课程主要有音乐、诗歌、美术和雕塑等审美文化课程。有审美文化和娱乐，没有油画、雕塑、音乐和诗歌以及各种自然美引起的情感，人生的乐趣就会失掉一半。闲暇时间的增加会提高艺术和自然中美的东西在人心中的地位。

2. 阅读下面的内容，思考洋务派与顽固派在科学及科学教育上的分歧。

1866 年当奕䜣打算在同文馆内增设天文、算学馆时，顽固守旧派极力加以阻挡。这场持续半年之久的论争，从表面上看仅是一个偶然的教育事件。但这些争议的背后隐含着传统教育及它所依托的传统文化与新教育及其所依托的西方科学文化之间的冲突，反映出科学教育起步时的艰难。

1866 年 12 月 11 日，奕䜣奏文的主要观点是："因思洋人制造机器、火器等件，以及行船、行军，无一不自天文学、算学中来。现在上海浙江等处，讲求轮船各项，若不从根本上用著实工夫，即学习皮毛，仍无俾于实用。臣等公同商酌，现拟添设一馆，招满汉举人及恩、拔、岁、副、优贡，汉文业已通顺，年在二十以外……务期天文、算学，均能洞彻根源，斯道成于上，即艺成于下，数年以后，必有成效。"1867 年 1 月 28 日的奏文是，"夫中国之宜谋自强，至今日而已亟矣。识时务者莫不以采西学、制洋器为自强之道，疆臣如左宗棠、李鸿章等，皆能探明其理，坚持其说，时于奏牍中详陈之。……制造机器、火器必须讲求天文、算学，议于同文馆内添设一馆。"

1867 年 3 月 20 日，倭仁奏文则反对奕䜣的主张，其主要观点是："窃闻立国之道，尚礼义不尚权谋；根本之图，在人心不在技艺。今求之一艺之末，而又奉夷人为师，无论夷人诡谲未必传其精巧，即使教者诚教，学者诚学，所成就者不过术数之士，古今来未闻恃术数而能起衰振弱者也。天下之大，不患无才。如以天文、算学必须讲习，博采旁求，必有精其术者，何必夷人，何必师事夷人。"

3. 阅读下面的内容，思考张君劢和丁文江在科学与人生观上的分歧。

1923 年在中国爆发了"科玄论争"，论战双方围绕科学与人生观这一主题展开，并就科学主义和反科学问题、物质文明和精神文明的关系问题、中国传统文化普世及救世问题、现代教育特别是科学教育问题等领域进行辩驳。张君劢和丁文江的对立观点具有代表性。

张君劢说："所谓精神与物质者：科学之为用，专注于向外，其结果则试验室与工厂遍国中也。朝作夕辍（指停止），人生如机械然，精神上之慰安所在，则不可得而知也。我国科学未发达，工业尤落人后，故国中有以开纱厂设铁厂创航业公司自任，如张季直、聂云台之流，则国人相率而崇拜之。抑知一国偏重工商，是否为正当之人生观，是否为正当之文化，在欧洲人观之，已成大疑问矣。欧战终后，有结算二三百年之总账者，对于物质文明，不胜务外逐物之感。厌恶之论已屡见不一见矣。"

丁文江说："科学不但无所谓向外，而且是教育同修养最好的工具，因为天天求真理，时时想破除成见，不但使学科学的人有求真理的能力，而且有爱真理的诚心。无论遇见甚么事，都能平心静气去分析研究，从复杂中求简单，从紊乱中求秩序；拿论理来训练他的意想，而意想力愈增；用经验来指示他的直觉，而直觉力愈活。了然于宇宙生物心理种种的关系，才能够真知道生活的乐趣。这种'活泼泼地'心境，只有拿望远镜仰察过天空的虚漠，用显微镜俯视过生物的幽微的人，方能参领得透彻，又岂是枯坐谈禅，妄言玄理的人所能梦见。诸君只要拿我所举的科学家如达尔文、斯宾塞、赫胥黎、詹姆士、皮尔生的人格来同甚什叔本华、尼采比一比，就知道科学教育对于人格影响的重要了。又何况近年来生物学上对于遗传性的发现，解决了数千年来性善性恶的聚讼，使我们恍然大悟，知道根本改良人种的方法，其有功于人类的前途，正未可限量呢?"

4. 阅读下面的内容，思考和讨论当前小学科学教育存在的种种问题。

（科学教育）并不是指应当把一切科学知识都教给每一个学生。那样去设想是非常荒唐的，那种企图是非常有害的。我指的是，无论男孩还是女孩，在离开学校之前，都应当牢固地掌握科学的一般特点，并且在所有的科学方法上多少受一点训练。

假如科学教育要取得最好效果的话，它必须是实际的。也就是说，在对一个儿童解释常见的自然现象时，你必须在课堂上尽可能地利用实物，使你的教学活动真实；在教植物学的时候，学生必须亲自动手去触摸那些植物和解剖那些花朵；在教物理和化学的时候，你一定不要只想用各种各样的知识去塞满学生的头脑，而是必须使他自己细心地理解和掌握那些知识。不要满足于告诉他磁可以吸住铁，而要让他看一看这个事实的确如此；并且让他自己去感受一下一个物体对另一个物体的吸引力。并且，尤其要告诉他，在他根据自然界的权威而不得不相信书本上所写的东西之前，提出疑问是他的责任，只要继续精心地和有意识地进行这种教育，你就会确信，不管你灌输到儿童头脑里的知识范围是多么的有限，但是，你已经使他在实际生活中养成了一种极其有用的动脑筋的习惯。

第三章

科学教育中的问题与改革

内容提示与思考

◎ 科学教育远离学生的生活有哪些表现?
◎ 科学教育怎样回归学生的生活世界?
◎ 科学教育为什么会远离科学研究世界?
◎ 怎样让学生认识和欣赏科学活动中的真实图景?
◎ 科学教育改革为什么要重视科学史内容?

科学教育有三个重要的问题，即科学教育与学生的生活世界、与科学研究世界、与科学发展的历史世界的关系。科学教育对生活世界的疏远，使学生难以理解科学教育的价值和意义；科学教育与科学研究世界的隔绝，使学生难以理解科学的真实图景和本质；科学教育对科学发展历史世界的遗忘，使学生难以理解科学的精神资源及其对人类生活的多方面影响。

第一节　科学教育与生活世界

生活世界原是哲学学科中的一个概念，具有与科学世界相对的意义。近些年来，教育领域也开始思考教育与生活世界的关系。

一、哲学视域里的生活世界

> **德国哲学家胡塞尔**
>
> 20 世纪现象学学派创始人、德国哲学家胡塞尔（E. Edmund Husserl，1859—1938）生于捷克斯洛伐克，系犹太族后裔，早先潜心学习数学、物理，1881 年获博士学位，1883 年起在维也纳追随德国哲学家、心理学家 F. 布伦塔诺（1838—1917）钻研哲学，先后在德国哈雷、哥丁根和弗赖堡大学任教，1938 年病逝于弗赖堡。其重要的著作有：《算术哲学》、《逻辑研究》、《作为严格科学的哲学》、《纯粹现象学和现象学哲学的观念》、《形式的和先验的逻辑》、《笛卡尔沉思》、《欧洲科学的危机与先验现象学》、《第一哲学》等。胡塞尔提出的生活世界概念及其现象学的还原方法在 20 世纪初以来的西方哲学和人文学科中一直具有重大的影响。

胡塞尔的现象学认为，人们面对着三个层次的世界，最上层的是科学世界，中间是生活世界，处于基础地位的是纯粹意识的先验世界。胡塞尔所指的生活世界有三层含义：第一，生活世界指普通人日常所感觉到并在其中生活着的世界，它与科学家们以数学和物理等自然科学方式所理性化了的科学世界不同，普通人几乎都能够知觉和经验生活世界的实在性，但是只有少数的科学家似的人物才能够理解科学世界的抽象性。第二，生活世界指由普通人的具体的日常生活实践所形成的每个人的具体的、特殊的生活环境。在这个意义上，生活世界具有独特性。农民与工人的生活世界不同，儿童与成人的生活世界有异。生活世界总是同人的生活目标联系在一起，人的生活目标规定着个体生活世界的边界。第三，生活世界指人类对自己的生命活动所作的各种时空理解的总体性世界。无论哪一个个体的生活世界，都是这个总体生活世界的一个组成部分。

人类在生存和生活着的过程中因产生强烈的好奇心和求知欲而探究世界，于是一部分人就有了哲学化、理论化的理性思考和研究活动。这意味着生活世界是科学世界的根基，它具有先于科学世界的先在性。相对于科学世界而言，生活世界是“前科学”的世界，它是科学理论和科学观念产生的前提。在生活世界中，一切事物都处于人的“直观”中，一切事件都可以被人经历，一切思想都可以直观地进行检验。科学世界中任何理论的正确性也都必须回到人的生活世界接受检验。

个体的生活世界具有差异性，也有共享性和相通性。不同的人都有自己特殊的生活道路、特殊的生活经历、特殊的工作职业，因而也就有着自己独特的生活

世界。但是，由于人类有着相同的感性生活经验，所以，人们能够互相沟通和互相交流。例如，物理学家虽然对于物体运动具有比普通人多得多的理论知识，当他与普通人一起坐在公共汽车上的时候，他对于汽车的运行有许多普通人所没有的理论化的理解和判断，但是，他仍然可以同普通人一起用大家共同熟悉的日常语言在生活经验的层面上就这辆车的运行与其他乘客进行对话和交流。在这种情景中，物理学家与普通人所共享的是日常生活经验而不是物理科学。所以，生活世界具有共享性和相通性。而科学世界是一个更为抽象的世界，往往只为少数专家学者所理解。

在17世纪的欧洲，意大利科学家伽利略通过科学研究把自然数学化，建构了近代意义上的科学世界，科学认识超越了人的日常生活经验，使人类更加深刻地认识了生活世界中的自然现象，导致了世界观念的改变。但是这同时也隐含着科学的危机，即科学的抽象化远离了人的生活世界。这就是胡塞尔所说的欧洲科学的危机，其实质是人的生存危机。胡塞尔认为，时代的主要问题是人们对科学的过分执著和对生活世界的忽略与轻视，为此他发出了“回归生活世界”的呼唤。

现代科学的发展造成了科学门类的繁多与专业的日益细化，个体日益成为某一专业领域中的专业工作者，从事着越来越强的专业性工作，这种状况造成了人自身同自己的日常生活的分裂；也造成了人与人之间可共享的生活经验越来越少，人与人之间的心理距离日益疏远，人与人之间在思想和情感上越来越互不了解。结果是个体生活世界之间的相互隔离和个人的孤独感的日益加深。面对科学的危机，科学教育应回归到人的生活世界中来。

二、科学教育与生活世界的疏远

历史地看，科学教育如同科学一样，源自人类的生活需要，科学因为能够为人的完美生活做准备而被认为最有价值，从而成为教育领域的中心。生活世界不仅是科学研究活动的基础，也是科学教育活动的基础。科学教育应该引导学生超越生活世界，走出日常生活“无真理的现实”。然而，科学教育在超越学生的生活世界及日常生活的常识时，也很容易陷入危机之中，这便是对生活世界的疏远与遗忘。科学以知识形态进入教育领域时，它与学生生活世界的关联性常遭到忽视。杜威曾经分析说：

> 科学标志着在高度专门化的技术条件下完善的知识，这个事实，使科学研究的结果自身远离平常的经验——这种远离经验的性质通常称之为抽象。当这种孤立状态见于学校教学的时候，科学知识甚至比其他形式的知识更加

面临提示现成教材所带来的危险。①

学科材料对男孩和女孩来讲都丧失了生命力，变成了相当死的东西，这是因为它与情境分离开了。②

英国初中科学教材《社会中的科学与技术》指出：人的好奇心正在丧失，"我们每个人都是天生的科学家，我们生来对周围的事物、组成这个世界的一切物质和其他的有生命的东西都具有好奇心。一些人一生都保持着这种好奇心，而另外一些人却失去了它——也许是因为他们学习的科学太深奥，太空洞，或者远离他们的日常生活和经历。"离开学生的生活情景，科学教育中的知识容易丧失其意义基础。科学的特征之一在于它的抽象性，这种抽象使科学知识超越日常经验，并与日常经验情境相分离。③ 缺失生活基础的科学教育所面临的危险在于，学生觉得科学知识仿佛是一种从天上掉下来的东西，科学知识和科学原理似乎成了一种教条。

在科学教育中，学生通过做大量的习题在一定程度上能够巩固所学的科学知识，在考试中获得高分，在竞赛中取得好的名次，却容易导致对真实的生活世界的疏远，不理解生活中的科学问题。有一项科学调查的问题是：鱼类在水中进行呼吸所需要的氧气来自何处？调查结果发现有很多儿童和他们的教师都错误地认为，鱼所需要的氧气来自水中的氧原子。他们不明白水污染的本质，即由于细菌或其他生物体消耗了溶解于水中的氧，或者水上漂浮的油脂或清洁剂阻碍空气中的氧气溶解于水。正是在这种情况下，水中的鱼类和其他生物才由于缺氧窒息而死。事实上，渔场工作人员和经常卖鱼的人都知道空气中的氧气能够溶解在水里的事实。这个案例显示，即使掌握了课程中的一些科学知识，但是如果忽视生活世界中的经验，学生依然会不理解生活中的真实问题，不理解科学与生活世界的复杂关系。

三、回归生活世界的科学教育改革

科学教育改革不能忽视与科学教育相连的生活世界。回归人的生活世界应该是科学教育改革的理念之一。学生学习科学需要记住一定的科学知识，需要做适量的习题，也需要关注考试和升学，但是这些不应该是科学教育的最终目的。科学教育对生活世界的回归意味着对学生自身经验的重视和开发，意味着对学生个

① 《杜威文选·新旧个人主义》，161页。

② ［美］约翰·杜威：《人的问题》，148页，上海，上海人民出版社，1965。

③ 参见青岛外国教材研究所编译：《社会中的科学与技术》，705页，青岛，青岛出版社，1999。

体经验差异的尊重，意味着从学生的经验世界中发现真实的问题，并解决这些问题。杜威意识到了斯宾塞片面强调未来生活的局限性从而提出“教育即生活”的观点，旨在重视儿童的生活世界。杜威对儿童自身经验的关注无疑超越了斯宾塞而更具有合理性。1981 年获得诺贝尔化学奖的日本学者福井谦一曾分析自己的科学研究与儿时生活世界的关联性，他认为正是因为在儿时的生活中与大自然有接触和体验的机会才有了以后的成功。

> 儿时的回忆，几乎都是那些直接与大自然接触得来的体验。也许这些体验并不那么可靠，但是这些体验使我认识了大自然，它给了我许多书本上学不到的知识。我切身体验到大自然那无比的深奥、美丽和微妙。我生长在一个与科学没有什么缘分的普通家庭，正是在大自然中积累起来的丰富的切身体验，使我后来选择了从事科学研究的道路。①

重视和回归学生生活世界是科技发达国家科学课程改革的基本特点。科学已经广泛渗透到儿童的日常生活之中，科学教育应该联系学生的生活经验，为学生学习科学提供意义基础。“我们的学生都将生活在一个被科学和技术支配的世界中，在汽车里，在衣服的标签上，在电灯里……科学无所不在，但是今天的公民对此到底了解多少呢？明天的公民就像今天的一样，也将被诸如核能、食品添加剂和供水的氟化等一些有关的科学问题所包围，所以，科学教育应该用理性的、明智的思考这些问题的方法去武装这些未来的公民。”美国《国家科学教育标准》提供的一个蚯蚓教学案例典型地说明了科学教育对儿童生活世界的回归。案例中的几位三年级学生在对学校附近的一块空地作实地考察的时候，对蚯蚓发生了兴趣，于是科学教师就以蚯蚓的成长为探究的主题，让学生探究了一系列相关的问题。

美国学者理查德·费因曼以树木为例，生动地说明了科学教育与学生生活世界的关系，即科学教育既要超越生活世界，也要回归生活世界。他说：

> 学过科学以后，你周围的世界仿佛变了样子。就拿树来说吧，树的构成材料居然主要是空气。你把树焚烧了，树就会化作原来的空气，在火焰的光热之中散发出来的是原来被束缚在里面用来把空气转化成树的太阳光热。在灰烬中的那一小部分残余物质，则原来不是来自空气，而是来自固体物质泥土。这些都十分有趣，这样的例子，科学里面简直是俯拾即是，举不胜举。这样一些例子都是很有激励作用的，你可以用它们去激励、去启迪、去教育别人。②

① 转引自王恒等主编：《48 位诺贝尔科学奖获得者寄语中国》，206 页，海口，海南出版社，2001。

② 转引自美国国家理事会编著：《国家科学教育标准》，14 页，北京，科学技术文献出版社，1999。

我国当下的科学课程改革也开始重视学生生活世界中的问题。学生的活动范围构成了他的生活世界空间，这个空间包括的资源有：学校周围的名胜古迹、河流山脉、考古遗址、自然保护区、村庄、乡野等自然环境；博物馆、动物园、植物园、科技馆、少年宫和图书馆等科技活动场所和科普机构；社区的高等院校、医疗机构、研究中心、工业企业等成人活动的场所。此外，还有大众媒体等文本内含的科学资源。

学生的生活世界还包括非科学的内容，甚至是迷信活动。科学教育不应排斥学生偶然遇到的非科学活动。科学与迷信当然有对立的一面，但是迷信既然是生活中见到的事件，与其让学生回避，倒不如让学生主动去了解。由被动回避到主动了解，学生会消除对迷信活动的好奇心，还能增强对迷信的免疫能力。正如要让儿童知道性别差异，不能只让他接触男性或只接触女性一样，要求学生真正理解生活中的科学，也就需要让学生接触非科学性的内容。

20 世纪 80 年代英国的初中科学教材《社会中的科学与技术》一书中就有“你的星命”这一主题。它实际探究的是星占术的有效性。这给学生提供了认识和辨别迷信的机会。通过学习这一主题，学生可能根本不相信星占术，或者认为即使星占术偶尔预测准确，那也只不过是依某种概率发生的事件，与科学的预测毫不相干；或者认为预测的言辞很模糊，有些易受暗示的人容易相信它；或者认为星占术预测只不过是一种娱乐方式。对于非科学的星占术，英国的科学教科书没有直接宣判它的“死刑”，而是主动让学生在探究之后提高识别能力。英国科学课程的这一选择值得思考和借鉴。

第二节　科学教育与科学研究世界

科学研究是一项十分复杂的活动，科学家不是神而是人；科学探索有成功，也有挫折和失败；科学结论有正确的，也有错误和失误的；有的科学成果有益于人类的生存和发展，有的则带来诸多的问题，利弊均有。科学教育应该给学生提供一个关于科学研究世界的真实图景，让学生了解科学研究活动，走近科学家，理解科学与社会的动态关系。

一、科学家视野中的科学研究世界

科学研究的神秘化隔绝了普通大众与科学家的交流，好像给科学研究世界筑起了一个有城墙的城堡。大众不了解科学大观园里的真实图景，很容易对科学研究和科学家产生种种误解，误以为科学家与常人在思维上有巨大的鸿沟，误以为科学家不食人间烟火，误以为科学研究是冷冰冰的工作。近代以来，我国一些著名的科学家如丁文江等对科学研究做出了历史性的贡献，但是他们往往不为人所知。在科学教育活动中，学生学习科学时如果面对的只是传统的书本，理解的只是书本上的科学概念、公式、定律，思考的只是习题、模拟题、考试题，那么学生即使学习了很长时间的科学，却仍然不会知道科学研究世界里的真实情景。科学教育改革应该让学生走进科学研究的“城堡”，欣赏科学大观园里的景色，认识科学家的本真面貌。为此科学教师需要了解科学家视野中的科学研究世界。

> **我国近代科学家丁文江**
>
> 中国地质学的奠基人、五四新文化运动主将丁文江，字在君，江苏泰兴人，是近代一位具有多方面成就的科学家。15 岁东渡日本留学。1904 年夏，由日本远渡重洋前往英国。1906 年秋在剑桥大学学习。1907—1911 年在格拉斯哥大学攻读动物学及地质学，获双学士学位。1911 年回国，在滇、黔等省调查地质矿产。1911—1912 年在上海南洋中学讲授生理学、英语、化学等课程，并编著动物学教科书。1936 年 1 月，丁文江先生在湖南湘潭勘探煤矿时以身殉职。遵照他“死在哪里、葬在哪里”的遗嘱，他被安葬在岳麓山。美国南加州大学历史系教授费侠莉（Charlotte Furth）撰写的《丁文江——科学与中国新文化》于 2006 年被翻译成中文出版。

（一）科学研究需要长时间的积累

科学研究需要长时间的积累，包括历史的积累和个人的积累。例如，爱因斯坦提出的相对论就离不开前辈科学家的积累和他自己长达十年的思考。19 世纪后半叶，光速的不变性得到实验验证，这与运动的合成法则相矛盾，迈克尔-莫雷的以太漂移实验结果促使科学家对“以太”和“绝对坐标”的存在产生了怀疑。为解决这些问题，洛伦兹于 1892 年提出了长度收缩假说，彭加勒在 1904 年正式表述了相对性原理。但是他们都没有摆脱绝对时空观和静止以太的旧观念。爱因斯坦 16 岁时开始思考光速问题：如果有人以光的速度跑，他会看到什么呢？他还写了一篇论文《关于磁场的以太状态的研究》寄给了他的叔叔。爱因斯坦对这个问题思考了 10 年，1905 年 4 月，他在与人讨论时突然感悟到时间是个关键的概念，“不可能绝对地决定时间，在时间和信号速度之间有着不可分割的联系。利用这一新概念，我第一次彻底地解决了这个难题。”“对于发现这个中心点所需要的批判思想，就我的情况来说，特别是由于阅读了休谟和马赫的哲学著作而得到决定性的进展"①。不到五个星期，爱因斯坦就写好了《论动体的电动力学》，这篇历史性文献以相对性原理和光速不变原理为假设，推导出尺度收缩、时间膨胀等新的时空观念。

（二）科学研究需要交流和论证

新的理论刚开始出现时往往并不完善，在交流中会走向完善。杨振宁 20 世纪 40 年代后期在美国普林斯顿的同事布鲁克纳（Brueckner），是一位非常出色的核理论学家，他提出一个思想而且经常谈论，杨振宁很感兴趣，和他详细讨论了好几天。杨振宁开始认为布鲁克纳的整个思想是错误的，因为他回答不出任何问题。杨振宁问他一个问题，第一天他这样回答，第二天他那样回答，显然他理不出一个头绪。可是最后杨振宁承认自己错了。因为后来有人考察这位博士后的观点，发现在这一片混乱的思想之中，虽然有些是相互矛盾的，但是有些想法极为重要，富有创新性。那些想法被整理出来后再加以证实，就成了一项十分重大的研究成果。②

（三）科学研究的成果具有多方面的影响

科学成果对社会观念有多方面的影响，会引起多方的论争。牛顿的《自然哲学的数学原理》发表时引起了争论。争论来自两派，一是以莱布尼兹（G. Leibniz）为首的科学界，二是以贝克莱（Berktey）主教为首的宗教界，争论所及不仅是科学问题，也是哲学和信仰问题。争论的焦点在于原子说和以太说、无神论和神创论。莱布尼兹认为牛顿的引力理论蕴涵神秘的"超距作用"，贝克莱则认为绝对时空观就是无视上帝创世说。有人从有神论的立场误解牛顿，也有人从无神论的立场误解牛顿。无神论以为牛顿主张把运动的最终原因归于神或者上帝。实际上，牛顿坦诚自己不知道引力传递的机制，也不知道运动的原因。具有科学精神的牛顿对于自己不知道的事物并不主观臆断，他把运动的终极原因归之于上帝，也许是想留待后来人去做进一步的研究。

（四）科学家是人而不是神

科学家不是完美的人，更不是真理的代言人，人性的优点与弱点都会反映在科学家身上。科学家哈伯的一生就是比较典型的事例。1868 年哈伯出生于德国，在 20 世纪初，德国需要氮化合物以生产肥料和炸药，哈伯应邀在一家化学公司研究用空气中的氮气生产氮化合物肥料的方法，最终哈伯获得了成功。第一次世界大战初期，俄国军队使用氯气做毒气，没有成功，哈伯找到了使氯气迅速扩散

---

① 转引自邸成光主编：《科学巨人的故事》，62 页，延吉，延边人民出版社，2005。

② 参见张奠宙编：《杨振宁文集》，437 页，上海，华东师范大学出版社，1998。

的方法。德国军队使用毒气让法国和加拿大伤亡 15 000 多名军人。哈伯并没有因为在战争中使用自己的科学成果而懊悔，他说："一个人在和平时期属于世界，但是在战争时期属于他的国家。"然而他的妻子由于丈夫在战争中所做的这些事情而感到非常痛苦，并于 1916 年自杀。1919 年当哈伯被授予诺贝尔化学奖时，法国科学家拒绝与哈伯为伍而谢绝了诺贝尔奖的提名。德国战败后需要支付巨额赔款，哈伯开始研究从海水中提取黄金，但是没有成功，因为海水的含金量只有原来估计数字的千分之一。1933 年哈伯身为犹太人受纳粹的威胁而离开了自己的祖国。

以上是科学家在科学研究世界中的几幅图景。事实上，科学研究活动是整个社会实践活动的一部分，它不可能是一片净土，真实的科学探索活动更为复杂。但是在科学共同体内部有约定俗成的运行规则和精神气质，有独特的研究方法和研究程序。

二、科学教育与科学研究世界的隔绝

科学教育忽视对科学研究世界的介绍、分析和评价，是一个普遍的现象。美国学者赫德曾指出，19 世纪的科学课程是"敷陈其物"（敷陈——详细叙述），当时的小学科学课程陈述的是人体的各个部分，各种各样的岩石、星星、鸟、植物等内容。有些课文着重讲物体的形态、构造、颜色、数值、体积、重量和声音等，"儿童的学习主要地还是死记硬背名词和孤立的事实"。"由于精神训练和官能心理学的强烈影响，导致教师们相信，让儿童们死记科学事实比允许他们自由地观察探索事物获得的教育好得多"①。

20 世纪初杜威曾批评说："在大体上，科学只作为一套现成的知识和技能来教的。它的教学不能在方法上提供一切有效的明智行动的榜样。"②"现在学校所用的方法和经院方法唯一的区别是，地理、历史、植物学和天文学现在都成为需要掌握的权威性典籍文献的一部分。""只要学校仍旧按教科书进行教学，并且依赖权威性的典籍和获得知识的原则，而不是依赖发现探究的原则，这种学校所用的方法就是经院主义性质的。"③ 我国学者瞿菊农（1901—1976）曾明确指出 20 世纪初科学教育的弊端：

说到科学似乎应该分四层，一是科学精神，一是科学方法，一是科学本

① ［美］赫德、加拉赫：《小学科学教育的新方向》，28 页，北京，文化教育出版社，1980。

② ［美］约翰·杜威：《人的问题》，22 页。

③ ［美］杜威：《民主主义与教育》，295 页，北京，人民教育出版社，1991。

身，一是科学的应用。所谓科学精神，便是实事求是的态度；科学方法便是实验的方法。现在所谓科学教育，其实只是后两层。学校中的科学教育只是贩卖知识，教员对于学生只负转运知识的责任，科学家做学问的精神丝毫不曾得着。而所贩卖的知识只是科学的结论，所以得此结论的方法学生并不曾了解，学生在年纪轻的时候听惯了这些结论，都以为是推诸万世而皆准的话，结果只是养成了独断的精神。这真是科学教育所得的最"不科学的"结果，决不合乎科学精神。①

美国的2061计划报告曾指出："在许多学校，把讲授科学知识变成了教词汇，而且词汇成了考试的主要内容。这种方法是灾难性的。"② 科学教育过分强调学生接受科学研究的结果，过分重视知识的系统传承，忽视了对科学研究世界的了解。

匈牙利学者拉卡托斯（Lakatos，1922—1974）认为科学教育退化成了科学训练，科学和数学的教育采用了权威主义的教学方式。科学知识"以固定在概念框架中的绝对正确的体系形式表现出来，而不允许讨论，问题—情景的背景永不陈述，有时已经难以追踪了。科学教育——按照分割技术而被原始化了——已经退化成了科学的训练，难怪它使得那些批判的头脑感到沮丧。"拉卡托斯所说的"问题—情景"中的情景主要是指科学家当初发现科学原理的时代背景及发现过程。提出科学问题的背景和科学探索过程被忽视，只有科学研究的结果被过分重视，科学知识就演变为新的教条。针对科学教育中把科学知识当作教条来顶礼膜拜的现象，德国的教育家雅斯贝尔斯就曾批评说："在我看来，甚至把世界看成是充满奇迹和魔术的神话世界，也比把它视作科学教条的世界好得多。"③ 雅斯贝尔斯的话反映了把科学结论当作教条的危害。

可见，科学教育如果只重视让学生记忆真理，而忽视了真理发现的过程，那么，科学教育就会以书本知识为唯一内容，科学知识就成了教条，科学方法就难以获得，科学精神就难以养成。

三、走进科学研究世界的科学教育

科学教育应该引领学生走进科学研究世界，认识科学世界的真实情况，科学

① 转引自张君劢等：《科学与人生观》，228～229页。

② 国家教育发展研究中心编：《发达国家教育改革的动向和趋势》（第四集），187页，北京，人民教育出版社，1992。

③ ［德］雅斯贝尔斯：《什么是教育》，115页，北京，三联书店，1991。

教师成为科学界在课堂上的代表。在科学教育中，科学教师应该做到：

（一）重视培养学生的问题意识

科学研究起始于人类活动中的真实问题。没有生活中的真正的问题，学生就不可能形成探索问题的动机。科学教育的改革一直强调培养学生发现与解决问题的能力。这比单纯强调机械记忆应该是个进步，但是，这些“问题”多是习题中的问题，虽冠以“应用题”之名，但实质上还是虚拟性的问题，有的甚至是假问题。学生走进了题海之中，练就的是解决虚拟问题的能力。教师的循循善诱和启发式教学往往是针对某一习题或例题而引导学生走向一个预设的答案。学生能解题，包括习题、试题、竞赛题，但是却不会提出真正的问题。真正的问题是在学生的探究活动中通过观察物理现象而产生的。杜威曾经说：“教师给学生布置题目，提出问题，指定作业，解释难点，这些事情占学校工作的一大部分。但是必须区分两种问题，一种是真正的问题，一种是模拟的或虚幻的问题。”因此，培养学生发现真问题的意识和能力，应该是科学教育走向科学研究世界的起点。

美籍华裔物理学家、诺贝尔奖获得者杨振宁希望中国的学生关注物理现象，从物理现象中发现问题。他说：

> 中国过去几十年念物理的养成了念死书的习惯。整个社会环境、家长的态度、报纸的宣传都一贯向这个方向引导。其结果是培养了许多非常努力、训练得很好、知识非常扎实的学生，可是他们的知识是片面的，而且倾向于向死的方向走。这是很有害的……很多学生在学习中形成一种印象，以为物理学就是一些演算。演算是物理学的一部分，但不是最重要的部分。物理学最重要的部分是与现象有关的。绝大部分物理学是从现象中来的。现象是物理学的根源。一个人不与现象接触不一定不能做最重要的工作，但是他容易误入形式主义的歧途。他对物理学的了解不会是切中要害的。我所认识的重要的物理学家都很重视实际的物理现象。这是我到美国念书后得到的一个强烈印象。

（二）重视培养学生科学探究的程序与方法

以往的科学课程编制“有一种强烈的诱惑，认为把形式完美的教材教给学生就是学习的康庄大道，学生从研究成果开始，可以节省时间和精力，避免产生不必要的错误”①。雅斯贝尔斯认为，科学课程的实施“并非教授一套固定的知识就够了，而是要训练发展一套科学思想的构架，这样，我们才可以在人生的过程

① ［美］约翰·杜威：《民主主义与教育》，233 页。

中继续接受精神和思想方面的教育。”① 杜威认为思维的过程包括“感觉问题所在，观察各个方面的情况，提出假定的结论并进行推理，积极地进行实验的检验。”② 他在《民主主义与教育》一书中提出，教学方法的要素与人类的思维过程具有一致性，旨在说明学生的认识过程和科学家的认识过程具有相同的本质属性。布鲁纳也认可和继承了杜威的这一思想，强调儿童应该像科学家那样探索和思考。

（三）重视培养学生的科学精神

默顿将存在于科学共同体中的规范称为科学的精神气质。他认为，科学的精神气质是有感情情调的一套约束科学家的价值和规范的综合。这些价值和规范被科学家内在化后，形成科学良心。科学共同体的这些规范可概括为四条原则，即普遍性原则、公有性原则、无私利性原则和合理的怀疑性原则。普遍性原则指科学研究以客观的实践活动为基础，凭科学事实立论并以科学实验和实践作为检验理论正确与否的唯一标准。公有性原则指科学研究的成果是人类的共同资源与财富。无私利性原则指科学研究人员为求真而从事研究，不以科学发现以外的因素为目的。合理的怀疑性原则指对已有的科学认识成果不盲目崇信，而是依据理性的逻辑思维和科学事实加以审视，对现有的研究结论敢于提出质疑和批评，对已有的科学成果敢于完善、修正甚至抛弃。

（四）重视评介科学家的真实生活

英国科学教材中“弗里兹·哈伯的故事”一课，围绕哈伯的人生历程与重大历史事件，他的科学发现成果及其应用，他研究科学的初衷与结局，他对科学相关问题的思考与困惑，他的爱国情感与道德观念，他的历史地位与荣誉，向学生展现了一个真实的科学家的方方面面，让学生透视了科学家的人性世界。多数科学家固然有不少高尚的品性，但他们毕竟是人，既有人性的光辉与伟大，也有人性的缺点与不足。科学家不是神，学生才愿走近他；科学家是人，学生才可努力争取成为科学家。

（五）重视提升教师自身的科学素养

英国学者贝尔纳认为，科学教师首先必须是一个研究者，那些准备从事中小学科学教学工作的大学生更应该学会做研究工作。教育家雅斯贝尔斯指出：“最好的研究者才是最优良的教师，只有这样的研究者才能带领人们接触真正的求真过程，乃至于科学精神。只有他才是活学问本身，跟他来往之后，科学的本来面

① ［德］雅斯贝尔斯：《什么是教育》，153页。

② ［美］约翰·杜威：《民主主义与教育》，166页。

貌才得以呈现。通过他的循循善诱，在学生中引发出同样的动机。只有自己从事研究的人才有东西教别人，而一般教书匠只能传授僵硬的东西。”①

第三节　科学教育与科学历史世界

科学发展的历史是人类文明史的主线，它蕴涵着巨大的教育价值，是有待开发的教育资源。科学发展史是科学教育的基石，但是在科学教育活动中有时却忽视了这个基石，为此应提出面向科学历史世界的科学教育改革理念。

一、历史发展进程中的科学世界

科学史研究成果显示，科学发展的历史是一部思想史，是人类精神发展的一个重要维度。让学生理解科学的起源和发展，科学就会显示出它的人性内涵和精神价值。

科学史专家萨顿把科学史定义为：“客观真理发现的历史，人的心智逐步征服自然的历史。”科学史在很大程度上是思想解放的历史，是与迷信斗争的历史，是与错误和非理性作斗争的历史，是人类追求真理并逐渐接近真理的历史。人类在发现客观真理的同时，人类自身的精神世界也获得了发展。科学在协调人与自然关系的同时，也促进了人的心灵境界的提升。总之，科学的历

科学史专家萨顿

乔治·萨顿（George Sarton，1884—1956）出生在比利时的一个富裕的家庭，父亲是一位工程师。早期的教育使萨顿对于文学、艺术和哲学都有很浓厚的兴趣。中学毕业后，萨顿进入根特大学学习哲学，后来又学习了化学、结晶学和数学，并曾获得根特大学等四所高等学校授予的化学金质奖章。1911年5月，他完成了题为“牛顿力学原理”的论文，并获得了博士学位。1910年，他写道：几乎可以肯定，我要将我一生的大部分献身于“自然哲学”的研究，物理科学和数学科学活生生的历史、热情洋溢的历史正有待写出。正是这种信念引导着他走过了后来46年的人生道路。1912年他创办了科学史杂志《爱西斯》（*Isis*）。三卷本的巨著《科学史导论》是他的代表作。

① ［德］雅斯贝尔斯：《什么是教育》，35页。

史发展在解放人的思想的同时，也丰富了人的精神生活。

科学史揭示了人类漫长而无止境的为思想自由，为思想避免暴力、专横、错误和迷信而斗争的历史。在萨顿看来，科学史不只是对发现的描述，“它的目标就是解释科学精神的发展，解释人类对真理反映的历史、真理被逐步发现的历史以及人们的思想从黑暗和偏见中逐渐获得解放的历史”①。英国学者丹皮尔曾形象地说：“科学并不是在一片广阔而有益于健康的草原——愚昧的草原——上发芽成长的，而是在一片有害的丛林——巫术和迷信的丛林——中发芽成长的。”②丹皮尔透过人类思想发展历史的纷繁表象，认识到了科学在解放人的思想方面的作用。在他看来，科学发展的历史是一部充满了与愚昧、迷信、巫术、教条的斗争的历史。让学生学习和理解科学发展的历史，是科学教育改革的一个重要方向。

科学史上意义重大的发现，既反映了科学发展的历史过程，又有显著的文化特色。“伽利略提出的理论，改变了地球中心论；牛顿定律，即用来解释人体和地球上物体运动的定律；达尔文通过长期观察各种相关的生命形式，提出了生物进化论；赖尔认真地核实了地球的长得难以置信的历史；巴斯德证实了传染病是在显微镜下才能看得到的微生物引起的。在西方文明史中，这些历史篇章为西方文明中各种思潮的发展树立了里程碑。”③

二、科学教育对科学历史世界的遗忘

科学发展史是人类精神的资源宝库，进行科学史的教育，可以更好地促进学生的人性发展。但是，科学教育对科学史的忽视，容易导致学生不能历史地把握科学的本质，科学中的精神资源不能有效地转化为学生的精神财富。

科学教育对科学史的遗忘与科学的进步性有关。所谓进步性就是指后来的科学吸收了以往科学中的合理性，现代科学包括了古代科学中正确的知识。于是人们只关注科学的现在和未来，而忘记了科学发展的历史。库恩针对科学对自身历史的遗忘现象，明确地指出，与艺术不同，科学毁灭自己的过去。

“在科学里，由于有了新的突破，昔日在科学图书馆里占据重要位置的一些书刊突然过时了，被扔到仓库的废纸堆里。人们在科学图书馆里可以看到的很少几个古代科学家的肖像，那只是为了纪念或鼓励新人，而决不是为了发展业务技

① ［美］乔治·萨顿：《科学的生命——文明史论集》，18 页，北京，商务印书馆，1987。
② ［英］W.C. 丹皮尔：《科学史——及其与哲学和宗教的关系》，28 页，北京，商务印书馆，1975。
③ 国家教育发展研究中心编：《发达国家教育改革的动向和趋势》（第四集），143 页。

巧，也不是为了培养公众的科学鉴赏力。”在艺术的领地里不同，“尽管现代人用改变了的不同感觉去看过去的艺术作品，可是艺术活动的过去成果仍然是艺术舞台的一个重要部分。毕加索的成功，并没有把伦勃朗的绘画挤进博物馆的储藏室。”① 不难看出，科学在毁灭历史的过程中凸显其进步，在追求进步的同时，却遗忘了自身发展的历史。

由于科学毁灭自己的过去，所以许多人都不理解科学史的价值。科学发展史的教育价值也因此而受到忽视。萨顿指出，很遗憾许多科学家否认历史研究的用处，他们基于下面的原因轻视科学史：“古代科学所有最好的东西已经吸收、并入我们现在的科学之中。其余的都应该忘却，记忆那些多余的东西不合适。我们学习和讲授的科学是连续选择的结果。这种选择消灭了全部多余的部分以便只保存那些真正有价值的东西。”②

这里所谓有价值的东西主要指系统的科学知识。在科学教育中，似乎只有科学知识是真正有价值的东西，而科学的历史则被认为是多余的。科学教育似乎并不需要关心科学的过去。科学教育受科学进步观念的影响，科学史的内容难以走进科学教育。“现代科学的巨大宏伟的大厦，或许是人类心灵的最伟大的胜利。但是，它的起源、发展和成就的故事却是历史当中人们知道得最少的部分之一，我们也很难在一般文献中找到它的踪迹。”③ “他们（指学生——引者注）看到了皇帝加冕、人民全副武装，听到了军事冲突或群众性骚乱的枪声，听到了政治家和起义领袖的热情演说。”④

学生对历史的了解不外是战争、政治和经济。关于科学发展的历史，最多也只有片段零碎的点滴知识。这样，学生并不知道科学家默默无闻地顽强探索自然界的历史，不知道科学的发展是人类自身生存的需要，不知道科学的发现改变了人类的精神世界，不知道科学的历史就是人类的思想和文明史。

传统的教学论以为，科学知识可以用现成的方式直接传递给学生。这种教学认识论强化了科学教育对科学史的遗忘，而仅仅为了考试的应试教育则使这种遗忘更加严重。科学教育对科学发展历史的忽视使学生不知道科学发展的源头。脱离了历史发生过程的科学知识变为某种固定和刻板的东西。

萨顿认为，“年轻人是首先欣赏自然科学深刻和优美的人。‘但他们先要知

---

① ［美］托马斯·库恩：《必要的张力——科学的传统和变革论文选》，340页，福州，福建人民出版社，1981。

② ［美］乔治·萨顿：《科学的生命——文明史论集》，40页。

③ ［英］W.C. 丹皮尔：《科学史——及其与哲学和宗教的关系》，1页。

④ ［美］乔治·萨顿：《科学的生命——文明史论集》，54页。

道：所有这一切是怎样形成的?’而他们的头脑本能地和在他们看来是独断专横的教条主义背道而驰”①。这启示我们：科学史教育应符合学生的认识心理，学生不仅希望学习结论性的知识，而且更渴望了解科学知识形成的历史过程。

三、面向科学历史世界的科学教育

(一) 科学史教育的价值

科学史的教育是为了帮助学生更深刻地理解科学的本质，更准确地理解科学探究以及科学与社会之间的相互影响。让学生理解科学的起源与进程，有利于他们从历史维度去把握科学的本质。具体地说，科学史教育具有如下价值：

(1) 有益于理解科学的过程与本质。学习科学发展的历史，可以更好地认识科学的本质和科学家的探究过程。其一，理解所有的科学观念都不是最终真理，在原则上要渐进变革和改进。但一些基本的概念已经经过了大量的实验和观察的证实，在未来不可能有大的变化。其二，科学家通过观察、实验、理论模型和数学模型来构造和检验对自然的解释，当遇到与已有的解释不一致的新的实验证据时，就要改变关于自然界的概念。其三，在研究过程中，如果缺乏大量实验性和观察性证据，科学家们对同一现象作出不同的解释是正常的，不同的科学家可能会公布不同的实验结果或者从同样的数据中得出不同的结论，但科学家会认识到分歧并努力消除分歧。其四，对已公开的科学研究成果加以评价，包括审查过程、检验证据、找出错误推理，对同样的观察结果提出另外的解释。尽管在现象的解释、数据的分析或者理论的价值等方面出现不同的意见，但提出问题、对批评作出回答和公开交流依然会受到欢迎。

(2) 有益于认识科学的人性内涵。对历史上科学发现实例的介绍可以帮助学生领悟到科学事业充满人性。学习科学发展的历史，学生可以更好地理解、评价、欣赏科学事业，激发自身进行科学探索的热情、勇气与欲望。萨顿曾富有激情地指出了科学发展史的教育价值，他说：

> 英雄们一砖一瓦地建造了科学大厦，他们经受多少痛苦和斗争，表现出多大的坚忍不拔。这些事情，如果青年们知道得更多一些，不是将以更大的勇气和热忱工作么？不是将对科学怀有更深的尊敬么？不是会更加渴望进行某些不谋私利的研究工作么？或者，至少，如果他们看到科学事业在接踵而来的困难中完成、并曾分享欢乐与陶醉，不是会更好地评价全部科学事业的

① ［美］乔治·萨顿：《科学的生命——文明史论集》，44页。

伟大与壮丽么?①

(3) 有益于培养学生的批判精神。科学进步的历史是科学批判的历史，科学历史显示了后人对前人研究成果的批判性继承。萨顿指出：

> 向学生详细追溯一项发现的全部历史，向学生指明在发明者道路上经常出现的各种各样的困难，以及他怎样战胜它们、避开它们，最后，又怎样趋近于那从未达到的目标，再没有比这种做法更适合启发学生的批判精神、检验学生的才能了。②

(4) 有益于深刻理解和记住一些科学的基本概念。“过去的研究能够保证我们很好地把握最根本的东西。当我们不怕麻烦，考察人类达到一个概念所克服的全部困难和牵涉到的全部错误，一句话，考虑到概念产生以前的全部历史，那么，这个概念的重要意义就更加清楚了”③。“如果学生们的记忆中保留某些生动事实的话，那些抽象真理（以不断增大的数量印在他们的头脑中的）不是更容易记住吗?”④

不仅科学史上的成功与成就有积极的教育意义，科学史上的挫折、失败、错误也不乏教育的潜在价值。科学发展史上取得巨大成功的科学家和他们的科学探索活动固然值得学生学习，但那些曾经努力过的一些求索者，尽管没有获得大的成就，却为他人的成功提供了经验教训，他们同样值得景仰，而且更为重要的是，谬误与真理不是绝对的。“仅仅赋予历史全部启发价值还不足以追溯人类意识的进步。还必须回忆那些曾经阻碍历史进程的倒退、突然停顿以及各种各样的灾难。错误的历史特别有用：首先是能够帮助我们更好地评价真理的进步，还能帮助我们避免将来发生类似的错误，最后，因为科学上的错误具有一种相对的性质，今天的真理明天或许要被重新考虑，如果不完全错，至少也是很不完全的了；而谁又知道昨天的错误明天会不会变成近似的真理呢？类似的复归经常发生，历史研究的结果常常迫使我们景仰、尊敬那些在他们自己的时代被误解、被轻视的人们。”⑤

（二）科学史教育的探索

基于科学史教育多方面的价值，科学史内容已开始进入科学教育领域。重视科学史的教学，已成为国际上科学教育改革的一个发展趋势。

---

① ［美］乔治·萨顿：《科学的生命——文明史论集》，45页。

② 同上。

③ 同上书，43页。

④ 同上书，35页。

⑤ 同上书，39页。

美国的哈佛物理教程就“犹如一位知识渊博、思想深邃的教师在讲述一个连续的故事情节那样，把物理学是如何通过理论、实验和科学家之间的相互作用而发展的历史生动地展现在学生面前，使他们理解科学研究的方法和思考的方法”①。在美国的2061计划中，科学教育的内容选取了科学史上十个意义重大的发现和变革，旨在说明科学知识发展的过程和影响。这十个范例的主题是：行星地球、万有引力、相对论、地质时代、大地构造、物质守恒、放射性和核裂变、生物进化、疾病性质和工业革命。

美国《国家科学教育标准》把科学的历史和科学的本质视为一个有机的整体，“科学的历史和本质”这一标题的含义是：要深刻理解科学的本质，必须了解科学发展的历史。美国《国家科学教育标准》把科学史作为科学课程的内容，对于从幼儿园到高中的不同年级的儿童在科学史教育方面有不同的要求。即使对幼儿园的孩子也要求通过各种活动理解科学史的内容，如让儿童理解作为人类奋斗目标的科学，把科学作为人类有史以来的奋斗目标，而且没有终结性，鼓励儿童献身于科学事业，并且自信能够做出贡献而获得乐趣。

美国小学生需要学习科学史

美国《国家科学教育标准》指出：学生（指幼儿园至小学四年级的学生——引者注）通过历史学习一些科学探究方面的重要事情和著名人物，这些知识可以为接受后来将介绍的科学的历史和本质方面的复杂概念奠定基础。小学教师可以借助短篇小说、电影、录像和其他例子介绍一些对科学作出贡献的历史名人（包括男人和女人，少数民族和残疾人）的有趣例子。要求学生通过这些故事理解科学家是如何工作的，注意他们提出的问题、他们采用的研究程序和众多个人对科学技术的贡献。小学高年级的学生可以阅读体现这一标准的主题（科学是人类的奋斗目标）的故事讲给别的同学听。②

在我国的科学教育中，科学史的教育已逐步引起注意。但是我国科学史教育的目标局限在如下的范围：提高人的政治思想觉悟，如爱国主义、集体主义和辩证唯物主义思想等；影响人的道德素养和个性，如无私奉献的精神，百折不挠的意志，顽强拼搏的作风，追求真理的勇气，敏锐的洞察力，求知的好奇心等；培养创造性思维。科学史教育应该透过科学发展的历史事件全方位地展现科学发展

① 曹磊、谭树杰：《各国物理教学改革剖析》，98页，上海，上海教育出版社，1996。

② 美国国家理事会编著：《国家科学教育标准》，163页。

的内在动力和发展机制，分析科学对整个人类精神领域的巨大影响，使学生认识到科学与人类物质生活和精神生活的密切关系。

我国小学的科学课程需要把科学探究的本质与科学发展的历史结合起来。科学史教育不是对科学发展历史的简单回忆，简单的回忆“无非是无限数量的考古材料的堆积而已”。科学教师不必把科学史这棵古老的知识之树上的枝枝叶叶都传授给学生。如果一定要学生记住科学历史上的一些细节，无疑会增加学生不必要的学习负担。这与科学史教育的初衷背道而驰。科学史教育也要超越那种纯粹的证明模式，即证明我国古已有之，或者我国古人的发明与发现比其他民族早多少年。科学史教育也不是为了满足人的猎奇心而去搜寻一些奇闻逸事。科学史的教育需要与科学的本质、科学内含的人性、科学内在的精神力量联系起来。

本章小结

小学科学教育改革需要有基本的理念，科学教育应该回归学生的生活世界，引领学生走进科学研究的真实世界，了解科学发展的历史世界。科学源自人的生活，科学教育与儿童的生活经验密切相关，科学教育在超越学生的生活世界之际，也可能遗忘和疏远它。回归学生生活世界的科学教育能为学生提供学习的意义基础和动力。

科学教育应该直面学生生活世界中的非科学内容。科学研究并非神秘莫测，科学研究共同体固然有独特的研究方法和精神气质，但是科学家是人而不是神，科学教育应该鼓励学生走近科学家，走进科学研究世界，理解和欣赏科学研究世界中的美丽风景。科学教师应该是科学家在教育界的代表。学生不仅应学习科学研究的结果，更应该学习科学研究的过程与思维方法。

科学发展的历史是人类文明史的主线，是科学教育的基石，让学生理解科学的起源和发展，科学就会显示出它的人性内涵和精神资源。但是科学的进步很容易毁灭自己的过去。科学教育重视科学发展的历史，有利于学生更好地理解科学的本质。科学教师应避免让学生对科学历史细节的机械记忆。科学发展史作为重要的教育资源有待于进一步的开发。

阅读·思考·交流

1. 阅读下面的资料，回忆和交流自己曾经思考过的问题。

小学五六年级的学生提出的科学问题很多，但是都与他们的生活世界相关，这些问题主要涉及如下方面：一是关于人类自身的问题，如：人类是怎么产生的；人为什么要睡觉；人为什么会做梦；放屁是怎么回事；人为什么要呼吸；医生所说的过敏是什么病；有老年斑会长寿吗；人为什么会衰老；人为什么不会飞；人为什么会近视；有没有外星人。二是自然界中的一些物理化学问题，如：蜡烛为什么会熔化；焰火为什么有那么多颜色；关门时窗子为什么会振动；风筝为什么能飞那么高；油漆为什么会臭；闹钟为什么会响；纸张的下降速度有多快；轮子为什么在斜坡上会滚动；住蒙古包为什么不冷；潜水艇为什么能潜水；大海的水从哪里来；为什么有火山；草原为什么会变沙漠；电话为什么会直通；空调为什么产生冷气；马达为什么会转动；铁为什么会生锈；木头为什么不会沉。三是关于宇宙和地球的问题，如：为什么会有宇宙；宇宙有多大；地球有多重；为什么觉得地球是平的；宇宙中的星球为什么不会往下掉。四是关于动植物的问题，如：花为什么有生命；花为什么要浇水；夜来香为什么会驱蚊；为什么绿色蔬菜好；甘蔗为什么会甜；舌头为什么能尝出百味；动物为什么不会说话；苍蝇吃变质的食物为什么不会病死；是不是真的有恐龙化石；等等。

2. 阅读下面的资料，回忆和交流自己曾经做过的一些小实验。

陶行知曾说："不做无学，不学无术。科学实验要在做上学，在做上教。读科学书籍，听科学讲演，而不亲手去做实验，便是洋八股而非真科学。"在谈到编写"儿童科学丛书"时，陶行知指出："我们编辑这部书的目的，在引导小朋友把自己造成科学的孩子。科学的孩子必得动手去做，用脑去想，所以这部书是科学的孩子实验、观察思想的指南，而不是静坐在那儿'诗云子曰'一样的读书。如果买了回去，读而不做，做而不求做之所以然，那就便是违背我们编书的宗旨了。"

3. 阅读下面的资料后，讨论和交流科学教育忽视探索过程与方法的几个主要原因。

贝尔纳对于科学教育忽视科学探索的过程与方法有过全面的描述，他在《科学的社会功能》一书中指出，"科学教育的目的有二：提供已经从自然界获得的系统知识基础，并且有效地传授过去和将来用以探索及检验这种知识的方法。不过这两件事不是互不相关的。如果学生不了解知识是怎样获得的，如果学生不能够以某种方式亲自参加科学的发现过程，就绝对无法使他了解现有科学知识的全貌。现在的科学教学正是在后一方面失败得最为明显。即使在讲究实际的实验室工作中，传授科学方法的方式通常也仿佛仅仅包括测量和简单的逻辑推理似的。几乎没有人尝试过怎样去发挥想象力以及怎样去创立和检验种种假说，其原因部分在于传统，部分在于经济……我们所希望的是把科研当作教学的一个不可分割的部分。这对于把自己的科学知识应用于日常生活或教学的人比对于有志将来从事科研工作的人更为必要。”

4. 阅读下面的资料，思考和讨论学生的科学探究与科学家的研究之间的异同。

布鲁纳在《教育过程》一书中说：“这个中心信念就是：无论在哪里，在知识的尖端也好，在三年级的教室里也好，智力的活动全都一样。一位科学家在他的书桌上或实验室里所做的，一位评论家在读一首诗时所做的，正像从事类似活动而想要获得理解的任何其他人所做的一样，都属于同一类活动。其间的差别，仅在程度而不在性质。学习物理学的小学生就是个物理学家嘛，而且对他来说，像物理学家那样来学习物理学，比起做别的什么来，较为容易。”

5. 阅读下面的资料，思考和讨论在小学的科学教育活动中如何实施探究性教学。

《国家科学教育标准》关于“作为探究的科学”的内容标准，对于从幼儿园到小学 4 年级提出了如下的要求：“从低年级开始，就应该设法让学生接触科学，让他们积极参与概念和解释的构造，增加其锻炼科学能力的机会。将科学作为探究过程来讲授，可以为教师提供培养学生能力和加深他们对科学理解的机会。”“在学校教育的早期阶段，学生可以研究一些地球物质、生命体和常见物体的性质。尽管孩子们通过这些经历建立了概念，扩大了科技词汇，但是他们还应该培养探究能力。当学生们把经历集中在调查研究过程的时候，他们也即培养了种种能力，包括提出科学问题、研究周围世界的方方面面、通过他们的观察对自己提出的问题做出合理的解释等。学生在教师的指导下不断积累起他们的科学知识。学生还应该通过探究过程学会如何将自己和同学的调查结果及其解释讲给别人听。”

6. 阅读下面的资料，思考和讨论科学史上重要事件的教育价值。

萨顿在《科学的生命——文明史论集》一书中指出：“仅仅赋予历史全部启发价值还不足以追溯人类意识的进步。还必须回忆那些曾经阻碍历史进程的倒退、突然停顿以及各种各样的灾难。错误的历史特别有用：首先是能够帮助我们更好地评价真理的进步，还能帮助我们避免将来发生类似的错误，最后，因为科学上的错误具有一种相对的性质，今天的真理明天或许要被重新考虑，如果不完全错，至少也是很不完全的了；而谁又知道昨天的错误明天会不会变成近似的真理呢？类似的复归经常发生，历史研究的结果常常迫使我们景仰、尊敬那些在他们自己的时代被误解、被轻视的人们。”

第四章

科学教育的理论基础

内容提示与思考

◎ 儿童思维发展有哪些阶段?
◎ 学生的前科学观念对学习科学有哪些影响?
◎ 多元智能理论对科学教育有什么启示?
◎ 建构主义理论对科学教育有什么启示?
◎ STS 教育理论的主要思想是什么?

第一节　心理学基础

一、儿童思维发展的阶段

瑞士心理学家皮亚杰对儿童的思维发展特点进行了系统的研究，他将儿童的思维发展分为四个阶段：感觉运动阶段（2 岁之前）、前运算阶段（3～7 岁）、具体运算阶段（8～11 岁）和形式运算阶段（11 岁以后）。

（一）感觉运动阶段

处于这一阶段的儿童对外部世界的认知主要是通过感官得到感性知识，如通过观看知道物体的颜色和形状，通过触摸体验物体的软硬程度，通过品尝知道食物的味道、软硬等。这一阶段的儿童不能有意识地进行模式设计或排列物品，但是如果儿童对某些物品很熟悉，就会对它们命名或做出解释。例如，一两岁的儿童在纸上随意涂抹，然后向他妈妈解释说，他画的是猫，实际上，他开始涂抹时并没有考虑要画猫，随意涂抹出来的“作品”并没有事先“设计”，不过是涂抹出来以后他觉得自己的“美术作品”像猫而已。

瑞士心理学家皮亚杰

皮亚杰是瑞士儿童心理学家，发生认识论的创始人。他1918年获博士学位，从事过精神病诊治及儿童测验工作。1955年皮亚杰在日内瓦创立“国际发生认识论中心”并任主任，直至去世。1925年皮亚杰发表《心理学与认识的批判》一文，首次明确阐述心理学与认识论研究相结合的必要性。他一生最大的贡献是创立发生认识论的理论体系，把生物学与认识论和逻辑学相沟通，以揭示认知发展的机制，从而把传统认识论改造成为一门实证的经验科学。发生认识论强调主体的认知结构在认识形成过程中的重要作用。他的认知发展理论对教育和临床心理学产生了深远的影响。其代表性著作有《发生认识论导论》、《结构主义》、《生物学与知识》等。

（二）前运算阶段

从3岁开始，儿童的行为通常发生在对行为的思考之后。例如，如果将一堆颜色、形状、大小各异的硬卡片放在一个未经特殊训练的4岁儿童面前，让他分类，该儿童可能会对这堆卡片进行适当的观察和思考后按照某一特征将其分组，参见图4—1，第一组都是白色，第二组都是圆形，第三组都是三角形。在解决问题的过程中，儿童往往只注意到一个变量。

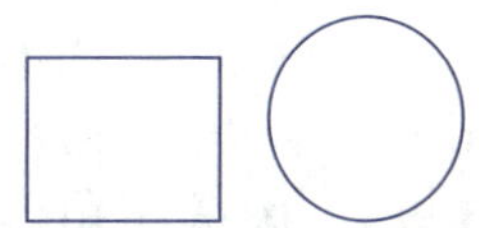
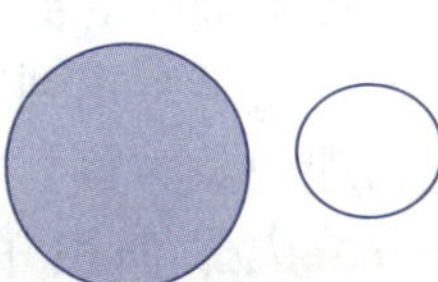

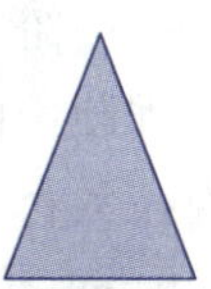

图4—1　前运算阶段的儿童思考后对卡片的分类排列

这一阶段的儿童不能理解“守恒”的概念。所谓守恒是指物体经过物理变化之后在某一方面的特性并没有改变。例如，同样数量的两组硬币以不同的方式放置在桌面上，其数量仍然相等。以下是一位幼儿园教师与儿童的对话，反映出这个阶段的儿童还没有建立起守恒的概念（参见图4—2）。

教师：江涛，请你数一数第一排有几个硬币，好吗？

儿童：“1、2、3、4、5，5个。”

教师：很好。请你再数一数第二排有几个硬币，好吗？

儿童："1、2、3、4、5，5个。"

教师："太好了。你说这两排中哪一排硬币比较多呢？"

儿童："第二排硬币比较多。"

教师："为什么呢？第一排有5个硬币，第二排也有5个硬币，为什么不是一样多呢？"

儿童："因为第二排比较长。"

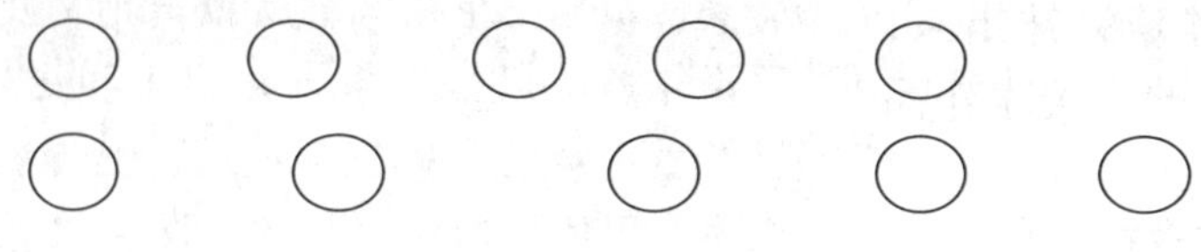

图 4—2

（三）具体运算阶段

这一阶段的儿童开始能够根据物品的某一共同的特征对所有物品进行分类。例如，儿童先将蓝色物品放在一起，然后继续把剩余的物品按照红色、黄色等分别归类。他们也能够认识到物品某些特征的同时性，如，某一物品既是红色的，同时又是方形的。这一阶段的儿童其思维还具有可逆性，如，儿童观察到，将白糖放入水中，随着温度的升高，在水里溶解的白糖越来越多，他们可以推断出，随着温度的降低，越来越多的白糖会从水中析出。此外，这一阶段的儿童开始具有守恒的概念。4～7岁的儿童不再觉得图4—2中第二排硬币的数目比第一排的多，而是意识到它们是一样多。守恒的概念不仅表现在数目上，也表现在其他物理现象方面，如长度守恒（5～8岁）、体积守恒（6～9岁）、质量守恒（6～10岁）、面积守恒（7～10岁）、固体体积守恒（10～14岁）、置换体积守恒（12～16岁）。

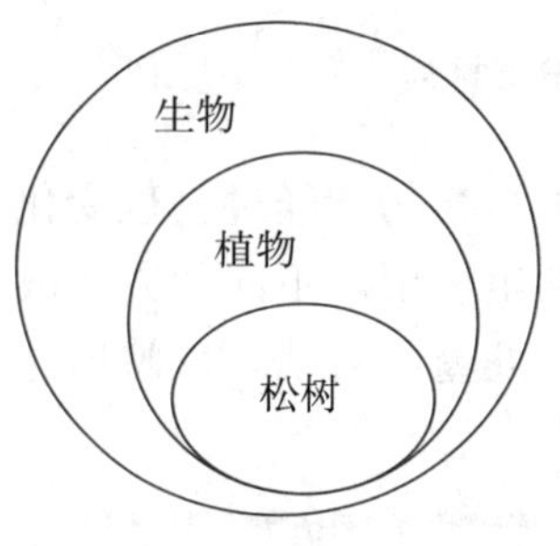

图 4—3　生物、植物和松树的分类关系

（四）形式运算阶段

在11岁左右，儿童开始思考物体之间的关系，如，所有的植物都是生物，所有的松树都是植物，因此，所有的松树都是生物（见图4—3）。但是，生物并不都是松树。这里植物是松树的上位概念，而生物又是植物的上位概念。这一阶段儿童开始出现演绎推理。他们逐渐认识到，如果一个由物体组成的集合包含在另一个较大的集合内，那么较小集合内的所有物体都属于较大集合，但只是较大集合的一部分。反过来说，较大集合包含了所有的较小集合中的物体。

儿童到了 14 岁左右，思维的方式变得更加灵活，他们能够根据物体的几种特征进行分类，然后再将物体按多种不同的方式重新分类。儿童逐渐认识到，每一种分类都是可能的，对分类方式的选择与分类的目的有关。例如儿童对一批图书的分类有好几种：

方法 1：根据内容分为科学、非科学两类。

方法 2：根据大小分为大中小三类。

方法 3：根据厚薄分为厚、中、薄三类。

方法 4：将书同时按大小和厚薄分类（见表 4—1）。

表 4—1 **根据图书的两种特征分类**

	大	中	小
厚			
中			
薄			

方法 5：将书同时按内容、大小、厚薄分类（见表 4—2）。

表 4—2 **根据图书的三种特征分类**

	科学			非科学		
	大	中	小	大	中	小
厚						
中						
薄						

皮亚杰认为，这一时期的儿童能够思考可能的或假设的东西，假设可以不断地被否定、被质疑、被暂时排除或暂时肯定，以便做出进一步的思考和验证。这些是科学探究的主要特征。随着知识的增长，学生对各门学科的理解也不断加深。到 16 岁左右，学生能够根据事物或概念之间的本质联系及其逻辑关系对事物进行更加复杂的分类，如上述分类方法 4 和方法 5。

整体上看，儿童的思维发展阶段有所差异，但是思维发展的阶段和顺序不会因社会文化背景而改变。

二、儿童的学习动机

皮亚杰认为，儿童生来具有的好奇心是驱使他们探究事物的基本动力。当给学生提供与原有知识或原有经验不同的挑战性环境时，他们的认知平衡结构被打破，从而驱使他们去解决面临的认知冲突。从教学的视角讲，教学内容略高于儿童的认知水平时，学生学习的兴趣及内在驱力最大，内容过易或过难都会使学生失去探究的兴趣。

现代人本主义心理学家马斯洛（Maslow，1908—1970）认为，人的多种需要处于不同的层次，生存、安全、归属感、自尊心、艺术欣赏、自我实现等需要依次上升。显然，课堂学习或书本学习不是儿童的第一需要，儿童只有满足了基本的需要，才可能有强烈的学习动机。如果儿童身体不舒服，或者经常担心受到同学的嘲笑、教师的严厉批评，他们便不能专心投入学习。为此，教师要了解、尊重和满足学生的基本需要，给学生提供轻松愉快的学习环境，并把学生的特殊兴趣与科学的学习内容联系起来，如，把篮球运动与力的概念联系起来。当然，马斯洛的理论也引起一些异议，有人认为人的需要层次不是固定不变的。如，有的科学家为了追求科学上的真理，即使食不果腹，甚至受到疾病困扰，也在积极探究科学，还有少数的科学家竟冒着生命危险从事科学探究活动。

班杜拉（Bandura，1925—　）对儿童和成人通过观察而进行学习的模式作了长期的专门研究。他认为，观察式学习起源于儿童对他人的观察，随后对观察获得的信息进行处理和记忆，在适当的情境中将观察到的行为通过自己的言行表露出来。班杜拉认为，影响学习动机的因素主要包括学生对自身能力的自信程度以及对行为后果的预测。如果儿童因科学成绩低下而丧失学好的信心，并预计会受到教师和家长的批评，就会导致其丧失学习的动机，从而放弃学习上的努力。因此教师要给学生创造学习科学成功的机会，把难度较大的科学任务分解成学生能够完成的若干部分；不要简单地用优秀学生的成绩去激励一些所谓的“差生”，而要引导“差生”注意那些与自己类似的人物取得成功的事例。

学生的学习动机也与他们对成败的归因和目标定位有关。根据维纳（Weiner）的归因理论，学生根据自己的学习目标对学习的结果进行判断，是成功还是失败，并对成败的原因进行归类。常见的归因包括学习能力的高低、努力程度、学习任务的难易度、个人的运气好坏等。如果学生把成败归因于努力程度等自己可以控制的因素，他们的学习动机一般会增强；如果归因于运气等自己不可以控制的因素，学习动机往往会减弱。为此，教师需要精心设计一

些从易到难的学习活动，让学生品尝到成功的喜悦，并将成功与个人的努力程度联系起来。让学生适度提高对学习结果的期望，也可能促使学生增强学习动机。此外，那些以理解和掌握科学为目的的学生比那些以取得高分为目的的学生有着更强烈的学习兴趣，具有较高的学习主动性，会积极寻求具有挑战性的学习任务。

三、儿童的前科学观念

儿童具有一种强烈的、天生的理解世界的愿望。在进入小学之前，儿童在经验的基础上已经对世界有了一定的理解，并形成了自己的前科学观念。这些前科学观念可谓是儿童自己的“天真的理论”。儿童总是试图将自己已知的知识与新获得的信息联系起来，以便解释观察到的新现象、新问题。例如，儿童可能会注意到周围世界的很多生物，他们会发现，人、狗、猫和鸟都有行动的能力，可能会猜想生物的一个重要特征就是有行动能力，只是他们忽视了生物的另外一部分——植物。但是，飞机会飞，却不是生物，于是他们还会继续思考究竟什么是生物等抽象问题。儿童在接受正式的科学教育之前都用自己的前科学观念来解释现实中的问题，即使在上学之后，有的儿童还会继续坚持他们先前的观点。科学教师应该为儿童提供一定的条件和帮助，促进儿童获得多方面的经验，形成他们合理解释世界的科学观念。

儿童具有前科学观念的案例

美国马萨诸塞州一位四年级的科学教师奥布莱恩在一节关于热的科学课堂教学过程中，发现学生对“热”的理解令人感到吃惊。在过去几年的冬季里，父母多次叮嘱学生们在感到寒冷的时候要穿上毛衣，学生们就确信毛衣本身能够发热，这就是他们的前科学观念。奥布莱恩决定给学生们一个机会，让他们自己去发现毛衣是否真的会发热。她给学生提供验证的机会，学生们把温度计放进毛衣里测量毛衣的温度。他们的假设是：温度升高就表明毛衣的确能发热。当学生观察到毛衣里的温度计没有显示温度的变化时，奥布莱恩以为学生们会意识到原来的想法错了。然而，毛衣里的温度计尽管一直保持在20℃，但是有的学生依然相信毛衣会发热。其中一个叫凯特的学生在记录表上写道：“冷与热有时候真奇怪。也许温度计坏了，因为它是用来测量室内温度的。”做过几个实验之后，还是有学生坚持原来的观点，认为毛衣能够发热。后来，学生们检查了温度计没有坏，又把温度计长时间地放在毛衣里，还把毛衣放到其他不同的地方，甚至把毛衣放在睡袋里。经过多次验证学生才开始相信毛衣不会发热。

这个案例很有价值。它说明儿童具有前科学的观念，科学教学要改变他们的“天真理论”是多么困难。不过奥布莱恩还是帮助学生们放弃了前科学观念。在刚开始上课的时候，她给孩子们时间集中讨论他们对热的想法，以表达他们对热的初步认识。然后她用这些信息设计课程单元的主要部分，鼓励学生们自己设计实验验证他们原来的观念。第三步她让学生们运用第一手的实验资料，重新思考以前形成的观点并获得对热的正确认识。第四步她鼓励学生把科学知识应用到新的情境中，例如，第二年冬天，当孩子们穿上毛衣时就知道，热量不是来自毛衣而是来自身体。

第二节　多元智能理论

一、多元智能理论的内容

加德纳的多元智能（Multiple Intelligences）理论对美国教育改革的理论和实践产生了广泛的积极影响。传统的智商（IQ）理论和皮亚杰的认知发展理论都认为智能是以语言能力和数理逻辑能力为核心的、以整合方式存在的一种能力。而加德纳提出的多元智能理论认为人具有多种智能，而且人的多种智能都与具体的认知领域或知识范畴紧密相关。加德纳在1983年出版的《智能的结构》一书中提出了新的智能的定义，即“智能是在某种社会和文化环境的价值标准下，个体用以解决自己遇到的真正难题或生产及创造出有效产品所需要的能力”。

根据新的智能定义，智能不是一种能力而是一组能力，各种能力不是以整合的形式存在而是以相对独立的形式存在，但各种智能之间有密切的关系。加德纳分析了具有相对独立性的八种智能，它们分别是：

（1）语言智能（Linguistic Intelligence），指个体听、说、读、写的能力，表现为个人能够顺利而高效地利用语言描述事件、表达思想并与人交流的能力，在记者、编辑、作家、演讲家等人身上有比较突出的表现；

（2）音乐智能（Musical Intelligence），指个体感受、辨别、记忆、改变和表达音乐的能力，表现为个人对节奏、音调、音色和旋律的敏感以及通过作曲、演奏和歌唱等表达自己思想和情感的能力，在作曲家、指挥家、歌唱家、演奏家、乐器制造者和乐器调音师等人身上有比较突出的表现；

（3）逻辑智能（Logical Intelligence），指个体运算和推理的能力，表现为个人对事物间各种关系（如类比、对比、因果和逻辑等关系）的敏感以及通过数理运算和逻辑推理等进行思维的能力，在侦探、律师、工程师、科学家和数学家等人身上有比较突出的表现；

（4）空间智能（Spatial Intelligence），指个体感觉、辨别、记忆、改变物体的空间关系并借此表达自己思想和情感的能力，表现为个人对线条、形状、结构、色彩和空间关系的敏感以及通过平面图形和立体造型将它们表现出来的能力，在画家、雕塑家、建筑师、航海家、博物学家等人身上有比较突出的表现；

加德纳教授简介

加德纳（Howard Gardner，1943— ），美国发展心理学家，哈佛大学教授，因在心理学领域成就卓著而享誉全球。加德纳的父母是犹太人，因受纳粹的迫害于1938年移民到美国。小时候加德纳学业成绩优秀，而且还是一位很有潜力的钢琴演奏者。1961年他进入哈佛大学，先学习历史专业，后改学社会学。在阅读了皮亚杰的著作并结识了布鲁纳之后，他转向心理学领域的学习。在过去二十年里，他和哈佛大学零岁方案的同事们一直从事基于行为评价的设计、为理解而教等方面的研究工作，并把多元智能理论应用于个性化的课程、教学和评价工作之中。他已经发表了数百篇论文，20本专著被翻译成了20多种语言。2004年华东师范大学授予他荣誉教授头衔。

（5）肢体动作智能（Bodily-kinesthetic Intelligence），指个体运用四肢和躯干的能力，即个体能够较好地控制自己的身体，对事件能够做出恰当的反应以及善于利用身体语言来表达自己的思想和情感，在运动员、舞蹈家、外科医生、赛车手和发明家等人身上有比较突出的表现；

（6）内省智能（Intrapersonal Intelligence），指个体认识、洞察和反省自身的能力，即个体能够正确地意识和评价自身的情绪、动机、欲望、个性、意志，并在正确的自我意识和自我评价的基础上自尊、自律和自制，在哲学家、小说家、律师等人身上有比较突出的表现；

（7）人际智能（Interpersonal Intelligence），指个体与人相处时的交往能力，即个体能觉察、体验他人情绪、情感和意图并据此做出适宜的反应，在教师、律师、推销员、公关人员、谈话节目主持人、管理者和政治家等人身上有比较突出的表现；

（8）自然探索智能（Naturalist Intelligence），指个体善于观察自然界中的各种事物，对物体进行辨认和分类的能力，具有这项智能的人有着强烈的好奇心和求知欲，有着敏锐的观察能力，能了解各种事物的细微差别，在天文学家、生物学家、地质学家、考古学家、环境设计师等人身上有比较突出的表现。

根据多元智能理论，可以说几乎每个人都是聪明的，但聪明的范畴与性质却呈现许多个别差异，各人的智能光谱（Intelligence Spectrum）各如其面，人人各不相同。各种智能以潜能的形态存在于儿童的心灵之中，只要给予适当的鼓励、机会、环境和教育，几乎每个儿童的所有多元智能均能达到相当高度的发展，个体若能够根据自己的智能特征努力学习和工作，他们几乎都能取得不同程度的成功。

二、多元智能理论与科学教育

行为主义在实验的基础上解释人的学习行为，在教学中强调有效学习的条件与控制。与行为主义的观点不同，多元智能理论在学习问题上强调学生用不同的方式来学习。行为主义的教学观更偏重于教学过程中教师的“教”，而多元智能理论在教学中更强调学生的“学”；行为主义是在条件反射的生理机制上来理解人的学习过程，而多元智能理论强调智能发展的生物基础以及个体的生活经验与社会文化背景。这两个根本不同的视点，决定了多元智能理论应用于科学教育，必然带来根本性的变革。加德纳的多元智能理论对小学科学教育有多方面的启示。

（一）教学目标的全面性

多元智能理论主张教学目标的全面性。加德纳认为，学校教育的宗旨应该是开发多种智能并帮助学生发现适合其智能特点的学习方式和业余爱好。学校教育的目标并不只是让学生掌握学科的基本内容和技巧，学生必须对特定的学习主题有深入的理解，有进一步独立思考和解决问题的能力。只有建立这样的教育目标，才能清楚学校教育在教学中“应该教什么”和“为什么要教那些课程”。在加德纳看来，阅读写作能力的获取、基本事实的学习、基本技能的培养或是精通某个学科的思维方式，都应该是方法而不是最终的目的。依据多元智能理论，教学目标与方法应是利用个别差异的心理表征的不同方式，以学生多元智能为教学上的“多元切入点”，为所有的学生提供全面发展的多元途径，实现真正的理解，从而使教学活动、学生的经验结构与未来的生活真正相连。

（二）教学过程的生成性

不同于行为主义者对教学过程的“机械性”理解，多元智能理论将教学过程界定为一种生成性的过程。尽管加德纳没有直接论述教学过程的生成性，但在

《受过训练的智能》一书中他提出，在多元智能理论的基础上要建立理解的课堂教学。这种理解是学生主体对文化环境、对个体生活情景、对问题出现的场景等方面的认知和阐释，是主体和客体之间的互动。加德纳在他的关于多元智能学校的设计中，提出了理想中的学校应有“深入社区的学习”，他称之为“场景化的学习和探索”，他还建议学校教育应注意吸收两种非学校模式的有效成分，即“师徒模式”的社会场景化学习过程和“博物馆”的社会场景化学习环境。

（三）学生学习的主动性

多元智能理论认为，教学并不是来自学生外部的强加的“制式”过程，在教学过程中学生对学习活动具有主动性。加德纳在提出多元智能的学习以个人为中心时，强调要尊重学生，甚至充分相信儿童的学习能力。教师应该根据每个儿童的特点设计学习计划。“以学习者为中心”是多元智能教学观的重要思想。这种“中心”强调了教师对学生主体角色的认同，同时也强调学生的参与，强调为学生准备范围更广的可供选择的课程及学习资料。学生的自主选择是学习过程的开始。学生应该自己动手或与伙伴合作学习有关技能。例如，学生可根据自己的兴趣，选择或是参与数学方面的“恐龙游戏”、音乐方面的“音乐感觉活动”，或是尝试科学方面的“装配活动”、语言方面的“故事板活动”。

（四）教学评价的多元性

在教学评价中，加德纳重视儿童自我评价的多元性。他主张进行以学习活动分析、作品分析、记录分析等为内容的“档案评价”，评价的资料包含考试成绩、录音带、学习作品、学业作业等。以往对于学生的评价只有一个方式，把评价主要局限于语言智能和数理逻辑智能方面，学生的表现只能通过这两种智能表现出来，而且采用的评价方式基本上是纸笔书写的方式。这种评价使得一部分语言或数理逻辑智能处于弱势的学生失去了学习的兴趣和自信，使得一些不擅长通过纸笔进行学习和考试的学生经常有学习上的失败感。现在既然清楚学生的智能是多元的，教师就应该树立多元化的评价观念，让学生能选择适合其智能特点的特定方式去解决科学问题，展现自己的智能特点及科学学习的结果。

第三节 建构主义理论

一、建构主义的兴起

当今的建构主义是皮亚杰等人思想的发展。皮亚杰发生认识论的基本假设是：

认识既不起因于主体，也不起因于客体，而是主体与客体之间的相互作用。皮亚杰不认为认识的形成仅仅是经验的结果，而是强调个体在认知形成过程中的积极作用。在皮亚杰看来，认知发展受三个基本过程影响：同化、顺应和平衡。同化（assimilation）指个体在感受到刺激时，把它们纳入头脑中原有的图式之内，使其成为图式的一部分，就像消化系统吸收营养物一样。顺应（accommodation）是指有机体调节自己内部结构以适应特定刺激情境的过程。在学习上，当个体不能用原有图式同化新的刺激时，便要对原有图式加以修改或重建，以适应环境，这就是顺应的过程。就本质而言，同化主要是指个体对环境的作用，顺应主要是指环境对个体图式的影响。个体的认知图式通过同化和顺应而不断发展，以适应新的环境。一般而言，个体每当遇到新的刺激，总是试图用原有图式去同化，若获得成功，便得到暂时的平衡。如果用原有图式无法同化环境刺激，个体便会作出顺应，即调节原有图式或重建新图式，直至达到认识上的新的平衡。

建构主义的历史渊源

18世纪的意大利哲学家维科（Giambattista Vico，1668—1744）被尊奉为建构主义的先驱，他阐述过这样一种观点：一个人只能知道或了解他自己建构的知识。在反对直接教授知识方面，苏格拉底和柏拉图是教育史上最早的建构主义者。苏格拉底的“产婆术”即是以提问方式促使学生自己思考问题，发现真理。从建构主义观点看，这无疑是建构主义教学的成功典范。就当代建构主义的来源而言，皮亚杰做出了很大的贡献，他把主体与客体的相互作用视为一切经验和知识的源泉。他既反对知识纯粹来自感官体验的经验主义（empiricism），也反对知识来自纯粹理性的理性主义（rationalism）。他认为知识就是建构，知识建构的过程就是同化和顺应的过程。

二、建构主义科学教育观

按照建构主义的理论，学生是教育过程中的“主角”，教师是教育活动中的组织者和引导者，为学生建构自己的知识提供条件。这就像学生要建造一座房子，一个好的教师应该是一个建材市场的经理，为学生提供各种建筑材料，帮助他们设计草图，然后让学生自己动手去“建造”房子。教师不应该是一个房地产商，先让人盖好房子，然后再卖给学生。

建构主义的教学案例：澳大利亚小学的“动物”教学

小学三、四年级混合编班的学生要上科学课中的动物这一单元，科学教师玛莉为这一教学单元进行的教学设计主要是，让学生自己用多媒体计算机设计一个关于本地动物园的电子导游图，从而建立起有利于建构“动物”概念框架的情境。她把学生分成若干小组，每个小组负责开发动物园中某一个展馆的多媒体演示。玛莉让孩子们自己选择愿意开发哪一个展馆，选哪一种动物；是愿意收集有关的动物图片资料还是愿意为图片资料写出相应的文字说明；或是直接用多媒体工具去制作软件。根据孩子们的选择组成不同的学习小组。这样，每个展馆就成为学生的研究对象，孩子们都围绕自己的任务努力去搜集材料。例如，他们到动物园的相应展馆去实地观察动物的习性、生态，到图书馆和互联网上去查找有关资料，以获取动物图片和撰写说明。在各小组完成分配的任务后，玛莉对如何到图书馆和互联网上搜集素材适时给学生以必要的帮助，对所搜集的各种素材的重要性进行分析比较，给学生以适当的指导。最后，玛莉组织全班进行交流和讨论。

这种围绕一定情境进行自我探索的建构主义学习方式，不仅大大促进了学生学习的自觉性，充分体现了学生的认知主体作用，而且如果教师引导得法，在此基础上开展的协作学习将是加深学生对概念的理解、帮助学生建构知识的有效途径。例如，在全班交流过程中演示到“袋鼠”这一动物时，玛莉向全班同学提出一个问题：“什么是有袋动物？除了袋鼠有无其他的有袋动物？”有些学生举出“袋熊”和“卷尾袋鼠”。于是玛莉又问这三种有袋动物有何异同点，并让学生们围绕这些异同点展开讨论，从而在相关背景下，锻炼与发展了儿童对事物的辨别、对比能力。

第四节 STS 理论

一、STS 研究领域

科学技术的迅速发展既给人类带来了辉煌的物质文明和多层面的精神影响，也给人类带来了负面影响，如战争灾难、环境污染、生命伦理等问题。因此有人认为，科学技术是一把双刃剑，在征服自然的同时，也遭受自然的报复。科学以揭示客体规律为目的，其成果多为观念形态的，技术以改变客体的存在形态为目的，其成果多为实物形态的。因此，科学的实用目的是间接的，是通过技术实现的。相对于科学成果，技术成果对社会的作用直接得多。

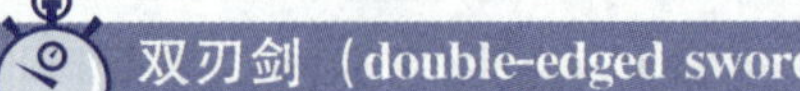

双刃剑（double-edged sword）

双刃剑指两面都有刃的剑，常用来形容事情的双重影响性，即既有利也有弊。人们在用这种双刃剑的时候，一面对着敌人，另一面一定会对着自己。这时如果将剑刃对着敌人砍去，敌人用兵器一挡，剑就会反弹回来，对自己就会有一定的危险。双刃剑隐含的意思就是说某个东西是有两面性的，既可能伤到敌人，也可能伤到自己，因此，在使用的时候，一定要考虑好，正确估计到事物的两面性，合理地运用好，要不然对自己不一定是个好事。

如何认识科学、技术与社会三者之间的关系，是科学教育需要重视的问题。STS 理论为思考这一基础性问题提出了新的思路，它是一种新兴的综合性的学科交叉理论，旨在从不同的视角研究科学、技术与社会的互动关系，以促进科技、经济与社会的可持续发展。在美国、日本等国兴起的 STS 研究主要从科技史、科技哲学、科技社会学、科技政策学和各类工科学科、技术与社会的相互关系的角度来审视科技发展的本质及其影响。这一新兴领域的研究成果在高等院校和市民中被普遍地加以宣传和普及，让学生和民众理解科学、技术和社会的复杂动态关系，掌握科学技术的基本知识和技能，发现科学技术在应用中产生的社会问题，提高大众对科技问题的敏感性和判断力，树立科技发展与社会发展相协调的价值观，辩证地认识科技发展与人类现实生活之间的关系。

STS 研究的一个重要问题就是人与自然的关系问题，即人如何利用科学技术既开发自然又保护自然，真正造福于人类的长远幸福。20 世纪 80 年代初期，有人调查了来自 41 个国家的 262 位科学工作者对与科学技术相关的全球问题的排序。表 4—3 显示了当初的全球性问题及学者们排序的结果，越是排在前面，表示问题越严重或越重要。

表 4—3　　20 世纪 80 年代的全球性问题排序

排序	全球问题
1	世界饥饿和食物资源（食物生产、农业、耕地保护）
2	人口增长（世界人口、移民、承载能力、远景容量）
3	空气质量和大气（酸雨、二氧化碳、臭氧层变薄、地球变暖）
4	水资源（废物处理、河口或港湾、供应、分配、地下水污染、肥料污染）

续前表

排序	全球问题
5	战争技术（神经错乱性毒气、核发展、核武器威胁）
6	人类健康和疾病（传染和非传染疾病、紧张、噪声、饮食和营养、锻炼、精神健康）
7	能源短缺（合成燃料、太阳能、化石燃料及保存、石油生产）
8	土地使用（水土流失、开垦、都市发展、野生生物损失、砍伐森林、盐碱化）
9	有害物质（废物采集场、有毒化学药品、铅漆）
10	核反应堆（核废料管理、增值反应堆、建设价格、安全、恐怖主义）
11	植物和动物灭绝（遗传多样性下降、野生动物保护）
12	矿物资源（非燃料矿物、金属和非金属矿物、开矿、技术、低品位沉积物、再循环使用）

资料来源：王素、吴颖惠：《小学科学教育》，44页，北京，学苑出版社，2005。

二、STS 教育

STS 教育是一种科学教育思想，以科学、技术与社会之间的关系为教育的中心，强调通过科学教育思考和解决科技在现代社会中出现的实际问题。早在1861年，美国的波士顿就开始尝试科学、技术与社会课程的教学。1947年哈佛大学校长柯南特的《论理解科学》可以说是STS教育的萌芽。20世纪六七十年代在英美等国开始有了STS教育。1970年英国一些大学开设了“社会情景中的科学”（Science in a Social Context，简称SISCON）课程，70年代成立了“英国科学、技术与社会协会”。美国斯坦福大学的赫德教授明确提出开展STS教育，1975年他在《科学教育》杂志上发表了《科学、技术与社会：交叉学科教学的新目标》一文。1982年美国全国科学教师协会发表了《科学、技术与社会：80年代的科学教育》一文。英国科学教育协会于20世纪80年代出版了初中科学教材《社会中的科学与技术》（*Science and Technology in Society*，简称SATIS）。

STS教育的出现既与全球问题有关，也与科学教育自身的问题有关。二战后，科技发展迅速，但是科学教育并没有实质性的变革。美国的科学教育虽然经过了60年代的激烈改革，但是从整体上看，效果并不如人们原来期望的那样好，并没有从根本解决科学教育的危机问题。1979年有美国学者指出：“尽管花费了数百万美元，并有一些最优秀的科学家参与，今天的科学课堂与20年前的科学课堂并无多大差别。虽然书架上放了一些新书，储藏室里放着些高级仪器，但日常的课堂活动基本上仍没有变化。教师告诉学生什么重要，值得学习，这样就开始上课。”

STS教育具有如下特点：

(1) 具有跨学科性。STS教育是集科学、技术与社会三个领域于一体的教育，其跨学科的性质十分明显。一方面，STS教育中探讨的问题都涉及几门传统学科。如电离辐射传统上是物理学内容，但是作为STS课题，它也包含了生物学内容。

(2) 具有基础性。中小学乃至高等院校实施的STS教育，具有普通教育的性质，是一种面向全体学生的科学教育，而不是精英性质的科学教育。

(3) 重视技术教育。STS教育凸显了技术教育的地位和价值。以往的科学教育轻视技术，很少涉及技术教育，甚至排斥职业技术教育，主要目标是学习科学的概念和理论。

三、STS教育案例

(一) STS课程目标案例

STS教育的主要目标涉及三个层次：个人发展、社会发展和文化发展。具体的课程目标内容极为丰富，如提高公民的科学素养，促进学习者有效地建构科学概念，理解科学方法，激发学习者学习STS的兴趣和积极态度，帮助学习者学会批判性地思考、理性地思维、创造性地解决问题以及有效地进行社会决策，让学习者真正地理解科学技术是一种具有社会和文化意义的事业。有的国家把STS的相互联系作为一种隐性目标渗透在课程目标中，有的国家则把它作为显性目标，例如把它视为科学课程的目标之一。

下面以加拿大大西洋省的科学课程目标为例来了解STS教育显性的课程目标。小学六年级学生应该理解科学、技术和社会的相互关系，具体目标内容如下①：

(1) 我们生活的每一天都受到科学信息的影响，理解我们周围的世界就要理解科学原理。

(2) 技术能够使科学家和他人观察到那些过去因为太小或太远而观察不到的东西。

(3) 测量仪器被用于采集准确的信息，科学家用这些东西进行物体和事物的

① 参见王素、吴颖惠：《小学科学教育》，45页。

比较，由此设计和制造出更好的东西。

(4) 技术拓展了人们改变世界的能力。这些变化可能是为了生存的需要，诸如食物、房屋和防卫，也可能是通信和交通；或者是为了获取知识和表达思想的需要。

(5) 自从进入人类时代，技术就已经成为地球上生命的一部分，技术使人们能够更多地干预自己的生活。

(6) 任何发明都可能导致其他的发明。一旦发明存在，人们就会考虑使用其他的方式，这些方式可能是最初没有料想到的。

(7) 交通、通信、营养、卫生、健康、娱乐和其他技术，使今天大量的人都可以享受到过去仅仅是有钱人奢侈享受的物质和服务，但是这种好处对于每一个人来说并不是平等的。

(8) 除了科学定律以外，在设计方案时还必须考虑到安全、外观、环境影响以及如果这一方案失败将导致的后果。

(9) 技术经常是利弊共存的。当发生伤害或类似事件时就要做出选择或寻找新的解决办法。

(10) 由于人具有发明和使用工具的能力，因此人对其他生物的存在具有巨大的影响。

下面以“电”为例来认识课程中如何体现科学、技术与社会生活联系的课程目标。在表4—4中，既涉及一些基本的概念和知识，如可再生能源、不可再生能源、电的生产方法、直流电与交流电、电的发现等，也涵盖一些电的技术，如发动机、电动机、电磁铁、电的生产、电的利用、家庭和学校的常用电器的使用等，还包括电的科学技术对学生日常生活的影响、对环境的影响等。

表4—4　“电”的STS目标

科学、技术与社会生活的联系	1. 识别电的原料，并指出哪种能源是可再生的或不可再生的
	2. 认识电磁铁在发动机和发电机中的作用
	3. 描述常用电器或系统中电的转变
	4. 知道电的不同生产方法，评论不同的发电方法对自然资源和生存环境的影响
	5. 描述可能影响家庭和学校电能消费的情况
	6. 识别用电发出信号的电器
	7. 描述电是怎样被发现和被利用的，并讨论我们是否比前人更依赖于电
	8. 制定减少家庭和学校用电量的计划，并预测其可能对经济和自然资源产生何种影响

资料来源：王素、吴颖惠：《小学科学教育》，46页。

（二）STS 课程内容案例

加拿大 1972 年编写的《科学：一种认知方式》是 STS 课程领域的早期尝试。在第一部分里，课程的六个单元分别反映了认识社区事物的六种方式：政治、艺术、哲学、经济、技术与宗教，体现了一种综合性的课程观。第二部分是重点内容，需要的教学时间较多，反映了科学研究的主要特点，把科学与科学家联系起来，通过“做科学”的方式让学生像科学家那样去体验科学探究的过程，掌握科学探究的基本方法。最后一部分带有总结性，让学生理解科学、技术与社会的互动。整个课程结构反映了 STS 理论的新思想（参见表 4—5）。

表 4—5　　《科学：一种认知方式》的课程结构

章节	目　　录
第一部分	你认识社区事物的不同方式（教学时间大约为 6 个星期）
	你在社区获得知识与应用知识有哪些重要而不同的方式？
单元 1	政治的认知方式（进行决策）
单元 2	艺术的认知方式（感知与基本假设）
单元 3	哲学的认知方式（逻辑、谬误、归纳、演绎）
单元 4	经济学：另一种认知方式（利息与 GNP）
单元 5	技术：一种认知方式（与科学相对的技术）
单元 6	宗教的认知方式（信仰）
第二部分	科学——一种认知方式（教学时间大约为 27 个星期）
	科学究竟为何物？
单元 7	观察与理论：全在你心中
单元 8	科学家：他的目的、策略与创造知识
单元 9	科学家的思维工具
	（1）观察、规律、假说、理论、模型与假设
	（2）做一些科学
	（3）再做一些科学
	（4）进化的审视
单元 10	总结：科学家及其世界
第三部分	科学与社会的互动（教学时间大约为 3 个星期）
	再看看你的社区：它是如何影响科学的，又是如何受到科学影响的？
单元 11	科学与社会

资料来源：丁邦平：《国际科学教育导论》，298～299 页。

（三）STS课程教学案例

纸

1. 教学目标

（1）初步了解纸的发展史，知道纸在生活中有很多用途。

（2）能够参与小组讨论，倾听并发表自己的意见。

（3）树立保护环境资源的意识，养成节约用纸的习惯。

2. 教学内容

（1）纸的用途。

（2）造纸的历史。

（3）造纸对环境的影响。

（4）纸的回收利用。

3. 教学设计的指导思想

（1）由纸的用途导入，让学生根据生活经验找出纸的用途，同时采取小组讨论、代表发言的方式，增强学生的参与意识和培养交流技能。介绍特殊的纸。回顾纸的历史，让学生认识到纸的发展过程，形成任何事物的发展都是建立在前人的发现的基础上、事物是逐步发展的等思想。

（2）认识到生产和使用纸都会对环境产生影响，树立保护环境资源的意识。

（3）认识到纸是可以回收再利用的，形成节约用纸、废纸回收的观念，并落实到日常活动中。

4. 教学建议

两课时完成。

第一课时：讲纸的本领大，特殊的纸，用纸玩起来。事先让学生尽可能收集多种纸。

活动1　纸在生活中的用途

教师提问生活中哪些地方用到纸，让学生分组讨论，然后各组选代表发言，总结各组的讨论结果。事先学生可以把生活中用到纸的情况记录在卡片上或课本的空白处。

活动2　特殊的纸

在总结学生的发言后，教师可以提问“还有什么特殊的纸”，引入特殊的纸的内容。教师事先准备一些特殊的纸，在课堂上做一些演示实验，或者让学生用特殊的纸做一些实验来观察纸的特殊性。

活动3　用纸玩起来

让学生利用纸自由活动，比如折纸，让纸飞起来等。一方面增加学生的兴趣，另一方面，可以促进学生想象力和创造力的发挥。无论学生做什么，只要在安全的范围内，就可以让他们自由地进行。

第二课时

活动1　纸的发展

教师提问“谁知道纸最早是谁发明的?”教师应鼓励学生回答。通过图片或多媒体课件回顾纸的发展，让学生体会到任何事物的发展都是建立在过去成果的基础上，科技的发展促进了纸的发展。

活动2　造纸的过程

教师用图片或录像介绍造纸的过程，然后让学生自己造纸。通过让学生自己造纸，了解造纸的原材料和过程。这主要是让学生了解造纸需要大量的木材，会产生大量的废水，污染河流、湖泊，影响水生生物的生存。因此造纸对环境会产生极大的影响。

准备工作：把用过的纸泡在容器中；用果汁机搅成纸浆；搅拌均匀后倒入盆中，加入一些糨糊；用筛网从纸浆中取出一层纸浆；将筛网中的纸浆水分离掉；贴在干净的玻璃上上光；轻轻取下就是一张纸了。

活动3　节约用纸

讨论为什么要节约用纸，如何节约用纸。用上一活动中自己造的纸或其他废纸制作贺卡或其他纸制品，然后在班里办一个展览，显示废纸如何再利用。

在班里设置一个废纸回收箱，回收用过的废纸。

5. 课后测评

(1) 记录一天用纸情况

纸的类型和名称	用途	数量

(2) 这是我再利用纸的作品：________________________

(3) 在这次学习活动中，我是这样做的（在符合的内容后打钩）

*积极发言，总能提出自己的想法（　　）

*心里有想法，但是不敢说出来（　　）

*没有什么想法（　　）

*注意听别人讲话（　　）

＊不喜欢听别人讲话（　　）

教师评语：____

资料来源：王素、吴颖惠：《小学科学教育》，47～49页。

“纸”这一单元的教学体现了科学、技术与社会的联系。纸蕴涵了科学概念，造纸过程是一个技术过程，而造纸对环境的影响体现了科学、技术对社会的影响。在这一课中，学生了解了纸的发展历史和纸的用途。学生通过调查和实验操作体验到造纸会给环境带来什么样的影响，并通过讨论制定出改善这一情况的计划和办法。学生通过这一课的学习，会了解到造纸和使用纸的方式将对环境产生什么样的影响。通过对造纸历史的回顾可以看出，技术的进步带来了造纸工业的现代化，纸的性能也越来越多样化，纸在我们的生活中扮演着重要角色，它使我们的生活更加方便。但是，纸的生产却是与环境密切相关的，生产纸，需要用木材，会使森林减少，生产纸的过程中产生的污水会污染环境。因此，我们用的纸越多，对环境的破坏也就越大。这里反映了这样的思想：技术的进步，改善了我们的生活，使之更便利。但是，我们对生活方式的选择会通过技术影响到环境。如果我们大量地无节制地用纸，那么，我们的森林就会减少，会造成水土流失等一系列问题。废水带来的污染会使水生物死亡，甚至影响到人的饮水和健康。因此，我们需要在造纸、用纸与环境保护之间获得某种程度的平衡，既要享受到纸给我们的生活带来的便利，同时，我们的行为又应该是有节制的，保护好森林与环境，使得我们能够继续生存下去，实现可持续的发展。

本章小结

皮亚杰对儿童思维发展的研究具有历史性的意义。儿童的思维发展具有阶段性，可分为感觉运动、前运算、具体运算和形式运算四个阶段。儿童的学习动机与其需要是否得到满足、学习任务的难度、对学习成败的归因等因素有关。儿童的前科学概念对学习科学有双重的影响，一方面为建构科学概念提供经验基础，另一方面，给儿童建构科学概念造成困难。加德纳的多元智能理论揭示出人类具有多种智能，儿童个体具有不同的智慧，学习活动有多种方式。建构主义理论历史源远流长，这一理论认为，学习者是知识的建构者，只有自己建构的知识才能被理解。STS 理论聚焦于科学、技术与社会的相互关系，科学教育中出现 STS 教育，既和“科技与人类、环境”关系的复杂化有关，也与科学教育自身存在的问题有关。

科学教育的改革需要有多层面的理论基础，儿童发展理论从心理层面认识学生学习科学的思维发展，动机理论从个体心理、社会文化角度来认识儿童学习科学的动力问题，多元智能理论启示我们注重学生学习科学的多元方法，建构主义理论从主客体的相互作用角度来认识学习科学的本质，而STS理论则重视学习的对象，即科学、技术和社会的相互关系。

阅读·思考·交流

1. 皮亚杰曾测试过儿童的守恒概念，请你将皮亚杰的测试项目给儿童再测试一次，看看在守恒概念上，儿童理解守恒的年龄有没有变化。

皮亚杰的测试结果是：长度守恒（5～8岁）、体积守恒（6～9岁）、质量守恒（6～10岁）、面积守恒（7～10岁）。请把你测试的结果填写在下表内。

守恒内容	长度守恒	体积守恒	质量守恒	面积守恒
年龄范围				
测试人数				

说明：长度守恒测试方式：第一步，准备两个没有弹性的细铁丝，长度一样。第二步，把两根细铁丝拉直给儿童看，然后问哪根细铁丝较长，或者问两根细铁丝是否一样长？（儿童会认为两根一样长。）第三步，把其中的一根细铁丝弄弯，再问儿童哪根细铁丝较长，或者问两根细铁丝是否一样长？第四步，判断儿童是否理解长度守恒。如果儿童在第三步中回答一样长，则说明这个儿童理解了长度守恒的概念，否则就是没有理解长度守恒的概念。第五步，以前面同样的步骤先后测试数位儿童，判断现阶段的儿童能够理解长度守恒的年龄范围。

其他内容守恒的测试步骤同长度守恒测试的方式一样，但材料不一样，具体操作方式由个人设计。

（1）测试体积守恒的材料：三只透明的杯子，其中两只的形状、大小一样；水。

（2）测试质量守恒的材料：橡皮泥，分成相同的两份，揉捏成大小一样的球形，再把其中的一只变形。

（3）测试面积守恒的材料：两张面积相同的正方形纸板，其中一张可以分成相同的两部分。

2. 阅读下面的资料，思考和讨论多元智能理论对学习科学可能产生的多方面的影响。

华裔学者陈杰琦在美国直接参与多元智能理论“多彩光谱”项目的研究，他认为，培养学生多元智能与发展他们的健全人格并不等同，但前者有助于后者的发展。他谈道：“有的中国同行问，培养学生多元智能是否与发展他们的健全人格相关？我个人认为前者有助于后者的发展，但两者不能完全画等号。多元智能理论属于认知范畴，而人格所涉及的内容则广泛得多。也许有人会问，多元智能之一不是人际关系智能吗？人际关系智能高的人是否就更容易与他人相处？如果是，这不就是与健全人格有关吗？很遗憾，这仍然是误会。人际关系智能指的是一个人对他人的理解能力，包括对他人的情绪情感、兴趣、爱好、智力特点、优点缺点以及需要倾向等方面的理解，但是，这种智能仍然是价值中立的。人际关系智能高，可以使人成为一个极好的蛊惑家、算命先生、邪教主，或者成为很好的社会领袖、推销员、教师。所以，培养学生多元智能不能与发展他们的健全人格画等号。当然，应该指出，有些学生兴趣广泛，对事、对人都善于从多方面进行分析、理解，同时又对自己有较准确的认识，知道自己的优缺点和长短处，善于利用自身的长处做自己感兴趣的事。这样的学生一般心胸比较开阔，自信自强，活泼愉快，而这些特点都与健全人格相关。因此，虽然培养学生多元智能与发展他们的健全人格不等同，但是前者有助于后者的发展。”

3. 阅读下面的资料，思考和讨论建构主义学习观的主要内涵。

目前大部分学校的科学教学是建立在客观主义的基础上，认为科学知识独立于人的主观之外，可以从一个人的大脑传输到另一个人的大脑。传统的科学教法着重直接地传输这些真理，为了让这个传输有效，大部分老师对整班使用不互动的教学方式。因为课程包含了许多的内容，因此，在许多科学的教室中，最通常出现的乃是老师对全班解释和计算文字问题的概念以及直接地传输科学知识。为了让这个传输有效，在许多科学课堂上，通常的情况乃是老师对全班解释概念、理论和演练书本问题。学生重视获得正确的答案，得到满意的成绩。即使在实验室的教学活动，师生强调的还是对那些已知的定律的证明。实验活动的结果是被用来判断是否符合书本上的定律。建构主义提供另外一种不同的学习观点，它认为，学习者要去认知客观事物，就必须直接与此事物接触，建构个人的知识。在提供有具体经验的学习环境中，学生容易建构他们的知识。知识是被建构出来的，而不是靠着传输得来的。知识是建构的，意味着在科学上学习者学习新知识时深深地被先前的知识所影响，也意味着学习过程隐含了对先前知识的一种改变，这种改变可能是取代、补充或修正现存的知识。

4. 阅读下面的资料，思考和讨论学生在学习浮力定律之前可能拥有的经验。

从建构主义的观点来看，教师的讲授表面上好像是在传递科学知识，但实际上只是在促进学生自己建构它们而已。学生自己已有的前科学观念在学习中十分重要。在编写科学教材时，应该注意到学生原来获得的知识经验，它很可能对他们在科学课上学到什么具有重要的影响。在科学教学和课程资源开发中，考虑和理解学生已有的观念与清晰地呈现教科书上的科学理论是同样重要的。一个贴切的比喻是，如果一位来访的客人给你打电话，说在往你家去的路上迷路了。你的第一个反应也许是问他，“你现在在哪里?”你在不知道客人从哪里出发的情况下，不可能很清楚地给他指路。与此相类似，在科学教学时，课堂教学设计既要考虑科学教材上的概念和理论，同时也要考虑儿童自己原有的知识经验。

5. 阅读下面的资料，思考和讨论 STS 教育对学生学习态度、学习动机的影响。

台湾学者谈 STS 教学对学生科学态度之影响

科学态度在台湾普遍未受到重视，因为科学学习大多以科学知识为导向。美国受到 1957 年苏联发射卫星的冲击，于是在 60 年代把培养“小小科学家”列为课程改革的重点，使课程设计着重于探究式学习，于是有关科学态度或科学与社会环境的互动关系受到忽略。70 年代中期，将近 95%的中学生不愿意选修科学科目，因为科学课程普遍太难，以至于学生对科学的学习情绪低落。不难看出，整个科学课程严重忽略了学生科学态度的培养。

有鉴于当下人类对生态的破坏、环境污染日趋严重，科学教育应将科学与技术重新回归到以人为主角的社会之中。20 世纪 80 年代的科学课程设计着重于科学、技术及社会三者人性化关系的探讨。STS 教学就是以学生日常生活中或社会上所发生的与科技有关的问题为主题，让学生自己主动设计解决问题的学习策略；教师站在指导者的立场，指导学生学习。学生在探讨此主题的活动过程中，很自然地学到科学知识、科学方法和科学态度。

对一般学生而言，科学学科常让他们觉得无聊，而且与实际生活没有关联。因此，有学者提出：要用 STS 教学课程让学生对一些与科学有关的社会问题产生兴趣及好奇心，然后以科学的态度及探究过程、科学概念知识寻找解决问题之道。STS 教学活动具有下列特征：(1) 以学习者为中心；(2) 以问题为中心；(3) 根据学习者的已有知识；(4) 联系教室外的世界；(5) 联系社会、文化和环境相关议题；(6) 培养能作出抉择及解决问题的高层次思考能力；(7) 鼓励个别学习，同时鼓励合作学习，以提升伦理及社会价值观。

第五章

科学教育目标

内容提示与思考

◎ 关于科学素养的内涵有哪些不同的观点?
◎ 我国公民的科学素养水平怎样?
◎ 西方主要国家小学科学教育目标有何共同点?
◎ 我国小学科学教育目标包括哪些内容?
◎ 课程目标与教学目标有何差异?

科学教育的根本目的是提高学生的科学素养。科学教育应该以这样的信念为前提，即所有的学生都应该也必须有机会使自己成为具有良好科学素养的人。

第一节 公民科学素养

一、科学素养的内涵

自 20 世纪 50 年代科学素养作为一个口号提出以来，它一直流行于西方科学教育界，表达了科学教育改革的理想目标，对科学教育改革具有积极的象征意义。科学素养针对普通教育而不是专业教育，指向所有的学生而不是少数学生。

(一) 美国等西方国家理解的科学素养

> **科学素养**
>
> 美国著名教育家、化学家、哈佛大学校长科南特在1952年出版的《科学中的普通教育》一书中首次使用科学素养(scientific literacy)这一词汇，这是在大学通识教育层次上思考科学素养问题。真正把科学素养引入基础教育的是美国斯坦福大学教授赫德(P. Hurd)。早在1958年，赫德就在美国《科学教育》杂志上发表了题为“科学素养：对美国学校的启示”的论文。作者把科学素养作为当代公民的基本素质，认为“稍微多一些理解科学的发展力量和现象对当今公民来说是必要的。科学教学不能再被当作少数人的奢侈品”。1998年，赫德指出：“科学素养是一种公民能力，在一个人的整个生命活动中，他可能会遇到与科学有关的个人的、社会的、政治的和经济的等方面的各种问题，对这些问题的理性思考需要科学素养。”①

20世纪60年代中期，美国威斯康星大学的培拉(Pella)根据对十多年间发表的100多篇关于科学素养的文章的统计，发现科学素养涉及的主题内容有六个方面：科学与社会的关系(67篇)；科学的伦理(58篇)；科学的本质(51篇)；概念性知识(26篇)；科学和技术(21篇)；人文中的科学(21篇)。随后他研究了美国60年代的科学教育改革，发现当时的“新课程”多集中于概念性知识，很少涉及其他主题。

美国俄亥俄州立大学的肖瓦特(Showalter)于20世纪70年代中期提出，科学素养应该包括以下七个方面：科学的本质；科学中的概念；科学过程；科学的价值；科学和社会；对科学的兴趣；与科学有关的技能。1982年，美国科学教师协会(National Science Teacher's Association)发表了题为“科学、技术与社会：80年代的科学教育”的年度报告，概括了科学素养的五个方面：科学、技术过程和探究技能；科学和技术知识；科学、技术知识在个人和社会决策中的作用；对科学和技术的态度、价值观和鉴赏能力；在与科学有关的问题中科学和技术的相互作用。

国际科学素养中心(芝加哥)主任米勒(Miller)提出的科学素养理论最有影响。1983年，他发表的《科学素养：一个概念和经验的回顾》成为科学素养研究的经典文献。米勒认为科学素养包括：关于科学概念的理解；关于科学过程和科学方法的认识；关于科学、技术和社会的相互关系的认识。后来，很多学者依据这一理论模型设计问卷或者量表，对普通公民的科学素养进行了测量。中国

① 转引自李方、刘海涛、程可拉主编：《科学素养教育的理念与实践》，1～2页，广州，广东高等教育出版社，2006。

科学技术协会最近几年进行的中国公众科学素养调查的指标体系也来源于米勒的科学素养理论。

经济合作与发展组织（Organization for Economic Co-operation and Development，OECD）也提出了对科学素养的理解，认为："科学素养是运用科学知识，确定问题和作出具有证据的结论，以便对自然世界和通过人类活动对自然世界的改变进行理解和作出决定的能力"，"包括运用科学的基本观点理解自然世界并作出相应决定的能力"和"确认科学问题、使用证据、作出科学结论并就结论与他人进行交流的能力"。

20 世纪 80 年代科学素养开始由教育理念走向教育实践，其中最有影响的是美国的 2061 计划（Project 2061）。该计划的研究人员来自五个专业委员会：生物学和健康科学委员会；数学委员会；物理学、信息科学和工程学委员会；社会和行为科学委员会；技术委员会。在研究的初始阶段，大约 60 位科学家从各自的学术领域回答这样的一个问题：所有美国学生在接受基础教育（从幼儿园到高中毕业）后应该具备什么样的科学知识、科学技能和科学态度？1989 年，2061 计划的组织者美国科学促进协会（American Association for the Advancement of Science，AAAS）出版了《2061 计划：面向全体美国人的科学》的研究报告。这一研究报告有 12 章，探讨了 12 个主题：科学的本质、数学的本质、技术的本质、自然环境、人类环境、人类机体、人类社会、被改造了的世界、数学世界、历史观点、共同主题、思维习惯。① 在这份报告中，科学素养包括："熟悉自然界，尊重自然界的统一性；懂得科学、数学和技术相互依赖的一些重要方法；了解科学的一些重大概念和原理；有科学思维的能力；认识到科学、数学和技术是人类共同的事业，并认识到它们的长处和局限性。同时，还应该能够运用科学知识和思维方法处理个人和社会问题。""科学素养可以增加人们敏锐地观察事件的能力、全面思考的能力以及领会人们对事物所作出的各种解释的能力。此外，这种内在的理解和思考可以构成人们决策和采取行动的基础。"

1996 年美国公布了《国家科学教育标准》，对科学素养给出了描述性定义：所谓有科学素养是指了解和深谙进行个人决策、参与公民事务和个人及文化事务、从事经济生产所需的科学概念和科学过程。此外，还包括一些特定门类的能力……有科学素养意味着一个人对日常所见所闻的各种事物能够提出、发现和回答因好奇心而引发的一些问题，意味着一个人已有能力描述、解释甚至预言一些自然现象，能读懂通俗报刊刊载的科学文章，能参与就有关结论是否有充分根据

① 参见美国科学促进协会：《面向全体美国人的科学》。

的问题所作的社交谈话，能识别作为国家和地方的决定的基础的科学问题并提出有科学技术根据的见解，能根据信息源和产生此信息所用的方法评估科学信息的可靠程度，能提出和评价有依据的论点并恰如其分地运用从这些论点得出的结论。

国际学生科学素养测试大纲（Program for International Student Assessment，PISA）提出的由三个方面组成的科学素养测试模型为：第一，科学的基本观点，内容包括生命与保健科学，地球与环境科学，技术中的科学；第二，科学实践的过程，重点是获取证据、解释证据并在证据的基础上进行科学活动的进程，包括确认科学问题、寻找证据、作出结论、与他人就结论进行交流、表明所了解的科学基本观点；第三，科学场景，主要选自人们日常生活中的科学问题，而不是学校、教室、实验室的科学实践或专业科学家的工作。

科学素养教育作为一种国际教育思潮源于美国，从20世纪80年代开始，西方其他发达国家也逐步开始研究和改革科学教育，如，加拿大科学协会在1983年出版了《科学素养：学校科学目标平衡问题》的报告；1986年以色列出版了《大众的科学和技术素养：对未来以色列教育的挑战》。

（二）我国学者所理解的科学素养

科学素养作为一个专有名词实际上是一个外来词汇，有它特定的含义。它在我国的传播和发展同20世纪80年代兴起的素质教育运动密不可分。素质一词具有本土化的特点，在教育界的广泛使用可以追溯到80年代中期。1985年中共中央颁布《关于教育体制改革的决定》明确提出："教育体制改革的根本目的是提高民族素质。"80年代后期，教育界广泛开展了素质教育与应试教育的讨论。应试教育被认为具有如下弊端：过分关注少数有升学希望的学生而忽视了多数学生的需要与发展；片面强调知识的识记和习题的演练而忽视知识的建构过程以及学生探究的过程；过分突出知识的系统性和基础性而忽视学习内容与社会生活和学生学习的广泛联系；过分重视学生的一般智力而忽视情感、态度、道德等其他非智力因素。素质教育强调：一切为了学生，为了所有的学生，为了学生的全面发展。

1988年华东师范大学的钟启泉教授出版了《现代教学论发展》一书，他认为科学素养包括四个方面：概念性的知识（构成科学的主要概念及概念体系）；科学的理智（科学研究的方法论）；科学的伦理（科学所具有的价值标准）；科学与人文、社会和技术的相互联系。这可能是中国学者最早最全面地介绍西方的科学素养理论。

我国学者梁树森和谷秀娥采用报刊检索法，分析了2001年中国两份比较有影响的报纸《教育文摘周报》和《大众科技报》，收集了与科学素养有关的信息并进行分类统计。他们发现，与科学素养有关的因素包括：科学能力，科学态度，思想道德，科学精神，科学知识，身体健康，美育，其他。

为了更好地推进21世纪青少年科学技术普及工作，2000年科技部连同教育部、中宣部、中国科协和共青团中央五个部门组织了有关专家，根据中国青少年科普活动实际状况，制定了《2001—2005年中国青少年科学技术普及活动指导纲要》和《2001—2005年中国青少年科学技术普及活动内容与目标》。两份文件对科学素养的理解包括：科学态度；科学知识、技能；科学方法、能力；科学行为、习惯。

其他科学教育研究者对科学素养的理解也有一定的差异，以下是几位学者的不同理解：

（1）科学进取心、科学世界观、正确观察科学现象的能力、科学思维习惯（国家教育发展与政策研究中心，1991）；

（2）科学知识、科学方法、科学态度和伦理规范（林晓雯，台湾）；

（3）科学精神、科学态度、科学方法、科学思维、科学实践意识及应用科学知识解决问题的能力（连风羽、李赤，1997）。

20世纪90年代科学素养理论受到我国科学教育界的重视，有的学者还对这一概念进行了本土化的思考，如南京大学的张红霞教授认为，我国的科学素养理论应该结合中国的传统文化在以下几个方面予以强调：

在认知方面：（1）知道什么是科学知识；（2）学会科学地分析和处理问题；（3）处理好规则意识与以人为本的关系；（4）处理好传统人文精神和现代人文精神的关系。

在情意方面：（1）注意意志的自主性的培养；（2）鼓励创新精神和质疑态度；（3）处理好宽容精神与竞争意识的关系。

我国21世纪初的课程改革已经把科学素养理论渗透到了科学教育的实践活动中。新的科学课程改革相当程度上受到了科学素养理论的影响，主要表现在这样的几个层面：（1）淡化学科界限，重视科学认知、方法、情意的多维向度；（2）转变传递—接受的教学方式，重视科学探究的过程；（3）加强课程内容与社会生活的联系，贴近学生的生活世界。

总之，科学素养是指人们在科学方面所具备的基本知识与技能、探究过程与思维方法、科学情感与精神以及对科学、技术、社会三者关系的合理性认识与决策能力。

二、我国公民的科学素养

我国要在经济全球化的时代实现民族振兴的大业，就需要设法使所有公民具有良好的科学素养。科学素养低的民族很容易出现伪科学事件。20世纪80年代的水变油事件就是典型的一例。在科学技术飞速发展的今天，对每一个公民提出具有科学素养的要求，反映了知识社会的特点。公民的科学素养应包括三方面的内容：掌握必要的科学知识；习惯于对遇到的问题用探究的方式来对待，让探究成为基本的生活态度和思维方式；具有科学精神指导下的价值取向。

中国科协借鉴国际通用的测试公众科学素养的指标体系和方法，先后于1992年、1994年、1996年和2001年进行了四次全国范围（不包括香港、澳门和台湾）的公众科学素养调查。2003年又进行了第五次中国公众科学素养调查。这次调查的范围为除台湾、香港和澳门以外的中国大陆18～69岁成年公众。调查样本量为8 520，有效样本8 476。调查实施时间为2003年2月1日至6月30日。

调查结果表明，我国公众的科学素养水平在逐步提高，但是与发达国家相比仍有较大的差距。我国公众达到基本科学素养水平的比例为1.98%，比2001年的1.4%增长了约0.6个百分点。1989年，加拿大公众达到基本科学素养水平的比例为4%；日本在1991年达到3%；欧共体在1992年达到5%；美国在2000年达到17%。

我国公众科学素养水平的现状具有如下重要特点：

（1）我国公众的科学素养水平与经济发展程度不相称。国民的科学素养水平是一个国家综合国力的重要组成部分，是国家科技发展和科技市场发展的重要基础。我国正处于一个经济、文化和科学技术迅速变革的时期，经济每年以近10%的增长速度发展。相对于经济的高度发展而言，我国公众的科学素养水平处于滞后的状态。

（2）受教育程度水平低是影响科学素养的重要因素。从总体上说，一方面，我国公众崇尚科学，崇敬科学家和知识分子群体；另一方面，他们的科学素养水平又相应较低。形成这个反差的最重要的原因之一是国民受教育程度低。

（3）我国公众获得信息的渠道比较单一，绝大部分人依靠电视和报刊获得信息，而通过公共设施和科技场馆这些有效而生动的教育形式获得科技信息的比例很低。同时，报纸、杂志和图书中以科学技术普及为重要内容的比例仍然很低。“科技节”或以科技为主要内容的大型活动开展得并不普遍。可以说，全方位地进行科学技术普及的局面在我国还没有形成。

（4）我国公众对传统知识的了解程度之高和对现代科学技术知识的了解程度之低形成了强烈的反差。对现代科学技术知识缺乏了解将严重影响科技产业化的形成和发展，影响高科技的转化和工农业的现代化进程。

（5）我国公众从总体上还不具备基本程度的科学精神和科学意识。也就是

说，我国有相当一部分公众还不具备分辨科学和伪科学的能力，还不具备用科学方法思考和解决社会与生活中的各种问题的能力。把我国公众培养成具有基本程度的理性精神和规律意识的国民群体，还有相当长的路要走。

（6）我国女性公民的文化水平和科学素养水平与男性公民相比，要低很多。封建时代的男尊女卑意识在我国仍然存在，性别差异也影响到女性科学素养的提高。女性的科学素养水平低将严重地影响我国下一代公民的科学素养水平。

第二节　国外的科学教育改革与目标

一、国外科学教育改革

20世纪60年代以后，特别是80年代以来，世界上一些主要发达国家都十分重视在幼儿园和小学进行科学教育。1988年，英国的英格兰、威尔士和苏格兰就先后通过教育改革条例，对5～12岁的儿童进行科学教育，并把英语、数学和科学作为小学的三门主要课程。1983年美国发表《国家处于危机之中：教育改革势在必行》报告，1989年发布2061计划的第一份重要报告，1996年公布《国家科学教育标准》，提出在幼儿园和小学实施探究式科学教育，随后采取了一系列的措施来落实这一科学教育标准。1992年，诺贝尔物理学奖获得者乔治·夏帕克先生倡导在法国开展“动手做”科学教育改革实

小学科学与数学国际会议

小学科学与数学国际会议于2000年在北京举行。会议的主要内容是介绍“动手做”（Hands On）的科学教育方法，并初步介绍和讨论脑科学和幼儿早期教育发展的问题。这次会议是国际科学联合会（International Council of Scientific Unions，ICSU）的一次年会，对中国的小学科学教育以及素质教育有一定的影响。

非政府组织ICSU成立于1919年，由92个国家的科学组织代表和25个科学学会组成。1994年ICSU建立了科学能力建设委员会（Committee on Capacity Building on Science，CCBS），委员会每年召开一次会议，向ICSU就以下方面提出顾问建议和制定行动计划：

（1）科学教育，特别是中小学的科学教育；

（2）如何增强科学家之间的交流与联系；

（3）增强公众对科学的理解。

验，具体由法国科学院付诸实施。1999 年法国教育部决定在全国的幼儿园和小学中进行“动手做”科学教育改革。

法国“动手做”科学教育改革项目

“动手做”活动过程。在法国 Troyes 市的一所小学，三年级学生的一个“动手做”教学活动的主题是“观察并讨论容器中不同温度的水的流动”。全班约 20 余名学生，分为 4 组，整个活动大致分为六个步骤：教师提出问题、学生向全班发表自己的看法（教师并不评判学生看法的对与错，只是引导学生积极发言和讨论）、小组讨论、分组实验（自主设计不同的实验方法，提供有颜色的冰块、热水、大小不同的塑料和玻璃容器等）、学生书面总结（包括设计的实验步骤和观察到的现象）、教师与学生共同讨论实验结果。活动时间约两个小时，在两个教室进行。学生积极参与全过程，教师对学生的引导基本以讨论的形式进行。乔治·夏帕克先生在分析这个活动时强调，“动手做”教学活动不应拘泥于教学形式，教师要重视学生的思维活动，而不是挑剔学生做错了什么；不应只提问优秀学生，要保证每个学生的积极参与，这不仅是重要的教学方法，特别的意义在于培养学生民主、合作的思想。

社区资源中心。在 Bully 市，为支持“动手做”科学教育改革，专门建立了社区资源中心，中心工作强调社区成员的广泛参与，教育学院的教师、大学生、中小学和幼儿园教师、家长轮流到中心担任辅导员。社区的学生、儿童可以到中心参加以科技为主的活动，该中心分为四个活动组：(1) 机械制作组，利用多种材料设计组装各种机械；(2) 小记者采访、摄影和报道组，负责采写介绍产品的报道、摄影，向社区宣传；(3) 制作光盘组，学生们在辅导员的指导下将新产品的设计、组装、运转等过程摄制下来，并制作成光盘；(4) 电子刊物组。必要的经费由社区支持。该中心坐落在老矿区，中心的活动不仅为学生的成长提供了条件，同时，中心也成为凝聚社区成员，传播科学和文化知识的基地。

材料、资源与工具箱。“动手做”教学活动所用的材料、资源是多样化的，其中许多是利用生活日常用品或市场上可买到的材料，也有学校常用的教学仪器。在 Areines 地区的一所乡村小学，利用学校的边角地，建成小植物园，除温度计外，其他材料均来自废旧物品，学生还自己发酵肥料。另外，也有一些大学根据“动手做”科学教育的主题，开发了专用工具箱，供学校使用。如法国南特矿业学校开发了 14 个主题的专用工具箱，作为教具供学校选购。

教学组织。法国小学和幼儿园教学活动基本采取小班（20 余名学生）、分组（4～5 组）的教学组织形式，幼儿园活动的内容主要围绕儿童生活选取主题，小学生活动的内容主要围绕小学科学教学大纲选取主题。在教学过程中，重要的是引导每个学生观察、动手实践，表达自己的看法，培养每个学生的自信，特别关心有困难的学生；强调要重视学习的科学方法，而不是知识的多少，活动也不拘泥于一节课时间。

大学对参与这项改革的态度与做法。法国南特矿业学校的校长说，小学教育对大学教育有重要的影响，对学生的科学启蒙，特别是创造性和敏感度的培养，不能从大学开始，而应从小就开始。他认为真理并不取决于讲话人的身份或年龄，儿童提出的问题，有时成年人很难回答。回答这样的问题，本身也是学习，南特矿业学校参与“动手做”项目，可以启发大学生的创造性。因此，南特矿业学校每年有1/10的学生参加“动手做”教学改革实验活动，同时还有四位教师组织这项活动。

Areines市参加“动手做”教学改革实验的小学校长、教师反映，通过这种方法，学生的公民性增强了，学会合作与守法；好奇心有所增强，科学知识面较广；学会了观察、研究、分析的科学方法；表达能力，特别是孩子用语言表达思想的能力明显提高；四年级以后的学生在观察事物时，能从多维度考虑问题。在教与学的关系上，教师过去是无所不知的大师，现在成为陪同学生发现问题的教练。

资料来源：韦钰：《关于对法国“动手做”小学、幼儿园科学教育项目的考察报告》（一），见 http://www.zzedu.net.cn/interseaCMS/jxjy/zzjks/files/20051123103836.htm。

20世纪90年代以后，小学科学教育开始在发展中国家推行。国际科学联合会（ICSU）于1994年组建科学能力建设委员会（CCBS），专门研究在世界范围内推动探究式的科学教育。2003年12月，世界90多个科学院组成的国际科学院组织（IAP，Inter-Academy Penal）在墨西哥召开全体会议，会议通过并发表了《关于在全世界范围内共同推动儿童科学教育》的联合声明。国际科学院组织于2004年发表了《创造更美好的未来：在世界范围内建设科学技术能力的战略》。这份咨询报告强调了科学能力建设对世界可持续发展的重要性，其中，最为基础和最具战略性的任务是小学生和中学生（5～18岁）的科学教育。2004年于法国巴黎召开了国际科学技术教育大会，会议提出：科学教育改革应该作为重要议题列入联合国教科文组织的议程，应该在世界范围内推动一个大的计划，并着力于推动发展中国家的科学教育改革。

国外的科学教育改革具有一些共同点：第一，国家和政府十分重视，通过立法颁布科学教育改革的法律和法规；第二，把科学作为中小学的核心课程，提升科学教育的地位；第三，制定全国性的科学教育标准，明确科学教育的目标；第四，重视探究教学，培养学生的科学思维方法；第五，开展科学教育改革实验，探索新的科学教育模式；第六，通过国际组织的活动，研讨科学教育的问题，交流教育改革经验。

二、国外科学教育目标

(一) 英国的科学教育目标

英国 1991 年的科学课程的目标涉及科学探究、生命与生命过程、材料及其性质、物理过程。因为英国另外开设有技术课，所以科学课程目标没有涉及技术以及科学、技术与社会三者的关系。英国的科学教育目标重视对重要科学概念的理解和应用，强调科学调查能力的培养。科学调查能力包括：提出问题、作出预言与假设的能力；观察、测量及操作变量的能力；解释结果并评价科学证据的能力。此外，英国的科学教育还重视以科学教育促进学生精神、道德、社会、文化等方面的发展以及科学技能的培养。具体如下：

(1) 精神方面的发展：通过学生感知生存于其中的自然的、物质的世界，反思自己的责任，探究诸如生命起源于何时又来自何处的问题。

(2) 道德方面的发展：帮助学生认识到利用观察和证据而不是先入为主或偏见得出结论的重要性；讨论科学知识应用的意义，承认科学既可以产生有利的影响，也可以产生不利的影响。

(3) 社会方面的发展：帮助学生认识到假设的形成和作出决定的理由需要通过实验证据而得出；使学生注意到对科学知识的不同解释如何运用于讨论社会问题。

(4) 文化方面的发展：帮助学生认识到科学发现和科学思想影响着人们的思考、感知、创造、行为和生活方式，使学生注意到文化差异影响人们接受、运用和重视科学思想的程度。

英国的科学教育目标还提出发展学生多方面的科学技能，包括：

(1) 信息技术：使用范围广泛的信息交流技术。

(2) 交流：发现和交流各种不同的事实、观点和意见。

(3) 数据的使用：收集、思考和分析第一手、第二手数据。

(4) 与他人共事：进行科学调查研究。

(5) 提高自己的学识和学习成绩：思考自己的行为和评价自己所取得的成绩。

(6) 解决问题：发现运用创造性的手段解决科学问题的方法。

（二）美国的科学教育目标

美国《国家科学教育标准》所规定的学校科学教育目标是：

（1）由于对自然界有所了解和认识而产生充实感和兴奋感；

（2）在进行个人决策时恰当地运用科学的方法和原理；

（3）理智地参与那些针对与科学技术有关的各种问题而举行的公众对话和辩论；

（4）在自己的本职工作中运用一个有良好科学素养的人所应有的知识、认识和各种技能，因而能提高自己的经济生产效率。

在美国的科学教育目标中，除了科学概念、原理、科学探究外，着重强调了对科学、技术和社会关系的理解。在科学探究目标中，主要发展用科学方法从事工作的能力，比如，对仪器的使用，收集、分析、解释数据，设计科学实验等。而在科学和技术、科学和社会挑战、科学的历史和本质中，则重视培养学生用科学价值观和方法对社会问题进行判断、决策和予以解决的能力。

（三）加拿大的科学教育目标

加拿大各省都制定了各自的科学教育目标，大西洋省的科学教育目标为：

（1）理解科学的性质、科学知识和技术性质；

（2）理解科学、技术、环境和社会是相互关联的；

（3）能用科学知识、认识和技术对自然界进行调查，能解决问题和作出决定；

（4）交流对科学和技术的主要概念和原理的理解；

（5）理解全球的社会、经济和生态系统是相互依赖的；

（6）养成科学的态度和对科学技术的积极态度；

（7）对科学和技术工作感兴趣，培养终身学习的习惯。

上述科学教育目标体现了 STS 思想，还涉及了终身学习的教育理论。

（四）俄罗斯的科学教育目标

俄罗斯的科学教育目标是：

（1）帮助学生培养可以促进个人自觉和自我实现、追求自我完善、接受继续教育、推动公民社会发展、巩固和完善法治国家的个性品质；

（2）使学生掌握学校教育大纲中“自然科学”教育领域各个学科的基础知识；

（3）传授构成自然科学观的几个基本组成部分；

（4）传授自然科学的知识，培养学生在生活中完成有目的性和建设性的活动；

（5）使学生对科学的研究方法及其在全人类文化价值体系中的地位具有基本认识；

(6) 培养和发展学生的认识能力。

(五) 澳大利亚的科学教育目标

澳大利亚的新南威尔士州于1991年制定了幼儿园至小学六年级的科学技术课程大纲，该大纲的目标分为三部分：知识与理解、技能、价值与态度。

知识与理解的内容包括：建设环境，信息与交流，生物，物理现象，产品与服务，地球及其周围的事物，人们用来发展对自然和人造环境的理解的探究过程，人们用来满足他们的愿望和需要的设计与制作，人们选择使用的技术，这些技术是如何影响人、环境与未来的。

技能是指学生能够探究自然现象和人造环境，设计与制作产品，创设满足特殊需要的环境，评价、选择适用一定范围的技术。

价值与态度是指学生在学习经验中获得使他们积极参与科学探究活动的价值和态度，包括：对学生自己的态度，对待他人的态度，对待科学与技术的态度。

从比较的视角看，英、美、加、俄、澳五国设定的科学教育目标存在一定的差异，也有一些共同的特点，如重视科学素养的全面提升，包括知识技能、情感态度和思维能力；教育目标的实现主要是通过探究方式；强调对科学、技术、社会与人的相互关系的理解。

第三节　我国科学教育目标

一、我国小学科学课程目标

(一) 小学科学课程的总目标

小学科学课程的总目标是："通过科学课程的学习，知道与周围常见事物有关的浅显的科学知识，并能应用于日常生活，逐渐养成科学的行为习惯和生活习惯；了解科学探究的过程和方法，尝试应用于科学探究活动，逐步学会科学地看问题、想问题；保持和发展对周围世界的好奇心与求知欲，形成大胆想象、尊重证据、敢于创新的科学态度和爱科学、爱家乡、爱祖国的情感；亲近自然、欣赏自然、珍爱生命，积极参与资源和环境的保护，关心科技的新发展。"① 可见，小学科学教育的目的在于培养学生的科学素养，提高新一代公民的素质，帮助学生更好地理解和运用科学解决个人与社会问题。在小学阶段，科学素养的具体内

① 中华人民共和国教育部：《科学（3—6年级）课程标准（实验稿）》，5页，北京，北京师范大学出版社，2001。

容如表 5—1 所示。

表 5—1　科学素养的具体内容

总目标中的表述	说　明
知道与周围常见事物有关的浅显的科学知识，并能应用于日常生活，逐渐养成科学的行为习惯和生活习惯 了解科学的探究过程和方法 尝试应用于科学探究活动 逐步学会科学地看问题、想问题 保持和发展对周围世界的好奇心与求知欲 形成大胆想象、尊重证据和敢于创新的科学态度以及爱科学、爱家乡、爱祖国的情感 亲近自然、欣赏自然、珍爱生命 积极参与资源和环境的保护 关心科技的新发展	科学要对已知世界做出解释，并具有预见性（应用即预见性），科学是开放的 科学是一种独特的文化 科学需要证据 科学是一种复杂的社会活动 世界是可以被认知的 科学知识具有持久性 科学是逻辑和想象的产物 科学是一种独特的思维方式 科学具有创新性

（二）小学科学课程的分目标

小学科学课程的分目标分为科学探究、情感态度与价值观、科学知识三个部分。分目标中没有提及科学技能。分目标各部分之间的关系如图 5—1 所示。

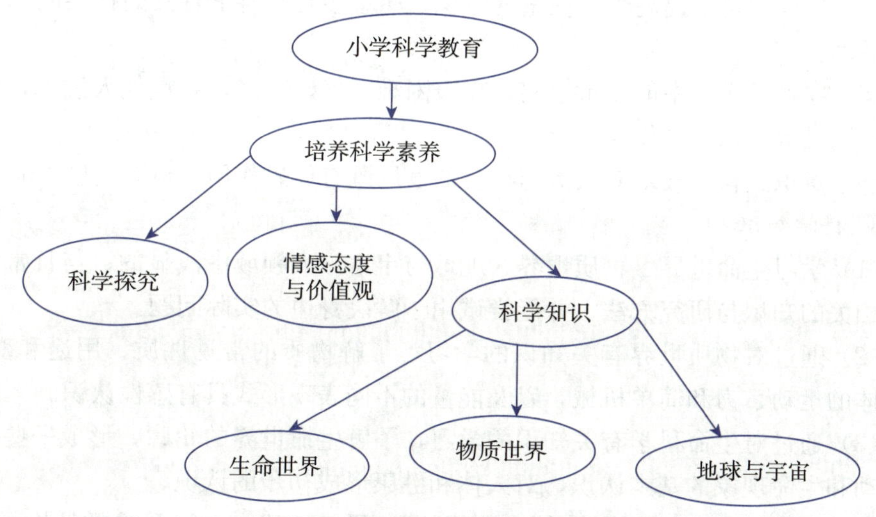

图 5—1　小学科学课程目标分解图

小学科学课程分目标的具体内容：

1. 科学探究

（1）知道科学探究涉及的主要活动，理解科学探究的基本特征。

（2）能通过对身边自然事物的观察，发现和提出问题。

（3）能运用已有知识提出自己对问题的假想答案。

（4）能根据假想答案，制定简单的科学探究活动计划。

（5）能通过观察、实验、制作等活动进行探究。

（6）会查阅、整理从书刊及其他途径获得的科学资料。

（7）能在已有知识、经验和现有信息的基础上，通过简单的思维加工，作出自己的解释或结论，并知道这个结果应该是可以重复验证的。

（8）能用自己擅长的方式表达探究结果，进行交流，并参与评议，知道对别人研究的结论提出质疑也是科学探究的一部分。

2. 情感态度与价值观

（1）保持与发展想要了解世界、喜欢尝试新的经验、乐于探究与发现周围事物奥秘的欲望。

（2）珍爱并善待周围环境中的自然事物，初步形成人与自然和谐相处的意识。

（3）知道科学已经能解释世界上的许多奥秘，但还有许多领域等待我们去探索，科学不迷信权威。

（4）形成用科学提高生活质量的意识，愿意参与和科学有关的社会问题的讨论与活动。

（5）在科学学习中能注重事实，克服困难，善始善终，尊重他人意见，敢于提出不同见解，乐于合作与交流。

（6）意识到科学技术对人类与社会的发展既有促进作用，也有消极影响。

3. 科学知识

（1）学习生命世界、物质世界、地球与宇宙三大领域中浅显的、与日常生活密切相关的知识与研究方法，并能尝试用于解决身边的实际问题。

（2）通过对物质世界有关知识的学习，了解物质的常见性质、用途和变化，对物体的运动、力和简单机械，以及能量的不同表现形式具有感性认识。

（3）通过对生命科学有关知识的学习，了解生命世界的轮廓，形成一些对生命活动和生命现象的基本认识，对人体和健康形成初步的认识。

（4）通过对地球与宇宙有关知识的学习，了解地球、太阳系的概况及运动变化的一般规律，认识人类与地球环境的相互作用，懂得地球是人类唯一家园的道理。

上述科学课程的总目标和分目标，勾画了小学生科学素养的大致轮廓。好的教学活动，往往能实现多个教学目标。在教学实践中，各分目标必须作为一个完整的体系来加以把握。

（三）关于课程目标中行为动词的定义

1. 涉及情感态度与价值观的具体目标，其行为动词主要用体验、意识。

体验：指学生在参与科学学习与探究活动中获得情绪感受，并融入自身的经验之中。它强调学生亲历过程，伴有情绪反应，并对原有经验产生影响。

意识：指学生知道某一概念及其价值，并把它纳入判别标准，用于指挥或规范自己的行为。

2. 涉及科学探究能力的具体目标，其行为动词主要用会、能够。

会：指学生知道规则、方法或程序，能正确操作，大多用于技能目标。

能够：指学生掌握规则、方法或程序，胜任操作，大多用于科学探究能力的目标。

3. 涉及知识的具体目标，其行为动词主要用知道、认识、理解。

知道：指学生能说出、写出或识别所学的内容。

认识：指学生在经历认知过程的基础上，对所学内容有一定程度的反映。

理解：指学生懂得所学内容的道理，往往表现为可以举例、类比、解释、概括或应用。

二、我国小学科学教学目标

教学目标的理论研究至少可以追溯到20世纪50年代，几十年来相继出现了一些目标分类理论流派，比较有影响的是布卢姆、加涅、梅耶等人的研究。这些分类理论流派都对认知领域的分类有较为深入的研究。布卢姆将教学目标分为认知、情感、动作技能三大领域，把认知行为划分为认识（识记、识别）、领会（理解、释义）、运用（简单应用）、分析（复杂应用）、综合（综合应用）、评价（评析、比较判断）六个层次。加涅将学习结果分为五类：言语知识、智力技能、认知策略、态度、动作技能。他又将智力技能的学习按由简到繁的顺序分成八类：信号学习、刺激—反应学习、连锁学习、言语联想、多样辨别学习、概念学习、规则学习及问题解决（高级规则学习）。梅耶从广义的知识理论出发，将学习结果分为陈述性知识、程序性知识与策略性知识等。

教学目标是教师在具体的教学活动之前制定的，通过教学后学生需要达到并且能够用一定的手段加以测评的预期的教学效果。它是学生通过学习预期产生的心理与行为变化，表现为对学生学习结果的具体描述，它往往针对一个单元或一个课时提出来。教学目标的表达一般包含四个要素：行为主体、行为内容、行为条件和行为标准。例如“学生（行为主体）能够运用温度表（行为条件）测量（行为内容）一杯水的温度，准确率达 100%（行为标准）”，通常可以简写为“能够测量一杯水的温度”。

1. 行为主体

学生是行为的主体。行为目标描述的是学生的行为而不是教师的行为。如“（学生）能够说出鸡蛋孵化的过程”，而不应该是“（教师）让学生说出鸡蛋孵化的过程”。撰写教学目标时，行为主体通常省略。

2. 行为内容

由行为动词和结果构成行为内容，要说明通过学习后，学生能做什么。例如“会说出鸡蛋的构造”。行为动词应使用可观察、可检测的术语。在教学设计时，目标领域使用的行为动词列举如下：

（1）认识。

了解水平——说出、辨认、列举、描述、列出、举例、选择、识别、指认等；

理解水平——解释、说明、比较、概述、认识、区别、推断、对比、归纳等；

应用水平——设计、得出、撰写、分析、解决、检验、拟定、评价、综合等。

（2）技能。

模仿水平——模仿、尝试等；

独立操作水平——运用、使用、示范、测量、查阅等。

（3）体验性目标。

经历（感受）水平——参与、体验、交流、分享等；

反应（认同）水平——关注、认同、拒绝等；

领悟（内化）水平——形成、具有、确立、树立、热爱、养成等。

3. 行为条件

影响学生学习结果的必要因素是行为条件，它主要说明学生在何种情境下表现出学习行为，如“使用放大镜后”，“经过观察讨论”等等。在设计教学目标时对行为条件的表述，实质上指明了何种情况下对教学活动进行评定。

4. 行为标准

行为的表现程度反映了行为达到的水准，它指的是学生对目标所达到的最低表现水平，用以衡量学习表现或学习结果所达到的程度。行为标准通常指在行为的熟练性、精确性、准确性、完整性、时间限制等方面规定的标准，如“准确率 100%”，“能够说出蜗牛的三个外形特点”等。

《动物的卵》一课的课堂教学目标

经过观察鸡蛋、青蛙的卵等动物的卵，能够说出动物的卵的基本构造；通过讨论、比较动植物的繁殖方法能够归纳出动植物繁殖的相同点；

经过对鸡蛋的观察、孵化，能够推测鸡蛋的孵化过程，并能够主动查阅资料验证推测；

经过观察动物的卵，观看卵的孵化录像，在生活中关注动物的繁殖现象，初步形成喜爱小动物、关注生命现象的情感。

关于教学目标，教师需要处理好三个方面的关系：一是教学目标的内隐性与外显性。教学目标的内隐与外显都是相对的，认知目标多具有内隐性，动作技能目标多具有外显性，情感目标既有外显性也有内隐性。二是教学目标的短期性和长期性。越是低层次的教学目标越容易在较短的时间周期内达成；越是高层次的教学目标，特别是能力和情感发展目标，达成周期越长。教学目标要具体、明确，能够在较短的时间内显示出来，同时又要注意目标的长期性。三是教学目标的预期性与非预期性。教学目标应该具有预期性，但是在教学过程中，有时由于教学过程中师生互动和其他教学要素的变化，原来的预期目标可能发生改变，甚至消失，也可能生成新的教学目标。

本章小结

第二次世界大战后，美国科学教育界的一些学者开始提出科学素养的问题，认为科学教育的目的是提高学生的科学素养。科学素养作为一个口号一直流行于西方科学教育界，表达了科学教育改革的理想目标，国外的科学教育改革都十分重视提高公民的科学素养。

我国学者在20世纪80年代开始介绍国外的科学素养理论，逐步认识到科学教育的根本目的应该是使所有的学生都成为具有良好科学素养的人。我国目前公民的科学素养水平不高，但在逐步提升之中。从2001年实施新课程以来，全面的科学素养观从教育理论界开始进入教育实践层面，受到小学科学教师的重视。

科学教育改革的总目标和分目标在《科学（3—6年级）课程标准（实验稿）》中有明确的表述，实现新的课程目标需要有新的科学教育理念，主要包括：科学课程要面向全体学生；学生是科学学习的主体；科学学习要以探究为核心；科学课程的内容要满足社会和学生双方面的需要；科学课程应具有开放性；科学课程的评价应能促进科学素养的形成与发展；科学教学目标是科学教师在教学过程中对课程目标的具体化。

阅读·思考·交流

1. 阅读下面的资料，思考和讨论这段话涉及了哪些方面的科学素养。

我们大家，无论作为个人还是作为社会，同科学素养都是利害攸关的。懂科学，你才可能领略到你在领悟自然界的事理时油然而生的充实之感和兴奋之情。有良好的科学素养，你才有可能运用科学的原理和方法去做个人的各种决策，去参加讨论关乎全社会的各种科学问题。有很扎实的科学基础可以强化人们日常所用的许多能力，诸如创造性地解决问题的能力、运用判断进行思维的能力、在集体中协同工作的能力、有效地运用技术的能力、懂得活到老学到老的价值等等。我们社会的经济生产率与我们的劳动大军的科学本领和技术能力是密不可分的。

2. 阅读下面的调查材料，分析不同群体中具备基本科学素养的公众的比例存在差异的主要原因。

2003 年的调查发现，我国具备基本科学素养的公众在性别、年龄、受教育程度、职业、城乡、不同经济发展地区方面具有程度不同的差异。

比较类别	性别		城乡居民		东、中、西部地区		
	男	女	城市居民	农村居民	东部居民	中部居民	西部居民
比例	2.3%	1.7%	4.1%	0.7%	2.0%	2.3%	1.5%

比较类别（年龄）	18～29 岁	30～39 岁	40～49 岁	50～59 岁	60～69 岁
比例	3.7%	1.8%	1.4%	1.1%	0.5%

比较类别（职业）	专业技术人员	国家机关、党群组织负责人	办事人员与有关人员	生产工人和运输设备人员	商业服务业、失业、下岗人员	家务劳动者	农林牧渔业生产人员	学生	企事业单位负责人
比例	7.4%	5.4%	4.1%	2.5%	2.3%	0.7%	0.3%	15.6%	8.2%

3. 阅读下面的资料，思考和讨论“动手做”的十项准则对于实现科学教育多方面的目标有哪些作用?

“动手做”的十项准则

法国科学家曾经为“动手做”的操作过程制定了十项准则，基本概括了“动手做”的教学程序及其所蕴涵的教学理念。十项准则的主要精神介绍如下：

（1）十分珍惜儿童的好奇心，引导他们观察周围的某一自然现象、某一物品，或者考察现实世界中发生的某一件事，鼓励孩子提出问题。

（2）对于提出的问题，老师并不是直接给出答案、甚至设计好实验，让孩子去操作、去验证老师给的结论，而是一定要让孩子自己去探究。在探究过程中，孩子们自己提出假设，设计实验，进行说理和辩论，以培养孩子互相讨论的习惯。老师不轻易否定孩子的想法，而是鼓励他们探究和尝试。

（3）让孩子自己动手做实验。实验过程中，也要求孩子注意观察、提问、假设、验证。实验之后，要对实验的结果进行讨论，以得到正确的结论。整个过程按教学要求和科学实验的规律分成阶段，循序渐进。

（4）孩子们每人准备一本实验记录本，让他们用自己的语言记录活动以及过程中的想法。最后把正确的答案记录下来，可以在与原来的对比中得到启发。幼儿园的孩子可以用图画代替。

（5）在对某一个主题进行教学时，一般应安排若干个星期，每星期至少 2 小时。整个“动手做”活动的内容与教学方法要有连贯性和整体安排。

（6）实验活动的主要目标是让学生逐步掌握科学知识与操作技术，同时学会运用书面和口头语言进行表述，对所学的知识加以巩固。

（7）学生家长和学校所在的社区应该参与“动手做”实验活动。

（8）大学和研究机构中的科学工作者、教授要运用各自的知识和条件，帮助学校开展活动。

（9）教师培训机构要向从事“动手做”活动的老师传授教学理论和教学经验。

（10）教师可以从因特网上下载可直接使用的教学模块、活动思路以及问题答案，也可以和其他教师、科学家进行合作和对话，共同探讨教学方法。

4. 阅读下面的资料，选取我国小学科学课本中的某一单元内容，讨论和编制出该单元的教学目标。

在英国的国家课程中，科学被列为核心学科，所有 5～16 岁学生必须修读。1995 年开始实施的科学课程把小学与中学的科学教育连成一个整体，由初小至高中共分为四个学习阶段：第一阶段，一至二年级；第二阶段，三至六年级；第三阶段，初中；第四阶段，高中。课程的内容包含学习计划及成就目标。学习计划列出各阶段的学习范畴及具体内容，而成就目标标示出每个学习范畴所期望学生达到的标准。从以下的课程节录中，可了解学习计划的具体编排。

学习范畴是生命的过程与生物组织（life processes and living organisms），学习主题是变异与分类（variation and classification），学习内容是：

第一阶段（5～7岁）

● 认识自己及其他同学之间相同和不同的地方。

● 观察生物之间相同和不同的特征，从而把生物分类。

第二阶段（7～11岁）

● 怎样利用检索表识别本地的动、植物并把它们分类。

第三阶段（11～14岁）

● 无论是相同的物种还是不同的物种，彼此之间都存在着变异。

● 相同物种之间的变异是可以同时由遗传及环境因素所引致的。

● 利用检索表辨认动物和植物。

● 通过选种培育，可产生新的品种。

在每个学习范畴下，都设有一套与该范畴的内容相配合的成就目标。每套目标共分为八个等级，在第八级之上还设有一个表现特优的级别。第一阶段的绝大部分学生应能达到第一至第三级目标；第二阶段的学生可达到第二至第五级目标。学习范畴“实验与探究科学”的三个成就目标分别是：

第一级成就目标

● 能描述所观察到的对象、生物及事件的特征，并以简单方式表达发现、所得，例如讲述、绘画或制作简单图表。

第三级成就目标

● 能就一些建议提出自己的看法，如可能的话，作出预测。

● 能作适当的观察，以及利用一系列简单的仪器进行测量，例如测量长度或重量。

● 在提供适当的辅助下，能作出公平测试，并解释这一测试何以能符合公平原则。

● 能以不同方式记录观察结果。

● 能就观察结果作出解释。

第五级成就目标

● 能从一些只包含几项因素的情景中，识别其中主要的因素。

● 如可能的话，能根据已有的科学知识作出预测。

● 能选取及安全地使用合适的仪器进行实验。

● 能配合实验的需要，作出一系列适当的观察及准确的测量，开始能反复地观察及测量，并能就前后的偏差作出解释。

● 能有条理地记录观察及测量结果，并以线图展示数据。

● 能作出有实证支持的结论，并开始将实验结论联系到科学知识的层面上。

5. 阅读下面的资料，思考和分析小学与初中的科学课程目标有何变化，初中物理、化学、生物的课程目标有何共同点。

在基础教育课程改革中，小学开设科学课程，初中开设科学课程，或者分科开设物理、化学、生物课程。科学（3—6 年级）课程标准、科学（7—9 年级）课程标准以及初中生物、物理和化学等学科的课程标准中规定的目标如下：

我国九年义务教育阶段科学课程目标的界定

科学（3—6 年级）	科学（7—9 年级）	初中物理	初中化学	初中生物
科学探究； 情感态度与价值观； 科学知识	科学探究（过程、方法与能力）； 科学知识与技能； 科学情感态度与价值观； 科学、技术与社会的关系	知识与技能； 过程与方法； 情感态度与价值观	知识与技能； 过程与方法； 情感态度与价值观	知识； 能力； 情感态度与价值观

第六章

小学科学课程标准

内容提示与思考

◎ 小学科学课程标准包括哪四个部分？
◎ 小学科学课程有哪些具体的内容标准？
◎ 小学科学课程标准体现了哪些新的教学理念？
◎ 小学科学课程标准对教材编写提出了什么建议？
◎ 苏教版、科教版和湘版科学教材各有什么特点？

"课程标准"是"国家课程标准"的简称。国家课程标准由国家统一制定、统一颁发。目前颁发的《全日制义务教育科学（3—6年级）课程标准（实验稿）》由中华人民共和国教育部制定，表明国家课程标准体现的是一种国家意志。小学科学课程标准于2001年9月开始在全国38个国家级实验区进行实验。

第一节　小学科学课程标准的研制

一、小学科学课程标准研制的背景

小学科学课程标准的产生有其深刻的政治、社会、文化和教育方面的原因，它是多种因素共同作用的产物。

（一）实施“科教兴国”战略必须重视科学技术教育

实施“科教兴国”战略的关键是科学技术现代化，而科学技术现代化的基础是教育。邓小平指出，我们要在科学技术上赶超世界先进水平，不但要提高高等教育的质量，而且首先要提高中小学教育质量，按照中小学生能接受的程度，用先进的科学知识来充实中小学教育的内容。培养未来能够掌握现代化科学技术的劳动者，是科学教育面临的一个重大问题。因此，必须重视从小培养他们的科学素养，包括必要的科学知识、科学能力、科学精神和科学态度以及对科学本质的理解；让他们了解科学技术的发展与社会进步的关系，以及科学技术在人们生活生产中的广泛运用；增强他们的科学技术意识，以及对个人、社会、环境的责任心；使他们学会探究解决问题的策略，为他们的终身学习和生活打好基础。

小学科学课程标准的研制

小学科学课程标准研制核心组（包括大学教师、教研人员、教学专家共 8 人）在项目负责人南京师范大学教科院郝京华博士的带领下，广泛搜集了国内外该领域改革的多种资料，包括美国、英国、澳大利亚、新西兰、日本、加拿大、俄罗斯及中国香港、台湾等国家与地区的课程标准与教材，以及国内历年来的教学大纲与教材，进行了国际比较、国内现状调查、国内需求和小学科学教育理论新进展等方面的研究，分析了国际科学课程改革的共同特征与基本趋势，调查了国内自然学科的教学状况和社会需求，总结了 50 年来课程和教材建设的经验，提出了小学科学课程改革的理念与思路，研制了新的小学科学课程标准。

（二）科学技术的高速发展和人才的竞争必须重视科学教育

最近几十年来，科学技术对社会的渗透和影响越来越明显，对整个社会和人类的思想产生了深刻的影响。20 世纪 90 年代以来，一个以知识信息为基础，由科学技术带动的全球化市场经济渐渐形成。21 世纪，以知识和信息的生产、扩散和应用为基础的知识经济将占据世界经济发展的主导地位，科学教育的重要性越来越突出。当前国际社会的竞争，是综合国力的竞争，是科学技术的竞争，归根结底是教育的竞争。

科学技术的迅速发展对未来的劳动者提出了更高的要求，培养适应未来社会发展的人已是世界各国共同关注的问题。科学技术要靠教育去培养大批人才来掌握和运用，科学技术是第一生产力，但只有教育才能使潜在的生产力转化为现实的生产力，因此，必须重视中小学科学技术教育，充分发挥科学技术为现代经济社会服务的功能。中小学科学教育应提高广大中小学生的科技意识和科技素养，通过教学主渠道及其他有效途径，培养他们的思维能力、实践能力和创造能力，帮助他们树立正确的科学观，培养科学精神和科学态度，为他们将来能适应社会的发展打好基础。

（三）国际教育的发展对科学课程改革产生了积极的影响

为了迎接知识经济的挑战，国际教育领域正发生着一场变革，人们越来越不满意传统教育的狭隘功能，认为教育目标应重视学生的态度、价值观、学习方法、能力、行为、习惯等内容。从国际教育发展的趋势来看，世界上许多发达国家都高度重视科学教育。1996 年，美国颁布了《国家科学教育标准》，为学生制订了一整套学习目标，并规定了中小学学生学习科学知识的时间：小学低年级学生每周至少 1.5～2 学时；小学高年级学生每周 2.5～3 学时；初中学生每天 1 学时；高中学生除每天 1 学时的科学知识学习外，每周还需在实验室里做 2 学时实验，以促进学生重视科学知识的学习，用科学方法去观察事物，培养学生的科学态度、科学思维方法、探究自然和发明创造的能力。

我国原有的基础教育课程已不能完全适应时代的发展，课程的体系、结构、内容、实施与评价都需要进行调整和改革（2001 年我国颁布了《国务院关于基础教育改革与发展的决定》)。《全日制义务教育科学（3—6 年级）课程标准（实验稿)》正是在这样的背景下研制出来的。

二、小学科学课程标准的内容

《全日制义务教育科学（3—6 年级）课程标准（实验稿)》于 2001 年 9 月开始在全国 38 个国家级实验区进行实验。无论从目标、要求还是结构、体例上都富有新意。据小学科学课程标准研制组负责人郝京华教授介绍："与《自然教学大纲》相比，小学科学课程标准的内容更加丰富，课程目标的表述更加科学，内容标准更加精练，体现了科学的发展和人的发展的需要，教学实施建议更加翔实，体现了课程改革的新思想和素质教育的要求。"小学科学课程标准的内容包括四个部分和一个附录，见表 6—1。

表 6—1　　小学科学课程标准的内容

第一部分　前言	课程性质；基本理念；设计思路
第二部分　课程目标	总目标；分目标；各部分目标的相互关系
第三部分　内容标准	科学探究；情感态度与价值观；生命世界；物质世界；地球与宇宙
第四部分　实施建议	教学建议；评价建议；课程资源的开发与利用；教材编写建议；教师队伍建设建议；关于科学教学设备和教室的配置
附录	关于具体目标中行为动词的定义；教学活动的类型与设计；案例

（一）前言部分

小学科学课程是以培养科学素养为宗旨的科学启蒙课程。科学素养主要是指必要的科学知识、科学的思维方式、对科学的理解、对科学的情感态度与价值观，以及运用科学知识和方法解决问题的意识和能力。科学素养有不同的程度和形式，人的一生中科学素养不断发展和深化，而不仅仅局限于在校期间。科学素养的形成是长期的，而科学教育将对一个人科学素养的形成起决定性的作用。小学科学课程的基本理念是“面向全体小学生”、“提高科学素养”、“倡导探究性学习”。

小学科学课程要面向全体小学生，为每一个孩子提供公平的学习科学的机会和有效的指导；同时，考虑到学生在性别、天资、兴趣、生活环境、文化背景、民族、地区等方面存在的差异，在课程、教材、教学、评价等方面鼓励多样性和灵活性。

学生是科学学习的主体。学习科学是一个主动参与的过程，科学课程必须满足学生的发展需要，为他们提供能直接参与的各种科学探究活动。教师是科学学习活动的组织者、引领者和亲密伙伴。科学学习要以探究为核心。知识不是给予的，而是生成的。探究既是科学学习的目标，又是科学学习的方式。让学生亲历以探究为主的学习活动是他们学习科学的主要途径。但也需要明确，探究不是唯一的学习模式，在科学学习中，灵活和综合运用各种教学方式和策略都是必要的。

小学科学课程的内容要满足社会和学生双方面的需要。小学科学课程要选择贴近儿童生活、符合现代科技发展趋势、适应社会发展需要和有利于个人发展的内容，并强调知识、能力和情感、态度、价值观的整合。小学科学课程应具有开放性。教材不是圣经，要在学习内容、活动组织、作业与练习、评价等方面为教师、学生提供更多的选择机会和更多的创新空间。科学课程的评价应能促进科学素养的形成与发展。

（二）课程目标

课程目标分总目标和分目标，分目标是在将总目标从科学探究、情感态度与价值观和科学知识三个领域进行分解的基础上提出的。在科学知识层面要求获得生命世界、物质世界、地球与宇宙三大领域中浅显的、与日常生活密切相关的知识与方法，并能尝试用于解决身边的实际问题。在科学探究层面要求学生初步学会科学探究的一般方法，发展学生提出问题、猜想结果、制定计划、搜集证据、进行解释、表达与交流的科学探究能力。在解决问题的过程中提高对科学探究的认识，发展和培养学生的合作能力、实践能力和创新能力。情感态度与价值观层面包括对待科学学习，对待科学，对待科学、技术与社会的关系和对待自然四个方面的要求，主要包括：激发学生对科学的兴趣，培养爱科学、爱家乡、爱祖国的情感，并形成正确的科学价值观；热爱大自然，珍爱生命，逐步形成人与自然和谐相处的意识；逐步形成大胆想象、尊重证据、敢于创新的科学态度。上述小学科学课程的总目标和分目标，勾画出了小学生科学素养的大致轮廓。

（三）内容标准

内容标准是课程标准的核心部分，它将三至六年级的科学课程作为整个基础教育科学课程的一个相对完整的阶段，具体内容标准所表述的是小学毕业时绝大多数学生应达到的最低标准，并不再划分年级或年段，这就给教师和教材编写者提供了更大的创造空间。

内容标准的编写没有像过去50余年来的教学大纲那样受知识体系的束缚，在结构、内容、体例、表达等方面都作了一些探索和革新，体现了国家在科学知识、科学探究（方法、技能和能力）以及情感态度与价值观等方面对义务教育阶段小学生的基本要求。课程标准构建了体现“人与自然和谐发展”的思想，着眼于培养学生形成科学的认知方式和科学的自然观，丰富他们的生活，发展他们的个性，开发他们的创造潜能，使小学科学课程具有基础性、普及性和发展性。

内容标准以结构框图的形式给出了各目标领域知识展开的主要线索与相互关系，使整个内容标准既见“树木”又见“森林”，便于教师从整体上把握知识结构以及知识与知识之间的相互联系，加强对知识之间的相互渗透与综合性的认识，便于教材编写者与教师按不同的主线或思路，设计与编排教学内容。十个一级主题内容是：多样的生物，生命的共同特征，生物与环境，健康生活，物体与物质，运动与力，能量的表现形式，地球的概貌与地球的物质，地球运动与所引起的变化，天空中的星体。

（四）实施建议

实施建议包括教学建议、评价建议、课程资源的开发与利用、教材编写建议、教师队伍建设建议以及关于科学教学设备和教室的配备。在具体的内容标准中提出的具体活动建议、案例等都充分反映了新的课程理念，充分保证教学目标得到落实。在评价方面，课程标准列入了能力培养方面的具体内容（如单列“科学探究”主题）和情感态度与价值观方面的具体内容（如“亲近自然”、“珍爱生命”、“积极参与资源与环境保护”等）。在建议中不仅提出评价的基本观点和要求，也用案例的形式说明了评价内容应包括科学知识、科学探究（技能）以及情感态度与价值观三方面。评价方式重视发展性评价、鼓励性评价、协商性评价以及学生的自评，倡导教学评价在教学中的正面导向作用——反馈调节、展示激励、反思总结、检查筛选，把评价和学习方式的改变以及提高终身学习的能力联

系起来。促进学生发展是评价的根本。

（五）附录

附录中“关于具体目标中行为动词的定义”解释了“体验”、“意识”、“会”、“能够”、“知道”、“认识”、“理解”。“教学活动的类型与设计”则指出了小学科学教学除了讲授之外，还有多种活动，包括：收集信息；现场考察；自然状态下的观察；实验；专题研究；情景模拟；科学小制作；讨论和辩论；种植饲养；科学游戏；信息发布会、报告会、交流会；参观访问；科学竞赛；科学欣赏；社区活动；家庭科技活动；角色扮演；科学幻想。

附录中提供的案例有：（1）科学探究的案例，即国内治愈鸡瘟的探究案例和国外医治树木害虫的探究案例。（2）科学活动的设计要素与基本过程的案例有《化冰比赛》，教学设计方案有《我的星座》。此外，还有教师利用互联网资源进行教学设计的案例，教师制作多媒体课件的案例。（3）科学游戏的案例有《结网游戏》和《蝙蝠与蛾子》。（4）学生课业作品的案例有学生提出问题的案例，学生研究课题的案例，学生观察记录的案例，学生活动设计报告的案例，学生抒发科学情感的诗歌、童话的案例。这些案例有助于小学科学教师直观地理解科学课程与教学的新理念。

第二节　小学科学内容标准与实施

一、小学科学内容标准的结构

小学科学课程内容标准将3—6年级的科学课程内容划分为三个领域（科学探究，情感态度与价值观，科学知识）、五个方面（科学探究，情感态度与价值观，生命世界，物质世界，地球与宇宙）。

（一）科学探究

科学探究是科学学习的中心环节。科学探究不仅可以使小学生体验到探究的乐趣，获得自信，形成正确的思维方式，而且可以使他们识别什么是科学，什么不是科学。图6—1反映了“科学探究”的详细内容，表6—2说明了“认识科学探究”的具体内容标准和活动建议。课程标准对这部分内容有如下要求：科学探究能力的形成依赖于学生的学习和探究活动，必须紧密结合科学知识的学习，通过动手动脑、亲自实践，在感知、体验的基础上，内化形成，而不能简单地通过讲授教给学生。在小学阶段，对科学探究能力的要求不能过高，必须符合小学生的年龄特点，由扶到放，逐步培养。在具体的教学实施过程中，可以涉及科学探究的某一个或某几个环节，也可以是全过程。

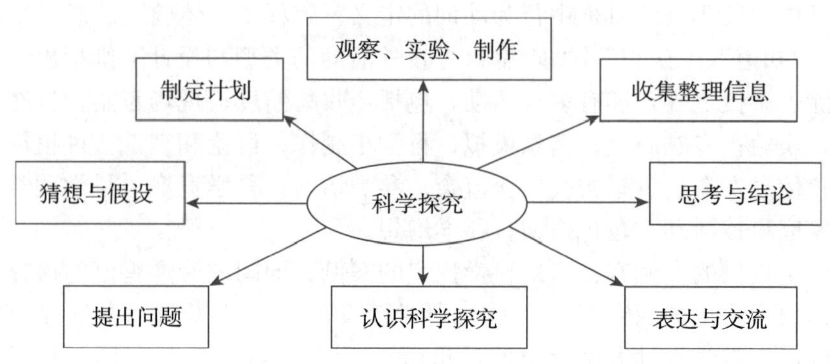

图 6—1　科学探究的内容

表 6—2　　　　“认识科学探究”的具体内容标准和活动建议

具体内容标准	活动建议
1. 知道科学探究涉及提出问题、解答问题、将自己的结论与已有的科学结论作比较。	比较探究月相变化规律和解暗箱过程中使用的不同方法
2. 知道不同的问题要用不同的探究方法。	
3. 知道为什么使用工具比感官更有效。	
4. 体验科学探究中证据、逻辑推理及运用想象建立假设和理解的重要性。	
5. 了解科学探究的结果应该是可以重复验证的。	
6. 知道对其他探究结果提出质疑是科学探究的一部分，了解合理怀疑是科学进步的动力。	
7. 懂得交流与讨论可以引发新的想法。	
8. 知道科学探究可为进一步研究提供新经验、新现象、新方法、新技术。	

（二）情感态度与价值观

情感态度与价值观既是科学学习的动力因素，影响着学生对科学学习的投入、过程与效果，又是科学教育的目标，通过对千姿百态、引人入胜的自然现象的学习，改变学生的行为倾向，激发他们对科学学习的兴趣，陶冶爱科学、爱家乡、爱祖国的情感，并为他们形成正确的科学价值观打好基础。图 6—2 反映了“情感态度与价值观”的详细内容，表 6—3 是“对待自然”的具体内容标准和活动建议。课程标准对这一部分内容有如下要求：

培养小学生的情感态度与价值观，不能像传授知识一样直接“教”给学生，而是要创设机会，通过参与活动，日积月累，让学生感受、体验与内化。

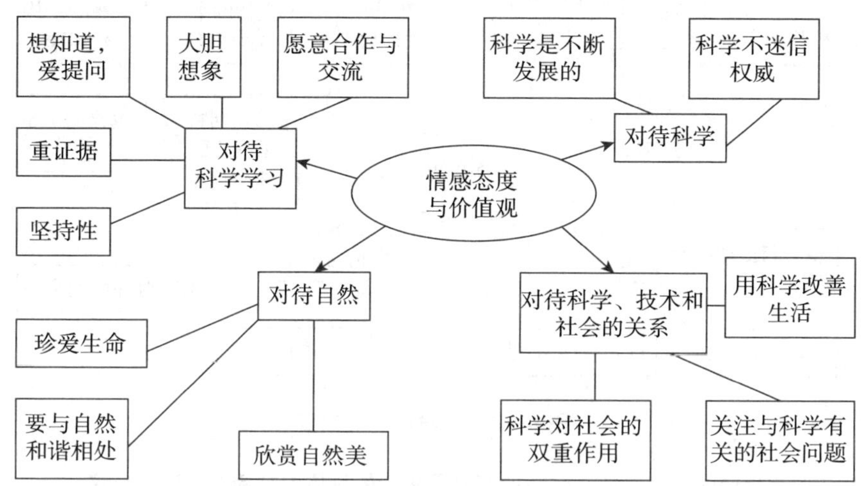

图 6—2 情感态度与价值观的内容

表 6—3 “对待自然”的具体内容标准和活动建议

具体内容标准	活动建议
1. 意识到人与自然要和谐相处。	讨论建立自然保护区、饲养广场鸽、从伐木英雄到植树英雄、建立野生动物园等问题。
2. 珍爱生命。	饲养小动物，栽培花草；观察、研究小动物后放回大自然。
3. 能从自然中获得美的体验，并用一定的方式赞美自然美。	参加欣赏、赞美家乡美的活动；用图画、诗歌表达对祖国河山的美好情感。

（三）生命世界

科学课程要让学生接触生动活泼的生命世界，去田野树林、山川湖泊，看花草树木、虫鱼鸟兽，感受生命的丰富多彩。他们会发现每一片树叶都不同，每一朵花儿都绚丽，从而激发热爱生命的情感和探索生命世界的意趣。“生命世界”的详细内容如图 6—3 所示。表 6—4 反映的是“生命的共同特征：生物的基本需求”的具体内容标准和活动建议。课程标准对“生命世界”有如下要求：

生命世界这部分内容的学习不应拘泥于生物学上的专有名词和概念，要让学生深入探究生物生命活动中一些有意义的问题，有助于他们对生命本质的认识上升到新的高度。

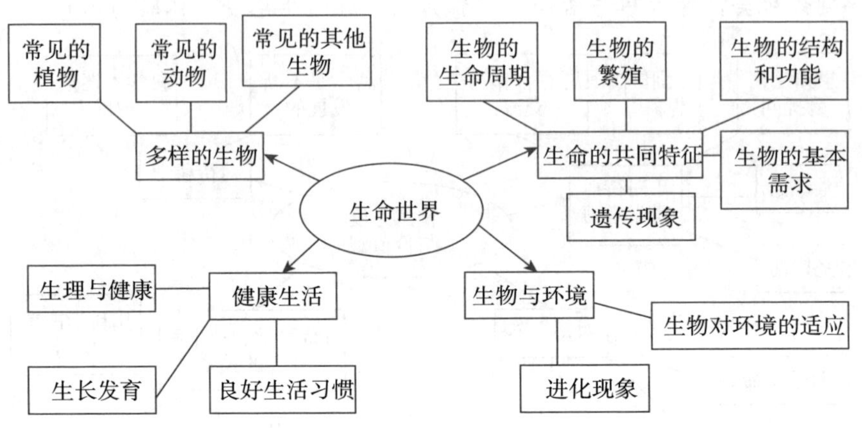

图 6—3 生命世界的内容

表 6—4 "生命的共同特征：生物的基本需求"的具体内容标准与活动建议

具体内容标准	活动建议
1. 认识到生物维持生命都要从外界吸收水分和营养。	做根毛吸收水分、茎运输水分的实验。
2. 设计实验研究水、阳光、空气、温度、肥料等对植物生长的影响。	让学生自己设计实验来研究种子萌发的条件。
3. 知道不同的动物吃不同的食物，动物要维持生命就要消耗这些食物作为能量。	进行一些探究活动，研究具体动物的食性；讨论动物和人从食物中获取的能量用于干什么？
4. 了解绿色植物能在阳光下制造淀粉和氧气，同时吸收二氧化碳。	讨论绿色植物在地球上存在的意义。

（四）物质世界

一个无生命的物质世界与生命世界同样五光十色，精彩纷呈，充满了形形色色的令人惊奇、迷惘、感叹的现象和过程。"物质世界"这部分的详细内容如图6—4所示，表6—5反映的是"材料的性质与用途"的具体内容标准和活动建议。课程标准对"物质世界"这部分内容有如下要求：

物体与物质部分经过对物体、材料、物质这三个层次的观察与探讨，了解物质一些基本的性质与变化过程，使学生的认识逐渐由具体向抽象过渡。

运动与力部分使学生了解位置与运动的概念，知道力与运动变化的关系，了解常见的简单机械。

能量的表现形式部分讨论了声、热、光、电、磁这些物理现象，并使学生知道它们都是能量的不同表现形式，能量可以转换。

物质世界这部分所涉及的许多知识与技能都是现代科学和现代技术的基础，在这一部分应该充分体现出其与技术的关系。

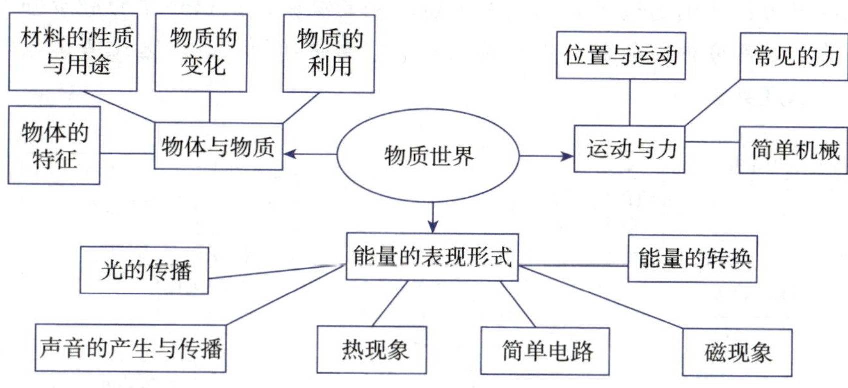

图 6—4　物质世界的内容

表 6—5　“材料的性质与用途”的具体内容标准与活动建议

具体内容标准	活动建议
1. 能判断物体是由不同材料组成的，如木头、金属、塑料、纸等，并能按材料对物体进行分类。	
2. 认识某些材料的性质（如是否导电，是否溶解，是否传热，沉浮性等），根据这些性质对材料进行分类。能将材料的特性与它的用途相联系。	画一幢房子，说出各个部分应该用什么材料，根据是什么？
3. 能区分常见的天然材料和人造材料。意识到人类为了满足自身的需求，不断发明新的材料。增强对新事物的敏感性，激发创新意识。	调查有关新材料的发明、性能和用途方面的信息。

（五）地球与宇宙

在很小的时候，儿童就从各种媒体接触到“地球”这个名词，科学课程应该使小学生获得有关地球的更完整的印象，这包括了解地球的概貌和组成物质以及因地球的运动而引起的各种变化。图 6—5 反映了“地球与宇宙”的详细内容，表 6—6 反映的是“地球的物质——水”的具体内容标准和活动建议。课程标准对“地球与宇宙”有如下要求：

让小学生用探究的方法研究地球物质的性质，不仅可以使他们获得有关的知识，了解科学探究的过程和方法，体验到探究的乐趣，还可以使他们对习以为常的地球物质刮目相看，意识到地球物质的价值和保护它们的重要性。

地球与宇宙部分还包括天空中的星体，这部分内容为小学生撩起了星空的神秘面纱。他们通过观察、记录太阳和月球的运动变化，探究它们的运动模式，锻炼自己的毅力；他们通过了解人类对宇宙奥秘的探索，认识科学的进步和人类智慧的潜力。这部分内容的教学重点是点燃小学生的求知欲，这远比告诉他们太阳的直径、温度更重要。

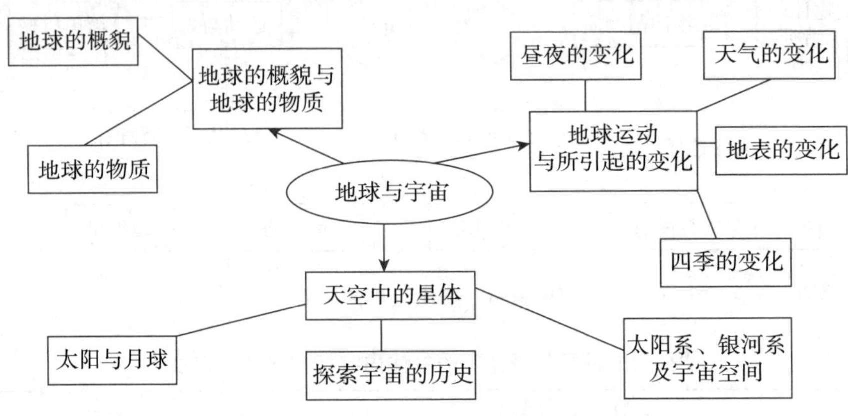

图 6—5 地球与宇宙的内容

表 6—6 “地球的物质——水”的具体内容标准与活动建议

具体内容标准	活动建议
1. 知道自然界水资源的分布。	观看地形地球仪；调查当地水资源状况； 调查所生活的地区饮用水的来源情况。
2. 知道水能溶解一些物质。	做水的溶解性实验。
3. 意识到水与生物的密切关系。	讨论如果没有水，世界会是怎样的； 观看干旱地区龟裂的土地及枯黄庄稼的照片。
4. 欣赏自然界水体的美丽。	观赏江、河、湖、泊、溪流、瀑布等水域景观的影像图片。
5. 知道水域污染的危害及主要原因。	观察生物生活在不同水质中的生存质量； 实地调查当地水体的污染源（如废水、垃圾、清洁剂等）。

二、小学科学课程的实施建议

小学科学课程的实施涉及教学、评价、课程资源的开发与利用、教材编写、教师队伍建设、科学教学设备和教室的配置。此处只重点阐述与课程实施密切相关的教学新理念，其他内容将在后面的相关章节中阐述。

(1)“用教材教”而不是“教教材”。“教教材”的教学意味着过分重视课本上的知识；“用教材教”则是把课本上的知识与课本外的资源结合起来，把知识的教学放在培养能力、态度的探究过程中，把科学探究、情感态度与价值观的目标有机地和科学知识目标结合在一起。

(2) 鼓励学生通过动手动脑“学”科学。学生常常依靠动手操作来认识和理解世界。教学方法要富有情趣和符合儿童的认知规律。尽量少用或不用专业术语和抽象定义，尤其要避免在教学过程的初始阶段把结论告诉儿童。尊重儿童在科学学习中所表现出来的个别差异，根据他们的兴趣爱好、情感态度、知识能力等方面的特点，因材施教。

(3) 用丰富多彩的亲历活动充实教学过程。这些丰富多彩的活动在教学目标上应该把科学素养的各个方面融合在一起，既有知识理解的要求，又能体现情感态度与价值观的培养和科学探究的实践。活动在形式上因目标、内容、资源的不同可采取各种各样的模式，给学生创设多种亲历的机会。

(4) 让探究成为科学学习的主要方式。科学探究活动要给学生一个由生疏到熟悉的过程，不应要求一步到位。在教学实施中，科学探究活动可以是全过程的，也可以是部分地进行，如某些课侧重提出问题，进行猜想、假设和预测的训练，某些课则侧重制定计划和搜集信息的训练。

(5) 树立开放的教学观念。小学生在面对纷繁复杂的科学世界时会产生无比激情。教师应尊重学生的意愿，以开放的观念和心态，为他们营造一个宽松、和谐、民主、融洽的学习环境，引领他们到校园、家庭、社会、大自然中去学科学用科学。科学课程的开放性，表现在时间、空间、过程、内容、资源、结论等多方面。

(6) 悉心地引导学生的科学学习活动。以探究活动为核心的科学教学过程，不再是教师照本宣读教科书和刻板地执行教案的过程。教学要在一定的情景中展开，学生会提出许多教师意想不到的问题，教学过程中也会出现许多难以预料的情况。这对科学课教师提出了新的更高的要求。教师需要亲身介入并认真观察学生的科学探究活动，随时掌握他们在活动中所取得的进展、面临的困难和出现的问题。

(7) 充分运用现代教育技术。现代教育技术能进一步激发学生的学习兴趣；能针对学生学习能力的差异调整教学进度，提高学习效率；能培养学生的自我教育能力，为终身教育打基础；能为学生提供更多的高质量的科学信息；能为教师提供更多样、更先进的教学手段……现代教育技术为今天的教学开辟了广阔的天地。在一切有条件的地方，科学课程的教学都应尽可能地运用各种音像资源、计算机软件和网络等现代教育技术，但是不能用教育技术代替一切，亲手饲养小动物的感觉与玩电子宠物的感觉毕竟是不同的。

第三节　小学科学教材

一、课程标准对教材编写的建议

课程标准就教材编写提出了基本的原则和有益的建议。

（一）关于内容的选择

课程标准将教学内容划分为科学探究、情感态度与价值观、生命世界、物质世界、地球与宇宙五大部分，并在内容标准中规定了各部分的详细内容。这些内容标准说明了通过各部分内容的学习，学生所应达到的水平状况。教材编写者的任务是选择相应的教学内容去帮助学生努力达到这些水平。课程标准提出了如下的建议：

1. 选择有利于学生亲历科学学习过程的内容

科学课程在培养小学生科学素养的时候，重点不在于科学知识体系的传授，而在于通过引导学生亲身经历科学探究的过程，激发对科学的兴趣，形成科学的态度和科学探究的能力。科学教材应注意选择那些能够引起他们对自然事物和现象动手探究的欲望，有利于发挥他们在学习中的主动性，适合于形成发现问题、解决问题、得出结论的学习过程并便于开展观察、实验、栽培、饲养等活动的有关内容，以向学生提供亲历科学探究的机会。

2. 从小学生原有经验出发，选择学生便于体验、能够理解的内容

小学生的科学学习活动具有明显的年龄特征，他们对于自然事物与现象的把握是很具体的，只有便于体验和理解的内容在他们科学素养的形成过程中才有意义。因此科学教材的内容要注意从儿童身边的自然事物和现象中选取，以便于他们以生活经验和周围环境为基础进行探究活动。这些内容还要能够满足他们的好奇心，考虑他们原有的经验基础和具有适合于他们心理、生理发展需要的活动种类和活动方式，以利于他们更好地感受和体验科学。

3. 选择最必要的基础科学知识、基本技能

科学教材的内容应根据基础和基本的原则进行精选。注重基本的科学事实和

原理以及科学领域中对学生后继学习和终身学习最有影响的概念和对他们形成科学地看问题和想问题的方法具有典型意义的活动，为他们长大成为有科学素养的合格公民打下坚实的基础。

4. 选择有利于培养学生情感态度与价值观的内容

情感态度与价值观的培养是科学课程所要实现的主要目标之一，而情感态度与价值观的培养离不开具体生动的学习情境，也需要具有相应的活动设计和要求，因此在选择教学内容时，要有意识地关注那些蕴涵了情感态度与价值观培养因素的教学内容，并将之充实到教材中去。

5. 选择具有时代感和社会普遍关注的有关内容

科学教材要注意摒弃那些已经陈旧和过时的教学内容，吸收和反映科学技术发展中的新成果、新话题，社会生活中人们共同关注和亟待解决的问题，以使学生从科学课程的学习中增强社会责任感并真实地感受和体验科学的本质及科学、技术和社会之间的关系。

6. 选择具有综合性、关联性的内容

综合性和关联性的内容能够整合科学教育的多个目标，使学生的学习情境更贴近于真实的生活，对于小学生形成科学的自然观，建立事物间的联系，学会将所学到的知识运用于丰富多彩的现实生活具有重要的意义。科学教材要注意选择那些有助于实现多领域学习目标的内容，全面提高学生的科学素养。

（二）关于教材的组织

课程标准只给出了科学探究、情感态度与价值观、生命世界、物质世界、地球与宇宙五大部分的具体内容标准，没有规定所应落实的年级，更不是教材内容的排列顺序。这些具体内容标准是教材编写的基本要素，可以由教材编写者按照一定的构想自由地加以组合和构建。关于教材的组织，课程标准提出了如下的建议：

1. 要求体现小学生以探究为核心的科学学习过程

提倡以探究为核心组织科学课程的教学，是科学课程改革的重要思想。教材内容的组织，要从便于学生的探究性学习出发，而不是从知识体系出发。要通过有计划、有步骤地展现教学情境，引导学生带着兴趣去观察自然界的事物和现象，让他们在实验与调查、交流与分析和最终形成结论的过程中进行科学课程的学习。在必要的时段，也需要组织适当的内容，形成一个有序的结构，让学生亲身经历完整的科学探究过程。

2. 要求符合小学生认识事物的特点和规律

教材要以小学生先前的经验为起点，从他们熟悉的具体事物中展开学习内容，并帮助他们逐步发展认识较为抽象的概念和理性规律的能力。教材内容的组织，要遵循由易到难、由具体到抽象、由简单到复杂、循序渐进的原则，与小学生的认知结构和心理发展水平相适应，并充分促进他们在原有基础上的发展。

3. 要求有机地整合科学课程的各项目标

教材在进行教学内容的组织时，要通盘考虑课程标准中所规定的科学探究、情感态度与价值观、科学知识目标，将相关内容以综合主题的形式有机地加以整合，形成一个个教学单元，使学生在学习过程中各方面都能得到发展。

4. 要求为小学生自由地展开学习过程提供适当的条件

教材要向学生提供开放的、主动思维的空间，给他们的活动留有充分的余地。例如，要有机会让他们选择感兴趣的探究问题，鼓励他们从探究的过程中生发新的问题并发表自己的独立见解。对于教材中的内容也要允许师生选择，并充分考虑学校教学的实际进程，在课时安排上留有余地。

5. 要求教材具有科学而合理的逻辑结构

教材的逻辑结构反映了教材编写者的主要设计思想与科学课程的教学活动密切相关，应引起教材编写者的足够重视。目前世界各国科学教材的逻辑框架是多种多样的，各有其特点，在编写教材时可作为参考和借鉴。

（三）关于教材的呈现方式

科学教材的呈现方式应当突出小学生的特点，要生动、活泼，富有启发性和趣味性，对小学生具有吸引力。采取何种呈现方式可以由教材编写者自由选择，课程标准提出了如下建议：

(1) 需要从小学生观察世界的角度、自主学习的角度和科学学习活动的方式来表述，而不是沿用成人的角度、教师为中心的角度和接受式学习的方式来表述。

(2) 要用描述的方式阐述科学的概念和事实，避免出现抽象的定义。科学探究和情感态度与价值观的教育要有机结合在活动之中，让学生从参与、体验和探究中去内化，而不是作为一种结论去记忆和背诵。

(3) 一般不以结论加验证的方式展开教学内容，而要尽可能通过设计相应的活动引导小学生通过探究自己得出结论，给他们的自主学习留有充分的空间。

(4) 充分考虑小学生学习方式多样化的需要，内容载体要富有儿童特点并且多样化，如童话、诗歌、谜语等。体例要实现陈述、分析、提问的综合运用，文字、插图、实验、练习的相互配合，并能够引起学生的兴趣和关注。

二、我国小学科学教材的特点

科学（3—6 年级）课程标准是编写小学科学教材的依据。教材编写者需充分领会和掌握课程标准的基本思想和各部分内容，并反映在教材之中。教材编写者也需发挥自身的主动性和创造性，为满足我国不同地域、不同经济发展水平地区学生的需要，编写出具有不同风格和特色的科学教材。

（一）教科版小学科学教材

2001 年，教育科学出版社出版的小学科学教材在全国 24 个省（市）的 150 多个实验区使用，主编为中央教育科学研究所的研究员郁波。教材配套资源有：《科学教师教学用书》、《科学学生活动手册》、《科学图片库》、《科学试教通讯》、《科学培训光盘》、《科学教师培训教材》。全套教材共 37 个单元，约 140 个活动，其中侧重于生命世界主题的单元 10 个，物质世界主题的 11 个，地球与宇宙主题的 8 个，另有 8 个跨学科的综合单元。编排时从横向上注意了一册教材中各部分内容的均衡性，从纵向上注意了各册教材间科学概念发展的应有逻辑顺序。从总体上内容的选择服从于活动设计的需要。教材是以学生科学探究能力的发展为主线构建的。构建的基础是活动，基本设计思路是：通过活动水平层次的不断提升，使学生对科学探究的理解不断加深，科学探究的能力不断提高。

三年级科学探究活动的水平大致定位在对特定物体的观察和描述，包括对物质特征和变化的观察及描述方面，强调学会发现观察对象更多的观察内容和采用更多的观察方法，学会提出问题、做观察记录以及进行小组间的交流。

四年级将在教师的指导下对一个主题展开多侧面的调查，学习制订包括研究的问题、研究的方法、研究的准备、小组分工在内的小组研究计划，并付诸实践。

五年级将参与一个比较完整的探究性活动，自主完成部分探究过程。学习只改变一个变量的对比实验及对实验现象和观察结果做出自己的解释。

六年级将尝试进行开放性较强的某些自主探究活动，在系统的观察和实验操作方面积累起更多的经验。

为了向学生提供足够的学习机会，使他们能够在持续性的探究中获得更大的发展，教材在三年级上下册各安排了 6 个单元，四年级下学期开始采用大单元结构模式，每一册为 4 个单元，各包含 8～10 个连续性的活动。

（二）苏教版小学科学教材

江苏教育出版社出版的《科学》是 21 世纪第一套小学科学教材。这套教材的主要编写成员是国家小学科学课程标准研制组的核心成员，主编为南京师范大学郝京华教授。教材充分体现了科学启蒙教育的特点，以学生的认知活动为教材内容的主线，力求使科学课贴近学生的真实生活，贴近学生的精神世界。郝京华说："我们的科学教材是一种大教材，不仅仅是一本学生用书。它是一个系统工程，是一个工具包，包括教师用书、学生用书、学生的科学活动记录手册、配套的工具箱和相关的光盘录像等一系列供学生和老师使用的学习资料。"教材中有些内容旁有一个"选择图标"，意思是这个内容仅供参考，可以根据各地的具体情况决定是否选用。"自由研究"单元就是提供一定的时间给学生，让他们自由地研究自己想研究的问题。

教材以建构主义等理念为支撑，体现了"自主探究"的理念，突出表现在教材中丰富多彩的"探究活动"上。教材中"比较哪种纸结实"、"设计一个转动30秒钟的陀螺"、"研究热水变凉过程中温度下降的规律"等都是一些典型的从问题入手去预测、去探究的活动。教材的每一课都可以展开成若干个探究活动，有的可以让学生经历探究的全过程，如"纸的研究"，"研究布料的防水性、透气性、耐磨性"等。有的侧重于探究过程中的某一个环节，如："倒满水的杯子里可以放进多少根回形针"侧重于预测；"测一测各处的气温，看看有什么发现"侧重于实验；"数豆子，统计数量，发现规律"侧重于数据整理分析；"观察和比较固体和液体的性质"侧重于观察；"冬天哪些树叶是绿的"侧重于调查和记录；"养蝴蝶"、"种油菜"、"做萝卜花篮"等侧重于动手操作。另外，有的实验侧重于对比结果，有的活动侧重于学生的心理体验，有的活动侧重于交流讨论，各种丰富的探究活动组成了这套教材的主体内容。

教材在设立单元时力求体现综合化，向学生展示一个个真实的场景，引领学生解决一个个真实的生活问题，使课文内容生活化，生活问题科学化。以教材第一册为例，全册教材以科学与生活的联系为线索，按科学探究的内在体系组织成七个单元："亲近科学"、"冷和热"、"关心天气"、"秋去冬来"、"合理饮食"、"常见材料"、"自由研究"。这些单元主题的选择都是综合的，不仅整合了多个学科的研究内容，而且十分贴近学生生活，使学生感受到科学就在身旁。如"关心天气"就是从"讨论国庆节有什么打算"开始谈起，进而研究天气对人类生活的影响及人类是怎样研究天气的。教学中让学生自己去测测气温、看看风向、量量雨量等。

教材注重师生在探索过程中表现出来的情感交流，如教材首篇"致同学们的一封信"写道："亲爱的小朋友们：从懂事的时候起，你们就围着爸爸妈妈问这问那，这是你们认识世界的开始……希望你们喜欢科学，在科学课的学习中得到乐趣!”在《科学》教材里还有两个小卡通角色。第一册是小萝卜和小茄子；第二册是小兔子和小蜜蜂。老师的话语从学生喜爱的卡通角色嘴里说出来，学生就会觉得格外亲切。教材还增加了诗歌形式的科学美文，几乎每册都有两三篇。将繁杂枯燥的科学知识用诗歌的形式表现出来，使学生轻松愉快地积累科学表象是科学教学的一大创举。如：“土壤和生命”单元的首页上写道：“土壤是位伟大的母亲/她的孩子有的很小很小/有的却很大很大/从小花小草到千年古树……/从黑色蚂蚁到白象红马……/地球上亿万个生命/都在她温暖的怀抱中成长。”这些优美的小诗字里行间蕴涵着深刻的人文精神，反映了科学与文学的交融。

（三）湘版小学科学教材

湘版小学科学教材由湖南科学技术出版社和湖南少儿出版社出版，教材主编为湖南师范大学石鸥教授。教材着眼于学生终身学习和发展的需求，以学生知识背景与认知发展为依据，以学生能亲历的探究活动为基础，充分挖掘和利用科学技术发展史的教育功能，突出探究在科技发展历程中的意义和价值，强调科学、技术与人类社会发展的关系。

教材采用“主题单元→课题→活动→评价”的组织形式。以“主题单元”和“探究能力训练”为明线，以情感态度与价值观为隐性渗透的暗线来组织教材，用科技史来促进这两条线的完善。主题单元的设计思路是：从学生生活中常见的事物与现象出发，创设问题情境，引导学生提出问题，展开活动，学习有关的科学知识与技能，最后将所学内容与实际生活（包括社会、环境）相联系并加以运用，同时让学生在情感态度与价值观方面获得提升，实现从生活走向科学，从科学走向社会理念。这套教材在每册都设立了一个综合单元（如“我学习了观察”、“我爱做实验”、“搜集信息，让我大开眼界”、“整理信息，让我们发现更多”、“大胆地猜想，合理地假设”、“我们怎样做判断”等），引导学生梳理、总结、提升全册的探究能力训练重点，最后让学生完成一个相对开放的综合探究活动，以便作一次综合性的形成性训练和评价。

教材的主要特色是挖掘史实。儿童探究自然的思维发展过程与人类探索自然的历史发展过程具有一致性，儿童智力的发育在一定程度上重演了人类智力进化过程。为了充分发挥科技史在小学科学教育中的作用，这套教材将科技史分为科学原理、科学方法、科学技术三大类，统领整套教材的科技史教育内涵，从三个维度去挖掘科技史在方法指导、技能学习、过程引领、结果鉴定、情感熏陶、了解科学家科学发现的过程、创设问题情境、提出活动任务等方面的价值，采用即时贴、连环画等学生喜闻乐见的形式，从不同的角度有机地渗透和融合了科技史内容。教材还在六年级下册有意识地设计了“科学历程”。通过对科技史上一些重大的科学事件和代表人物的简单回顾，让学生了解科学技术发展的几个重要阶段，明白科学技术发展推动了人类社会文明进步，提高了工作效率和生活质量，同时也初步感受到技术的滥用给人类社会带来的灾难，使学生能够较好地理解科学、技术、社会、环境紧密联系的思想。

小学科学教材还有河北版、粤教版、大象版、青岛版等不同版本，各有自己的特点和特色，但是都以《全日制义务教育科学（3—6 年级）课程标准（实验稿）》为依据，体现了我国科学教材编写多样化的走向。

 本章小结

我国原有的基础教育课程已不能完全适应时代的发展，课程的体系、结构、内容、实施与评价都需要进行调整和改革。2001 年《国务院关于基础教育改革与发展的决定》颁布后，《全日制义务教育科学（3—6 年级）课程标准（实验稿）》开始在全国 38 个国家级实验区进行实验。小学科学课程标准的内容包括前言、课程目标、内容标准、实施建议四部分和附录，这一课程标准无论从目标、要求还是结构、体例上都富有新意。

小学科学课程内容标准将 3—6 年级的科学课程内容划分为三个领域（科学探究、情感态度与价值观、科学知识）、五个方面（科学探究、情感态度与价值观、生命世界、物质世界、地球与宇宙）。课程内容标准渗透了新的教学理念，提出用教材教而不是教教材，要求用丰富多彩的亲历活动充实教学过程，让探究成为科学学习的主要方式。我国在 21 世纪初陆续出版的小学科学教材在依据课程标准的同时，也体现了各自的特点，如苏教版、科教版和湘版小学科学教材。

 阅读·思考·交流

1. 阅读下面的资料，思考和讨论我国近代科学课程兴起的多种原因。

科学课程的兴起

在我国古代，科技内容在官学和私学课程中虽然有所反映，但一直不是学习的重点，也没有严格意义上的科学课程，而真正的科学课程的开设要追溯到近代。科学课程首先在一些传教士创办的教会学校开设。1839 年，美国传教士布朗（S. R. Brown）在广东开设的马礼逊教会学校中就开设有生理学、化学等科学课程。19 世纪 60 年代初，清政府的一些大臣认识到科学技术的重要性，开始推

行洋务“新政”，创办学堂学习“西艺”，积极引入西方科学教育。1904 年，在张之洞主持下制定了《奏定学堂章程》，即“癸卯学制”，它可以被看作是我国最早的课程标准。

2. 阅读下面的资料，思考和讨论中加两国科学课程标准在内容分类上的差异及其原因。

中国和加拿大小学科学课程内容的比较

加拿大的科学课程内容分为 5 个系列，分别是：生命系统、物质与材料、能量与控制、结构与机械、地球与宇宙。我国的科学课程标准包括三个方面的内容，即科学探究、情感态度与价值观、科学知识。科学知识又包括生命世界、物质世界、地球与宇宙三个领域的内容。

由此我们可以看到，我国的科学课程标准强调科学探究和情感态度与价值观目标的培养。科学探究是学习科学知识的方法，它和情感态度与价值观一样应该伴随科学知识的教育进行，并不能独立完成。标准将这两部分作为两个独立的板块，强调二者同时寓于科学知识的教学过程中。

3. 阅读下面的资料，思考和讨论如何在科学教材中介绍科技史内容。

湘版科学教材重视渗透科技史内容

对科技史资料中深难文字材料，教材不是用大段文字的形式呈现科技史，而是灵活地采用多种方式，用富有童趣的语言作了简明和通俗化处理，使学生易于接受，将科技史渗透于科学探究的各个环节。比如，在单元页上将与本单元有关的科学技术以图形方式按时间顺序呈现出来，使得学生能一目了然地理解科学技术在人类历史中的不断发展及其给人类带来的巨大进步；在探究活动结束时补充介绍历史上一些科学家的做法，让学生对科学探究的方法和步骤有更具体的认识，也培养其从事科学研究的信心和勇气；以资料形式在探究活动前呈现古人对某些自然现象的观察和理解，进而提出问题，作为活动的引入，以激发探究的兴趣；在相关内容中插入古今中外著名科学家的生平和故事，使学生从科学家们的不懈奋斗中受到情感熏陶。

4. 阅读下面的资料，分析各种科学教材编写的优势与可能出现的不足，讨论自己最喜欢哪种教材，并说出理由。

小学科学教材编写的不同主线

(1) 以探究能力发展为主线的科学教材。这类教材从内容的选择到组织都体现了以科学探究为中心，以努力促进学生探究能力的发展为目的，强调探究活动的连续性。

(2) 以儿童生活经验发展为线索的科学教材。这类教材从儿童的视野组织材料，按照他们生活经验圈的不断扩大逐步展开教学内容，逐渐增进儿童对科学的了解和认识。

(3) 以学生知识背景与认知发展为线索的科学教材。这类教材是在生命世界、物质世界、地球与宇宙内容中分别找出与学生知识背景和认知特点相对应的学习材料，把这些材料按照由浅入深、由简单到复杂的顺序排列，最终形成一定的知识体系。

(4) 以提供学习素材为特征的科学教材。这类教材把教学看成是教师的创造性劳动，只提供生命世界、物质世界、地球与宇宙内容中具体的事实或相关内容，在教学中由教师按照某种教学目的自行组织。

(5) 以科学概念体系为线索的科学教材。这类教材从某一科学领域的基本概念出发，按照逻辑体系推演出定理、原理、法则、规律等，作为组成教材内容的主要线索。

(6) 以统一的概念与过程为线索的科学教材。这类教材以若干基本的、科学的、统一的概念与过程为线索组织，如物质与能量的转换、系统、守恒、结构与功能、演化等，目的在于促进和加强学生对科学概念和原理的学习，使学生逐步掌握理解自然界的强有力的思想武器。

(7) 以科学方法为线索的科学教材。这类教材突出了掌握科学方法的重要性以及科学方法的多样性。通常围绕一些基本的科学研究方法组织材料，如观察与实验、比较、参照、归纳、推理、联想、模型与模拟、感受规律、认识规律、计划、分析、探究等。

5. 阅读下面的资料，思考和讨论小学科学教材编写时需要注意的问题。

美国小学科学教材片段

学生在探究活动中尤其要注重动手操作与动脑思考相结合。这种探究式学习方式的教材尤以美国的STC（面向儿童的科学和技术）教材最为突出。例如，在STC教材中，学生要学习影响溶解速度的条件，教材就设计了“冰糖溶解”比赛这一活动。先让学生预测大小两块冰糖哪一块先溶解掉。教师为学生提供了一些实验器材，让学生进行实验。在实验过程中学生学会记录糖块溶解过程，验证预测是否准确，思考并交流哪一块冰糖先溶解掉，为什么？怎样做才能加快溶解？这样的教材设计充分体现了探究式学习的方式，给予学生充分的时间和机会参与探究活动。学生先利用已有的知识经验预测，进而动手实验，并注意观察和记录。记录可以用表格形式，也可以用图画形式，再加上语言的描述。实验过程中为了使冰糖加快溶解，学生会想方设法利用教师所提供的有用实验器材，如用搅拌棒搅拌，把冰糖放入经过加热器加热后的热水中，也可以在冰糖溶解的过程中用小棒捣碎冰糖，减小它的体积，扩大它与水的接触面积。最后小组或者全班交流实验的结果，达成共识。通过上述的探究活动，学生所学的有关加快溶解速度的条件的知识是在实验中、在学生亲历科学探究的过程中感受并体验到的。

第七章

小学科学课程改革

内容提示与思考

◎ 美国的小学科学课程及改革有哪些主要特点?
◎ 英国的小学科学课程及改革有哪些主要特点?
◎ 日本的小学科学课程及改革有哪些主要特点?
◎ 我国香港的小学科学课程及改革有哪些主要特点?
◎ 美、英、日及我国香港的小学科学课程有何相同点?

我国大陆地区的小学科学课程改革需要有国际视野，小学科学教师应该了解世界上一些发达国家小学科学课程的改革历程和具体内容，也应该重视我国香港、澳门和台湾地区的小学科学课程改革经验。本章选择美国、英国、日本和我国香港地区的小学科学课程改革作为思考的范例，从中了解小学科学课程改革的基本趋势，以反思我国小学科学课程存在的问题。

第一节　美国小学科学课程改革

美国是科技教育强国，自二战以来，共经历了四次重大的教育改革，它以20世纪50年代末由苏联在“外层空间”的挑战而引发的“学科结构”运动为发端，70年代初兴起了改变职教与普教分离的“生计教育”，至70年代中期又展

开了强调基础知识与基础技能训练的“回归基础”运动，而80年代则掀起了波澜壮阔的综合教育改革运动。美国的教育改革以四个著名的教育改革文献——《国家处于危机之中：教育改革势在必行》、《2061计划：面向全体美国人的科学》、《美国2000年教育战略》、《2000年目标：美国教育法》为标志，向世界呈现了一幅面向21世纪的教育改革画面。

一、美国小学科学课程改革的历史

19世纪初，瑞士的裴斯泰洛齐倡导在小学进行实物教学。19世纪50年代，美国小学也开始盛行实物教学。实物教学的主要特点是让小学生观察和研究自然现象，教他们详细描述各种动物、植物和矿物。通过实物教学，使儿童学会观察和交流。但在当时的教学实践中，由于绝大多数小学教师缺乏科学训练，实物教学多演变为对实物的简单描述和记忆。

> **苏联发射第一颗人造卫星**
>
> 1957年10月4日，苏联宣布成功地把一颗绕地球运行的人造卫星送入轨道。毫无疑问，这是一个爆炸性的新闻：苏联第一颗人造卫星发射成功了！人类第一颗抛向太空的卫星成功了！这颗卫星重83公斤，球体直径为55厘米，绕地球一周需1小时35分，距地面的最大高度为900公里，寿命3个月。
>
> 苏联在科学技术上的成就在美国朝野上下引起极大震动。对于一心想称霸世界的美国领导人来说这是一个不小的打击。1958年1月31日美国将一颗18磅重的“探险者一号”送上了太空。1958年5月毛泽东主席说“我们——也要搞人造卫星！”从此，人类开始了进军宇宙、角逐太空的历史。

19世纪90年代至20世纪初，美国教育开始摆脱欧洲教育传统的影响，进入教育理论和教育实践的创新时期。当时，美国著名心理学家霍尔（Granville S. Hall，1844—1924）的儿童研究和杜威的实用主义教育思想开始对科学教育产生影响。此后小学科学教育发生了较大的变化。首先是学科名称上的改变，即以“自然学习”取代了“实物教学”。其次是教学内容上的变化，这个时期科学启蒙教育注重儿童自身的需要，健康和卫生进入小学科学课程。再次是强调科学方法的训练。杜威实用主义教育哲学重视在科学教学中解决实际问题。他认为，科学方法的训练与科学知识至少同样重要。最后，这一时期美国一些大学逐步开展科学教育研究工作，如1927年哥伦比亚大学克雷格的博士论文被公认为是小学科学教育发展中里程碑式的著作。克雷格指出了科学在卫生和安全等方面的实用价值，并认为科学对于一个公民的普通教育是至关重要的。克雷格通过调查和分析儿童提出的数千个最感兴趣的科学问题，列出了一系列被认为是小学科学课程核心内容的科学通则、原理和概念，当中涉及的主题非常广泛，不但包括常见的生物学、地理学知识，而且还引入了一些简单的化学和物理学知识。①

二、20 世纪 60 年代美国的小学科学课程改革

20 世纪 60 年代，美国科学课程的现代化运动产生了十多种至今仍有影响的实验性小学科学课程。其中影响较大的有以下三种②：

（一）SAPA 课程

美国科学促进协会的科学教育委员会编写的《科学——一种过程方式》是一个完整的初等学校科学课程，供幼儿园至 6 年级学生学习。SAPA 课程正如其名称所示，是注重科学过程的课程。其基本假设是：（1）科学是一种智力活动；（2）探索知识带来欢乐；（3）看到自然世界和生命世界的奥秘给儿童带来兴奋；（4）学习科学家解决问题的方法可以使儿童得到智慧；（5）科学教育的主要目的在于激发儿童的欢乐感、兴奋感和科学的理智感。SAPA 课程的目标是培养儿童从事科学研究的技能，即

美国科学促进协会

美国科学促进协会（America Association for the Advancement of Science，简称 AAAS）成立于 1848 年，其宗旨是“促进科学的发展和繁荣”。它的主要工作是推进科学家的工作，便利科学家之间的合作，提倡科学自由和科学的职责，提高科学在增进人类福利中的作用，增进大众对科学在人类进步中的重要性的认识等。美国科学促进协会会员约 14 万人。会员中有科学家、工程师、科学教育工作者、科学政策制定者以及对科学和技术有兴趣的其他行业的学者及青年学生。

美国科学促进协会是一个学科齐全的综合性协会。下设 21 个专业分会，相当于学科分会，涉及的学科范围包括自然科学和社会科学。它出版《科学》和《科学 89》两种期刊。《科学》杂志在世界广泛发行，每周出一期。《科学 89》刊登通俗科学读物，帮助科学促进协会完成“增进群众对科学技术的了解”的任务，每年出版 10 期。

① 参见钟媚、高凌飚：《西方小学科学课程发展的历史回顾与展望》，载《比较教育研究》，2007（6）。

② 参见丁邦平：《国际小学科学教育的发展趋势——兼谈我国小学自然课的若干问题》，载《教育研究与实验》，1998（3），31～36 页。

进行科学研究的能力。这些技能包括：（1）观察；（2）认识并使用数字关系；（3）测量；（4）认识并使用时空关系；（5）分类；（6）交流；（7）推理；（8）预测；（9）给概念下定义；（10）形成假设；（11）解释资料；（12）控制变量；（13）实验。前八种技能为基本技能，一般在低年级学习；后五种技能较为复杂，供小学高年级学生学习。SAPA 课程是根据美国著名心理学家加涅（Robert Gagne，1916—2002）的学习理论编写的，强调目标教学和目标的递进性。当时美国大约有 9%的学区使用这一课程。

（二）SCIS 课程

《科学课程改进研究》（the science curriculum improvement study）的编写始于 1962 年，由美国全国科学基金会提供启动资金。SCIS 课程的内容分两大部分，一部分是六个单元的自然科学，包含物质物体、交互作用与系统、次系与变因（subsystems and variables）、相对位置与运动、能源、电与磁的交互作用；另一部分是六个单元的生命科学，包含生物、生活史、族群、环境、群落、生态系。每个单元包括自由探索和教师指导的探索课、发明课和扩展课三种课型。SCIS 课程是根据皮亚杰和布鲁纳的认知发展理论编写的。当时美国大约有 8%的学区使用 SCIS 课程。

（三）ESS 课程

《小学科学学习》（the elementary science study）是一种综合性小学科学课程，由美国教育发展中心（Education Development Center）研制。它的特点是以一个大主题综合相关的知识内容（如“光和影子”等），强调让儿童亲身实践和探究日常生活中的事物。整个课程体系由 56 个单元组成，包括数学、植物、动物、天文、地质、生态、化学、物理等领域。ESS 课程只提供一个范围，没有一个固定的顺序。学校可以根据自己的教学目标、学生的水平等实际情况挑选一些单元按顺序组成课程内容。当时美国约有 15%的学区使用 ESS 课程。

比较 SAPA、SCIS 和 ESS 这三种课程的教学目标可以发现，它们或侧重于内容——科学概念的掌握，或侧重于过程——探究技能的发展，这使科学课程是重“内容”还是重“过程”的争论成为今日小学科学课程发展中的一个重要问题。

三、20 世纪 80 年代后美国的小学科学课程改革

20 世纪 80 年代以来美国“第二代”科学课程是在 20 世纪 60 年代“第一代”科学课程的基础上形成的。它们的共同特点是：（1）强调儿童动手探究寻找答案，

而不是由教师提供现成的答案让他们学习；（2）所有的课程都以探究作为科学的过程；（3）给儿童提供机会理解学科的结构；（4）所有的课程都有助于儿童拓宽对环境的理解；（5）期望通过科学教育改变儿童的行为。

美国的2061计划

1985年，美国民间科学团体——美国科学促进协会发起了有关科学、数学与技术教育改革的长期规划。在全国科学技术委员会的资助下，它聘请了400位国内外著名的科学家、教授、教师以及科学、教育机构的负责人，用了近四年的时间，于1989年完成并公布了一份文件，题为《2061计划：面向全体美国人的科学》。这是一份关于科学、数学与技术知识目标的综合研究报告，报告之所以命名为“2061计划”，是因为1985年是哈雷彗星光临地球的日子，该计划的启动者期望在哈雷彗星下一次出现在地球上空时（2061年），美国的科学与技术教育将达到一个崭新的水平。这是美国有史以来“最雄心勃勃”的一项教育改革计划。它深刻地展现了20世纪80年代以来美国科技教育改革的基本目标和思路，并在整个世界范围内引起了极大的关注。

“2061计划”在长达200页的总体报告和其他5份专题报告中，明确提出“普及科学基础知识包括科学、数学和技术，已经成为教育的中心目标”，并详细阐述了全面改革美国初等、中等教育体系的设想、步骤、目标和科学依据。专家们将每个学生从幼儿园到高中毕业应获得的基本科学知识概括为12大类：科学、数学、技术、物理、生态环境、人体机能、人类社会、技术世界、数理世界、科学史观、一般主题与思维习惯。“2061计划”不仅对美国的科学教育产生了巨大的影响，也引起了世界各国科技教育工作者和改革者的高度重视。

美国国家科学资源中心和国家科学院史密森协会1997年出版了《面向全体儿童的科学——改进小学科学教育的指南》（*Science for All Children—A Guide to Improving Elementary Science Education in Your School District*），该书就如何运用“以探究为中心”的方法进行教学提出了科学教育体系的模型，这一模型由五个要素组成：以研究为基础、以探究为中心的课程；科学教师的专业化发展；教学材料的供给与支持；合适的评价策略；社区和行政支持。

这本指南表明，美国21世纪的小学科学课程的思路和依据是美国《国家科学教育标准》。出版商提供可供选择的课程材料，包括录像带、影碟和计算机软件等。有的课程材料分为很多模块，学校和科学教师可以根据自己的需要组合不同的模块以建构独特的课程体系。

小学科学课程是否反映了以探究为中心的教育思想？美国学者研制了这方面的评判标准，参见表 7—1。在《面向全体儿童的科学——改进小学科学教育的指南》一书中，作者对这些标准还有详细的说明。例如：给教师的背景材料是否表达了所教的科学内容，是否指出了常见的误区？相应的说明是：材料应当包括老师讲课要知道的一些要点，涉及一些通常的错误观念。例如，许多学生认为，因为油有黏性，它必定很浓，但这并不是事实。这些错误观念必须在材料中有所反映，以便教师知道如何处理在课堂上出现的问题。

表 7—1　　美国评价以探究为中心的科学课程材料的标准

（一）评价课程中的教学法是否合适的标准
1. 课程材料是否集中于对科学现象的具体经历？
2. 课程材料是否能使儿童在一段较长的时间内深入地研究重要的科学概念？
3. 课程材料是否有助于提高科学推理和解决问题的能力？
4. 课程材料是否能够激发学生对科学的兴趣，并使他们把科学学习与现实生活联系起来？
5. 课程材料是否能通过几节课上一系列逻辑上相关的活动形成对学习的概念的理解？
6. 教育活动是否提供了机会来评价学生以前的知识和经历？
7. 课程材料是否把注意力放在让学生探究和参与科学过程上？
8. 课程材料是否给学生提供机会，让他们收集自己的证据，为这些证据辩护，并让他们把自己的结果用多种方法表示出来？
9. 课程材料是否既考虑到学生主动进行的活动，同时也顾及教师安排的活动和讨论？
10. 课程材料是否为师生提供了有效的策略来评价学生的学习情况？
11. 教师用书是否提供了把科学与其他领域的课程综合起来的机会？
12. 学生是否有与其他学生合作及单独工作的机会？
（二）评价课程中科学内容的标准
13. 课程内容是否很新颖，描述是否很准确？
14. 课程内容是否强调科学探究？
15. 科学计划的内容是否与国家科学教育标准相一致？
16. 给教师的背景材料是否表达了所教的科学内容？是否指出了常见的误区？
17. 课程内容的处理是否与年级水平相适应？
18. 课程内容是否带有任何个人的偏见？
19. 课程内容的表述风格对师生是否有吸引力，使用的科学语言是否恰当？
20. 科学词汇的使用是否可以促进理解？
21. 科学是否被描述成与社会紧密相连的事业？
（三）评价课程内容的表达与形式的标准
22. 课程材料的印刷是否美观，在拼写上是否准确无误，在安排上是否循序渐进？

23. 在课程材料和教师用书里，开展活动的说明是否表达清楚？
24. 在教师用书里，对教学方法的建议是否充分？
25. 课程材料是否带有民族、文化、种族、年龄、经济和性别方面的偏见？
26. 是否提供了适当的策略以满足不同群体的需要？
27. 是否提供了每一次活动的清单，是否提供了一套有关替代材料的信息，包括合理的价格和资料的完整性？
28. 是否在必要的地方提供了安全方面的防范措施？
29. 实验设备和材料的使用说明书是否表达充分和清楚？

资料来源：[美] 国家科学资源中心、国家科学院史密森协会：《面向全体儿童的科学——改进小学科学教育的指南》，62 页，北京，科学普及出版社，2005。

美国的小学科学课程及其改革具有五个特点：第一，小学科学课程是整个科学教育改革宏伟计划的一个有机部分，美国《国家科学教育标准》和“2061 计划”明显地反映了这一点。要理解美国的小学科学课程，必须了解美国科学教育改革的整体规划。第二，在《国家科学教育标准》之下，通过市场竞争机制，美国的大学、研究机构和出版商开发了多种多样的小学科学教材。第三，小学科学课程有相当多的支持系统，相关的专业研究组织和教育部门合作，大力开发科学课程的信息资源，提供科学教学所需要的技术手段。第四，教师在科学课程方面有一定程度的自主权，如对教材的选择以及教材内容的灵活处理，在微观上没有整齐划一的计划。第五，国家和政府相当重视小学的科学课程改革，如 5～8 岁的儿童从幼儿园起其学习就有明确的课程目标。

第二节 英国小学科学课程

一、英国小学科学课程发展的历史

19 世纪后期，英国经历了第一次工业革命，经济上取得了辉煌的成就，教育领域开始重视与个体生活密切相关的课程内容。《1870 年初等教育法》规定 5 岁儿童入学，实施 5～12 岁儿童的强迫教育，这时的初等教育重视读、写、算等实科内容。19 世纪末 20 世纪初，第二次工业革命开始，英国经济高速发展，科技进步要求教育内容加以变革。1904 年颁布的《初等学校规则》增加了科学常识科目，一些有条件的学校还开设了机工、化学、物理、解剖、园艺、农学、航海学等科目。1931 年的《初等学校报告》指出，有必要反思初等学校的分科教育，应考虑在小学课程中增加“在活动中获得经验”的综合课程。《1944 年教育法》规定 5～11 岁是儿童接受初等教育的阶段。小学 1—3 年级没有正式课程标准，儿童可以利用教室里的多种材料开始简单的阅读和计算，学习绘画、测量、称重、买卖和运用切割工具，音乐、舞蹈和有节奏的运动占主导地位。小学 4—6 年级的课程有宗教、英语、算术、历史、地理、自然、卫生、美术、手工、音乐和体育。由于报考文法中学只考英语和算术，其他与考试无关的课程就不受重视。1967 年教育和科学部宣布取消 11 岁考试，发表了《儿童和他们的初等学校》报告，明确以儿童中心主义为课程变革的指导原则，小学课程把儿童的经验放在首位，强调兴趣等学习的内部动机，开展主题教学、合科教学，把语言、科学、数学、环境研究、表现艺术等多方面内容综合在一起，重视课程内容与儿童生活的联系。

1970 年前后，批评儿童中心主义课程的声音日益增多，对于在小学怎样开设科学课程意见纷呈。英格兰和威尔士的《科学课程计划》和《基础科学学习》选择了提供灵活材料的计划，期望教师能够根据学生的具体需要有选择地采用，以为这种灵活性能够调动孩子的积极性，但是 20 世纪六七十年代的调查发现，大多数教师觉得这种灵活性给科学教学带来了麻烦，既不能激发学生的兴趣，又不能引导学生去做实际考察。因此有的学者就主张，科学教材的编写应该更加严谨，教师无须对科学课程内容作出选择。① 1976 年年底开展了一场教育大辩论，主要涉及国家课程标准问题，1977 年英国政府发表《学校教育》绿皮书，建议设置全国性的核心课程，这反映了初等教育课程标准国家化的趋势。英国的教育和科学部 1978 年的一项调查表明，仅有大约一半的小学班级其课程表中列有科学课程，而真正开设科学课程的班级比例仅为 1/10。

1981 年，教育和科学部颁布《学校课程》，这一文件对小学科学教育及课程设置予以高度重视，1984 年宣布实行单一考试制，考试成绩实行 7 分制，即从 A 至 G 级，并且颁布各科的全国考试标准。1985 年教育和科学部颁发《5～16 岁科学教育的政策性报告》，进一步要求重视中小学的科学教育。报告指出，根据“科学为大众”的宗旨，政府要求对儿童从小学到 16 岁进行普遍的科学教育。科学教育的重点是：进行观察；寻求模型；设计实验；用口头、数字、图解形式进行交流；有效地使用设备；用已有的知识进行探究；解决问题。报告明确指出，

① 参见江山野主编译：《简明国际教育百科全书·课程》，372～373 页，北京，教育科学出版社，1991。

小学科学教育应重视观察、量度、描述、探究、预测、实验和解释等科学过程，重视儿童的好奇心，启发他们的学习兴趣。学生应深入地理解科学的主要概念，接触并了解一定的科学现象和观念。

二、20 世纪 80 年代后英国的小学科学课程改革

(一) 英国科学课程改革的背景

随着 20 世纪 80 年代初一系列政策文件的颁发，英国政府逐步加强对课程的直接管理，到 80 年代后期开始完成立法工作。1987 年，提出在四个学习阶段的终结点（即 7 岁、11 岁、14 岁和 16 岁）对学生进行学业成绩评价。同年，教育和科学部发布《国家课程》(The National Curriculum)，提出中小学 10 门必修课程的具体建议，其中英语、数学、科学为核心课程，历史、地理、技术、现代外语、美术、音乐和体育为基础课程。把科学课程与英语、数学并列作为三门核心课程之一，这在英国课程史上还是首次。《国家课程》在 1993 年、1999 年做了较大的修正，规定了四个方面的课程目标，参见表 7—2。此外还规定从六个方面发展学生的技能：交流的技能；数的处理技能；信息技术技能；与人合作的技能；改进学习的技能；解决问题的技能。

表 7—2　　英国的国家课程目标

1. 精神方面的发展：自我意识成长，发展自己的潜能，认识自己的优缺点，具有实现目标的意志。
2. 道德方面的发展：明辨善恶，理解道德冲突，关心他人，具有采取正确行动的意志。
3. 社会方面的发展：理解作为集体和社会一员的权利与责任，具有妥善处理人际关系的能力，为了共同的利益，与他人协作的能力。
4. 文化方面的发展：理解文化传统，具有理解和欣赏美的能力。

英国的《国家课程》在规定课程标准的同时，也让学校和教师拥有一定的自主权。《国家课程》虽然规定了各年级的学习课程和教学目标，但对教学时间没有具体规定。各学校由于情况条件不同，教学时间可以灵活安排。另外，在学习大纲范围内，教师可自行确定教学内容。教师还可根据教学需要选用合适的题材，把日常生活中的事物和现象同教材内容相联系。尽管如此，教师的自主权还是受到削弱。

(二) 英国国家科学课程

英国教育和科学部继确定科学为 10 门国家课程中的核心课程之后，又于

1987 年指定以汤普逊（B. Thompson）教授为首的国家科学课程工作组，着手起草义务教育期间科学课程的培养目标和学习大纲。1989 年正式颁布了《国家科学课程》（Science in the National Curriculum）。国家科学课程提出了科学教育的六项任务，包括：理解科学概念；训练科学研究方法；建立科学和其他学科知识的联系；理解科学对社会的贡献；认识科学教育对个人发展的贡献；认识科学知识的本质。

《国家科学课程》内容由两个主要部分组成。第一部分为科学探究，其目标是学生通过探究活动学会一些系统的科学技能和方法，包括：（1）计划、假设、预测；（2）设计、探究；（3）解释探究结果和发现；（4）做出结论；（5）交流探究方法和经验。第二部分是关于科学知识和对科学的理解，5～11 岁的学生学习的科学内容包括 13 个主题：生命的多样性；生命过程；遗传和进化；人类活动对地球的影响；材料的种类和应用；地球和大气；力；电和磁；信息传输；能量传输；声音和音乐；光的应用；在宇宙中的地球。此外，11～16 岁的学生还学习另外的三个主题内容：制造新材料；解释材料的性质；能源。①

2000 年，英国新成立的教育与就业部和资格与课程委员会共同颁布了面向 21 世纪的新版《国家科学课程》。这一标准主要由四个部分组成，分别是：科学课程的概况、学习计划、教学要求和教学目标。

概况部分主要说明了科学课程的整体结构，指出了它对学生的学习和发展的重要意义：（1）促进学生精神的、道德的及社会和文化方面的发展；（2）发展学生的主要技能，如交流、使用数据和信息交流技术的能力；（3）促进学生其他方面能力的发展，如思维能力、专门技能、学习能力以及接受可持续发展教育的能力。

学习计划指学生必须学习的基本科学内容，它包括四个方面：科学探究、生命进程及生物、物质及其属性和物理过程。在 7、11、14、16 岁时，学生要分别参加全国统一考试。每一阶段的学习计划均附加了一个学科范围，它指明了科学课程的背景、应当学习的技术以及有关交流、健康与安全方面的内容。

教学要求指教师进行科学课程的教学时所必须遵循的准则，其核心思想是“为所有学生提供有效的学习机会”。它提示教师在必要时可以为学生提供相关的

① 参见江山野主编：《英国学校课程》，70～75 页，石家庄，河北教育出版社，2001。

且富有适当挑战性的科学内容。同时，教学要求还提出了三条基本的教学原则：(1) 提供合适的学习挑战；(2) 满足学生多样的学习需求；(3) 克服学生个体和群体在学习和评估过程中的潜在障碍。

教学目标指不同能力和成熟水平的学生在每一阶段结束时应拥有的知识、技能和理解力的预期标准。

从整体上看，学习计划是《国家科学课程》的核心内容，它所包括的科学探究、生命进程及生物、物质及其属性和物理过程的具体内容参见表 7—3 和表 7—4。

表 7—3　　科学探究的内容

<table>
<tr><th colspan="2">探究内容</th><th>1—2 年级（5～6 岁）</th><th>3—6 年级（7～11 岁）</th></tr>
<tr><td colspan="2">科学思想和证据</td><td>1.1　认识通过观察和测量收集证据回答问题的重要性。</td><td>1.1　科学的本质。
1.2　利用证据检验科学思想的重要性。</td></tr>
<tr><td rowspan="3">调查研究技能</td><td>制定计划</td><td>2.1　提出问题并决定寻找答案的方法。
2.2　利用第一手经验和简单资料回答问题。
2.3　行动前预测可能发生的事情。
2.4　当实验或比较不合理时，能够识别。</td><td>2.1　提出能借助科学手段进行调查的问题，决定发现问题的方法。
2.2　思考发现问题的途径。
2.3　预测或决定要做什么、收集何种证据、使用何种设备和材料。
2.4　改变一个实验因素（变量），而保持其他因素不变，观察并测量其影响。</td></tr>
<tr><td>制定和提出证据</td><td>2.5　根据简单说明控制危险。
2.6　利用感觉，探索、观察、测量并记录结果。
2.7　使用包括信息与交流技术在内的多种方式表达结果。</td><td>2.5　正确使用简单设备和材料并控制危险。
2.6　系统观察和测量。
2.7　适当时重复观察和测量，验证正误。
2.8　使用各种图表和信息与交流技术表达数据。</td></tr>
<tr><td>思考和评价证据</td><td>2.8　简单比较结果，分辨简单模式和联系。
2.9　对已发生的事件和预测进行比较并加以解释。</td><td>2.9　比较数据，分辨其中的简单模式和联系。
2.10　推导结论。
2.11　判断结论与预测的一致性，并做进一步预测。
2.12　解释数据和结论。
2.13　再检查自已和他人的研究结果，并描述其意义和局限。</td></tr>
</table>

表 7—4 “生命进程及生物”、“物质及其属性”、“物理过程”的内容框架

主题内容	1—2 年级（5～6 岁）	3—6 年级（7～11 岁）
生命进程及生物	1. 生命进程。 2. 人类和其他动物。 3. 绿色植物。 4. 变异的分类。 5. 周围环境中的生物。	1. 生命进程。 2. 人类和其他动物，营养，运动，呼吸，呼吸作用，健康。 3. 作为生命体的绿色植物，营养，生长，呼吸。 4. 变异、分类和遗传。 5. 周围环境中的生物适应，给养关系，微生物。
物质及其属性	1. 物质的分类。 2. 物质的变化。	1. 物质的分类。 2. 物质的变化。 3. 混合物的分离。
物理过程	1. 电。 2. 力和运动。 3. 光和声。	1. 电，简单电路。 2. 力和运动，力的种类。 3. 光和声，光的日常影响，光的可视性，振动和声。 4. 地球和其他星体，太阳、地球和月亮的周期变化。

综上所述，英国小学的科学课程及改革的特点主要有：开始注重国家统一的课程标准，同时教师也有一定的课程自主权利；课程改革的过程比较稳定，课程文件颁布之前有较长时间的调查研究；课程目标力求在知识性和过程性方面达成某种动态的平衡；重视探究的多方面的技能，过程技能方面的目标有详细明确的规定；在课程目标评价上分 7 岁和 11 岁两个阶段进行。

第三节 日本小学科学课程

日本自明治维新以来经历了四次大的教育改革。第一次是从 1868 年的明治维新到 1945 年第二次世界大战结束，第二次是从第二次世界大战之后到 20 世纪 70 年代，第三次是从 20 世纪 80 年代到 20 世纪末，第四次是 21 世纪初以后。伴随每次教育改革，小学科学课程也处于变革之中。

一、日本小学科学课程发展的历史

1867 年日本明治政府实行维新，大力振兴学校教育，提高全体国民素质，全面向西方学习。明治政府于 1872 年颁布《学制》，规定开办 8 年制小学，儿童

6～9 岁入初小，10～13 岁入高小。初小有物理、地理等科学课程。高小有博物学（动物学、植物学、矿物学及地质学的总称）、化学、生理学，还可以根据实际情况增设天体学。1918 年日本修订《小学校令》，规定普通学校改为 6 年制，课程设置包括修身、国语、算术、日本史、地理、科学、图画、音乐、体操、手工及裁剪缝纫（限女子）。①

日本的明治维新

明治维新是日本历史上的一次政治变革。它推翻德川幕府，使大政归还天皇，在政治、经济和社会等方面实行大改革，促进了日本的现代化和西方化。

19 世纪中期的日本对外实行“锁国政策”，禁止外国传教士、商人与平民进入日本，只有荷兰与中国的商人被允许在唯一对外开放的港口活动。1854 年，日本与美国签订《日美亲善条约》，同意向美国开放两个港口，并给予美国最惠国待遇。

1867 年明治天皇即位，颁布一系列改革措施。教育方面，积极发展近代义务教育，在全国设置 8 所公立大学，245 所中学，53 760 所小学。此外亦选派留学生到英、美、法、德等先进国家留学。经过明治维新而渐趋富强的日本，利用强盛的国力，逐步废除与西方列强签订的不平等条约，收回国家主权，摆脱了沦为殖民地的危机，成为称雄一时的亚洲强国，同时也走上了军国主义的歧路。

第二次世界大战结束之后，日本小学科学课程在 20 世纪 80 年代之前先后进行了四次改革。

1947 年根据《教育基本法》和《学校教育法》精神，公布了战后首个中小学课程计划，规定小学开设的课程有国语、社会、算术、音乐、图画、手工、家政、体育和自由研究，没有独立设置科学课程。1951 年修改中小学课程计划，把社会课改为“核心课程”，内容是与实际生活联系较密切的社会、科学单元。这两次课程改革受美国杜威实用主义的“生活教育”、“儿童中心”的影响，重视学生的自我学习和自发活动，强调学生的实际生活经验，各科围绕社会实际问题编写单元课程。

战后日本经济高速增长，社会和产业界呼吁振兴科技教育，但是教育质量不高，受苏联人造卫星上天的冲击，1958 年日本文部省教育课程审议会提出《关于改善中小学教学计划的报告》，修改了中小学课程计划。1968 年日本实施的新的中小学课程计划，受美国课程现代化改革运动及布鲁纳结构主义课程论的影

① 参见叶立群：《日本的教育改革（一）》，载《课程教材教法》，1994（7）。

响。小学开设的学科课程有：国语、社会、算术、科学、音乐、图画、手工、家政、体育。现代科学的先进成果被编入科学课程，但是课程改革并没有实现预期的目的。1977 年日本全国教育研究所联盟调查后指出：“大多数教师感到有一半以上的学生不能接受课业。”1980 年，日本减少了科学教学内容。

二、20 世纪 80 年代后日本的小学科学课程改革

1989 年日本文部省颁布《学习指导要领》，规定小学从 1992 年开始全面实施新的教学大纲。从课程设置来看，低年级小学科学注意加强与幼儿园教育的联系，注意幼儿园与小学之间的连续性。小学取消了一二年级的“科学”和“社会”科目，新设了“生活科”，实行合科教学。新开设的生活科以“认识社会、认识自然、认识人类”为课程目标，重视在实际生活中的体验性学习。

小学生活科第一、二学年的教学目标有：

(1) 能对自己与学校、家庭和周围的人们及公共财物的关系感兴趣，就自己作为集体和社会的一员应起的作用和行为方式进行思考，做到行为端正。

(2) 能对自己与周围的动、植物等的关系产生兴趣，热爱自然，保护环境，努力做好自己的游戏，完善自己的生活。

(3) 观察周围的社会和自然，培育动、植物，制作游戏和生活中使用的物品，品味活动的乐趣，并能够将这些活动用语言、绘画、动作、表演等形式表达出来。

就课程设置的内容来看，一年级设有“学校生活中的情况与做法”、“自己在家庭生活中的作用与生活方法”等内容，二年级设有“近邻的生活及同人们的接触方法、信件和电话等的传统方式”等内容。在教学中把各项实际活动和表现活动作为重要环节。三年级以上仍设有科学课程，但它充实了有关“人体”的一些内容，新增加了“日常生活中的科学”。

三、世纪之交日本的小学科学课程改革

日本中央教育审议会于 1996 年发表题为《关于面向 21 世纪的我国教育》的咨询报告。报告指出，面对今后日益信息化、国际化和科技发展迅速的社会，教育要注重对学生生存能力的培养，即要培养学生自己发现问题、自主学习以及独立思考、判断和行动的能力，更好地解决问题的能力；培养学生具有健康的身心、自律意识、关心同情他人的情感与品格以及与他人合作的能力。为此从以下

几方面对学校课程进行改革：

（1）精简那些容易陷入死记硬背局面的内容，严格筛选基本的教育内容，削减课时。

（2）通过加强课程的弹性化，改善教学方法，创建有特色的学校，推进个性化教育。

（3）加强道德教育，培养丰富的人格，应重视志愿服务、自然体验等活动，并开展丰富多彩的健身体育运动。

（4）适应国际理解、信息、环境、志愿服务等综合学习和课题学习的需要，设定“综合学习时间”，各学校可根据实际情况开展有特色的教育活动。

日本中央教育审议会随后就课程改革方针、课程体系的建构、学科教育内容等一系列重大问题进行了研讨。1998 年颁布新的《学习指导要领》，并从 2002 年开始实施，拉开了世纪之交的课程改革序幕。在教育理念上把儿童视为一个具有生命活力与自我发展能力的人，要求学校和教师“扶助儿童的自我发展”。这意味着日本的教育从以国家为中心转向以人为中心，从重视统一的社会要求转向个性发展。

在这次课程改革中，小学科学课程也有了新的变化。日本中央教育审议会指出，今后的科学教育应从以前以传授知识为基础的教育转变为以培养学生自学能力、独立思考能力为基础的教育，并且应重视解决问题的学习和体验学习。基于此，日本中央教育审议会最终确定了如下科学改革的基本方针：

（1）亲近自然；

（2）有目的、有意识地进行观察和实验；

（3）培养探究的能力和态度；

（4）培养科学的见解和思考方法。

与以前相比，此次科学课程改革的基本方针最突出的特点是：让学生在进行观察和实验之前就有设想，了解观察和实验的目的、方法，并预测结果，使学生能主动学习，旨在使科学学习从记忆学习转到探究学习上来。

新的《学习指导要领》从能力、态度、方法、技能和知识等几方面提出了小学科学的目标要求。新的课程目标体现了重视观察和实验，重视培养能力、态度和科学方法以及将知识与日常生活密切联系等特点。小学科学的内容仍是按年级顺序编排，每年级都包括三部分内容。

（1）生物及其环境。通过对动植物的实际生活和生长情况进行观察和实验，使学生了解有关生物的知识，其重点是生物与环境的关系。

（2）物质及其能量。通过对物质的性质和状态变化进行观察和实验，使学生了解物质的性质，对自然界的事物和现象进行思考和分析。

(3) 地球和宇宙。通过观察地面、大气层和天体的一些现象，探讨地面、大气层的现象与自然灾害的关系，其重点是地球与宇宙的关系。

在课程内容上，这次改革进一步重视科学和日常生活以及自然环境和人之间的关系，同时重视给学生充裕的时间进行观察和实验，以养成解决问题的能力和多方面的综合观察力。为确保总目标和各年级目标的实现，对各年级的教学内容也提出了要求，即：在指导观察、实验、栽培、饲养及制作时，应根据指导内容选用适当的仪器设备，如电脑、视听设备等，要求学生熟悉这些设备并会使用，此外，要特别注意防止事故发生；在指导学生学习生物、天气、河川、土地等相关内容时，要求组织学生到野外去，开展热爱本地区大自然的活动，以培养他们保护自然环境的意识和美化环境的态度；要求培养学生独立解决问题的能力，利用所学的知识和技能去理解、解决日常生活中的自然现象及遇到的问题。在这次课程改革中，小学科学的总课时减少了 70 课时，由原来的 420 课时变为 350 课时。

综上所述，日本在世纪之交的科学课程改革有以下的特点：

(1) 重视提高学生对知识的好奇心和探究心。通过亲近自然去发现自然事物、自然现象中的疑问和课题，来增强好奇心和探究的兴趣。

(2) 重视培养能力。新《学习指导要领》要求通过发现问题、解决问题的探究学习活动等来培养学生的科学素养和能力。此外，还特别突出了培养学生的自学能力。

(3) 重视科学课程与日常生活的密切联系。通过学生熟悉的事物和现象，帮助学生理解科学基本概念和基础知识，再进一步利用这些知识来解释和解决生活中的实际问题。

第四节 我国香港小学科学课程

一、20 世纪 80 年代香港的小学科学课程改革

香港课程发展委员会属下的小学科学课程委员会于 1976 年开始着手进行香港小学科学教育的改革，主要作了以下几方面的工作：

(1) 改小学自然课为科学课。1976 年小学科学课程委员会举行第一次会议，提出将小学自然课改为小学科学课。1984 年 9 月全港各小学实施新的科学课程。

（2）编制小学科学课程纲要。小学科学课程委员会用3年的时间编制了小学科学课程纲要初稿。1980年邀请80所小学参与试教。1981年正式颁发小学科学课程纲要。课程纲要对小学科学的宗旨、教学目标、给老师的建议、学生成绩的考查等均作了具体规定。

课程纲要的宗旨主要有：

（1）激发儿童对周围环境、事物的好奇心；

（2）帮助儿童由近至远地加深对环境的认识；

（3）鼓励儿童与自然界接触，并发展他们的观察力；

（4）培养儿童对动、植物的爱心及了解和欣赏自然现象的意念；

（5）训练儿童寻根究底的学习精神，有疑难时，运用科学方法去寻求解答；

（6）帮助儿童把所学得的知识应用于日常生活中，使他们的生活更多姿多彩。

课程纲要提出了小学科学课的教学目标，即：使儿童从观察、体验及活动中达到下列各点：

（1）对其生活环境及自然界中各事物之间的相互关系有基本的认识；

（2）对周围事物有观察及研究的习惯，对观察所得有真实报道的意念及有明了其所以然的欲望；

（3）对未经证实的意见有不接受的习惯，对可靠及不可靠的证据有辨别的能力，对各种实验计划和观察方法加以留意；

（4）对自然现象及现代科学之玄妙有好奇心，借以养成发问之习惯；

（5）对若干园艺基本技巧、土地利用及环境美化有相当认识；

（6）对所在环境及其生物和天然资源有小心保护的愿望。

此外，为了使科学课能够顺利推行，香港各有关教育机构和团体积极开展了一系列旨在加强科学教育的活动。如举办各项种植比赛、研讨会、教具制作班等；还在全港各小学中开展了少年科学家奖励计划。香港也专门设立教育电视节目以配合小学科学课的教学活动。

二、世纪之交香港的小学科学课程改革

1999年香港教育统筹委员会展开教育制度检讨，课程发展委员会同时进行学校课程整体检视，并于2000年由课程发展委员会发布了《学会学习——课程发展路向》的课程咨询文件。同期还编制了一系列其他的咨询文件，其中包括《学会学习——学习领域——小学常识科》咨询文件。

小学常识科咨询文件指出，常识科课程包含个人、社会及人文教育，科学教育与科技教育三个学习领域的学习元素。在小学阶段，科学是常识科课程的一个学习元素。经过小学阶段的学习，学生将在科学教育中获得必要的知识、能力和正确的态度，小学阶段科学课程的学习目标是：

(1) 显示对科学的好奇心和兴趣，提出有关大自然及他们周围环境的问题；

(2) 运用重点探究及调查方法，对科学有所了解并培养探究能力；

(3) 将他们对科学的了解与个人和环境联系起来；

(4) 将他们对科学的了解与个人健康联系起来，培养对日常生活中安全问题的敏锐感觉，并能采取行动预防危险；

(5) 运用科学知识及他们对科学的了解，说明及解释一系列熟悉的现象；

(6) 考虑如何以关怀和审慎的态度对待生物和环境。

> **香港教育统筹委员会**
>
> 香港教育统筹委员会（教统会）成立于1984年2月，属于非法定组织，负责就整体教育发展，按社会的需要向政府提供意见。作为最重要的教育咨询组织，该委员会的主要任务是：
>
> (1) 就各教育范畴或阶段一般关注的问题、教育事项的跨界影响以及香港教育的长远策略发展，向政府提供意见。
>
> (2) 与政府合作统筹和监察整体教育的计划和发展，教统会将会根据其他教育行政和咨询组织拟备的政策报告和政府拟备的进度报告，就主要教育措施的推行情况提供意见。
>
> (3) 与教育界及社会人士维持紧密联系，鼓励公众对各项教育课题发表意见，集思广益。教统会也会协助确保其他教育行政及咨询组织的意见及建议互相配合。
>
> (4) 不断学习，以了解香港及世界各地在教育及其他领域，包括社会、经济及政策方面的最新发展。

小学科学课程的学习内容可归纳为以下六个学习主题：

(1) 科学探究——培养学生的科学过程能力、了解科学的本质；

(2) 生命与生活——培养学生了解与生命世界有关的科学概念及原理；

(3) 物质世界——培养学生了解与物质世界有关的科学概念及原理；

(4) 能量与变化——培养学生了解与物理过程有关的科学概念及原理；

(5) 地球与太空——培养学生了解与地球、太空及宇宙有关的科学概念及原理；

(6) 科学、技术与社会——培养学生了解科学与技术如何影响社会。

上述六个学习主题的关系如图7—1所示，科学学习以科学探究为中心，从中了解生命与生活、物质世界、能量与变化及地球与太空相关的科学概念及原理，进而认识科学、技术与社会的互动关系。

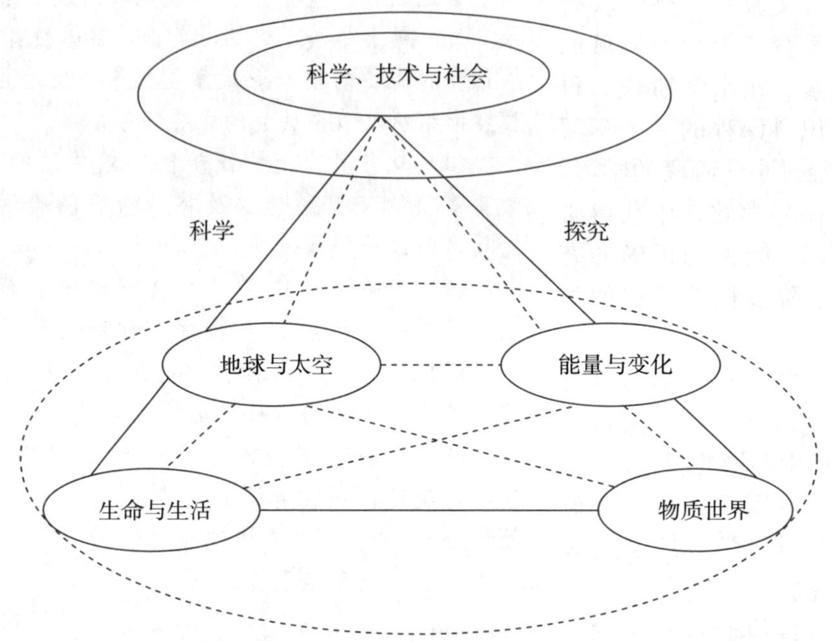

图 7—1　香港小学科学课程内容各主题之间的关系

香港的小学科学课程同其他课程一样重视能力的培养，这些能力包括协作能力、沟通能力、创造力、批判性思考能力、运用资讯科技能力、运算能力、解决问题能力、自我管理能力以及研习能力。其中以沟通能力、创造力、批判性思考能力及解决问题能力最为重要。

(1) 协作能力。协作需要耐心聆听、欣赏他人，具备沟通、协商、协调、领导、判断、影响和激励他人的能力。学习者掌握这些能力，可以有效地与人合作，共同筹备活动，解决困难和作出决策，最终能让学习者与别人建立相互促进的关系。

(2) 沟通能力。沟通能力是指人与人在互动持续的过程中交往，以求达到既定目标或结果的能力。为了成为有效的沟通者，学习者应该学习有效地聆听、交谈、阅读及书写；他们也应学会怎样选用最恰当的方法，按照目标和情境的要求，传递信息；他们应采用准确及合适的数据，为读者或听众系统而适当地组织内容；评估自己能否与人有效地沟通，找出需要改善的地方，并且付诸行动（参见表 7—5）。

表 7—5 **科学教育中沟通能力的教学示例**

第一阶段 小学低年级	1. 了解并能够遵从指示进行实验（例如：种子发芽）； 2. 使用恰当的度量单位（例如：千克、厘米）； 3. 使用适当的语言，讨论、报告观察结果（例如：颜色的转变），或报告实验的发现； 4. 运用简单的语句报告实验结果或观察结果。
第二阶段 小学高年级	1. 通过细心观察，运用口头或书面形式，报告实验结果（例如：用一些明显的特征描述对象或事情）； 2. 运用文字或绘图撰写简单的实验报告； 3. 与组员合作完成一些科学专题的研究。

（3）创造力。个体的创造行为，不但源自其认知能力和技巧，也涉及其性格、动机、策略和超认知技能等因素，并且与个体本身的发展进程不一定有关联。培养创造力需要心思和时间，而且没有特定途径可供依循。在发展学习者的创造力方面，一般的原则是要求学习者整合并超越自己已掌握的信息，在充分的思考之后，使自己的创造力得到加强。在这一过程中，要肯定学习者在创造方面所作的努力，肯定他们的态度，赞扬他们富有创意的特质。同时，还要关注、培养学习者创意思考的策略和创造性问题的解决模式（参见表 7—6）。

表 7—6 **科学教育中的创造力教学示例**

1. 创意写作（如撰写科幻小说），以启发想象力和独创力； 2. 进行科学实验或专题研习时，提出相关的问题，提出意见，做出推测（如提问“为何叶子会有不同形状”）； 3. 进行科学探究时，做出假设，并设计方法步骤验证假说（如提出洗洁精对生物影响的假说）； 4. 就个别科学问题提出不同的解决方法，并且评估这些方法的恰当性； 5. 愿意做出新的尝试或使用新的方法来解决科学难题； 6. 在对一些科学、科技和社会话题做出定论或提出解决方案之前，愿意就不同的意见及见解（如考虑其他能源）进行探讨； 7. 积极参与趣味性的科学比赛/科学开放日/科学活动； 8. 设计及采用替代品（如用尺子和绳子来代替天平进行测量）； 9. 以科学为题目设计海报/模型，或作曲/填词； 10. 采用不同的表达方法（如角色扮演、戏剧、PowerPoint 演示）； 11. 运用“创意性问题解决模式”，进行科学专题的研究； 12. 通过集思广益，提出一个科学探究及实验的最佳方案，或找出最佳方法来解决与科学、科技和社会有关的问题。

（4）批判性思考能力。

批判性思考是指对数据或主张中所包含的意义进行重新审视、检查，对数据的准确性进行质疑和探究，判断其中可信的部分和不可信的部分，从而建立自己的观点或评论他人观点的正误（参见表7—7）。

表7—7　　科学教育中批判性思考能力的教学示例

第一阶段 小学低年级	1. 通过感觉，指出物体的明显特性（如颜色、大小、热度等）； 2. 根据可见的特征，对物体进行分类（如生物与非生物）； 3. 能够对正在观察的科学现象提出问题。
第二阶段 小学高年级	1. 指出物体或自然现象的属性； 2. 对性质相似或相异的物体或现象进行比较及对比（如比较动物与植物）； 3. 对数据进行组织、分析，以产生有意义的数据（如从对不同动物繁殖的图片对比中，归纳出动物的繁殖方式）； 4. 从观察、实验中得出结论（如光合作用生成什么产物）； 5. 要求合乎逻辑的推论及科学化的解释（如我们能看见月亮，是因为月亮将太阳光反射入我们的眼睛）。

（5）运用资讯科技能力。运用资讯科技能力，是以审慎批判的角度，明智使用资讯科技去寻找、吸收、分析、处理和介绍各项资料的能力。资讯科技能激发和帮助学习者按自己的进度学习，养成自学的习惯，令他们终身受益。

（6）运算能力。运算能力包括能进行基本运算，在生活问题上运用基本数学概念作合理的估算，明白图表、图像及文字中的数量概念，管理数据，处理金钱及记录物资存量等能力。

（7）解决问题能力。解决问题是指运用思考的技能来解决难题。学习者会在综合所有与问题有关的资料后，采取最合适的行动来解决问题（参见表7—8）。

表7—8　　科学教育中解决问题能力的教学示例

第一阶段 小学低年级	1. 进行简单的科学探究时，提问相关问题（如我需要找出什么）； 2. 遵照指导说明进行实验，以验证一些事实（如找出什么物质能被磁铁吸引）。
第二阶段 小学高年级	1. 选取和应用一些事实和科学概念来解决问题（如燃烧需要哪些条件）； 2. 对简单的科学现象，提出假设（如生锈是在有氧的条件下发生的），并提出验证的方法和步骤； 3. 正确选取进行科学探究的方法和仪器。

（8）自我管理能力。自我管理能力对培养自尊自重的态度和达成目标是十分

重要的。掌握自我管理能力的学习者有自知之明，并能保持情绪稳定；对工作较积极和主动，会定下适当的目标，制定计划及采取相应的行动来达到目标；也能好好地管理时间、金钱和其他资源；他们能够面对压力和令人无所适从的环境。

（9）研习能力。研习能力是帮助提高学习效能、掌握基本研习技巧的能力。这种能力对培养学习者的学习习惯、学习能力和学习态度尤为重要，是一种终身自学的能力。

本章小结

美国的小学科学课程及其改革是整个科学教育改革宏伟计划的一个有机部分。在《国家科学教育标准》之下，通过市场竞争机制，美国的大学、研究机构和出版商开发了多种多样的小学科学教材。小学科学课程有相当强的支持系统，包括课程的信息资源和教学所需要的技术手段。教师在科学课程方面有一定程度的自主权。具有自由传统的英国在20世纪80年代通过一系列教育政策文件，确立了国家科学课程标准，并把科学作为三门核心课程之一，课程内容重视探究，力图在知识性内容和过程性技能之间保持平衡。日本一直很重视小学科学课程，其改革的路径和策略受欧美等国的影响较大，小学科学课程都具有综合性、生活性和探究性，反映出从以国家为中心转向以人为中心，从重视统一的社会要求转向个性发展。我国香港特区的小学科学课程重视儿童的观察及体验活动，主张儿童通过多种活动增加经验，强调儿童科学能力的培养，其中以沟通能力、创造力、批判性思考能力及解决问题能力最为重要。

阅读·思考·交流

1. 阅读下面的材料，思考美国FOSS教材的特点，讨论这一科学教材可能给学生学习科学带来的益处。

FOSS（Full Option Science System）是由美国国家科学基金会资助，旨在推进国家科学教育改革的研究项目，它重视学生通过真实体验进行探究学习，改变学生对科学概念的被动接受学习状态。这一研究项目由加州大学劳伦斯科学馆开发，涵盖了从幼儿园到八年级的科学课程，提供了36个科学主题单元（module），教师可以根据当地的课程标准选择所需要的主题单元。这种课程设计强调经验、强调探究、强调教师与学生共同参与，注重给学生提供通过自主探索以及分析、交流来建构科学概念的机会。

FOSS教材的最大特点是密切联系脑科学、认知科学的研究成果，使课程设计与学生的认知发展水平保持一致。这一点表现在其宏观的基本框架结构安排与具体的教学活动设计两个方面。FOSS教材为处于不同认知发展阶段的学生设计了不同的主题单元作为其学习内容，培养其不同层次的思维技能。与传统的教材宽泛而又表面化地涉及许多主题不同，FOSS教材采取的是大单元的形式。从生命科学、物质科学、地球科学以及科学推理与技术几大领域精选了少数几个对学生发展比较有意义的主题。每个学期只学习一到两个主题，但学得深入、学得透彻。

2. 阅读下面的资料，思考英国《科林斯小学科学》的特点，讨论其对我国小学科学教材编写的启示。

英国《科林斯小学科学》是1990年开始陆续出版的，1993年全部出齐。它根据英国《1988年教育改革法》制定的国家课程的要求，在《全国学校课程》中“课程交叉技能和主题”的精神和英国《国家科学课程标准》的指导下进行编写，是以活动为基础、专题式的小学综合科学教材。书中提供的活动从儿童的日常经验入手；教材中科学探究能力与知识的理解教学并重；其中要培养的技能和概念目标并不局限于自然科学的范畴，教材中有丰富的培养综合技能的活动，如：描述观察到的现象、整理调查结果、做图表和测量等，每册书设一个专题，围绕专题展开活动，涉及历史、地理、音乐、体育和劳技等学科的内容，教师指导用书中还为教师指出每课与其他课或学科的联系；与国家课程注重教学评价相适应，本套教材以国家课程规定的各级标准为依据，配备专门的评价手册，评价方式多样。因此这套教材从内容上和形式上来说，都具有很强的综合性，很有研究价值。

3. 阅读下面的资料，思考二年级学生可以学习哪些科学内容，讨论我国小学一二年级学生是否可以学习科学的问题。

日本小学生活课教学内容（二年级）：(1) 知道自己的生活与周围的人和商店职工等许多人有关系，能购买日用品和办理日常的事情，能用寄信和打电话等方式传达必要的信息，待人接物要大方、得体。(2) 了解交通工具和车站等公共财产和场所的功能，以及在那里工作的人们的情况，能够注意安全，正确使用。(3) 能进行与季节和当地传统节日有关的活动，对四季的变化和当地的生活感兴趣，还能够发现生活因季节和天气的变化而发生变化的情况，开动脑筋，快快乐乐地生活。(4) 能够用周围的材料制作游戏和生活中使用的物品，大家在一起出点子游玩。(5) 能够观察野外的自然，饲养动物，培育植物，对动、植物变化成长的过程产生兴趣，并能够发现它们与自己一样，也在成长变化，对自然和生物怀有感情，爱护它们。(6) 知道自己自出生以来的生活和成长得到了很多人的帮助，所以对那些帮助过自己的人要有感激之情，并能够积极健康地生活。

4. 阅读下面的资料，思考香港科学课程专家观点的合理性，交流自己积累科学经验的途径和方式。

香港的科学课程专家认为，增加科学经验的必要途径是研究及探索、沟通科学与日常生活的联系，以及作明智的决策。科学是一种形式独特的知识，学习者透过科学探究，将科学方法用于解决问题、作出决定及证据评估。为了使学生掌握科学思考及工作方法，需要培养的价值观和态度包括：好奇心、坚毅、批判性思考、思想开放、适当评估他人的建议、对生物及非生物环境有敏锐的触觉、对不确知的事或物愿意采取容忍的态度、尊重证据和具备创意及发明力。

除了传统教室和实验室外，学生也可在很多其他地点和活动中学习科学。为了改进教与学，学校可寻求各政府部门、大专院校、专业团体、资源中心、志愿机构及同类学校的支援和协助。通过全社会的支援，可安排各种学习活动。如科学普及演讲、议题为本的学习、辩论及讨论会、展览会、参观博物馆、发明活动、科学竞赛、科学专题研习、科学展览、野外考察、实验室研究等。

第八章

小学科学教学理论

内容提示与思考

- ◎ 赫尔巴特与杜威在教学过程观上有何不同?
- ◎ 小学生对科学的误解有哪些特点?
- ◎ 基于知识传承的教学模式有哪些特点?
- ◎ 基于探究发现的教学模式有哪些特点?
- ◎ 科学教学中的伦理有哪些内容?

教学活动是提高学生科学素养的主要途径。怎样进行科学教学？赫尔巴特与杜威等教育家提出了不同的理论，分歧的焦点在于学生的认识过程与科学家的认识过程在本质上是否具有一致性，或者说学生的认识过程是否具有特殊性？在这个问题上的分歧引发出其他的很多争议。小学科学教师需要有对现有的教学理论进行批判性思考。

第一节　小学科学教学过程

一、教学过程的本质

（一）赫尔巴特的教学过程观

赫尔巴特在《普通教育学》第二卷“多方面的兴趣”和“教学的进程”这两

章中论述了教学阶段的理论。他把教学划分为四个阶段：明了、联想、系统、方法。①

教学过程的第一阶段被称为“明了”。在教师对新教材的提示下，学生感知新教材内容。教师的任务主要是讲述新教材。第二个阶段为“联想”。教学的主要任务是使学生把获得的新观念与固有的旧观念联系起来。教师可以采用谈话和提问题的方法进行教学。第三个阶段为“系统”。教师的任务是，使学生熟悉教材的原理，以便做出概括和结论。第四阶段为“方法”。教师让学生通过做习题把所学的知识运用于“实际”。

> **德国教育家赫尔巴特**
>
> 德国哲学家、教育家和心理家赫尔巴特（Herbart，1776—1841）幼年教育受益于母亲和家庭教师。1794 年进耶拿大学，曾研究康德、费希特等人的哲学著作。1797 年初，去瑞士担任一贵族的家庭教师，产生了对教育的兴趣。1799 年，与裴斯泰洛齐相识。1802 年在哥丁根大学取得博士学位。1809 年在哥尼斯堡大学，继康德之后，讲授哲学与教育学，并创立教育研究所，训练教师。代表作是《普通教育学》（1806），分管理、教学、训练三部分。《教育学讲授纲要》（1835）是对《普通教育学》的补充。赫尔巴特在伦理学的基础上建立教育目的论，在心理学基础上建立教育方法论。19 世纪中叶以后，他的教育学说开始在德国流行，并逐渐影响到欧美各国，对我国的教学也有着历史性的影响。

在赫尔巴特教学过程理论的基础上，有人提出了“五段论”：准备、呈现、联合、概括、运用。所谓准备就是复习旧知识，即开始上课时要唤起学生头脑中的旧观念，旨在使它与将要学习的新教材联系起来，为教学做好准备。这种“教学步骤”具有可操作性，当时被德国、美国等许多国家的教师接受和运用，对于提高当时的课堂教学质量产生了积极的影响。赫尔巴特的教学过程观在建国前通过日本传到我国，在建国后通过苏联再次对我国的教学发生影响。赫尔巴特的教学过程观重视书本，重视教师的讲授和学生的课堂练习，被现代人称为传统教学理论，这一教学理论在受到批判性反思的同时，显然也遭受误解。虽然现代科学教育实践中的很多问题与赫尔巴特的教学理论有关，但是也受到许多其他因素的影响。

（二）杜威的教学过程观

杜威认为赫尔巴特的教学过程观忽视了学生在活动中主动学习的重要性，传

① 参见张焕庭主编：《西方资产阶级教育论著选》，259 页，北京，人民教育出版社，1979。

统教学没有给学生“引起思维的”情境，不让学生主动从事活动，只让他们被动地死读书本知识。杜威主张“从做中学”。在《民主主义与教育》一书中，杜威提出了他的教学过程观，指出：“教学法的要素和思维的要素是相同的。这些要素是：第一，学生要有一个真实的经验的情境——要有一个对活动本身感兴趣的连续的活动；第二，在这个情境内部产生一个真实的问题，作为思维的刺激物；第三，他要占有知识资料，从事必要的观察，对付这个问题；第四，他必须负责有条不紊地展开他所想出的解决问题的方法；第五，他要有机会和需要通过应用检验他的观念，使这个观念意义明确，并且让他自己发现它们是否有效。”杜威关于教学过程的思想可以概括为：设置问题情境；发现和确认问题；依据资料提出假设；提出解决问题的方法；验证假设证明其有效性。

美国教育家杜威

美国哲学家、教育家约翰·杜威（John Dewey，1859—1952）是美国进步主义教育运动的代表。杜威出生在佛蒙特州，在柏林顿市公立学校毕业后入本地的佛蒙特大学。大学毕业后在中学任教三年。1882 年进霍普金斯大学攻读哲学。两年后，杜威获得霍普金斯大学哲学博士学位，受聘为密歇根大学哲学和心理学讲师。杜威对教育的兴趣始于在密歇根的年代。1894 年，杜威任芝加哥大学哲学教授，哲学、心理学和教育学系主任。1896 年创办芝加哥大学实验学校，他的教育理论和实践得到检验。杜威于 1919 年来华讲学，足迹遍及 11 个省。他的主要教育著作有：《我的教育信条》（1897）、《学校和社会》（1899）、《儿童与课程》（1902）、《明日之学校》（1915）、《民主主义与教育》（1916）、《经验与教育》（1938）和《人的问题》（1946）等。

杜威的教学理论针对传统教学的种种弊端，提出了不少合理的见解，重视学生的主体地位、学生的探索活动和学生经验的改造与重组，被称之为现代教学理论。

以生活化的活动学习针对传统的课堂讲授，以学生的亲身经验针对书本知识，以学生的主动活动针对教师的控制，反映了两种不同的教学过程观。我国小学的科学教学原来深受赫尔巴特教学过程理论的影响，现在开始吸纳杜威教学过程理论的合理之处。

二、小学科学教学理念

小学科学课程标准明确提出了科学教学的基本理念。

学生是科学学习的主体。学生对周围的世界具有强烈的好奇心和积极的探究欲，学习科学应该是他们主动参与和能动的过程。科学课程必须建立在满足学生发展需要和已有经验的基础之上，提供他们能直接参与的各种科学探究活动。让他们自己提出问题、解决问题，比单纯的讲授训练更有效。教师是科学学习活动的组织者、引领者和亲密的伙伴，对学生在科学学习活动中的表现应给予充分的理解和尊重，并以自己的教学行为对学生产生积极的影响。

科学学习要以探究为核心。探究既是科学学习的目标，又是科学学习的方式。亲身经历以探究为主的学习活动是学生学习科学的主要途径。科学课程应向学生提供充分的科学探究机会，使他们在像科学家那样进行科学探究的过程中，体验学习科学的乐趣，增长科学探究能力，获取科学知识，形成尊重事实、善于质疑的科学态度，了解科学发展的历史。但也需要明确，探究不是唯一的学习模式，在科学学习中，灵活和综合运用各种教学方式和策略都是必要的。

根据以上教学理念，在科学教学中教师应注意：

（一）理解和尊重小学生学习科学的特点

儿童天生的好奇心是科学学习的起点，他们对花鸟鱼虫、日月星辰有着强烈的好奇心，只要对其善加引导就能转化为强烈的求知欲望和学习行为。小学生在早年积累起来的经验是学习新事物的基础。应鼓励小学生通过动手动脑学科学。小学生常常依靠动手操作来认识和理解世界，对于他们自己可以动手操作的具体事物往往容易理解和认识。因此，科学教学的过程要富有儿童情趣和符合儿童的认知规律。教师的言语应力求形象、直观、生动有趣，引导儿童自己得出学习的结论，避免在教学过程的初始阶段把结论告诉儿童。

（二）设计丰富多彩的活动

用丰富多彩的亲历活动充实教学过程。精心选择和设计的这些活动应当是学生熟悉的，能直接引起他们的学习兴趣、具有典型科学教育意义。通过这些活动的教学，可以让学生亲身体验一次科学发现、科学探究、科学创造的过程。一个科学探究活动可能是一节课，也可能是几节课；可能在课堂上完成，也可能需要课外活动的配合。

（三）让探究成为科学学习的主要方式

小学生的科学探究活动一般会经历一个由简单到复杂、由模仿到半独立再到独立的过程。要使学生由生疏到熟悉，不应要求一步到位。在教学实施中，科学探究活动可以是全过程的，也可以是部分地进行。有的科学课侧重提出问题，进行猜想、假设和预测的训练，有的课侧重制定计划和搜集信息的训练。不必拘泥于每次活动必须从头到尾、按部就班地完成一个科学探究的全过程，要根据教学内容灵活设计。科学探究要重视以下事项：

（1）教学中应注意对学生进行发散性提问题的训练，一般安排在探究活动的起始阶段；

（2）对一个问题的结果或解决方案作多种假设和预测，鼓励学生大胆猜想；

（3）引导学生在着手解决问题前先思考行动计划，包括制定步骤、选择方法和设想安全措施；

（4）教会学生观察、测量、实验、记录、统计与做统计图表的方法，注意搜集第一手资料；

（5）教师不要把自己的意见强加给学生，注意引导学生自己得出结论；

（6）组织好探究后期的讨论和交流工作，引导学生认真倾听别人的意见。

（四）树立开放的教学观念

教室外是小学生学习科学的广阔天地，教师不应把上下课的铃声视为教学的起点和终点，探究科学的活动往往不是一节课所能完成的。学生对问题已有的经验和认识是重要的教学前提，同时要重视引导学生在课后开展后续活动。要拓展学生的信息渠道，广泛利用存在于教科书以外的各种资源，不要拘泥于教科书上规定的教学内容，要让学生知道科学探究的答案有时不是唯一的。学生既要关注他人的探究结果，又要反省自己的探究过程。

（五）悉心地引导学生的科学学习活动

以探究活动为核心的科学教学过程，不是教师照本宣读教科书和刻板地执行教案的过程。教学要在一定的情境中展开，学生会提出许多教师意想不到的问题，教学过程中也会出现许多难以预料的情况。教师应认真观察学生的科学探究活动，随时掌握他们在活动中所取得的进展、面临的困难和出现的问题；对活动的状况及时作出判断，并决定应当采取的指导策略；根据学生在科学探究活动中的新情况，适当地改变活动方案，调整教学进程，使教学具有灵活性、变通性和针对性；给学生提供足够的时间对某一个感兴趣的问题进行探讨。

（六）充分运用现代教育技术

现代教育技术为今天的科学教学开辟了广阔的天地。在一切有条件的地方，科学课程的教学应尽可能地运用以下方面的现代教育技术：第一，各种音像资源。如幻灯、投影、录音、录像、广播、电视等，它们可以为学生提供许多无法亲身体验的信息，开阔学生的视野。第二，计算机软件。各种计算机辅助教学软件、文字处理软件、数据库软件、画图软件、教学评价软件，甚至包括某些智力游戏，都是很好的教学资源或工具。第三，网络。利用各种局域网（如校园网、地区网）和国际互联网，可以充分实现资源共享。但是，现代教育技术的运用是教学过程与方式的有机成分，只能在必要的时候、采用恰当的形式进行，千万不要滥用。

第二节　小学生学习科学时的误解与教学

小学生学习科学时其大脑并非白板一块，而是具有比较多的生活经验，这些生活经验与科学解释有时会有冲突，但是学习科学需要有这些经验作为思考的起点，这些经验内含的观点就是前科学概念，即在建构科学概念之前所具有的个体认识，这些前概念往往是对科学的误解。

一、小学生在科学上的误解

误解（misconception）是小学生学习科学时出现的一个普遍现象，它指学生对一些科学概念的错误理解，或对科学现象的错误解释，而他们本人却认为自己的理解和解释是合理的。误解和错误（mistake）不同，学生做作业时出现的错误在很大程度上是因为粗心大意，经指出后马上能够改正，学生知道自己的理解是不正确的，但是误解就不是这样，误解产生于学生知识经验的局限，例如，人的日常经验使人确信太阳围绕地球转动，而且还自认为这是正确的结论。

科学误解的基本特点有：

（1）误解的个体性。小学生受年龄特点、生活经验和推理能力的限制，他们对一些自然现象或科学概念存在着误解，如，一个小女孩开灯后看到墙壁上的影子告诉妈妈："妈妈，我一开灯，它就给我照了个相。"这个小女孩认为灯具有照相功能，影子是灯给自己照的相。一个男孩子学习热胀冷缩后对同学说："书上说任何东西都具有热胀冷缩的性质，我想这就是为什么夏天白天长冬天白天短的原因。"每个学生的生活范围、经历不一样，所处的家庭、社区不相同，家长的文化素养有差异，因此学生们带进教室的误解就会多种多样，显示出较强的个体性。

（2）误解的隐蔽性。对科学现象和科学概念的误解是在特定的环境中自然形成的，是学生在不知不觉中产生的，如果没有适当的场景和机会，误解就不会显露出来。因此不仅学生本人意识不到，教师和家长也往往没有察觉到，很容易忽视学生误解的存在。误解的这种隐蔽性更增加了学生理解科学概念的难度，这对小学科学教师是个很大的挑战。

(3) 误解的矛盾性。学生在生活经历中形成的误解不仅零零碎碎，而且有时互相矛盾。对同一个问题会给出两种不同的回答。有美国学者对小学二年级学生做过一个调查，发现95%的学生在书面测验中回答地球是一个球体，但是在一对一的私下谈话中，很多学生又认为地球是平的。甚至在一个初二年级的课堂上，当教师讲授地球自转、公转及四季形成的原因时，有一个学生突然发问："我们究竟生活在地球里面还是地球外面?"

(4) 误解的持久性。有人认为，误解不过是儿童一些不成熟的想法，只要在课堂上讲解清楚，这些误解就很容易消除。实际上情况并不是这样。儿童的误解是他们自己在对周围世界长期思考的过程中建构起来的，这些貌似合理的结论往往能够自圆其说，所以并不是一点就破。例如有的儿童把地球描述为"月饼"形状，又圆又平。这样，既应对了课本上关于地球是圆的这一提法，又符合日常生活的经验，即地面看上去是平坦的（参见图8—1）。

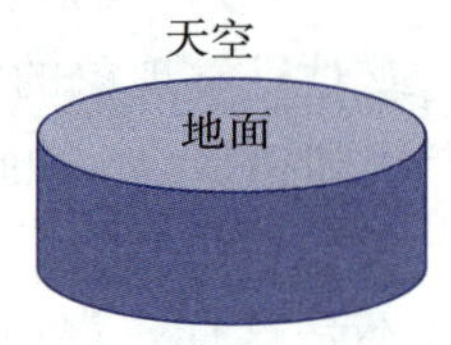

图8—1　儿童所误解的地球概念

(5) 误解的普遍性。对科学概念的误解并不是小学生的"专利"，中学生、大学生和成年人都存在类似的误解。美国一个有2 000人参加的科学知识调查中，对于"地球绕太阳一周需要多长时间"的问题，只有47%的人回答正确，对"光和声音哪一个速度快"的问题，75%的人回答正确。有人在哈佛大学对参加毕业典礼的应届毕业生进行了简短的提问，获得的一些回答也显示了毕业生在科学上的误解。

问：你认为冬天地球离太阳较近，还是夏天地球离太阳较近，为什么？

答：我认为夏天地球离太阳较近，这就导致地球在夏天接收到较多的阳光照射，因而我们觉得较热。

科学上的误解还很多，如：物体的面积越大，浮力就越大；物体受热膨胀是

因为物体里面的分子受热后变大了；空气太轻，所以我们并不能感觉到它的存在；月亮发出的光不带热量，所以晚上一般比较冷；从同一高度下落的两个物体，重的物体先着地。

女儿：为什么太阳会下山？

爸爸：中午天气热，热空气上升，空气就把太阳托上去了。晚上天气凉，冷空气下降，太阳自然就降下来了嘛。

女儿：那太阳为什么会从东边移到西边呢？

爸爸：风吹的啊。

二、理性对待小学生误解的方法

（1）发现误解中孕育的智慧。

误解是小学生理解科学观念和正确解释科学现象的障碍，但是从辩证的过程看，学生的误解乃是他们走向科学的必经之路，误解的产生和形成反映出他们主动建构科学的良好开端。从科学的意义上看，虽然学生的思考存在问题，得出的结论不正确，但是这些思考孕育着智慧的光芒，教师应该对他们的主动思考给予理解和鼓励，有时候一个错误的回答比没有回答更有价值。一个三岁的孩子在参观博物馆时看到恐龙的骨骼，就问妈妈："恐龙还在吗？"妈妈说："恐龙都死光了，现在没有了。"可是这个孩子继续问："那这只恐龙为什么死在这里呢？"站在成人的立场，小孩子的这个问题很可笑，但是对这个孩子而言，这个推理是十分合理的。因此，家长应该鼓励孩子的提问。教师面对小学生的误解时，首先也应该肯定他们思考问题的积极性。

（2）给小学生显露误解的机会。

因为科学上误解的隐蔽性，科学教师不容易发现它们。因此科学教师应该创设一定的场景给学生显露误解的机会。教师可以在每个教学单元的开始时跟学生做一些非正式的交流，也可以采用书面的诊断性评价，设计一些相关的科学问题，让学生回答。尽管这些工作需要耗费一定的时间和精力，但是就教学效果来说，依然是值得的。有针对性地选择恰当的教学方法消除科学上的误解，有利于预期的教学目标的实现。例如，由于日常生活中家长和教师经常给儿童讲给植物浇水施肥的重要性，这就让几乎所有的孩子都相信，水、泥土和肥料是植物长大必需的"营养"，相反他们几乎不知道，植物是靠自身通过光合作用来制造自己所需要的"营养"的。这一事实是美国一位教育心理学家在给 229 名小学五年级学生做诊断性评价时发现的。

(3) 分析误解产生的多方面因素。

误解的产生与小学生的生活经验、思维发展水平、成人的误导有关，也与课外科普读物、教科书的疏忽和科学教学的失误有关。美国一本小学科学教科书在讨论“影子”时的表述是：“光是直线照射，它遇到树干后由于不能绕着树干去照亮后面的地方就停止了，这样就留下了影子。”但是在后面解释光的概念时表述的内容是：“当照在物体上的光反射到我们的眼睛时，我们就看到了这个物体。”① 显然，前后的不同表述给小学生理解光的特性设置了隐性的障碍。前面表述的是，光直线前进，遇到物体就停止前进了，而后面的表述是，光直线前进，遇到物体就反射回来了。学生会感到困惑，光直线行进时遇到物体，是停止前进还是反射回来？此外，学生还可能产生对光的一个普遍性误解，即“我们能够看见白纸，是因为光照到了白纸上，使白纸发亮了”。

(4) 理解小学生误解的持久性。

《一堂“失败”的好课》是一个很典型的案例，揭示出小学生在科学上的误解具有持久性，要纠正学生的误解需要很强的耐心和合适的方法。② 一位教师上小学三年级的自然课，先用水做了实验演示，得出了水具有热胀冷缩的性质的结论。后来学生分组用酒精做了实验，发现酒精也具有热胀冷缩的性质。教师在此基础上引导学生得出结论：“水具有热胀冷缩的性质，酒精也具有热胀冷缩的性质，水、酒精都是液体，由此可以推断，液体都具有热胀冷缩的性质。”后来教师问学生，煤油有热胀冷缩的性质吗？学生毫不含糊地说：“没有。”原因是煤油不是红色的液体。原来是因为师生在用水和酒精做实验时，水和酒精都染了红色。学生再次用煤油分组做实验，验证了煤油也具有热胀冷缩的性质。课将结束时，教师设计了一个是非判断题：“酱油、菜油具有热胀冷缩的性质。”教师问学生这个判断是对还是错。

全班学生异口同声地叫道：“错!”

老师愣住了，片刻后方问道：“难道酱油和菜油不是液体?”

“是液体，但酱油和菜油是可以吃的。”一些学生说。

“酱油有色素。”有几个学生说。

“菜油烧不着，所以不会热胀冷缩。”另一些学生则说。

“刚才做过实验，酒精、煤油会不会热胀冷缩?”老师问。

---

① 转引自陈华彬、梁玲编著：《小学科学教育概论》，86～87 页，北京，高等教育出版社，2003。

② 参见赵光平、罗星凯：《一堂“失败”的好课》，载《人民教育》，2002 (10)，37 页。

"会。"学生们说。

"现在，酱油、菜油会不会遇热就膨胀，遇冷就收缩？"老师又问道。

"不会。"学生们坚定地说。

"这只是你们的猜测"，老师苦笑着说，"实际上，是会的。"

"啊！"学生情不自禁地叫出了声。

在成人看来，液体就是液体。可小学生不这样想，他们认为液体可分为红色的液体、可吃的液体、可燃烧的液体……只有某些特殊的液体，才有热胀冷缩的性质。多用几种液体做实验，结果可能还是一样。假设除了醋以外，常见的各种液体学生都做了，然后问醋会不会热胀冷缩，学生的回答可能还是："不会，因为醋是酸的，和其他液体不一样"。面对这样的误解，科学教师不必责怪孩子愚笨。

第三节 小学科学教学模式

小学科学的教学模式可以分为两类：基于知识传承的教学模式和基于探究发现的教学模式。

一、基于知识传承的教学模式

基于知识传承的教学模式其历史渊源可以追溯到古罗马的昆体良①，捷克教育家夸美纽斯也有过论述，主张把一切知识教给一切儿童，他的"泛智论"教学思想主张所有人都应当通过教育获得广泛的知识，发展智慧。赫尔巴特提出的"明了、联合、系统和方法"四阶段教学过程典型地反映出这一教学模式的基本特点。他的弟子戚勒（T. Ziller，1817—1882）把"明了"分为"分析"和"综合"两个阶段。戚勒的弟子来因（Rein，1847—1929）提出"预备、提示、比较（或联想）、总结、应用"五阶段教学法②，苏联的凯洛夫提出的"准备、复习旧知

① 参见袁运开、蔡铁权主编：《科学课程与教学论》，242页，杭州，浙江教育出版社，2003。

② 预备就是用问答方式，使学生回忆过去的经验和有关的事实，为学习新教材做准备，并说明学习的目的，使学生知道当前所要解决的问题，从而引起学生学习的兴趣；提示指教师提出新教材或一些事例让学生观察，把预先准备好的教材或事件讲给学生听，或让学生观察，并不是由学生去搜集材料。比较就是用问答讨论的方法，把提示的教材加以分析和说明，然后与旧经验相比较、分类并加以排列，找出相同和不同之处；总结是分析比较的结果，综合概括成结论或原则；应用指给学生习题，使学生应用所得的原则或知识结论来解决问题，使他们对新知识、新原则有更深的了解，并验证结论、原则的正确性。

识、教授新知识、巩固练习和布置家庭作业”五环节说，美国斯金纳的程序教学理论，奥苏贝尔的有意义接受学习理论，布卢姆的掌握学习理论以及加涅的信息加工理论基本上都是属于知识传承的教学模式。

美国的霍华德·豪斯曼（Howard Hausman）在其专著《为小学选择科学课程》曾经描述了一个科学教学的片段，这一片段反映出基于知识传承模式的部分属性①：

苏联教育学家凯洛夫

凯洛夫出生于一个教师家庭，1917 年毕业于莫斯科大学数理系，曾任《苏联教育学》杂志主编、教育科学院院长（1942—1950 年）、教育部部长（1949—1956 年）。凯洛夫自 20 年代起，开始发表教育论著，1939 年主编的《教育学》一书系统地总结了苏联 20 世纪 20—30 年代的教育经验，指出“在全面发展的人的教育中，智育，即教养，应占第一位”。1956 年，他主编出版了一本新的《教育学》，被批准为苏联师范学院教科书。凯洛夫的教学思想曾在东欧和中国产生过较大的影响，1956 年他访问了中国，他主编的《教育学》后来也曾被译成中文出版。

凯洛夫的教学理论认为，“掌握知识的过程和人类在历史发展中认识世界的过程具有共同点”，但是，教学不是也不可能是与人类的认识过程完全一致。学生的任务主要是自觉地牢固地掌握和利用前人所发现和整理的知识，“并不负有发现新真理的任务”。他认为教科书是学生知识的主要来源，教科书只能选择真理性的知识，不能反映尚无定论或正在争论的问题。

三年级有 26 个学生坐在课桌前，老师叫学生卡拉（Carla）大声朗读课本第 56 页的内容，这页有一幅图画，画面上有农场，农场里有动物和风车。卡拉读道：“农场有许多动物，他们需要饮水。”然而，画面上显示，农场土地上只有少量的水，暗示了必须用风车的动力把水从井中抽出来。她从课本上直接朗读问题，“风车是用来干什么的？”

老师重复道：“谁能猜出风车是用来干什么的？乔伊，你知道吗？”乔伊略读了课本的下一个段落，他回答道：“风车因空气的力量而转动，就带动了抽水机，抽水机把水从井中抽到水槽里，供动物饮用。”

“很好，乔伊。”老师说道：“卡拉，请你把下一段读一下，好吗？”卡拉继续

---

① 参见［美］国家科学资源中心、国家科学院史密森协会：《面向全体儿童的科学——改进小学科学教育的指南》，4 页。

朗读。“风车因空气的力量而转动，就带动了抽水机，抽水机把水从井中抽到水槽里，供动物饮用。”她还读到了关于风车带动机器以产生电力的内容，然后读到了“流动空气产生能量”的其他例子。

几个孩子开始躁动不安起来，玩弄着铅笔并窃窃私语。老师要求他们集中注意力。“风能干什么?”老师问道，没有学生回答。“风能做任何事情吗?”“它吹动了风车。”有的孩子回答道。又有孩子躁动不安，老师又一次要求孩子们注意课堂秩序，孩子们被迫安静了一会儿。

在上述教学活动中，孩子们为什么躁动不安？对课本上提出的问题没有兴趣，教学活动难以持续下去，教师需要反复强调纪律，原因之一在于孩子们是在“读”科学，而不是“做”科学。当学生没有亲历探究事物的过程时，传授的知识对他们缺乏意义，所掌握的知识并没有人们设想的那样多。相反，学生通过与物质世界直接接触会有更高的学习积极性。

基于知识传承的教学模式在教育史上一直占据主流地位，自杜威以来，这一模式及其局限性就受到广泛的批评。也有人不恰当地把教育实践中的一些问题归之于这一教学模式，灌输、保守、落后、呆板、僵化、轻视智能、忽视情意等似乎都是这一教学模式的弊端。叶澜曾经指出：“这一传统之所以具有超常的稳定性，除了因它主要以教师为中心，从教师的教出发，易被教师接受外，还因为它视知识的传授和技能的训练为主要任务，并提供了较明确的可操作程序，教师只要有教材和教学参考书，就能进入规范，依样操作，理论也因此而得以广泛传播，逐渐转化成实践形式，扎根于千百万教师的日常教学观念和行为之中 。”①

二、基于探究发现的教学模式

基于探究发现的教学模式可以追溯到孔子和苏格拉底的教学思想。杜威在批判赫尔巴特学派的基础上确立了这一模式在教学中的地位。在《我们怎样思维》一书中杜威提出了探究发现的经典表述，即思维五步教学法。杜威之后出现了探究发现的许多变式，如他的学生克伯屈（William Heard Kilpatrick，1871—1965）倡导的“设计教学法”，布鲁纳强调的发现法，现在重视的研究性学习、探究性学习、基于问题解决的学习都与这一教学模式有关。这一模式重视问题的提出与活动中的经验，强调思维的过程与方法，认为在一个变动不居的世界里，

① 叶澜：《让课堂焕发出生命的活力》，载《教育研究》，1997（10），3页。

思维的方法、思维的批判性与创造性比系统的知识更重要。

“探究”一词的英文为“inquiry”，起源于拉丁文的 in 或 inward（在……之中）和 quaerere（质询、寻找），按照《牛津英语词典》中的定义，探究是“求索知识或信息特别是求真的活动；是搜寻、研究、调查、检验的活动；是提问和质疑的活动。”其相应的中文翻译有“探问”、“质疑”、“调查”及“探究”等多种。在《辞海》（1989 年版）中，“探究”则指“深入探讨，反复研究”。美国《国家科学教育标准》中对科学探究的解释是：“科学探究指的是科学家们用来研究自然界并根据研究所获事实证据做出解释的各种方式。科学探究也指学生构建知识、形成科学观念、领悟科学研究方法的各种活动。”探究一词反映出科学教学活动在本质上与科学家的研究活动有很多相似之处。布鲁纳认为，发现不限于寻求人类尚未知晓的事物，确切地说，它包括用自己的头脑亲自获得知识的一切方法。在布鲁纳看来，科学家和小学生的智力活动在本质上是一样的，无论在哪里，在知识的最前沿，在三年级的教室里，智力活动全都相同，其间的差别只在程度上而不在性质上，学习物理的学生就是一个物理学家。

科学（3—6 年级）课程标准阐述了科学探究的意义、过程：

> 科学探究是科学学习的中心环节。科学探究不仅可以使小学生体验到探究的乐趣，获得自信，形成正确的思维方式，而且可以使他们识别什么是科学，什么不是科学。
>
> 科学探究不仅涉及提出问题、猜想结果、制定计划、观察、实验、制作、搜集证据、进行解释、表达与交流等活动，还涉及对科学探究的认识，如科学探究的特征。
>
> 科学探究能力的形成依赖于学生的学习和探究活动，必须紧密结合科学知识的学习，通过动手动脑、亲自实践，在感知、体验的基础上，内化形成，而不能简单地通过讲授教给学生。在小学阶段，对科学探究能力的要求不能过高，必须符合小学生的年龄特点，由扶到放，逐步培养。在具体的教学实施过程中，可以涉及科学探究的某一个或某几个环节，也可以是全过程。

探究发现模式具有如下五个基本特征：

(1) 师生需要围绕科学性问题展开探究活动。

科学性问题是针对客观世界中的物体、生物体和事件提出的，问题与学生学习的科学概念相联系，并且能够引发他们进行实验研究，导致收集数据和利用数据对科学现象做出解释的活动。比如，对于低年级学生，符合上述标准的一个问

题是：泡沫块、橡皮擦、西红柿、铁螺帽、大头针、纽扣、蜡烛等物品在水中是沉还是浮？

（2）师生需要获取解释和评价科学性问题的证据。

科学是以实验证据为基础来解释客观世界的运行机制。科学家在实验中通过观察测量获得实验证据。在科学探究教学活动中，学生需要运用证据对科学现象做出解释。如，学生对动植物、岩石进行观察并详细记录它们的特征；对温度、距离、时间进行测量并仔细记录数据；对化学反应和月相进行观测并绘制图表说明它们的变化情况。同时，学生也可以从教师、教材、网络或其他地方获取证据对他们的探究进行补充。

（3）师生需要根据事实证据形成解释。

科学解释借助于推理提出现象或结果产生的原因，并在证据和逻辑论证的基础上建立各种各样的联系。解释要超越现有知识，提出新的见解。对于科学界，这意味着知识的发现和增长；对于学生，这意味着对原有理解的超越和更新。例如，学生可根据观察或其他的证据解释月相的变化、不同条件下植物的生长状况不同的原因以及饮食与健康的关系等。

（4）师生需要通过评价解释得出结论。

评价解释，并且对解释进行修正，甚至是抛弃，是科学探究的一个特征。评价解释时，可以提出这样的问题：有关的证据是否支持提出的解释？这个解释是否足以回答提出的问题？从证据到解释的推理过程是否明显存在某些偏见或缺陷？从相关的证据中是否还能推论出其他合理的解释？学生通过参与讨论，比较各自的结果，或者与教师、教材提供的结论相比较以检查学生自己提出的结论是否正确。

（5）学生需要交流和讨论来确证他们所提出的解释。

在交流活动中，科学家需要清楚地阐述研究的问题、程序、证据、提出的解释以及对结论的论证方式和论证过程，以使其他人能够重复实验，或者其他科学家能将这一解释用于新问题的研究。而教学中，学生公布他们的解释，使别的学生有机会就这些解释审查证据、提出疑问、发现是否有逻辑错误、指出解释中有悖于事实证据的地方，或者就相同的观察提出不同的解释。学生间相互讨论各自对问题的解释，能够引发新的问题，有助于学生将实验证据、已有的科学知识和他们所提出的解释这三者之间更紧密地联系起来。

探究性教学不同于探究性学习，前者有科学教师的指导，教师指导的程度不同，学生探究的独立性程度就不同。表 8—1 概括和总结了课堂探究的基本特征和不同程度。

表 8—1　　　课堂探究的基本特征和不同程度

基本特征	探究的不同程度			
1. 问题 学习者探究科学性问题	学习者自己提出一个问题	学习者从所提供的问题中选择，据此提出新的问题	学习者探究的问题来自教师、学习材料或其他途径，但问题不那么直接，需要有所改变或自己体会其含义	学习者探究直接来自教师、学习材料或其他途径的问题
2. 证据 学习者针对问题收集事实证据	学习者自己确定什么可作为证据并进行收集	学习者在他人的指导下收集某些数据	数据直接给出，学习者进行分析	数据和分析方法都给了学习者
3. 解释 学习者从证据出发形成解释	学习者总结事实证据之后做出解释	学习者在得到指导的情况下收集证据形成解释	使用证据形成解释的可能途径已知	证据已知
4. 评价 学习者使解释与科学知识相联系	学习者独立地考察其他事实来源，建立事实与已有解释的联系	学习者被引导到科学知识的领域	可能的联系被给出	
5. 发表 学习者阐述和论证自己的解释	学习者用合理的、合乎逻辑的论据表达自己的解释	学习者阐述自己解释的过程得到他人指导	学习者阐述自己解释的过程得到了广泛的指导	表达的步骤和程序都被给出
	高←—学习者自主探究的程度—→低 低←—教师和学习材料指导的程度—→高			

资料来源：科学（3—6 年级）课程标准研制组编写：《科学（3—6 年级）课程标准（实验稿）解读》，9 页。

基于探究发现的教学模式具有多方面的潜在优势：第一，小学生学习科学的积极性高涨。皮亚杰说：“亲身投入是智力发展的关键，而对小学的孩子们来说，这包括直接操纵物质对象，这种操纵在科学课上是非常容易做到的。”美国科学促进协会（AAAS）也有类似观点：“学生们通过做科学获得许多经验，使学生们在做调查时更加熟练，通过解释他们的发现，他们能积累大量的感性经验。”①第二，把现实世界带入了教室和孩子们的生活。探究教学模式不是教给学生们别人科学活动结果的事实，而是通过“做”科学来进行教育。不是试图让他们背诵科学结果的描述，而是让他们了解这些结果是怎样得到的。不是让他们听了就忘，而是让他们做和理解。第三，促进了团队工作和合作能力。通过探究学习，学生们有机会从别人身上学到很多书本上学不到的精神，同时会发现合作是有效解决问题的根本。合作精神不仅在学校重要，在走向工作岗位后也很重要。第四，可以适应不同的学习方式。多元智能理论揭示了学习者的不同学习方式和技能。探究发现教学中包括不同的学习方式，并提供从一种方式转换到另一种方式的学习机会，学生如果听或读不能有效学习科学，可以有其他机会取得成功。第五，鼓励学生在多个领域的学习。科学探究是科学课程与其他课程之间的桥梁，确认问题要求有清晰的语言概括能力，解释数据需要运用数学知识，用图表表达发现的结果可以使科学与艺术相连，依据科学结论参与科技决策要求提升个人的道德素养。第六，在探究活动中学生能够掌握新概念和新技能。学生不仅有知识的积累以及推理性的思考，还有更高级别的综合思考能力以及直觉思维能力、批判性思维能力获得发展。

第四节　小学科学教学伦理

教学伦理是教师在教学活动当中需要遵守的道德规则。汉语中的“伦”主要是指人际关系，人伦是指人际关系中人的名分和辈分。“理”指万物运行的法则，延伸到人文领域，指道德规范。“伦理”指人际关系及其调整的客观规则。英文中的伦理（ethic）指道德规则的系统、德行的规则（system of moral principles, rules of conduct）。伦理和道德都与行为准则有关，但是伦理主要指客观的道德法则，道德主要指个体的行为品德。2008 年修订的《中小学教师职业道德规范》第三条规定：“关心爱护全体学生，尊重学生人格，平等公正对待学生。对学生严慈相济，做学生良师益友。保护学生安全，关心学生健康，维护学生权益。不讽刺、挖苦、歧视学生，不体罚或变相体罚学生。”我们之所以强调教学伦理，原因有三：一是教师是人而不是神，人有人性的弱点；二是教师的一切教学行为不可能时刻处在外在的制度的监督之下，教师的教学行为具有相当的自由度；三

① 转引自［美］国家科学资源中心、国家科学院史密森协会：《面向全体儿童的科学——改进小学科学教育的指南》，9～10 页。

是学生处于弱势地位，这在小学更为明显。假如没有一个内在的教学伦理约束机制对教师发挥作用，那么教学行为不但无效、失效，而且会与教学目的背道而驰。

本节的教学伦理只探讨科学教学活动中的生命伦理、公正伦理和宽容伦理。

一、科学教学中的生命伦理

科学教学活动中，教师要把人当人看待，把自己看做人而不是神，把学生看做人而不是物。此外，师生还需要尊重其他物种的生命，处理好人与其他物种生命的关系，对生命保持敬畏的心态。这是科学教学活动中生命伦理的具体表现。

人是自然界的最高生命形态，英国的莎士比亚在《哈姆雷特》中写道："人是多么了不起的一件杰作！理性是多么高贵，力量是多么无穷，仪表和举止是多么端正，多么出色！论行动，多么像天使！论智慧，多么像天神！宇宙的精华，万物的灵长！"文艺复兴时期的人文主义者推崇人的理性，歌颂人的智慧；渴望人的自由平等和个性解放，强调人的价值和人格必须得到尊重。人与万物相比，具有至高无上的地位和价值。德国哲学家康德最早由在《道德形而上学基础》一书中提出"人是目的"的经典命题，将西方文艺复兴以来高扬人的自由、平等和尊严的人文主义思想提升为一个具有普世价值的道德观念。

人既有高贵的灵性，也有罪恶的渊薮。人类的罪恶包括四种主要的类型：物欲型罪恶、权欲型罪恶、名欲型罪恶和情欲型罪恶。人对物质的贪婪与占有及其引发的罪恶是物欲型罪恶；对权利的贪婪与占有及其所引发的罪恶是权欲型罪恶；追求虚荣、欺世盗名、沽名钓誉等是名欲型罪恶；爱情的变态、友情的亵渎、亲情的丧失、对某些人的偏爱溺爱是情欲型罪恶。① 北京师范大学的檀传宝博士认为，在教育实践中也存在这样的罪恶。②

在科学教学活动中，教师作为普通的人有时会表现出人性的弱点：一是以真理自居。教师代表社会的要求实施教学活动，自视为真理和道德的代言人。但是以真理自居，却只能以一己之见证明自己的真理性；把自认为"应该如何"作为对学生的道德约束，容易让学生敬而远之。二是习惯于批评学生。教师以教育学生为天职，善于发现学生身上的问题，但是若不肯承认自己的盲区，不肯承认自己会产生误解，不肯放下一味批评的态度，不能够客观地看待学生行为的合理之处，就会让师生关系陷入冲突。三是一相情愿的臆断。因为时间和精力的限制，

① 参见李建华：《罪恶论——道德价值的逆向研究》，171～172页，沈阳，辽宁人民出版社，1994。

② 参见檀传宝：《教师伦理学专题——教育伦理范畴研究》，12页，北京，北京师范大学出版社，2003。

教师有时对一些师生人际关系冲突事件的发生原因和过程缺乏调查而出现一相情愿的臆断，引发不公正的教育行为。四是重灌输轻论证。灌输给学生的真理和道德缺乏理性分析、严密逻辑和表达技巧，占据道德高地而吞食教育失败的苦果。总之，如果教师只着眼于学生的不足与失误而对自己的不足与失误视而不见，教师就把自己提升到了“神”的角色，失去了师生平等对话的可能。当教师视自己为“神”时，也就不可能理解学生作为人的生命价值了。这是教学活动中生命伦理缺失的重要标志。

科学教学需要提升对物种生命的伦理意识。科学教学中的实验特别是生物实验总免不了与活体动物打交道。针对大量的动植物标本，陶行知曾经批评说：“小学中的教师，捉到一只蝶儿、蚱蜢，便用针一根，活活的钉在一块木板上，把它处死，说是做标本。”他认为这样做的问题在于：一是把生物变成了死物，“我们观察生物，是要观察活的生物，要观察生物的自然活动。如今将活的生物剥制成死的标本以致将生物学变成了死物学，生物陈列所变成僵尸陈列所。”① 对于生物，不应当把它处死做标本，只可待它死了以后，再用防腐剂保存；二是把活的生物处死，太残忍，无意识地养成了人的残酷心理。教小孩子仁慈，又岂可随意滥杀生物？科学教学应当教小孩养生，不应当教小孩杀生。这是进行科学教学时必须考虑的一点。陶行知的话语给人以敬畏生命的深刻启示。

生命伦理高于意图伦理，这是现代科学教学应有的观念。马克斯·韦伯曾区分过意图伦理和责任伦理。意图伦理强调一种行为的伦理价值在于行动者的信念、意向，它使行动者有理由拒绝对后果负责，似乎只要动机是美好的，意图是正确的，目标是正义的，那么，什么手段都可以使用，而且要求大家都容忍由此而来的各种手段。这种意图伦理高于生命伦理的观念在科学教学中也有类似的表现。教师为了学生的美好前途，鼓励甚至强迫学生搞题海战术，沉溺于书本之中，学生身心疲惫。科学教师不能仅有意图伦理意识，更应该有强烈的生命伦理和责任伦理意识。

二、科学教学中的公正伦理

公正伦理表明怎样对待一个人，包括怎样对待自己和他人。教学公正是重要的教学伦理原则。教学公正要求教师对学生和自己一视同仁，依据“己所不欲，勿施于人”的黄金法则来要求学生，还要求教学行为有利于促进学生个体的发展和幸福。就科学教学的特点而言，要尊重残弱学生学习科学的权利，要重视女生

① 陶行知等：《生活教育文选》，438页，成都，四川教育出版社，1988。

学习科学的权利，要理解学生学习科学的多种方式。

美国1997年修改残弱教育法案，规定所有残弱儿童都有权在普通教室里最大限度地接受教育。① 他们认为，科学是使所有残弱儿童培养自信、自尊、解决问题的技能和社会交流技能的重要途径。在科学教学中鼓励残弱儿童的做法有：获取亲身经历的学习经验；满足读写技巧的最低需要；提升参与合作交流的最高水平；培养个体的爱好和特长；培养学习兴趣和提出问题的习惯。②

就性别而言，社会上科学家、工程师仍然是男性占多数，科学家总是作为一位头发蓬乱、戴着眼镜的男性形象出现在人们的心目中，教科书上男性科学家很多，女性科学家很少，导致女生形成“科学属于男性”的观念。有的教师总认为科学很难，科学研究是男性工作的职业领域。但西方的“女权主义教育学”主张科学对于女孩和妇女要有更强的吸引力，认为男性更适合做科学研究的传统观念是一种偏见。如果女孩子具有同男孩子一样的学习科学的机会，同样会取得成功，强调科学教学要开发女孩子已有的探究经验，在女孩子的生活经历和科学学习内容之间要建立有意义的联系。有人还提出了在科学教学中避免歧视女性的方法。

科学教学中避免歧视女性的方法

经常提问女孩子；

给男女孩子同样多的思考时间；

对女孩子的回答给予肯定性的回应，如点头示意、微笑等；

观察小组合作，不要让女孩子总是扮演秘书、书记员的传统角色；

将女孩子组成单一性别的探究小组，使她们有机会扮演小科学家的角色；

鼓励女孩子动手操作，使她们有担任小组负责人的机会；

让男女孩子具有一样多的亲身探究经历；

关注科学领域内有关女性的问题；

请女科学家和女教师给学生介绍自己的职业生涯；

安排“科学研究职业日”活动，让女学生理解科学领域中的职业女性；

列举诸多著名的科学家，其中包括尽可能多的女性。

---

① 残弱儿童在学习方面的障碍表现为：在注意力、阅读、语言等方面具有学习障碍；具有轻度智力障碍；具有行为障碍；具有情绪障碍；具有与身体器官有关的障碍，如视力、听力障碍。学习障碍不同于智力障碍，如有的学生计算困难，但是智力超常，爱迪生、爱因斯坦都有过学习障碍。

② 参见［美］大卫·杰纳·马丁：《走进中小学科学课——建构主义教学方法》，第二版，223页，长春，长春出版社，2003。

三、科学教学中的宽容伦理

在科学教学活动中，学生的认知方式和思维方法并非老师都喜欢，有时学生提出教师意想不到的问题，有时学生的探究行为影响了预设的教学过程，有时学生还会犯错，有时学生对科学的误解还难以消除……这些都可能令教师不快。缺少宽容心态的教师就容易生气、发怒，讽刺、挖苦、责骂甚至体罚学生。陶行知先生曾描述过这样的情景：“你的教鞭下可能有瓦特，你的冷眼里可能有牛顿，你的讥笑中可能有爱迪生，你的骂声中可能有爱因斯坦……你别忙着把他们赶跑。你可不要等到坐火轮、点电灯、学微积分，才认识他们是你当年的小学生。”英国一位小学生因为强烈的好奇心驱使杀了校长的一条狗，受到校长的惩罚，但是校长的宽容使他的惩罚带有艺术性，不但没有扼杀学生的好奇心，而且还强化了学生的探究意识。

诺贝尔生平

诺贝尔（Alfred Nobel，1833—1896）出生于瑞典的斯德哥尔摩，主要受家庭教师的教育，16 岁时能流利地说英、法、德、俄、瑞典等国家的语言。1842 年离开斯德哥尔摩前往圣彼得堡与父亲团聚。1850 年离开俄国赴巴黎学习化学，一年后又赴美国工作 4 年。返回圣彼得堡后，在父亲的工厂里工作，直到 1859 年。重返瑞典以后，诺贝尔开始制造液体炸药硝化甘油。

诺贝尔是一位和平主义者，他对各种人道主义和科学的慈善事业捐款十分慷慨。去世前于 1895 年立下遗嘱，将其财产作为基金，以其年息设立物理学、化学、生理学或医学、文学以及和平事业 5 种奖金，奖励当年在上述领域内作出最大贡献的学者。诺贝尔奖从 1901 年开始颁发，颁奖日期为每年诺贝尔逝世日 12 月 10 日。

美籍华人李政道 1957 年（31 岁）获诺贝尔物理学奖；杨振宁 1957 年（35 岁）获诺贝尔物理学奖；丁肇中 1976 年（40 岁）获诺贝尔物理学奖；李远哲 1986 年（50 岁）获诺贝尔化学奖；朱棣文 1997 年获诺贝尔物理学奖；崔琦 1998 年（49 岁）获诺贝尔物理学奖。

宽容的原初含义主要指教会对异己信仰的容忍。一个人虽然具有必要的权利和知识，但是对自己不赞成的行为也不进行阻止、妨碍或干涉，这就是现代意义上的宽容。这里有三个要素，第一，宽容者对被宽容的对象有否定性的评价，即不赞成或不喜欢；第二，他有权利和能力去阻止和干涉被宽容的对象，这区别于胆怯，不同于阿 Q 精神；第三，他审慎地抑制这种权利的使用。

很早以前，英国有一个叫麦克劳德（John James Richard Macleod，1876—1935）的小学生，对动物非常好奇，特别想知道狗的内脏到底是怎么样的。有一天，好奇心终于促使他将学校校长心爱的小狗杀了。为此，校长当然要惩罚他，不过校长既没有大发雷霆，大打出手，也没有像有些教师那样，对家长发泄一通，责令赔款道歉，更没有满口“开除”不容商量，而是要求麦克劳德解剖小狗后，画出一幅骨骼图和一幅血液图。麦克劳德愉快地接受了惩罚，也出色地完成了任务。这两幅图现在收藏于英国皮亚丹博物馆。麦克劳德后来成为有名的解剖学家。1923 年麦克劳德获诺贝尔医学生理学奖。

本章小结

小学科学教学理论的根本分歧在于，学生的认识过程与科学家的认识过程在本质上是否具有一致性，或者说学生的认识过程是否具有特殊性。历史地看，赫尔巴特的教学过程观更重视学生认识过程的特殊性，而杜威的教学过程观更重视学生认识过程与人类认识过程的共同性。目前小学科学课程改革的走向是越来越重视探究性的学习。小学生在学习科学时可能会出现一些错误，这些错误有必要也有可能转化为教学的资源。基于知识传承的教学模式和基于探究发现的教学模式有各自的特点、优势和局限性。小学科学教学活动中，教师要有生命伦理、公正伦理和宽容伦理等基本伦理精神。

阅读·思考·交流

1. 阅读下面的内容，思考小学科学教学实践活动中存在的问题，并分析这些问题与哪些教学因素有关。

传统的教学方法是一种沿袭甚久、积弊甚深的教学方法，教学活动是在教室这个专门设定的场所里进行的。教师站在讲台上向学生灌输与现实生活无涉亦不合乎学生理解力的系统性很强、逻辑性很强的教科书，学生则坐在固定的位置上，静听和记诵教科书。这种方法是一种典型的以教师、教科书、教室为中心的教学方法，学生、学生的活动、教室以外的世界是没有什么地位的。传统教学方法的目的在于使学生获取知识。但由于这种知识脱离生活、不合学生志趣，结果学生虽能背诵它，记住它以应付提问、考试和升学，但却不能真正掌握它。学生处于消极的、被动的地位，兴趣、爱好受到压制，能力发展和主

动性受到压抑和束缚，教室如同牢狱，儿童如同囚犯，教师如同看守，书本如同刑具，教学和学习如同服刑，全无半点乐趣。整个教育、整个学校没有多少生机和活力。对传统的教学方法，杜威一直持尖锐的批判态度，他所要做的变革就是变教师讲授、学生静听的教学方式为师生共同活动、共同经验的教学方式；把书本降到次要的地位，活动是主要的，教学也不再限于教室之内。

2. 阅读下面的内容，思考现在的儿童有哪些机会接触真实的物质世界，讨论扩大儿童直接接触自然界的教学策略。

儿童迫切需要亲身体验的部分原因在于：今天的孩子在成长的过程中，他们越来越远离自然界。杂志和书籍随处可见，里面有各种各样的图片，电视使辽阔的世界尽收眼底。尽管孩子们也带着很多知识来到学校，他们带来了对身边和遥远世界的大量的视觉认识，带来了大量的图像、事实和幻想。但是他们缺乏对世界的直接探究。感性体验的缺乏意味着孩子们缺少对世界进行感知的资源。这与前几代人的情形截然不同，林肯时代，大多数孩子生活在农场，有很多机会亲身经历科学的很多方面，如帮助家里种庄稼，知道降雨对庄稼的重要性。他们来到学校时已经有了很多的第一手资料，奶是怎样变酸的，怎样磨刀，如何撬动一块沉重的岩石，缺水时植物的生长状况怎样。他们在学校里不用学习这些东西，因为他们的生活中经常需要做这些事情。

3. 阅读下面的表格，思考科学探究的过程有哪些步骤，每一个步骤需要考虑哪些主要问题。

探究发现教学的基本过程

步骤	目的	师生活动	需要考虑的问题
发现问题	发现疑难情景中的真实问题。	通过实地考察、新闻媒体、图片分析、案例研究、角色扮演、戏剧小品等设置疑难情景。	发现了什么疑难？要解决什么样的具体问题？为什么要研究这个问题？
明确任务	选取有探究价值的焦点问题，确定几个可能的研究方向或任务。	结合过去的学习和生活经历，猜测产生问题的可能原因，预测问题可能出现的结果。	可能的原因有哪些？最可能的原因是什么？选择哪些问题进行探究？

续前表

步骤	目的	师生活动	需要考虑的问题
组织探究	保证有计划有步骤地进行探究。	制定探究方案：分组、分工制定时间表。	需要分成几个小组？每个组的探究任务是什么？如何完成探究任务？需要在哪里完成？什么时候完成？
收集资料	获得解决问题所需要的信息。	参观和实地考察、调查和采访、做实验、查阅文献、个案追踪分析。	在调查、考察、实验中获得了哪些资料？需要查阅到哪些信息？在什么地方查阅信息？
整理资料	分析、评价资料信息，并加以归类。	交流和讨论所获取的资料信息，分析和评价它们的有效性及其价值，对资料进行归类，制作图表。	如何整理资料信息？如何对资料进行归类？各类资料之间有什么异同点及联系？
得出结论	证实或证伪预测、假设。	交流和讨论探究的结果。方式有多种：撰写论文或研究报告；创作故事；举办展览；角色表演；辩论。	通过论证得出了什么结论？与原来的假设或预测是否相符？有哪些证据支持结论？论证是否严密？如果不相符，下一步应该做什么？
实践运用	把探究的结论用于个人生活和社会实践活动之中。	根据结论和观点指导和改变个人的生活行为习惯，参与有关社会问题的讨论以影响社会决策。	根据结论能够为个人和社会生活做什么？怎样才能使他人理解和支持我们的观点、决策和行为？怎样影响社区和社会的决策？怎样提升个人生活品位？

资料来源：汪新、杨晓红编：《科学课教学论》，146～147页，安徽，合肥工业大学出版社，2004。

4. 阅读下面的内容，思考科学课堂教学中探究教学存在的问题，提出改进公开课的基本途径。

一般的课型中，科学探究的过程总是基本完整的，有激发兴趣的情境，有猜想和假设，有制订并完善计划的环节，还有实施、论证以及反馈、思考交流、拓展延伸等环节。但环节多了，要想让学生展开充分的探究就会力不从心。“导入”用去许多时间，完成制订和修正计划的工作似乎也遥遥无期，剩下来能够展开活动的时间就少之又少了。这与公开课的导向有关。多数公开课为了课堂的紧凑也会省略某些环节，但总是要去追求完整，给学生一两分钟时间装模作样地讨论，提供给学生一大堆实验用品却要求在三五分钟内结束实验的例子屡见不鲜。公开课展示的只是课的一种程式——完整探究的过程。实际上，科学探究的真正魅力并不在于这套固定的程式，而是探究的各个环节所承载的内容。其中，许多环节都是以足够的时间为基础的，比如，学生需要通过自然的阅读、考察、观察、实验等多样的活动来验证自己的猜想，需要有时间反思，还得有时间开展讨论、交流。这些往往是“探究”活动最有价值的部分。如果为追求课型的完整性而“挤压”或“架空”它们，将会造成对探究思想内涵的极大伤害，使得探究性学习成为形式化标签。

5. 阅读下面的资料，分析其中蕴涵的教学伦理，讨论科学教学活动中，教师应该特别注意哪些教学伦理问题。

美国 1996 年制订的《优秀教师行为守则》共 26 条，其中有 21 条涉及道德方面的要求，具体是：(1) 记住学生的姓名；(2) 注意参考以往学校对学生的评语，但不持有偏见，并且与辅导员联系；(3) 真诚对待学生，富有幽默感，力争公道；(4) 要言而有信，步调一致，不能对同一错误采取今天从严，明天从宽的态度；(5) 不得使用威胁性语言；(6) 不得因少数学生犯错而责备全班学生；(7) 不得当众发火；(8) 不得在大庭广众之下让学生丢脸；(9) 注意听取学生的不同反映，但同时也应有自己的主见；(10) 要求学生尊敬教师，对学生也要以礼相待；(11) 不要与学生过分亲热或过分随便；(12) 不要使学习成为学生的精神负担；(13) 在处理学生问题时如存在偏差，应敢于承认错误；(14) 避免与学生公开争论，应个别交换意见；(15) 要与学生广泛接触，相互交谈；(16) 少提批评性意见；(17) 避免过问或了解学生们的每个细节；(18) 要保持精神饱满，意识到自己的言谈举止会影响学生的行为；(19) 要利用电话等手段与学生家长保持联系；(20) 在处理学生问题时，要注意与行政部门保持联系；(21) 要严格遵守学校规章制度。

第九章

小学科学教学设计

内容提示与思考

◎ 教学设计的含义是什么？
◎ 教学设计的三个理论模型有哪些共同点？
◎ 小学科学教学设计的原则有哪些？
◎ 小学科学教学设计的内容包括哪些？
◎ 小学科学教学设计有哪些类型？

设计就是指在进行某件事之前为实现某一目标所作的有系统的决策活动。《现代汉语词典》对“设计”的解释是：“在正式做某项工作之前，根据一定的目的要求，预先制定方法、图样等。”教学设计（Instructional Design，缩写为 ID）是教师依据教学理论、教学内容、教学条件和学生特点研究教学目标、教学方法和教学程序的决策活动。

小学科学教学设计是指小学教师以现代教学理论为基础，依据学生的特点和教师自己的教学理论素养、教学经验与教学风格，运用系统的观点与方法，分析小学科学教学中的内容和问题，确定教学目标，预设解决问题的步骤，合理开发和组合各种教学资源，为优化教学效果而制定教学方案的活动过程。教学设计是小学教师上好小学科学课的重要前提，是促进小学科学教师理性地思考教学、实现教师与学生发展的主要途径。

学习理论、传播理论、视听理论、系统科学理论、认识论和教育哲学共同构成了教学设计的理论基础。教学设计从时间上可以分为学科教学设计、学期教学设计、单元教学设计和课时教学设计。在小学科学教学设计中，一般需要重点了解学期教学设计、单元教学设计和课时教学设计。

第一节 教学设计理论模型

一、行为主义教学设计模型

肯普（J. E. Kemp）1977 年提出的教学设计理论模型可用三句话概括：在教学设计过程中应强调四个基本要素，需着重解决三个主要问题，要适当考虑十个教学环节。教学设计模型的总体框架由四个基本要素构成，即教学目标、学习者特征、教学资源和教学评价。教学设计的目的都是为了解决三个主要问题：第一，学生必须学习到什么？为此需要设定教学目标。第二，如何进行教学？根据教学目标的设定确定教学内容和教学资源，根据学习者特征分析确定教学起点，并在此基础上确定教学策略、教学方法。第三，教学是否实现了预设的目标？教学效果怎样需要通过教学评价进行检验。教学设计需要考虑的十个教学环节包括：确定学习需要和学习目的，为此应先了解教学条件，包括优势条件和受限制的条件；选择课题与任务；分析学习者特征；分析学科内容；阐明教学目标；实施教学活动；开发和利用教学资源；提供辅助和辅导服务；进行教学评价；预测学生的准备情况。

肯普教学设计理论模型可以用图 9—1 表示。图中把确定学习需要与学习目的置于中心位置，说明这是整个教学设计的出发点和归宿，各环节均应围绕它来进行设计；各环节之间是一个连续的过程，教学设计灵活，教师可以根据实际情况和自己的教学风格从任一环节开始，并可按照任意的顺序进行；图中的“形成性评价”、“总结性评价”和“修改”在环形圈内标出，表明评价与修改应该贯串在整个教学过程的始终。

肯普教学设计理论模型以行为主义学习理论为基础，重视学生学习活动中的外显行为，即教学目标，教学活动的组织与实施是为了实现这一显性的行为目标，体现了以“教”为中心的教学理论观，所以这一模式被称为行为主义教学设计理论模型。肯普教学设计理论模型尽管有其局限性，但是由于具有较强的实用性和可操作性，加上它允许教师按自己的意愿来安排教学的各个环节，即具有灵活性，所以多年来，它在世界范围内产生过较大影响，并成为第一代

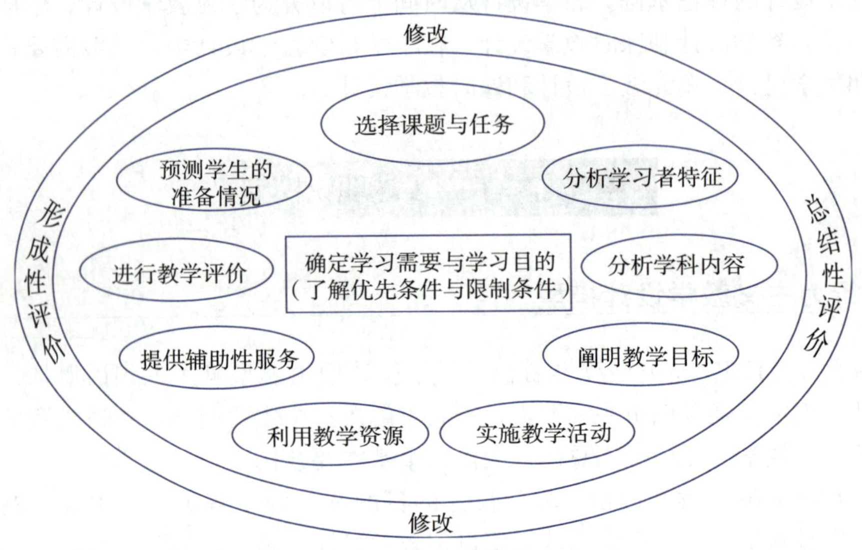

图 9—1　肯普教学设计理论模型

教学设计模型的代表。

二、“联结—认知”教学设计理论模型

史密斯（P. L. Smith）和雷根（T. J. Ragan）在 1993 年合著的《教学设计》一书中提出了新的教学设计理论模型。这一模型较充分地体现了“联结—认知”学习理论的基本思想，可以称之为“联结—认知”教学设计理论模型。该模型由教学分析、策略设计和教学评价三大块构成，具体内容参见图 9—2。

教学分析包括教学环境分析、学习者特征分析和学习任务分析。教学环境包括学习者的教室环境、校园环境、家庭环境、社区环境和社会时代背景。学习者特征分析包括分析学习者的基础知识水平和个体生活经验，学习者的学习动机、认知策略、智力技能以及学习行为习惯。学习任务分析包括教学目标和学习内容分析。测验项目用于判断学生是否能达到教学目标所要求的知识素养和技能、智能。在上述分析的基础上，教师编写测验项目、题目，解决教学目标是什么的问题。

教学策略有三类：（1）组织策略包括有关教学内容的结构、次序，应如何排列以及具体教学活动应如何安排。（2）传递策略指由教师向学生有效传递教学内容，应仔细考虑教学媒体的选用和教学交互方式。教学交互方式包括师生之间、

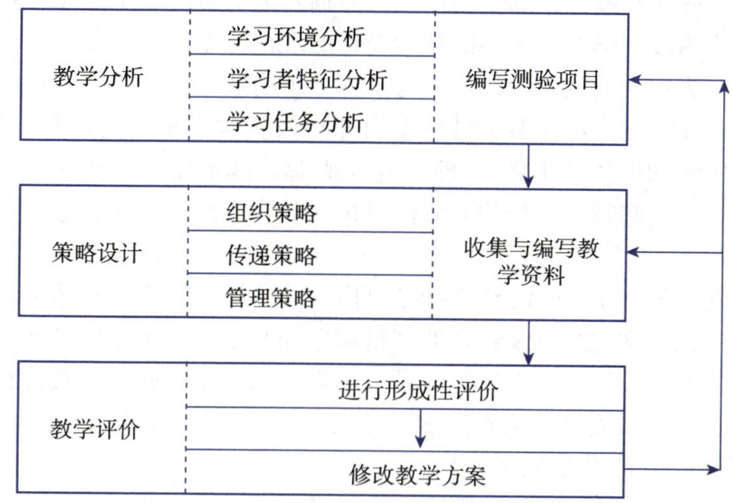

图 9—2 联结—认知教学设计理论模型

学生之间的互动类型，即个体独立学习、小组合作学习、教师指导学习的不同方式。(3) 资源管理策略指如何对教学资源进行开发与组合。教师在此基础上编写教学方案，解决怎样教的问题。

教学评价是根据教学目标实施教学测验，判断学生在哪些方面实现了教学目标。对于没有实现的教学目标，可以采取补救、矫正措施，或者修改教学目标，降低教学内容的难度。教学评价主要判断教学效果问题。

“联结—认知”教学设计理论模型明确指出应进行三类教学策略的设计，并把重点放在教学组织策略上，而教学内容的组织和有关策略的制订必须充分考虑学生原有的认知结构和认知特点，这就与认知学习理论密切相关，同时该模型依然重视教学目标和教学环境，其心理学基础也包含行为主义联结学习理论。所以它被称为“联结—认知”教学设计理论模型。

三、以学为基础的教学设计理论模型

建构主义学习理论强调学生学习的主体性，不仅要求学生由外部刺激的被动接受者和知识的灌输对象转变为信息加工的主体、知识意义的主动建构者，而且要求教师要由知识的传授者、灌输者转变为学生主动建构意义的帮助者、促进者。在建构主义学习环境下，教师和学生的地位、作用和传统教学相比发生了实质性的变化。这就意味着教师应当采用新的教学设计理论模型，彻底摒弃以教师为中心、强调知识传授、把学生当作知识灌输对象的传统教学思想。建构主义的学习理论就成为以“学”为中心的教学设计的理论基础。

以“学”为中心的教学设计方法与步骤如下所述：

(1) 教学目标设计。对小学科学整门课程及各教学单元进行教学目标分析，以确定当前所学知识的“主题”，即与基本概念、基本原理、基本方法或基本过程有关的内容。这超越了纯粹的知识性目标，包含方法性目标、过程性目标、情感性目标。

(2) 情境问题设计。创设与学习主题相关的、尽可能真实的情境。科学学习总是与一定的社会文化背景及特定的“情境”相联系。在实际情境或通过多媒体创设的接近实际的情境下思考疑难问题，可以有效地激发联想，唤醒长期记忆中有关的知识、经验或表象，从而使学习者能利用自己原有认知结构中的有关知识与经验去寻求解决问题的方法。

(3) 信息资源设计。信息资源设计是指确定学习本主题所需信息资源的种类和各种资源在探究主题过程中所起的作用。对于应从何处获取有关的信息资源，如何去获取以及如何有效地利用这些资源等问题，如果学生确实有困难，教师应给予适当的帮助。信息资源可能来自学生生活经验、教科书、网络媒体和其他渠道。

(4) 自主学习设计。自主学习设计是整个以学为中心教学设计的核心内容。学生的自主学习虽然还需要教师的帮助，但是教师不再直接把结论告诉学生，也不再详细地告诉学生如何解决问题。在一个与学生密切相关的真实性事件或问题情境之中，学生个体或者小组独立去收集信息、观察、实验，在遇到困难的时候，请求教师的帮助。自主教学设计需要给学生提供较多的信息资源、独立学习活动的机会和时间。

以“学”为基础的教学设计具有如下特点：

(1) 强调以学生为中心，学生有时间和机会主动从事探究活动，能根据自身学习行为的反馈信息来形成对客观事物的认识和解决实际问题的方案；

(2) 强调“情境”对意义建构的重要作用，在情境中生成疑难问题，学生用自己原有认知结构和有关经验去思考疑难问题；

(3) 强调“合作学习”对意义建构的关键作用，学生们在教师的组织和引导下一起讨论和交流，共同建立起学习群体并成为其中的一员；

(4) 强调对学习环境的设计，学习环境是一个支持和促进学习的场所，学习意味着更多的主动与自由；

(5) 强调利用各种信息资源来支持“学”，对于信息资源应如何获取、从哪里获取，以及如何有效地加以利用等问题，则成为学生主动探索过程中迫切需要教师提供帮助的内容；

（6）强调学习过程的最终目的是完成意义建构，学习过程中的一切活动都要有利于完成和深化对所学知识的意义建构。

以上三个教学设计的理论模型都强调教学设计的五个基本要素：教学目标；教学内容；学生特征；教学策略；教学评价。第一，教学目标。教学设计应依据课程标准和教学内容，选择和确定具体的教学目标。小学科学教学的目标一般分为三个方面：科学概念、科学过程与方法以及科学情感与价值观。现在的教学越来越超越纯粹的知识性目标，重视科学探究的过程性目标和体验性的情感目标。第二，教学内容。教学设计需要考虑选择什么样的知识经验，并加以组合。教学内容与学生的生活世界有密切关系，是当下生活和未来可能生活中需要面对的问题，情境化的问题意识明显增强。第三，学生特征。学习者已有的知识经验、生活的环境以及学习的独特性都是教学设计需要考虑的重要因素，学习者之间的合作与交流也不可忽视。第四，教学策略。教学设计寻求最佳的教学程序和教学策略，对怎样才能达到教学目标进行创造性的决策，以解决怎样教和怎样才能实现教学效果的最优化的问题。第五，教学评价。教学设计用多维的发展性目标来评价学生在科学学习活动中的变化。不再仅仅强调终结性评价的甄别作用，而是更加重视形成性评价的作用。这五个基本要素从根本上规定了教学设计的基本框架。

第二节　小学科学教学设计程序与原则

一、小学科学教学设计的程序

美国心理学家加涅提出教学设计的基本步骤有十步，参见表9—1。

表9—1　　加涅提出的教学设计步骤

1. 分析和确定现实的需要	6. 设计教学环境
2. 确定教学的一般目标和特定目标	7. 教师在教学之前的准备
3. 设计诊断或评估的办法	8. 形成性评价及修改
4. 形成教学策略，选择教学媒体	9. 总结性评价
5. 开发和选择教学材料	10. 教学系统的建立

根据加涅的观点，结合我国小学科学教学实践，小学科学教学设计需要有以下基本步骤：

（1）分析学生的生活需要。无论是主张教育为生活做准备还是主张教育即生活，都表明教育与生活不可分离。因此教学设计需要分析学生生活的可能性，根据生活的需要确定学生的学习内容。

（2）理解小学生特点。小学生对科学的理解具有自身的特点，首先具有与教师不同的视角，教师更多地从课程标准和教材来理解科学，而小学生更多的是从自己的生活经验来理解科学。其次，小学生生活在不同的环境中，每个人的知识经验具有独特性。最后，小学生的学习方式具有差异性，多元智能理论揭示了学习上的某些差异。

（3）确定教学目标。小学科学课程标准确定了课程的总目标和分目标，但是这些目标在教学活动中还需要分解为更为具体的行为目标。“养成认真细致、坚持观察的科学态度。”“培养亲近大自然、热爱大自然的意识，发展对周围事物的好奇心。”这样的话语作为小学科学教学的总目标是合理的，但是对于课时教学设计而言尚需要细化。

（4）设计测验项目。学生学习科学的目标需要用一定的测验项目来检验。只关注知识记忆的测验需要改进，而不是否定。事实上，知识、方法、态度和价值观具有可测性。教学设计者不可忽视测验项目的研制。

（5）建构教学策略。激发、维持和满足小学生的好奇心、实现多维的教学目标，需要教师采取适宜的教学策略。设置科学疑难问题情境、激发学生思维、呈现教学材料、提问学生都需要灵活的教学思维和教学技巧。教学设计不可忽视教学中的这些细节。

（6）开发教学资源。教学不能满足于教材、习题，虽然课本和练习题、测验题有特定的价值，但是教学资源远不止这些文字性的内容。校园内的科学教学资源、学生经验中获得的科学教学资源、大自然和社区中的科学教学资源都需要教师去开发，为教学服务。

（7）创设教学环境。教室、学校都应该是精心创设的教学环境，学生座位的选择、排列方式，教室、实验室里的环境设置需要体现科学的特点，科学家的画像和名言可以激励学生，但是还需要有具体的丰富的内容。教学环境还包括校园内的生物园、气象站、图书馆等场地。校园外也可以说是广义的教学环境。

（8）做好教学准备。这里的教学准备主要是教学材料方面的准备，也包括上课之前把实验做一遍。材料的准备包括检查材料的种类是否齐全、数量是否够

用，是否需要备用的材料，是否有代用的材料，材料的安全性和实验的安全性问题也需要考虑。

(9) 预设教学步骤。学期教学和单元教学的设计需要有教学时间安排表，课时教学设计则要对一个课时的时间有个基本的安排。教学过程有动态生成性，也有计划性。教学的安排应该有节奏性，一个时间段师生应该做什么，以怎样的方式做，可能出现什么问题，如何解决突发性的事件，都需要未雨绸缪。

(10) 筹划后续活动。后续活动包括两个方面，一是与教学活动内容相关的后续探究活动，如上完种子的课后，可以有拓展性探究活动内容，要求学生在课外完成："种子成熟后，不散播到远处，都掉落在植物近旁，会出现怎样的情况?"二是对课堂教学效果的测验检查，如果学生对学习内容没有很好地掌握，则需要采取补救或矫正措施。

二、小学科学教学设计的原则

在对小学科学教学设计的程序有了初步的认识之后，现在进一步思考教学设计的原则，它是教学设计的基本要求。这需要教学设计者有合理的科学教育理念。小学科学教学设计的原则有五条：人文化原则、互动性原则、探究性原则、文化性原则和操作性原则。

(一) 人文化原则

小学科学教学是培养人的活动。要实现培养人的终极目的，教学设计需要从学生的生活需要出发，关注他们的学习特点，让教学指向他们的身心发展，这些都是人文化的具体表现。教学设计者需要从一定的哲学高度审视生活的需要，理解当下现实生活与未来可能生活的发展关系，不能为了未来而牺牲现在的生活，也不能不顾未来而沉溺于当下的生活。学生在学习科学时会遇到问题，会感到困惑，会表现出人性的弱点，如偷懒、造假等不良行为，教师需要正视这些问题，但是不应该责骂、侮辱甚至体罚学生。有的学生侧重于动手，有的侧重于动脑；有的喜欢独立探究，有的喜欢听教师讲解，有的对问题反应敏捷，有的长于沉思……面对学生的学习差异，教师要理解、宽容、耐心、鼓励。科学探究物质世界的奥秘，但是科学教学活动中需要人性化的关照。人性化的科学教学是学生身心健康发展的基础。为此，教学设计需要以人性的标准去审视教学的一切过程与一切方面。

(二) 互动性原则

小学科学教学是师生之间的交互活动，教学设计需要重视师生之间的互动行为。互动体现在：理解教师、学生之间在教学地位、科学素养、思维方式等层面的差异；理解学生之间在学习动机、学习策略、学习心态上的差异。差异不是教学的阻碍因素，而是科学教学的重要资源。差异带来多样，带来丰富多彩，有差异才需要互动，才可能互动。可以说，差异使教学活动成为可能。此外，互动还体现在学生之间的合作交流之中，科学探究有时需要独立思考、独立体验，但是更多的时候还是需要小组分工合作，小组内部以及小组之间都需要交流。师生互动是教学设计中的一条主要线索。

（三）探究性原则

探究是科学教学中的主旋律，教学设计需要多方面地展现科学的探究特征。具体地说，要设置疑难情境，疑难问题导致认知冲突，激发探究的冲动和欲望，急中生智这一成语就反映了思维、智慧来自危急的情境之中。教学设计要设置条件和步骤，促进学生在疑难情境中生成智慧和发展批判思维、创新思维。我国现在缺少的不完全是科学的技术，而是科学的文化。

（四）文化性原则

小学科学教学设计需要体现科学的文化特点。在课程标准中提到的尊重证据、欣赏自然、珍爱生命等都是科学文化的典型表现。可以不同意对方的科学结论，但是要尊重对方的意见。在尊重对方的同时，还应该有勇气提出不同的见解。在探究自然界时，理解人与自然和谐相处的重要性。这些内容应该体现在教学目标、教学内容、教学策略等方面的设计之中。

（五）操作性原则

科学教学的理念和教学目标需要通过具体的教学程序和教学策略加以落实，教学设计的程序和策略应该具有操作性。教学设计的可操作性具有三方面的含义，一是能够指导教学活动，目标明确，思路清晰，步骤清楚；二是教学中给学生提出的要求准确无误，学生能够理解；三是能够让同行理解。教学设计一般情况下是给自己看的，有的语言可以省略，有时还可以用一定的符号指代某些活动，但是如果将教学设计用来交流，则需要修改某些话语。此外，教学设计的可操作性还体现在教学测验和教学评价之中，教学的目标需要有具体的行为加以反映。

以上五条原则具有内在的联系。人文化原则反映了教学设计以人为本的教育理念，互动性原则表明了科学教学中人与人之间的交往和合作，探究性原则反映了科学教学的建构特征，文化性原则显示出科学的文化属性和科学的精神气质，操作性原则折射了科学教学的程序性与策略性。

第三节　小学科学教学设计类型

小学科学教学设计从设计内容的范围及时间长度看，可以划分为学期教学设计、单元教学设计和课时教学设计。

一、学期教学设计

小学科学学期教学设计是对一个学期的科学教学活动进行的设计。小学科学课程从三年级开始开设，共计四年八个学期。学期教学设计的内容包括：

（1）学生现有知识经验的分析。教师了解学生已学习过的科学知识，学生在新学期学习新内容之前所具备的相关经验，这些已有的知识经验可能会对学习新内容产生积极影响或负面影响。

（2）班级情况分析。学生班级的学风、班风以及所在学校的校风，学生群体的学习兴趣、习惯、能力等，学生所在的居住环境（乡村、城镇、郊区），社区氛围都是教学设计需要考虑到的因素。

（3）教学目标分析。根据课程标准设计教学目标，应该以学生的学习目标为重心，学习目标即学生应该在科学内容上达到的基本要求。学生的学习目标应有一定的概括性，不必展开为各单元教学目标的总和。但是有的教师制定的学期教学目标是以教师的教学为重心，目标表述的是教师的教学工作目标。

（4）教材内容分析。要分析教材版本的主要特点和结构，理清教材单元之间的相互关系，把握教材中的重点难点。此外，还应该写明选用的教材版本，主编人、出版单位和出版时间。

（5）教学措施制定。在教学中师生会遇到的问题、困惑，教材中有重点和难点，教师要分析原因，在教学上要采取针对性强的措施。

（6）教学进度安排。写明各单元的教学时数，以及复习、期末考试、课外活动等时间安排，各教学单元的注意事项，学生需要做的准备工作。

学期教学设计不仅是教师开展教学工作的蓝本，也是学生学习的参考资料，因此，学期教学设计不能仅仅满足于让检查人员阅读，更应该在学期初分发给所教的学生，让学生理解本学期的学习目标、难点重点以及需要做的准备工作。

二、单元教学设计

（一）教学单元与单元教学设计

现在的小学科学教科书每册划分为数个教学单元，参见表 9—2。每一个教学单元需要数个课时的教学时间。一个教学单元往往有一个探究的主题，单元内容围绕这一主题而设计。主题单元设置了一个小学生生活化的整体性学习情境，便于学生完整地理解学习内容，培养学生综合思考问题的能力，同时避免教学情境、内容、形式的频繁变换，还可以有利于教师整体把握教材。

表 9—2 小学科学单元划分表

三年级		四年级	
上册	下册	上册	下册
植物	植物的生长变化	溶解	电
动物	动物的生命周期	声音	新的生命
我们周围的材料	温度与水的变化	天气	食物
水和空气	磁铁	我们的身体	岩石和矿物
五年级		六年级	
上册	下册	上册	下册
生物与环境	沉和浮	工具与机械	微小世界
光	热	形状与结构	物质的变化
地球表面及其变化	时间的测量	能量	宇宙
运动和力	地球的运动	生物的多样性	环境和我们

单元教学设计主要包括整合教材内容、确立学习主题、设置学习目标、学习者的学习特点与已有的知识经验结构、设计学习方式方法等。教师在进行单元教学设计时，要做到：

（1）通盘规划教学的目标、内容、教学过程以及评估标准，理解单元的内在结构，包括内容上的相互连接以及时间上的序列连接；

（2）按单元教学的整体目标要求，设定三维教学目标的具体内容；

（3）设计系列化的教学活动，达到全方位地培养学生发现问题、提出假设、查找资料、合作学习、交流表达的探究能力；

（4）根据单元内容的不同特点，设计不同类型的主题教学，使“主题”各有特色；

（5）要处理好单元主题教学的相对独立性和主题之间的相互联系。

(二) 单元教学设计案例

"水"单元教学设计①

《水》单元教学应该达到的目标:

第一，科学能力与方法。在对水进行观察的过程中，学生能够知道使用工具比感官更有效，能利用教师提供的材料，提出探究活动的思路，能利用感官和简单的工具器材，通过观察、对比等方法收集并整理关于水的事实，并做简单记录，能够利用简单表格整理自己的发现，能用语言、文字、符号、图画等自己擅长的方法进行表述和交流。

第二，科学情感态度与价值观。在观察、研究的各种活动中，学生能够注重事实、留心观察、尊重他人意见，敢于提出不同见解，乐于合作与交流。同时，通过对水的观察，意识到珍惜和保护水资源的重要性。

第三，科学知识。了解水的基本物理性质，懂得液体的含义，认识生活中常见的液体，能够用多种方法区分各种液体并比较液体的多少。

本单元以水为主题，并将其作为认识的材料，运用多种感官和方法去认识水，着眼于学生观察能力和简单记录能力的培养。从教学内容上看，一方面，水作为物质世界的重要组成部分，有着认识的必要性和可能性；另一方面，对于我们这个水资源还比较匮乏的国家来说，"保护水资源"、"节约用水"是国家的一项基本国策，借助对水的认识，提高学生保护水资源、节约用水的意识很有必要。这一单元有以下三部分的内容:

一、一杯水的观察

引导学生观察水的物理性质。通过对水的观察，使学生了解水在颜色、气味、味道、形状及其他方面的特点，并能交流自己的观察结果。

教学活动从问题开始:"对这样的一杯很熟悉的水，我们能观察到什么呢?"学生经历"用感官观察水"、"用比较的方法观察水"、"水是什么形状"和"水的其他特征"四项活动，利用自己的感官(眼、耳、鼻、舌、手)来观察认识水；通过与其他的物质进行比较，对水进行更深层次的了解；通过描述杯子、瓶子、水盆里水的形状，观察水的流动性，发现水平面来认识水在形状及其他方面的特点。

---

① "水"单元教学设计者为熊俊芬、朱映晖、王芩，选编时略有改动。参见中央教育科学研究所承办的"科学教育师训计划"研究成果栏目，见 http://www.edunews.net.cn/sciedu/kjproductkjproduct/20060731yj/cg104305.html。

每一活动都经历了从提出问题或观察任务到制定观察计划再到对事物进行观察、交流观察结果的过程。在活动中，交流被突出和强化，并借助交流活动使全体学生认识、观察、分辨水，以及了解水是一种什么样的物体。

教学重点是学生能否运用多种方法和手段对水进行观察，得到对水的较全面的认识。在组织学生对观察内容进行交流的过程中，对于三年级的大部分学生来说，清晰、完整地表达观察到的事实是有困难的。一方面，教师要鼓励学生畅所欲言，交流各自的想法；另一方面，教师还可以为学生提供各种结构和组织很清晰的材料，引导学生去利用这些材料，从而获得更多的认识。

解决教学难点时，学生利用简单的表格对自己所观察到的事实进行简要记录，并借此来完成交流活动的内容。

学生从问题出发，经历从制定计划到观察事物直至交流表达观察结果的过程，就是学习科学方法的过程。学生还可以对自然水域中受到污染的水进行调查、观察和比较，提高观察能力和思考能力。

二、各种各样的液体

让学生懂得液体的含义，认识生活中常见的液体。

教材通过“沙与水的比较”、“油与水的比较”和“认识常见的液体”三个活动帮助学生掌握相关知识内容。

学生观察和比较一杯沙和一杯水，以及沙平面和水平面在倾斜时的不同，区分液体和固体；引导学生比较油与水流动方面的异同，强化对液体概念的认识。在此基础上，指导学生认识生活中常见的液体，并综合运用所学知识来识别、判断各种不同的液体。这一部分的教学以“比较”为核心，在对液体概念认识的基础上，学生在比较中学习认识事物的科学方法。

这部分的教学重点是学生运用观察的手段来比较和认识水、沙和油的异同，以巩固对液体概念的认识。学生运用感官辨别各种液体，对学生来说有一定难度。

三、比较水的多少

指导学生使用简单的仪器测量水的体积。

在小学科学课程标准中有这样的描述：“会使用简单仪器测量物体的常见特征，能设计简单的二维表格，做简单的记录，并能使用适当的单位。在此经验基础上，对其他物体进行估量”。“比较水的多少”就是按照这一标准来组织教学内容的。教学活动从争论三个大小、形状都不同而且装水量也不同的瓶子“哪个瓶子里的水多，哪个瓶子里的水少”入手，引导学生经历假设（猜想）、制定证实方案、运用各种材料进行验证比较、搜集整理事实、思考加工、得出结论、交流

探究成果的全过程。而量筒的使用，也使学生学会利用工具精确地比较水的体积。

教学重点是利用教师提供的材料自主设计实验验证方案。如何节约用水是教学重点。通过统计自己一天的用水量，来推算自己班级所有同学的日用水量、学校全体学生的日用水量，进而引导学生讨论：每人节约一杯水（250 毫升），全校学生一天节约下来的水可以供多少人使用等等。

以往《自然》教学活动以某一知识点的传授为中心组织教学、内容相对独立、活动持续时间集中在一两节课内，《科学》教学活动以某一主题内容来组织单元教学，从学生感兴趣的问题出发，持续两周左右的时间，从提出问题到表达与交流探究成果，使学生经历一个相对完整的探究过程（参见图 9—3）。

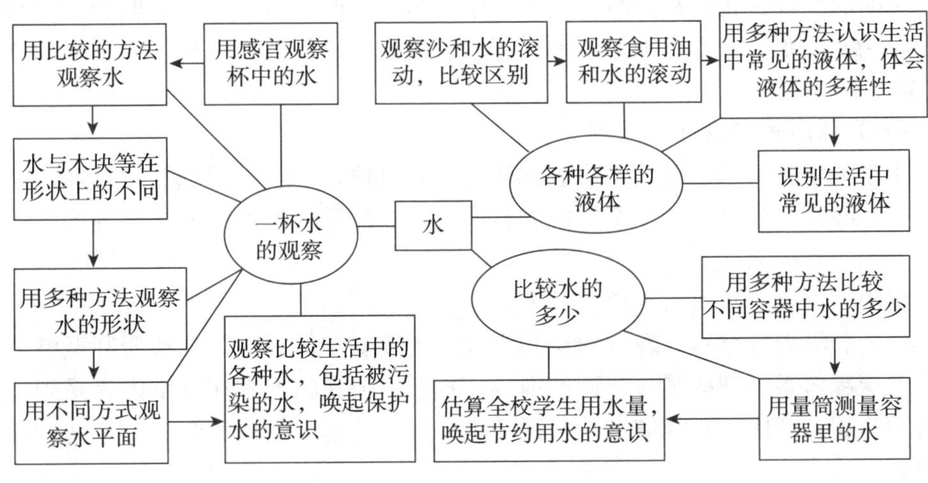

图 9—3　“水”单元教学设计

上述单元教学设计用不同的表述形式对单元教学进行了设计。对教学目标进行分析，对三项活动有初步的安排，分析了重点和难点，指出了科学中的单元教学与以往自然中的知识教学的本质区别，用图表的形式整合了单元内各项活动的相互关系，使单元教学具有严谨的结构性。此外，还结合生活中水的问题，要求学生观察污染了的水，并提出培养节约用水的行为习惯。但是对学习者在关于“水”的方面究竟具有哪些知识经验还缺乏应有的分析。

奥苏伯尔曾经说过：“如果我不得不将教育心理学还原为一条原理的话，我将会说，影响学习的最重要因素是学生已经知道了什么，根据学生原有知识状况进行教学”。皮亚杰的认知发展理论认为，人的知识在脑中是呈网状的，教学必须建立在学生已有知识的基础上。单元教学设计不能忽视小学生已有的经验。小学生在生活世界里已经积累了一定的关于生命的观念，他们原有的认识是前科学观念，可能是错误的，但是对科学学习仍然有不可忽视的影响。“大部分的正规教学在传授科学理论时从不考虑学生自发的理解。当科学理论的原则与学生的自发理论冲突时，或对世界的描述与学生的个人经验不符时，它们将被学生彻底地拒绝。”① 小学生的心理发展水平、认知风格、非认知情感因素等都需要设计者广泛调查，并进入教学设计者的视野里。

三、课时教学设计

课时教学设计指把单元教学内容分解为数个课时，每个课时一般为 45 分钟，以课时为时间单位来设计教学活动。课时教学设计以往被称为教学方案，简称为“教案”。

（一）课时教学设计的内容

小学科学课时教学设计的内容比较详细和具体，一般包括如下的内容：

（1）教学主题名称。一个课时的教学主题名称反映出教学的主要内容，很多教师习惯于直接采用教材上的主题名称，其实有时还是可以根据教学的实际情况，提出一个更有吸引力、更能反映教学内容的名称。

（2）教学内容结构。教学内容的设计首先要有整体观念，从整册甚至整个小学科学课程体系来理解某一节课的内容，理解一节课的内容在科学内容系列上的位置和作用。其次，要能够把一节课的内容加以分解，并理解各部分之间的结构性关系。

（3）学生学习基础。学生学习科学之前多少有一些感性的经验，如果对某些概念完全没有感性基础，那么在教学设计中应该创设条件，让学生获得相应的感性经验。就性别而言，男生在探究自然界方面获得感性经验相对多一些。城市与乡村学生获得的感性经验差异很大。一些城市学生可能没有看见过水稻，而一些乡村学生可能没有接触过电脑。家庭环境不同，学生的前科学知识经验也有很大的差异。

（4）教学行为目标。教学目标编制要把握四个基本的要素：行为主体、行为动词、行为条件和表现程度。行为主体应是学生；行为动词应尽可能是可理解的、可观察的。此外，必要时要附上产生行为的条件。下面是教学目标设计的几

① 王磊等编译：《科学学习心理学》，20 页，海口，海南出版社，2000。

个实例：

科学探究方面的教学目标：学生能够用感官判断物体的特征，如大小、程度、轻重、形状、颜色、冷热等。情感态度与价值观方面的教学目标：愿意把自己描述物体位置的方法告诉其他同学，并愿意倾听别人描述物体位置的方法。科学知识方面的教学目标：在认识材料的活动中，知道某些常见材料的一般特性和常见用途。

（5）教学重点难点。重点应该是科学教学过程中的关键点，对学生把握特定的科学内容起着重要的作用。以往所理解的重点很可能是会在考试中涉及的内容，是以考试中出现的概率为标准。难点是指因为学生知识经验或教学条件因素的限制而难以理解、认识、体验的内容。难点与重点有时是相同的内容，有时也可能是不同的内容。重点对所有的学生而言是一致的，而难点可能因人而异。

（6）师生教学准备。教学准备应该包括教师与学生双方的准备。在实际的教学活动中，有时很需要学生做一些适当的学习准备。不过，在一些书面的教学设计材料中，教学准备似乎就是教师准备一些仪器、材料，事先尝试做一遍实验。这是狭义的教学准备，广义的教学准备包括教学活动展开之前的直接准备和间接准备。

（7）教学过程的步骤。教学往往是一个探究的过程，从疑难情境中发现并确认问题，提出假设，收集资料或观察验证，小组交流讨论，得出科学结论，这是一个有节奏的活动过程。教师如何提问、如何向学生提出明确的行为指令要求，都需要在教学设计中加以充分的思考和预测。

（8）教学后的反思。在"以探究为核心"的课堂教学中都会出现一些教师始料未及的情况，教师必须另做灵活性处理。这些意外发生的事件以及教师急中生智的处理方式，都是非常宝贵的教学资源，值得教师在课后反思，并写出相关的文字材料。此外，还有些教学情况事先有预测，不管被证实还是证伪，都值得记录下来并加以反思。

（二）课时教学设计案例

"把种子播到远处"教学设计

（一）教学目标

A. 科学概念

1. 理解植物传播种子有不同的方式，这些多样化的传播方式都是为了能将种子散播得更广更远，以利于繁殖后代。

2. 理解种子、果实的外部形态和结构与种子传播方式之间的联系。

B. 过程与方法

1. 在回忆生活经验、实物观察的基础上就种子的传播方式提出假设。

2. 利用测量、实验等方式寻找证据验证假设。

C. 情感态度与价值观

1. 有探究植物种子传播方式的兴趣。

2. 培养亲近大自然、热爱大自然的意识，发展对周围事物的好奇心。

（二）教学重点：观察种子传播的方式

（三）教学难点：种子和果实的外部形态、结构与种子传播方式之间的联系

（四）教学准备

演示：椰果，水槽

分组：油菜、鬼针草、蒲公英、西红柿的果实和种子

（五）教学过程

A. 引入

回忆：在种植凤仙花的过程中，你发现凤仙花果实成熟后，种子是怎样传播出去的？

B. 探究过程

1. 观察油菜散播种子的方式（分组观察）。

（1）观察成熟的油菜果荚。外壳有什么特点？

（2）轻捏油菜果荚，你发现了什么？与凤仙花比较，推测一下：你觉得油菜的种子是怎样散播到远处的？

（3）油菜种子的结构特点：质量轻。

（4）油菜果荚的结构特点：干裂。

2. 其他植物散播种子的方式。

（1）鬼针草种子的传播。回忆：上山时裤脚经常会粘上什么？这些物种结构上有什么特点？

（2）西红柿种子的传播。

a. 学生观察发放的西红柿。

b. 推测传播方法。

c. 讨论交流。

d. 类似的植物。

（3）观察随风飞行的蒲公英种子。

a. 用放大镜仔细观察蒲公英的种子，你有什么发现？

b. 推测一下蒲公英是怎么散播种子的？

c. 设计实验验证你的推测。

d. 分组设计记录表，测量蒲公英种子的飞行距离。

e. 汇报测量结果，得出结论。

f. 还有哪些植物果实和种子的散播方式和蒲公英相似？

（4）教师演示：在水中漂浮的椰果。

3. 你还知道哪些植物散播种子的方式？

4. 阅读教材。

（六）总结：水流传播、弹射传播、风力传播、动物传播

（七）拓展研究

种子成熟后，不散播到远处，都掉落在植物近旁，会出现怎样的情况？

（八）布置课外活动作业：收集有关植物散播种子的资料

上述课时教学设计从回忆凤仙花种子的传播方式开始，学生进而观察油菜、鬼针草、西红柿、蒲公英及椰果等植物种子的传播方式，提出自己的假设并加以验证，探究的方法具有可行性，小学生在探究活动中掌握种子传播的四种方式。但是这一设计也存在一些值得反思的地方，一是对学生的学习特征缺少分析，学生在学习种子的传播之前有哪些知识经验，可能存在哪些问题，尽管设计者提到了教学难点，但是对究竟难在哪里，缺少必要的分析。观察油菜、鬼针草、西红柿、蒲公英及椰果等植物种子的传播，到底是采用什么样的观察方式，现场观察、观看录像还是展示画片，教学设计中也没有明确提到。另外，所有的问题都是教师预设的，没有预测学生可能提出的问题。也许这些问题教师能够在课堂上及时解决，但是如果没有从学生的角度考虑问题，那么探究就不再是学生的探究，而是教师自己想象中的探究。

本章小结

教学设计是把教学理念与教学内容、教学条件结合起来规划教学活动的具体化过程，教学设计一词具有专业化的意味。小学科学教学设计在国外有一些理论模型，以行为主义、认知主义和建构主义理论为基础的教学设计模型有一些共同要素，包括教学目标、学习者特征、教学内容、教学策略和教学评价。加涅探讨了教学设计的程序问题，他的观点有很大的参考作用。教学设计往往以科学教育理念为基础，教学设计的原则在一定程度上反映出了设计者的理念。人文性、互动性、探究性、文化性、操作性是教学设计的基本原则。教学设计从时间范围分，可以分为学期教学设计、单元教学设计和课时教学设计。教学设计应该重视

对学生前科学概念的了解，并以科学学习心理学为基础，使科学教学显示出学生探究的本质特征。

阅读·思考·交流

1. 阅读下面的资料，思考教学设计的定义，交流你的看法。

什么是教学设计？归纳起来大致有如下一些说法：

一是“计划”说。把教学设计界定为是用系统的方法分析教学问题，研究解决问题的途径，评价教学结果的计划过程或系统规划。美国学者肯普认为：“教学设计是运用系统方法分析研究教学过程中相互联系的各部分的问题和需求，在连续模式中确立解决它们的方法步骤，然后评价教学成果的系统计划过程”。

二是“方法”说。把教学设计看作是一种“研究教学系统、教学过程和制定教学计划的系统方法”。而这种方法与过去的教学计划不同，其区别就在于“现在说的教学设计有明确的教学目标，着眼于激发、促进、辅助学生的学习，并以帮助每个学生的学习为目的”。

三是“技术”说。鲍嵘在《教学设计理性及其限制》一文中认为，教学设计是一种“旨在促进教学活动程序化、精确化和合理化的现代教学技术”。

四是“方案”说。认为“教学设计是运用系统方法分析教学问题和确定教学目标，建立解决方案、评价试行结果和对方案进行修改的过程”。这种观点在我国有较大的影响面，代表人物是乌美娜。

五是“操作程序”说。认为“教学设计就是运用系统方法和步骤，对教学结果作出评价的一种计划过程与操作程序”。

2. 阅读下面的资料，分析教学目标表述上存在的问题并加以修改，交流对教学目标的修改结果。

“新的生命”单元教学设计

（一）教材分析

教科版小学科学四年级下册“新的生命”单元主要围绕植物的“新生命”诞生来指导学生认识新生命产生的相应器官及相对较长的、微细的新生命生长变化过程，从中知道新生命与环境之间的关系，繁殖是生命的共同特征，繁殖是本单元的核心概念。

本单元包括两部分：第1～5课是第一部分，帮助学生认识开花植物的繁殖方式。这部分的学习是从引导学生观察一株油菜花开始，即“油菜花开了”，从对一种花的观察，发展到对“各种各样的花”的观察，在观察中也许学生会提出一个问题：颜色、形状、大小、构造千差万别，人们是根据什么把它们统称为花的呢？于是就产生“花、果实和种子”一课，随着活动的展开，探究重点便转移到了果实和种子上了。如果种子都落在旁边会出现怎样的情况呢？活动自然推进到“把种子散播到远处”，那么一粒种子在自然环境下又是怎样生长的呢？学生势必进入“萌发的种子”的研究课题，植物是这样，动物呢？第 6～7 课是第二部分，帮助学生认识动物的繁殖方式。通过认识动物的卵、卵的孵化过程及哺乳动物的繁殖方式，帮助学生建立“繁殖也是动物的共同特征，不同的动物有不同的繁殖方式”的科学概念。

（二）单元教学目标

A. 科学概念

繁殖是生物的基本特征。动物和植物都需要通过繁殖延续物种。

B. 过程与方法

a. 用解剖的方法观察花和种子的内部构造。

b. 用适当的形式记录花的变化过程和果实的生长过程。

c. 按一定顺序对雄蕊、雌蕊进行观察。

d. 持续观察种子发芽的变化过程。

e. 观察卵的构造和动物卵的孵化过程。

C. 情感态度与价值观

a. 保持探究新生命产生的好奇心。

b. 养成认真细致、坚持观察的科学态度。

c. 认识到自然界的生命是生生不息的，繁殖对于每个物种的延续都至关重要。

3. 阅读下面的资料，设计“观察手”这一课的教学活动程序，并与同学交流。

“观察手”教学设计

“我的手”是三年级上册“我们自己”这个单元中的一课。在“观察我们的身体”及“我们在生长”等整体观察活动的基础上，本课开始从整体到局部的深入观察。教学内容主要包括讨论手的用途，体验手的灵活性主要与手的结构及手指关节处皮肤上的褶皱有关，认识手的感觉方面的功能，训练学生手的感觉等几个活动。教材的设计意图旨在通过引导孩子亲历观察探究活动，激发他们对平时司空见惯的自己的身体产生认识研究的兴趣，产生珍爱生命，珍惜健康的意识。

学生在学习“我们自己”这一单元之前，通过观察植物、动物，已掌握了一些简单的观察方法，如看、摸、闻等方法。但观察的内容基本还是物体外在的比较显而易见的特点，而且根据课堂的情况来看，大部分学生对于观察静止的物体兴趣不是很高。"我的手"这一课不仅只是让学生观察手的外形，还让学生推测手这样灵活与什么有关，观察活动不再只停留于物体的外在形态，已由表及里与学生的思维训练活动紧密地结合起来了。基于上述原因，我在设计这一堂课时，就主要从孩子爱玩的特点出发，通过"剪刀、石头、布"的游戏活动先激发起孩子探究的兴趣，再引导孩子观察自己的手的结构，最后让他们自主地选择多种方法以体验手的灵活性与什么有关。

4. 阅读下面的资料，调查某一个小学生在学习磁铁单元之前已经具有的相关知识经验。

"磁铁的磁性"是教科版小学科学三年级下册"磁铁"单元的第一课，教学内容由"磁铁的名称"、"磁铁的磁性"、"磁铁各部分磁性强弱不同"三部分组成。"磁铁的名称"这个活动主要由教师简单介绍各种磁铁的名称。"磁铁的磁性"安排了两个层次的活动。第一层通过猜测并动手实验，感知磁铁能吸哪些物体；第二层是讨论交流和概括，能被磁铁吸的物体是什么材料做的？得出"能吸铁一类物质的性质叫磁性"，帮助学生建立"磁性"这一科学概念。"磁铁各部分磁性强弱不同"是学生在学习了磁铁的磁性后产生的新问题，鼓励学生用多种方法探究磁铁各部分的磁性强弱，并形成表述：磁铁各部分的磁性强弱不一样。通过引导由学生设计实验并加以探究，再次形成表述：磁铁的两端磁性最强，中间磁性最弱，几乎没有磁性。

5. 阅读下面的资料，思考教师所采取的教学措施，哪些是具体的，有较强的针对性；哪些比较空泛，请加以修正和补充。

小学科学三年级第一学期教学设计中的教学措施

(1) 首先加强教师自身的科学教学基本功的训练。平时要充分利用空闲时间，认真学习科学课程标准、科学教材，认真钻研科学教法学法，尽快成为一名合格的科学教师。

(2) 结合所教班级、所教学生的具体情况，尽可能在课堂上创设一个民主、和谐、开放的教学氛围。以学生为课堂教学的主体，设计符合学生年龄特征的教学法进行课堂教学，采取一切手段调动学生学习科学的积极性和兴趣。

(3) 充分利用学校的科学实验室，尽可能去科学实验室上课，做到"精讲多练"，多通过实验引导学生自己发现问题，解决问题，得到收获。

(4) 注重学生课外的拓展研究，不应只停留在课堂教学内，要将学生带出教室，到大自然中去，到社会中去，将科学课的学习从课堂延伸扩展到课外活动课程，扩展到家庭和社会。

第十章

小学科学教学案例

内容提示与思考

◎ 教学案例具有哪些基本的特征?
◎ 美国小学科学教学有何特点与启示?
◎ 英国小学科学教学有何特点与启示?
◎ 日本小学科学教学有何特点与启示?
◎ 我国香港小学科学教学有何特点与启示?

教学案例是对特定教学内容和教学过程的具体描述，是教学情境中一个相对比较完整的片段。在这个教学情境中，包含着一个或多个疑难问题，同时也可能包含解决这些问题的方法。具体地说，一个教学案例应该具有如下的特征：第一，具有真实性。它来源于真实的教学实践活动，不是从抽象的、概括化的理论中演绎出来的虚拟材料。第二，具有完整性。它要反映出教学事件发生的整个过程，有具体的细节和引人入胜的情节。第三，具有疑难性。它内隐着一些值得思考的问题。如，反映出教学事件中人物的内心世界（态度、动机、认知、兴趣、情感等）的冲突。第四，具有选择性。它在同类教学事件中有典型代表意义，因此需要从大量的教学事件中加以全面的判断，才能选择出教学案例。第五，具有主题性，它必须至少有一个中心论题，案例材料内隐的问题不应远离主题。

教学案例是活生生的教学事实，在与教学理论相对的意义上，教学案例反映的是教学实践活动，它意味着真实的教学情境。但是同时教学案例也是教学理论的载体，是看得见的教学理论。一个好的教学案例既包含着教学活动中存在的客观事实，同时也内含着丰富的教育理论与研究信息。[①] 在某种意义上，教学案例是连接教学实践活动与教学理论体系的桥梁，教学实践、教学案例与教学理论构成了教育的“三位一体”。美国、英国、日本及我国香港地区的小学科学教学案例呈现出小学科学教学方式的多样性，为从事小学科学教学的教师提供了直观的经验，也为深刻理解新的科学教学理念提供了鲜活的事实材料。

第一节　美国小学科学教学案例

一、美国小学科学教学思想

在科学教学改革方面，美国教育界近些年来一直强调科学探究的重要性。“但是，探究对很多学校和老师来说还是进行科学教育的新方法。探究之所以显得新，其原因在于许多学校已经习惯于依赖教科书，把它作为向学生传播知识的主要工具。虽然教科书可能包括科学课程的基本知识，但它们往往过分强调词汇和事实。由于老师对学生是否‘掌握了它的全部知识’过于看重，他们常常要求学生记住这些单词和事实。经验表明：记忆单词和事实不仅忽略了科学的最重要部分，而且也似乎使年轻的求知者感到厌倦，感到这些知识似乎与他们毫无联系。”[②] 可见，即使在美国，尽管多年来一直提倡探究教学，但是真正实施探究教学还不是一件很容易做到的事情。美国《国家科学教育标准》提出科学教师要为学生制订一个以探究为基础的科学大纲，但是探究教学并不被认为是唯一的教学方法。教师们被鼓励运用不同的策略设法使学生们学习科学。美国教育对科学探究的理解体现在如下方面[③]：

科学探究指的是科学家们用以研究自然界并基于此种研究获得的证据提出种种解释的不同途径。科学探究也指学生们用以获取知识、领悟科学的概念、领悟

---

① 参见白建军：《案例与学术研究》，见文池主编：《在北大听讲座》，第七辑，100页，北京，新世界出版社，2002。

② ［美］国家科学资源中心、国家科学院史密森协会：《面向全体儿童的科学——改进小学科学教育的指南》，4页。

③ 参见美国国家理事会编著：《国家科学教育标准》，30页。

科学家们研究自然界所用的方法而进行的活动。

探究是一种多侧面的活动，需要做观察；需要提出问题；需要查阅书刊及其他信息资源以便弄清楚什么是为人所知的；需要设计调研的方案；需要根据实验证据来检验已经为人所知的东西；需要运用各种手段去搜集、分析和解读数据；需要提出答案、解释和预测；需要把研究结果告知于人。探究需要明确假设，需要运用判断思维和逻辑思维，需要考虑可能的其他解释。学生们在学习探知自然界的科学方法时将会参与科学探究活动中的某些方面的工作，但是学生们也应该培养自己从事完整的探究活动的能力。

美国科学教育界认为，“以探究为中心的科学”具有如下优点：

（1）学生积极地参与实验。皮亚杰认为，亲身投入是智力发展的关键，而对小学的孩子们来说，这包括直接操纵物质对象。学习科学是学生要做的事，而不是为他们做好了的事。在探究活动中，学生要认真思考，发展推理技能，提高解决问题的能力。

（2）把现实世界带入教室和学生的生活。单纯的传承学习模式局限于课堂和书本，现实世界的丰富多彩被有形或无形的围墙阻挡在学生的视野之外，学生的学习活动发生在学校的“桃花源”中。探究活动通过探究生活世界中的真实问题而融合了书本与现实、理论与实践之间的视界。

（3）促进团队工作精神和合作能力的提高。在探究活动中，学生们学会合作，有机会从他人那里学到知识，同时合作也是有效解决问题的根本。合作不仅在学校里很重要，在以后的工作中也很重要。

（4）可以适应学生的不同学习方式。探究活动包括多种学习方式，有的通过语言学习，有的通过数学推理学习，有的通过视觉艺术学习。那些通过读或听不能十分有效学习的学生，在探究中可以通过其他的学习方式而有机会取得成功。

（5）鼓励学生在多个领域学习。探究活动是科学与其他学科联系的桥梁。学生用文字记录观察的结果，而书写是发展语言技巧的有效方法，这样科学与语言建立了联系。另一个学生用画画的方法来描述他的发现，这样科学与艺术建立了联系。还有的学生用图表的方法去展示自己的发现，科学与数学就产生了密切的关系。在探究中，学生学习的不仅是科学，也包括语言、艺术、数学等学科。

（6）学生在他们的活动中掌握了新概念和技能。由于学生的积极参与，对问题带有强烈的兴趣和情感体验，对探究中的发现有一种亲身的体验，所以获得的新概念会更深刻，形成的技能会更牢固。

美国从20世纪60年代开始，大力倡导合作学习。优秀教师所设计出的许多学习活动都是要求小组成员间的集体合作，这种合作是科学探究的基本要求。小组合作探究学习是普遍采用的教学形式。合作探究学习具备一些基本特征：小组成员之间彼此尊重、友好；学生愿意与他人分享自己的经验与观点，耐心倾听同学的发言；教师在课堂上给学生比较长的时间动手做实验、做科学，并在动手做之后引导学生通过互动、交流、讨论、甚至辩论，注重对科学概念或原理的深度理解；重视学生在合作学习过程中建构科学概念。有人认为，合作探究学习是当代科学文化和科学精神在基础科学教育中的体现。①

美国教育界认为良好的科学教学是："教师和学生应是齐心协力，一起出主意、想办法，而学生们则多有创见，对探究活动常常会提出些很新颖的建议来。学生们不仅能提出各种问题，而且也能构想出解决这些问题的方法和途径。他们能收集数据，也知道如何解释这些数据。他们会对数据加以整理而形成认识，他们也会对所形成的这种认识的可靠性加以验证。随着学业的继续，学生们不但能够向自己而且也能够向自己的同学解说他们自己所做的工作，说明自己何以要这么做；能够学着处理像设备的局限性这样一类问题；对教师和班里同学出的一些难题能够拿出相应的解决办法。学生们能估计自己所做的工作所达到的预期结果——他们会评价自己收集到的数据；有必要的话他们会反复检验这些数据或者再收集些数据；他们会对他们的那些发现可能具有的普遍意义作出陈述。他们不仅能在班上其他学生面前报告他们自己所做的工作，也能接受别人的建设性批评，并且能采取适当的措施改进自己的工作。"②

二、美国小学科学教学案例评析

（一）"蚯蚓"教学案例评析

"蚯蚓"教学案例

F女士的几位三年级的学生在对学校附近的一块空地作实地考察的时候，对蚯蚓产生了兴趣。虽然她此前在上科学课的时候还从未使用过蚯蚓，可是她知道，为了达到教学目的，那么多的小动物无论哪一种她都是可以拿来用的，况且

① 参见丁邦平：《中美基础科学教育的差异》，载《课程教材教法》，2007（2）。

② 美国国家理事会：《国家科学教育标准》，41页。

她觉得，她可以借助她在课堂上用其他小动物上课所获得的经验和知识。她打电话给当地的自然史博物馆，与工作人员进行交谈，看看自己掌握的放养蚯蚓的知识够不够，看看自己的关于蚯蚓的知识是否足够用以指导学生们的探究活动。F女士从工作人员那里获知，在教室里长时间地放养蚯蚓还是比较容易的。他们告诉她，若是从生物供应公司那儿订购蚯蚓，公司会连同蚯蚓一起随送一些蚯蚓卵鞘和幼蚓，所以，孩子们不仅能有机会观察成蚓，也能有机会观察蚯蚓卵鞘、幼蚓，以及蚯蚓这种小动物的一些生活习惯。

在为蚯蚓准备它们的生境之前，学生们在户外进行了实地考察，仔细地研究了他们发现蚯蚓的那些地方的环境。在这次实地考察之后有一次讨论，讨论的是在教室里放养蚯蚓的重要问题：学生们怎样才能为蚯蚓创造出一种与它们生存的天然环境极为近似的生存场所来？从外面弄来的一条蚯蚓被放置在一个阳光直射不到的大放养箱里；学生们在箱子里边放上了土、树叶和杂草，箱壁上牢牢地搭盖着黑纸。一周之后，在生物供应公司订购的蚯蚓送到了，它们就被放养到这样的生境中。

F女士已经思考过她想让学生们学到些什么，以及她需要给学生们哪些帮助和指导。她想让学生了解蚯蚓的一些基本需要，以及应该如何饲养它们。重要的是不仅要增强学生们观察事物和记录观察结果的能力，更要培养他们对生物应有的一种责任感。她还觉得，这些三年级的学生是有能力设计出一些简单的实验，来帮助他们了解蚯蚓的一些生活习性的。

在头两周中，学生们开始仔细观察这些蚯蚓，记录它们的生活习性。他们把蚯蚓的样子、蚯蚓的爬行方式以及他们认为蚯蚓正在干什么，都一一记录了下来。学生们描述蚯蚓的颜色和形体，给蚯蚓称重量，在记录课堂观察数据的大图表中填写数据，这些活动使学生们对蚯蚓的变化过程展开了讨论。他们观察并描述了蚯蚓在土表上和在土里面都是怎样活动的。学生们把有关蚯蚓的一些问题和想法不断地提了出来。F女士把这些想法都记录在一张图表上，但她还是要求学生们把注意力集中在对蚯蚓的描述上。然后，F女士把注意力转到学生们可能想发现的其他问题以及他们可能会怎样着手做上。记在她的那张图表上的许多问题之中包括：蚯蚓是如何有了幼蚓的？蚯蚓是否喜欢生活在某些种类的土壤里而不喜欢生活在另几类土壤里？在土表之上的那些奇怪的东西是什么呢？蚯蚓真的喜欢黑暗吗？它们是怎么从松土里钻过的？一条蚯蚓究竟能够长多大？F女士让学生们对所有这些问题都一一进行了讨论，然后她让学生们分成小组，看他们是否能提出他们想要加以探究的问题或题目。当全班同学重新集中在一起时，每个小组都把他们打算进行探究的题目以及他们探究这个题目时可能采取的途径向大家报告一遍。各小组在报告自己打算探究的问题时全班同学都积极地参与了讨论。F女士跟学生们说，他们应该好好想一想他们的探究会以怎样的方式来进行，等下次再上课的时候他们要向全班同学报告自己的想法。

一周之后，所要进行的探究都得以顺利地进行。一个小组决定探究的是蚯蚓的生活周期，他们在土壤中发现了卵鞘。这组同学趁着等待幼蚓孵化时，查阅了从校图书馆借来的有关蚯蚓的书籍。他们还从放养箱里取出了几条十分小的幼蚓，想看一看它们可能会以怎样的方式来保持其生长习性。

有两个小组在研究蚯蚓最喜欢的生存环境。这两个小组都是想毕其功于一役，湿度、光照、温度等好几个因素一起研究。F女士不打算现在就建议学生一次要集中研究一个因素，她是希望学生们能自己意识到这一点。

第四个小组试图确定蚯蚓喜欢吃什么东西。这组同学为了查阅有关材料已经到校图书馆去过两次，现在正准备对它们试验一些食物。

最后两个小组的同学们正动手组装一种四壁透明的老式养蚁箱，为的是用以盛放蚯蚓，因为他们很有兴趣观察蚯蚓在土里面到底是在干什么，它们在不同的土壤中都会有什么样的不同行为。

F女士的学生们在对蚯蚓的探究中了解了一般动物的基本需要，一种动物（即蚯蚓）的某些构造和功能，动物行为的某些特点，以及动物生活周期。学生们提出了一些问题，又对问题作出了相应的回答，相互间还交流了各自的心得与体会。他们在户外作了实地观察，也使用了科学教学设备完善的图书馆和教室。

资料来源：美国国家理事会编著：《国家科学教育标准》，57～59页。

在上述教学案例中，教师可以从众多的生物中选择一种，但是最后她选择了学生们都很熟悉的蚯蚓。可以说，这是通过蚯蚓来教学，而不是简单地教关于蚯蚓的知识。因为不是教材中现成的内容，教师也可能没有完全掌握有关蚯蚓的知识，她就到博物馆和图书馆去寻找教学资源，以虚心的心态与博物馆的工作人员交流，并从生物公司那儿订购蚯蚓，这可以说是开发校内外资源。在教学中，教师组织学生在教室里创设蚯蚓生活的环境，指导学生观察并记录观察结果，组织学生讨论并确定探究的问题，学生分组围绕蚯蚓探究不同的主题，学生在探究中了解动物的基本需要、某些构造和功能以及动物行为的某些特点、生活周期等，显示了科学探究的完整过程。在教学目标上，不仅注意培养学生的观察、提问、合作、查阅资料、讨论和交流等科学探究能力，同时也没有忽视学生对知识的掌握。此外，还提到培养学生的责任感，反映出教学目标体现了科学与人文交融的特点。

(二)“喷水壶里的水”教学案例评析

“喷水壶里的水”教学案例

有一天，乔治把盛满了水的喷水壶放在教室外面的窗台上，过了几天，喷水壶里面的水几乎没有了，他觉得很奇怪。因此，科学课一开始，乔治就问道，“是不是有人把喷水壶里的水喝了？还是有人把它弄洒了？”这时，乔治的老师格林小姐并没有回答他的问题，而是问学生们：“水跑到哪里去了？”学生玛丽认为，如果没有同学去动喷水壶，那一定是他们的宠物仓鼠在夜里从笼子里跑出来把水喝光了。全班同学决定检验玛丽的看法对不对。他们把喷水壶盖上，第二天早晨发现水位没有下降，孩子们认为这已经证明了玛丽的看法是对的。格林小姐却问道：“你们能够肯定威利在夜里从笼子里跑出来了吗？”学生们几乎都对此表示肯定。他们还想出了一个妙主意来证明给老师看，他们把笼子放在沙盘中间，将沙子抹平，过了几天之后，孩子们看到沙子上没有脚印，水位没有变化，此时孩子们认为威利夜里没有跑出来。这时另一个学生说：“水被盖着，威利根本看不到水”。于是全班同学决定把笼子放在沙盘的中央，并把喷水壶的盖子拿走了。

第二天，他们发现水位下降了，然而沙子上没有留下一个脚印，现在学生们肯定仓鼠没有喝壶中的水。格林小姐建议孩子们把一个盛水的容器放置在窗台上，每天测量和记录它的水位，然后把这些纸条标上日期贴在一张大纸上构成一个图表。几天之后，孩子们发现水位一直在下降，但是每天下降的速度不一样。水位下降的速度每天为什么不一样呢？经过讨论后，一个叫帕特里克的学生联想到烘干机烘衣服的情况，他就得出结论说：温度较高时水位就下降得较快。此后，他们还进行了两项研究，一项是盛水容器口径大小如何影响水消失快慢的实验，另一项研究是用一把扇子在盛水容器上扇动是否会使水消失得更快。

资料来源：美国国家理事会编著：《国家科学教育标准》，165～167页。

在这个案例中，乔治突然向老师提出自己的问题，“喷水壶里面的水到哪里去了？”尽管这个问题是出人意料的，但是小学教师格林小姐还是果断地把学生生活经验中发现的问题转化为科学教学中的探究主题，鼓励小学生们对这个问题发表自己的看法。于是，学生们纷纷提出自己的假设。学生玛丽怀疑水被仓鼠偷喝了。把水壶盖上后，水壶里的水位没有下降，这似乎证明了玛丽的猜测，但是在教师的引导下，学生们发现仓鼠并没有在沙盘上留下痕迹，说明仓鼠没有出来活动，它与水位的下降没有一点关系。后来通过观察，有学生发现水位的下降速度与水温有关，教师继续引导学生探究水位下降与盛水的容器的口径大小、扇子的扇动是否有关。

第二节 英国小学科学教学案例

一、英国小学科学教学思想

1988 年之后，英国先后颁布了 4 个不同版本的课程标准，其中关于科学探究的内容和教学要求一直受到重视（参见表 10—1）。

表 10—1 **英国国家科学课程标准中的科学探究**

时间	探究活动的名称	探究活动的主题
1989 年	exploration of science	计划、假设及预测，设计并实施调查，解释发现结果，得出结论，对探索活动和实验进行交流。
1991 年	scientific investigation	提出问题，进行预测，并提出假设，观察、测量和控制变量，解释结果和评价科学证据。
1995 年	exprimental and investigation science	设计实验程序，获取证据，分析证据得出结论，考虑证据的力度。
2001 年	scientific enquiry	科学中的观点与证据，调查技能，设计，获取并呈现证据，思考证据，评价证据。

1989 年和 1991 年提出的科学探究是“问题、假说和检验”的模式，1995 年和 2001 年提出的科学探究更重视“观点与证据”之间的逻辑关系。整体上看，科学探究的要素包括探究的情境设置，探究的过程及其体验、理解，探究的技能和探究后获取的知识。探究技能包括表达技能（语言、非语言、图形和表格），信息技术及处理信息的技能，逻辑推理、数学计算计量技能，基本仪器的使用和基本实验操作的技能。此外，还强调科学探究与科学内容结合，科学探究与情境中问题的结合。

科学探究教学应当确保在教授“生命过程与生物”、“物质及其性质”、“物理过程”的内容时进行。如关于科学探究中“科学中的证据与观点”有如下要求：

（1）通过使用历史的与现代的实例，教给学生有关实验问题、证据和科学解释之间的相互作用的知识，例如，拉瓦锡的燃烧理论，全球变暖的可能原因；

（2）利用科学解释作出预测，并了解证据是否与预测相符对检验科学解释的重要性；

(3) 有关科学家过去及现代的工作方式，包括实验、证据和创造性思维在科学观点发展中的作用。

关于调查技能方面的设计有如下要求：

(1) 利用科学知识和理解，将问题转变为一种能够进行调查的形式，并确定一种适当的方法；

(2) 决定是使用第一手的实验证据还是使用第二手资料的证据；

(3) 进行初步的工作并在合适的地方做出预测；

(4) 当收集证据时，考虑需要设计的关键性因素，以及在变量不能即刻控制的情况下（如野外工作、调查），如何收集证据；

(5) 确定数据收集的程度与范围（例如，在生物学科活动中，恰当的样品大小），以及要使用的技术、仪器和材料。

英国国家课程委员会指出，良好的科学教学应该具备以下条件：

(1) 丰富的探究活动，这些活动应符合儿童的兴趣，并能使儿童通过活动获得正确而有趣的结论；

(2) 学生能在学习中获得科学概念；

(3) 老师和学生能在教学计划、实施探究的活动和研讨交流中很好地合作；

(4) 学生的观察、分类、记录、提出和验证假设、设计实验、从证据中获得结论等科学能力应在教学中得到发展；

(5) 教师要有一整套引导学生进行探究和研讨的方法和策略，并能对教学情况做出预测，进行补救；

(6) 教师要能在探究结果不是很明显时，增加儿童的责任心；

(7) 教师提出的问题，应该尽可能让学生运用形象思维来回答，同时对学生的智力要求和教学速度要适合他们的年龄特征；

(8) 学生所做的工作应与其日常生活体验紧密相关；

(9) 学生在学习上应感到愉快，好奇心得到满足，坚忍不拔、自我约束和独创性能得到训练。

二、英国小学科学教学案例评析①

下面两个教学案例所选取的教学内容均是学生生活中遇到的事物，教学用具

① 本部分的两个案例选自张秀莲2007年制作的Powerpoint《小学科学教学研究》。

也是常见的物品。在设置的疑难情境中发现问题，通过实验等探究活动，培养学生多方面的科学素养。

（一）“土壤的种类”教学案例评析

“土壤的种类”教学案例

科学故事：土壤是由岩石颗粒以及腐烂的动物和植物材料组成的混合物，不同的土壤包含的颗粒大小和形状不同，从而影响了生活在土壤中的生物体。沙土（sandy soils）的颗粒较大，使得沙土容易耕作。沙土中含有空气，有利于植物生长，但沙土中的矿物质被水冲走了，使得沙土缺乏矿物质。黏土（clay soils）的颗粒较小，很难耕作，缺乏空气，但黏土能浸满水，含有丰富的矿物质。壤土（loam）是沙土和黏土的混合物，因此壤土具有上述两种土壤的性质，是植物生长的理想土壤。生活在土壤里的动物需要食物、空气和水，生活在土壤里的植物需要空气、水、阳光和矿物质。

教学目标：知道不同植物的生长需要不同的土壤条件；知道植物通过根来吸收水、矿物质营养；知道通过根把植物固定在土壤里；会设计实验测试各种土壤的蓄水能力；理解环境变化如何影响食物链。

教学用具：某种植物的护理标签；有根植物如蒲公英、莴苣、芹菜、雏菊、水仙等；食用色素；沙土和黏土样品；手持透镜或显微镜。

教学步骤：分发护理标签，说明该植物的生长需要，记下对不同泥土的需要。让学生回忆根的作用是什么。（护理标签举例：雏菊：耐寒，宜冷凉气候。在炎热条件下，易枯死，每7～10天浇水一次。雏菊生长期喜阳光充足，移植时根丛稍带一点泥土。）

课堂活动：提问学生植物的根吸收的水分和矿物质被输送到哪里了。可以用下列实验来证实：用水溶解食用色素或红墨水，把一片树叶或一朵新摘的白花放在有色水中浸泡数小时，观察色素会不会被送到树叶或花朵里。给学生分发沙土和黏土样品，让学生用显微镜观察，尽可能寻找它们的不同点：比如颗粒的大小、形状、间隙。可以把样品薄薄地撒在胶带上，把胶带粘在玻璃片上来观察。让学生设计实验来验证哪种土壤蓄水能力强。

课堂讨论：带有颜色的水进入植物需要一段时间，在这段时间内，学生讨论可能出现的结果。学生们明白水会被输送到整个植物的部分，他们描述自己设计的验证土壤蓄水量的实验，交流实验的结果，然后讨论关于土壤蓄水量如何影响当地植物生长的观点。

教学结果：学生认识到了生物需要空气和水；知道了通过根把植物固定在土壤里；知道设计实验需要控制的因素。有些学生会解释在食物链中化学品如何通过土壤进入植物，然后进入动物。

在上述案例中，学生通过对沙土、黏土以及壤土的比较及实地观察，了解哪种土壤最适合植物生长。在此基础上，学生设计实验证明，根吸收的水分和矿物质被送到植物的各个部分。同时，教师结合农作物生长的实际需要，鼓励学生设计并讨论土壤蓄水量的实验及应用，使学生学以致用，培养学生探索能力。实验结束后，让学生进行课堂讨论，描述实验设计及实验结果，以及土壤蓄水量对植物生长的影响，学生在讨论交流的过程中，理解科学与生活世界的密切关系。

（二）“泥水”教学案例评析

“泥水”教学案例

科学故事：我们可以利用物质的性质将混合物分离，如固体和水的混合物。当固体较大时可以用倾倒液体的方法分离，当固体较小时，用筛子或漏斗过滤，当固体和液体的混合物被筛子或漏斗过滤后，固体就留在筛子或滤纸上，留在滤纸上的称为滤渣，通过滤纸的液体称为滤液。

教学目标：学生们应该知道不溶于水的固体可以通过过滤的方法除去；学生们应该理解利用物质性质的差异可以将混合物分离。

教学用具：含有树叶、碎石、沙土的泥水（雨后收集），筛子，漏斗，滤纸，容器（盆子、烧杯）。

教学步骤：拿一杯自来水，告诉学生，自来水是由污水净化制得，让学生思考：为什么泥水和自来水不同？怎样才能使泥水和自来水一样清澈？让学生阅读教材中的实验步骤，想出分离泥水中污物的方法，并讨论学生们的回答。

课堂活动：

a. 给每组学生发泥水样品、筛子、漏斗、滤纸、容器；

b. 把泥水中的树叶捡出来；

c. 用筛子把碎石除去；

d. 用漏斗和滤纸把沙土这样的小颗粒过滤出去，通过滤纸的液体称为滤液，滤液看起来比较清澈，但是含有有害微生物和可溶性物质，不能饮用。自来水公司通过化学方法处理后才能饮用。

课堂讨论：实验结束后，让每组学生描述他们的实验过程，以提问的形式来确定他们对实验的完成情况和理解程度。强调大小不同的固体可以用筛子分离，而滤纸则是一种极精细的滤网，可以过滤除去极细小的固体。

可以让学生用显微镜观察滤纸上的缝隙，正是这些缝隙使得微生物、水、可溶性物质能通过滤纸。也可以让学生过滤糖水验证可溶性物质能通过滤纸，用蒸发皿加热使水蒸发掉，可以看到固体糖。

教学结果：学生会解释过滤能除去水中的不溶物质；部分学生能描述利用物质性质的不同使它们分离。

自来水是每个人每天都需要使用和饮用的日常用水，但是它是如何净化的，又怎样由泥水变为可直接饮用的水？这个问题很容易引起学生的兴趣及思考。“泥水”这一教学案例通过学生自己的探究发现、动手操作来掌握混合物的分离、过滤、净化的方法和相关知识。教学中通过现状调查法、探究发现法以及小组合作讨论等方法，从收集泥水开始，到过滤掉泥水中的杂质，再到将滤液进一步净化，学生体验到了一个完整的探究过程。他们还能意识到，利用物质的不同性质可将混合物加以分离。

第三节　日本小学科学教学案例

一、日本小学科学教学思想

第二次世界大战后，日本就小学科学教学改革提出：“消除容易偏重知识的弊端，把重点不放在知识上，而是放在对科学的考察和处理能力上，以培养科学的精神为着眼点。”1989 年日本《小学理科学习指导要领》中提出的目标为：“培养学生对自然的爱，通过系统的观察和实验，养成解决问题的能力和热爱自然界的情感，达到对自然现象和事物的理解，形成科学的观点和认识”。2002 年开始实施的新的指导要领提出：亲近自然，要有预测性地进行观察和实验，同时谋求对自然界的事物、现象的理解，培养科学的观念。十多年来，教学目标几乎没有什么变化，只增加了“要有预测性”的要求。

日本小学科学的内容包括三个方面：生物与环境；物质与能量；地球与宇宙。三年级侧重培养对自然事物和现象的比较能力；四年级侧重培养能够把相互之间有关系的事物和现象联系起来的能力；五年级侧重培养设计通过控制一定的条件所进行的观察和实验的计划能力；六年级侧重培养对事物和现象变化的原因进行多方面的思考和调查的能力。日本小学的科学探究活动一般包含如下步骤：从所观察的现象提出问题；对问题进行思考并提出假设；进行观察实验，验证假设；通过文字、图像、数据列表对观察、实验结果进行归纳；提出进一步需要探索的问题。

2008 年日本发布新的课程纲要，增加小学科学课时，三年级由原来的每学年 70 学时提高到 90 学时，四五六年级由每学年 90 学时提高到 105 学时。四年共计 405 学时，每学时 45 分钟。

二、日本小学科学教学案例评析

（一）“物质燃烧与空气”教学案例评析

“物质燃烧与空气”教学案例

1. 教学目标

“物质燃烧与空气”是小学六年级科学课的一个单元。其教学目标有：

（1）兴趣、态度、热情方面，对物体燃烧时的变化产生兴趣，进而想要探究燃烧的构成。

把物质燃烧的构成与周围的现象联系起来进行考虑。

（2）科学思考方面，能够把物质的燃烧与空气的变化联系起来，多方面地考虑燃烧的构成。

通过实验推论物质燃烧与空气发生质的变化之间的关系。

（3）技能与表现方面，想办法观察物质燃烧的情况，安全地利用气体检测管和石灰水进行实验。

观察物质燃烧与空气的变化，并做记录。

（4）知识理解方面，知道物质燃烧时，利用了空气里的氧气，并产生二氧化碳。

知道在二氧化碳气体中，物质不能燃烧。在氧气中，物质能够剧烈地燃烧。

2. 教学过程

“物质燃烧与空气”单元设计分为：（1）物质的燃烧和空气；（2）物质燃烧时空气的变化；（3）对物质燃烧有作用的气体，共设置了六个活动，每个活动都有具体要求。详细参考下面的表 10—2。

表 10—2　　日本小学科学“物质燃烧与空气”单元教学的实施过程

各部分名称	课时安排	设置的活动	活动的要求
物质的燃烧和空气	3课时	活动1：观察蜡烛在瓶子中的燃烧情况	观察蜡烛在瓶子中燃烧不能持续的现象，引入“想办法使瓶子中的蜡烛能够持续燃烧”的探究问题。使学生对蜡烛燃烧产生兴趣，并进一步去探究。
		活动2：想办法使瓶子中的蜡烛能够持续燃烧	主要是让学生自己想出方法，并自己设计实验来验证自己的想法，最终得出流动的空气能够使蜡烛持续燃烧的结论。
物质燃烧时空气的变化	3课时	活动3：使用石灰水观察蜡烛燃烧后空气的变化	让学生知道石灰水会使二氧化碳气体变混浊的性质，并利用这个性质来判断蜡烛燃烧后空气的变化情况。
		活动4：把点燃的蜡烛放入蜡烛燃烧过的瓶子中	先把蜡烛放在瓶子中密封，让蜡烛燃烧，等蜡烛灭了之后，把蜡烛拿出来，点燃之后，再放回这个瓶子中，观察蜡烛的燃烧情况，得出二氧化碳气体对燃烧没有作用。
对物质燃烧有作用的气体	5课时	活动5：使用气体检测器观察蜡烛燃烧前后空气的变化	通过使用氧气检测器（能够检测氧气浓度大小的简单仪器）和二氧化碳气体检测器来检验蜡烛在燃烧前和燃烧后瓶子内的氧气和二氧化碳气体的浓度，判断空气中的氧气和二氧化碳气体在蜡烛燃烧前后的变化情况。
		活动6：观察蜡烛在氧气中燃烧的情况	通过对蜡烛在空气中的燃烧情况和在氧气中的燃烧情况进行比较，得出氧气对燃烧有支持作用的结论。

3. 教学评价

（1）评价目标：科学的思考即推理能力。通过燃烧蜡烛的实验，能够从多方面考虑物质燃烧与空气的关系。具体对应教学目标“能够把物质的燃烧与空气的变化联系起来，多方面地考虑燃烧的构成”。

（2）评价场景：把燃着的蜡烛放入集气瓶中，燃着的火熄灭了。考虑使蜡烛持续燃烧的方法，并通过实验进行验证。这时，使学生意识到空气的存在，推断出空气在燃烧中的作用，并把物质燃烧与空气联系起来。将以上活动记录在观察卡上，进行讨论、总结。评价学生是否能够推断出物质燃烧与空气的关系。

(3) 评价标准：从蜡烛熄灭的现象能够把蜡烛的燃烧与空气联系起来，想办法使蜡烛持续燃烧，并进行多方面考察，同时，能够推断出空气发生了质的变化以及空气的流动，评价为A。对蜡烛熄灭的现象进行了各种各样的实验，能够从中推断出物质燃烧与空气有关系，评价为B。虽然能够观察到蜡烛容易熄灭，但是不能把蜡烛燃烧与空气联系起来考虑，评价为C。

资料来源：孟令红：《日本小学科学教学特点》，载《科学课》(小学版)，2007 (8)，42页。

在上述案例中，教学目标是多维的，既有兴趣、态度、热情及探究思维能力方面的目标，也有探究技能、知识理解方面的目标。教学以单元为基本单位，一个单元有10个左右的课时，显示探究活动具有连续性。学生动手动脑、积极主动参与探究，包括提出问题、设计实验、观察调查、记录结果、交流讨论。此外，还把教学评价作为教学过程的重要环节。

(二)“电的性质”教学案例评析

“电的性质”教学案例

首先，学生用一节干电池使电动机旋转起来，然后，引出本课的研究主题：怎样才能使电动机转得更快？学生们对这一问题提出假设：用两节干电池会使电动机转得更快。然后，根据这一假设开始设计各自的实验方法。

学生设计的实验方法有两个，即两节干电池串联的方法和并联的方法。把两节干电池串联在一起的实验组A发现，他们的小电动机转得更快，得到了与假设一致的实验结果。但是，把两节干电池并联在一起的实验组B发现，小电动机的转速并没有加快，得到了与假设不一致的实验结果。然后学生们汇报实验结果，互相交流。这时，实验组B的学生，在观察实验组A的小电动机转动的时候，发现使电动机转得快的两节干电池的连接方法与自己的不同。也就是说，通过交流活动，学生自己发现或意识到自己的问题并自己修改假设、实验方法。然后，改变电池的连接方法（由并联改为串联），使小电动机也转得快了起来。从最初并联的连接方法，到发现与自己不同的串联连接方法，最后改变自己的连接方法，通过这些活动过程，使学生能够发现即使使用两节电池，由于连接的方法不同，小电动机旋转的速度也不同。学生最后获得的科学观点是：虽然使用两节电池，但由于电池连接的方法不同（串联和并联），电动机旋转的速度不同（参见图10—1）。

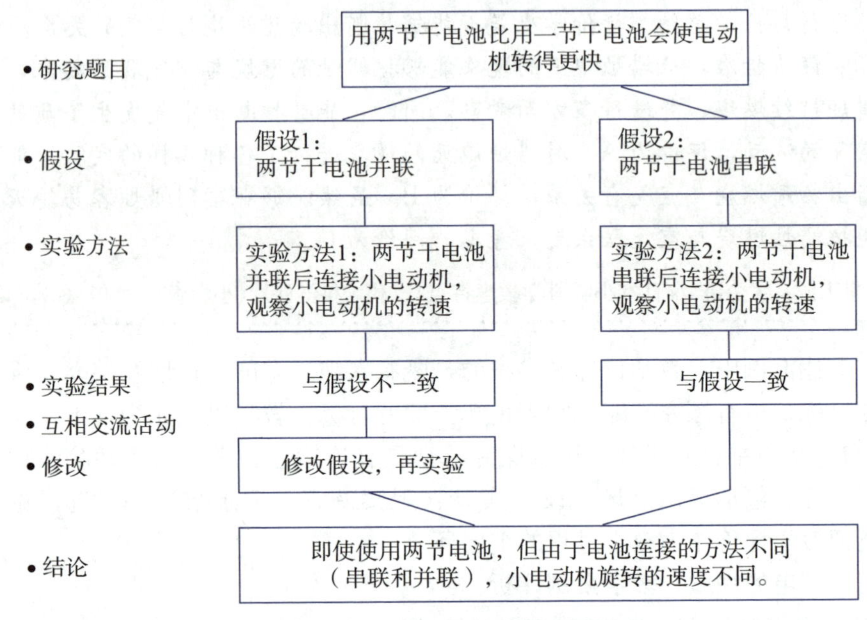

图 10—1 “电的性质”教学结构

资料来源：孟令红：《日本小学新理科课程改革的一个课例》，载《小学自然教学》，2002 (12)，17～18 页。

在上述案例中，教师首先用一节干电池来实验，引出一个值得探究的问题，怎样才能使电动机转得更快？面对这一问题，学生们提出自己的假设：用两节干电池会使电动机转得更快。然后学生分组设计实验来验证各自的观点。虽然都使用了两节电池，但由于电池连接的方法不同，一个是串联，一个是并联，电动机旋转的速度不同。并联组的学生发现问题后，改变电池的连接方法，发现电动机旋转的速度也加快了。学生从问题开始，提出假设，进行验证，然后交流，最后得出结论，体现了一个完整的探究过程。

第四节 我国香港小学科学教学案例

一、香港小学科学教学思想

香港一到六年级的“常识科”的教学目的包括如下几方面的内容：

（1）增进学生对自身、社会及世界的了解；

（2）保持个人健康发展；

（3）培养积极的个人和社会价值观及态度；

（4）发展学生对自然现象和自然界的兴趣及好奇心；

（5）加强学生对环境保护的关注；

（6）提高学生探究及解决问题的能力，特别是对那些有关科学和科技对社会的影响的问题。

香港课程发展委员会认为，小学科学教学应以科学探究为中心，让学生从中了解有关的科学概念和原理，进而认识科学、技术与社会的相互关系。其次，学习活动的组织应以学生为中心，从学生的已有知识和生活经验出发，让他们在熟悉的情境中探索和学习，建立自己的知识架构和对周遭环境的了解。香港的小学科学教学具有如下特点：

（1）重视专题研习。专题研习是一种有效的教学策略，能推动学生进行主动学习和对自己的学习进行反思。具有探究性质的专题研习能够培养学生的科学思维能力，而以解决日常问题为目的的专题研习，则有助于学生把课堂之所学与实际生活联系起来。科学专题研习的形式包括科学探究、撰写科学研究建议、设计及制作等。如：应用力与能量的概念，设计以橡胶圈作动力，行走得最远的模型车；研究有关网球拍所用材料的演变。

（2）重视运用信息技术进行互动学习。在科学教学中，应用信息技术的机会很多，如与环境、自然、生态系统、食物链等有关的互动游戏；与安全用电、能量、植物生长、动物发育有关的光盘等，都能够有效地促进学生进行主动探究式的学习。通过互联网进行的跨地区协作学习计划，如“环球科学交流计划”（http：//www. scienceacross. org）等，为学生提供了一个平台，使他们通过与世界各地学生的协作，交换资料、意见，共同建构知识。动画可将一些抽象的科学概念和变化过程（例如光合作用的过程）形象化。通过数码摄像和多媒体技术，可以让全班同学同时观察一些示范实验的细节，如在显微镜下观察晶体的生长、布朗运动等。一些网上的评估工具（如多项选择题库），可为学生提供及时回馈，帮助他们明了科学概念和辨识一些错误观念。教师也必须要注意信息技术应用的范围、时间和频率，以确保学生有足够的机会参与动手操作的实验。

（3）重视从阅读中获取科学信息。在小学阶段，学生可以从阅读有关科学家和科学历史的故事中，认识科学家如何分析数据及从实验结果中进行推论。这不单可以让学生了解科学家的成就，更能培养他们的好奇心、合理怀疑和坚毅的品格。阅读的材料包括书籍、报纸、杂志、百科全书、网页等。教师还可以在教室或实验室中设立“科学角”，展示不同来源的有趣的科学文章，使学生更加关心日常生活中与科学有关的议题。教师也可以要求学生撰写与科学有关的文章，并鼓励学生在文章中加入个人的反思。

(4) 重视多途径获取学习经验。学生可以通过参观相关机构，获取宝贵的学习经验，如，海洋公园、农场、植物园能够提高学生对生态环境的关注和对自然保护的意识；太空馆、科技馆中的有趣的动手活动，能把学生的课堂知识与日常生活联系起来；社区、展览中心、图书馆和定期的健康讲座，则能为学生提供大量的健康生活的资源。在参观过程中，学生亲自搜集各种类型的资料和证据，验证并丰富在课堂上获得的学习经验。此外，学校也可借助其他的社会支持，为学生安排更多元化的学习活动，例如科普讲座、辩论、论坛、发明活动、科学竞赛、科学展览、野外考察、研究及实验等。

(5) 重视培养学生的科技道德观念。通过教室内外的科学学习活动，提供机会，让学生建立及反思自己的价值观和态度。教师可利用与学生日常生活有关的事件，并通过与家长的合作，培养学生积极的价值观和态度。例如：通过探访养老院、福利院或医院，让学生了解长者及残障人士的需要。然后，让学生运用科学知识，设计一些辅助工具，协助有需要的人士，例如可以单手操作的厕纸器。这不但能培养学生爱护和关怀别人的情操，也有助于提升他们的创造力和敏锐的观察能力。“细胞与人类的繁殖”这一主题可以邀请医生和社会工作人士做讲座，让学生明白两性关系中的责任，反思生命的价值，欣赏生命神圣的一面，并认识为人父母的责任，以及建立对生命的积极态度。

(6) 重视发挥家长的作用。家长和学校是科学教学中的密切伙伴。家长既是子女学习科学的促进者，其自身也是学习者。在培养下一代的科学思维习惯、价值观和态度上，家庭与学校所扮演的角色同样重要。家长应为子女营造一个轻松自由的环境，发展他们的好奇心和提出异议的精神，培养不怕失败和勇于尝试的品格。此外，家长亦可在家中或户外，为子女提供手脑并用的科学学习经验。家长可以与子女一起参与科学趣味活动、科学日或开放日；陪同子女到花卉展、动物园、科技馆、太空馆、郊野公园、生态园参观游览，或参加本地的生态旅游；鼓励子女对自然界的现象发问、搜集资料，细心观察及进行分析，并进行积极的讨论以寻找答案；与子女一起阅读科学书籍或科学小说，一同观看与科学有关的电视节目；与子女分享饲养宠物或种植盆栽的经验和乐趣；协助子女把一些玩具或弃用的器具拆开，研究其中科学原理的应用；与子女在家中进行系统的观察活动、解决问题的活动，促进子女学习，并与他们一起学习。

二、香港小学科学教学案例评析

(一)“光与影子的关系”教学案例评析

“光与影子的关系”教学案例

探究的主题及内容

1. 用电筒照射物体（如橡皮擦），思考一下物体留在墙上的影子的变化情况

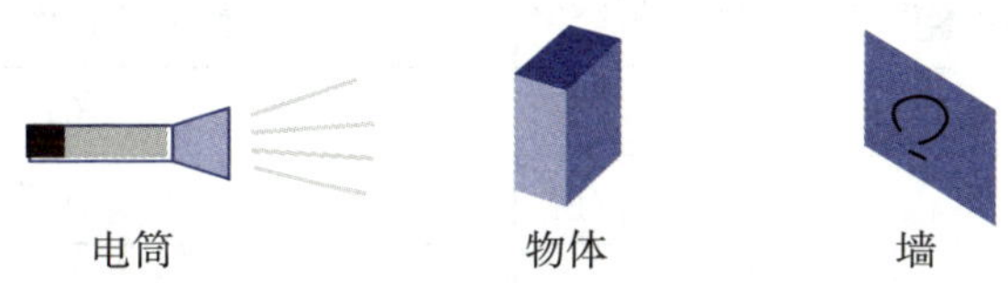

2. 分析使影子的大小、形状等发生改变的因素

用不同的物体代替橡皮擦，留在墙上的影子其形状和大小会发生改变，导致改变的因素有：电筒与物体之间的距离；电筒的角度；物体的高度；物体的透明度；周围的明暗度；物体的位置；物体的宽度。

3. 影子发生变化的表现形式

影子作为观察的对象，会在宽度、长度、面积和明暗度上发生变化，这些变化的表现形式都需要加以观察和记录。

4. 确定导致影子发生变化的自变量

影响墙上影子的因素很多，要探讨某一自变量，就需要确保其他因素保持不变。如要探讨电筒与物体之间的距离如何影响影子，就需要让其他因素保持不变。

探究的过程及步骤

步骤一：选取一个自变量，如电筒与物体之间的距离。还选取一个因变量，如影子的长度。

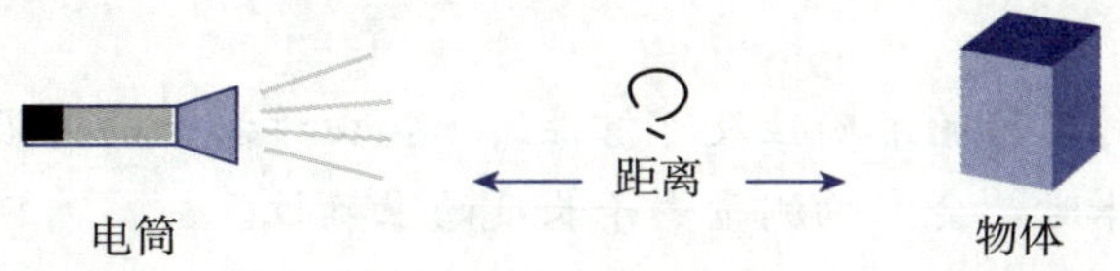

步骤二：假设的预测。如：如果把电筒移近物体，影子会愈来愈长。

步骤三：实验设计。如：把电筒放在距离物体不同的位置（25cm，20cm，15cm，10cm及5cm处），用尺子测出影子的长度。

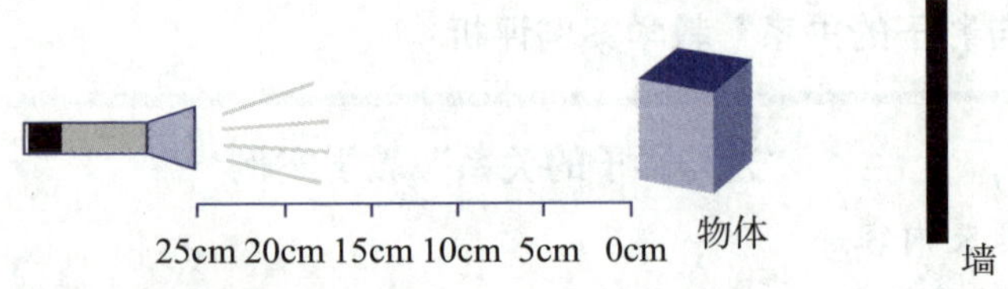

步骤四：记录观测到的数据。

电筒与物体的距离（厘米）	影子的长度（厘米）
25	6.4
20	6.7
15	7.4
10	8.1
5	9.8

步骤五：用图表找出关系。如：发现电筒与物体的距离愈近，影子的长度愈长。

步骤六：得出结论。当把电筒移近被照射的物体时，因光线被物体遮挡着，影子会变大，如下图：

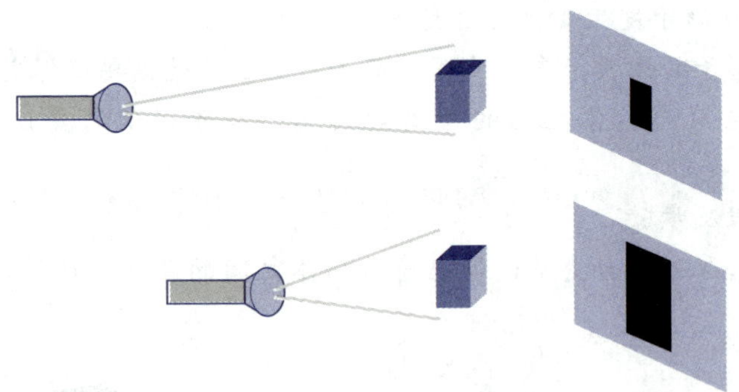

步骤七：检讨实验的准确性及可信性。如：由于影子的边沿模糊，尤其是当电筒远离被照物体时，会影响测量影子长度的准确性。

上述教学案例运用了探究方法，探究中最重要的是追问原因与结果之间的关系，也即自变量与因变量之间的关系。光与影子的关系看似简单，其实很复杂。上述案例中，电筒光照射物体留在墙上的影子会发生大小、形状、明暗等方面的变化，这些都是因变量，而影响这些变化的因素很多，包括光与物体之间的距离，光照射的角度，被照射物体的透明度、高度、宽度、位置以及物体周围的明暗度等，这些都是自变量。学生通过分组探究、动手操作，可以发现自变量与因变量之间的关系。

（二）“食物的热量”教学案例评析

“食物的热量”教学案例

教学过程：

（1）先请学生猜猜是一粒花生还是一块饼干的能量较多，以引起他们的探究动机。

（2）请学生分组设计一个实验去验证他们的猜想。（参考注意事项 A）

（3）将每组的实验设计罗列在黑板上，引导学生探讨不同设计的可行性、优点和缺点，并让他们发表意见。（参考注意事项 B）

（4）通过集体讨论总结出一个“最佳”的实验设计。

（5）选取最佳实验设计组别，并予以口头表扬。

（6）进行实验。

（7）填写工作纸/实验报告。

（8）集体讨论实验的结果、不足之处和改善方法等。（参考注意事项 C）

注意事项：

A. 教师可因学生的掌握程度，通过提问引导学生思考。如：

（a）花生/饼干的能量以什么方式储存？

（b）能否直接测量出食物所含的能量？

（c）能量不会消失或增多，但可由一种形式转成另一种形式。我们可把食物中的能量转成哪种形式的能量以便度量？

（d）如何将食物所含的能量转成热能释放出来？

（e）用什么实验装置来收集并度量食物所释放出来的能量？

（f）如何记录实验结果？

B. 教师应引导学生探讨不同设计的可行性、优点和缺点。如：

（a）假如不同小组以不同颜色的火焰点燃食物，会怎样影响实验结果，哪种做法最恰当？

(b) 哪种盛食物的器具最适合(如:长钳子、杯子、长柄匙)?

(c) 哪种盛水的器具最适合(如:量杯、大试管、试管)?

C. 集体讨论实验的结果、不足之处和改善方法等。如:

(a) 为何各组的实验结果有很大的出入?

(b) 这样估计食物所含的能量是否准确?为什么?

(c) 怎样改善实验设计,从而提高结果的准确性?

(d) 很多人认为花生比饼干含有更多能量。你能否根据实验结果去判断这句话的正确性?为什么?

如要判断这句话是否正确,你会如何修改这个实验设计呢?

(e) 如何利用以下的资料计算出食物所含的卡路里?"水受热时,温度会上升,每一卡路里的能量可使1毫升水的温度上升1℃。"

资料来源:港澳信义会慕德中学教学统筹局课程发展处:《种子计划(2001—2002)"在科学课程中发展学生的科学思维和过程技能"》。

在上述案例中,小学高年级的学生在掌握了有关能量的知识和实验技能的基础上,通过教师的引导,自行设计实验并验证实验结果。在教学过程中,师生运用了"预测、观察、解释"模式,反映了科学探究方法的某些特点。教师先鼓励学生预测将会产生的结果,这实质上是提出假设,然后学生分成几个小组,每个小组可以选用不同的工具、采用不同的方法来进行实验,计算出花生及饼干的能量。通过这种小组合作探究的方式,发现问题并解决问题。

本章小结

教学案例是对特定教学内容和教学过程的具体描述,是教学情境中一个相对比较完整的片段。在这个教学情境中,包含着一个或多个疑难问题,同时也可能包含解决这些问题的方法。它具有真实性、完整性、疑难性、选择性以及主题性。教学案例是连接教学实践活动与教学理论体系的桥梁。美国、英国、日本三个国家以及我国香港地区的小学科学教学案例都重视结合学生原有的知识经验,选取学生生活中能引起兴趣的问题作为探究的主题,进行分组探究,培养学生的直觉思维能力,提出大胆的假设,通过观察和设计实验,获取相应的数据和文字记录,分析和评价多方面的信息资料,解释和说明科学探究活动中的现象,验证和论证科学观点,讨论和交流探究的结果。通过动手动脑的探究活动建构科学知识体系,发展探究技能,养成多方面的科学价值观念。

阅读·思考·交流

1. 阅读下面的资料，思考这一案例提出探究问题的过程及特点，交流你获得的启示。

威尔森先生早上起床后看到许多冰棒倒挂在屋檐上，在初升的阳光照射下放出光辉，很让人喜爱。于是他伸手打断了其中几根较长的冰棒并将其带入他的三年级教室。

他把这些冰棒拿给学生们看。问道："你们看我是从哪里找到这些东西的？"

孩子们大叫着说早上他们到处都看到过这些东西。有的学生注意到曾在树枝上看到倒挂的冰棒；有的曾在屋檐上和遮阳篷上看到过。还有一些学生今天早上似乎没有看到任何冰棒。但使大家都感到兴奋的是威尔森先生已经把这些冰棒带到了课堂上。

接着，威尔森问道："你们在这些冰棒上到底看到了什么？"

学生们的回答各种各样。"它们很长"，"它们是冷的"，"它们是坚硬的"，"它们是尖的"，"当它们融化时就要开始滴水"，"如果你用它刺人，就会对人造成伤害"……

"现在，让我们趁它们还没有融化之前，对它们进行我们的探索"，威尔森说道："你们的问题是什么？从这些冰块中你们想要发现什么？"

一些学生想要知道它们融化成水之后水能流多长，其他同学则想要解决下面的问题："如果现在让它们融化掉，那么它们的重量是否会发生变化？""它们融化后，颜色是否会发生变化？""它们融化后我们能否把它们再恢复成现在的样子？""它们的味道怎样？"……

然后具有同样兴趣的学生便三五一组地组织起来，找相关的研究工具，积极地投入到对所提问题的探索中来。

2. 阅读下面的资料，思考美国小学科学教学的主要特点，交流你获得的启示。

美国小学的科学课堂上，小组合作—探究学习是普遍采用的教学方式。2006年2月1日上午我到麦迪逊市林肯小学听了两节科学课。这所规模比较大的小学有20个教学班。科学教师克莱尔·瑟坤（Clare Sequin）女士具有科学教育硕士学位。

在科学课堂上，学生4人一组，围着一个长方形实验桌而坐。上课时大部分时间用在动手做的探究、实验活动上。第一节是四年级科学课，有20名学生。学习的课题是关于力学方面的内容。每个小组的桌上都有一个小天平，一边放着两小块圆形磁铁（一块在塑料盒子里，另一块放在盒子底下面），另一边放着一些圆形空心铁垫圈。当学生不断往一边盒子里加圆形空心铁垫圈时，另一边的两块小磁铁分开了。教师要求学生在课堂笔记本里记录每次实验操作的结果。最后教师把每组的结果写在白板上。下课前，教师发给每位学生一张作业单，上面有一个表格，要求学生把实验结果用图表的形式表现出来。但这节课的任务没有完成，等待下节课继续。

第二节课是五年级科学课。学习的内容是混合液、溶解、饱和等概念性知识。上课开始时，教师把这些概念及其定义写在白板上，并向学生解释这些概念的含义。然后发给每个小组一个工具盒，里面有注射器、漏斗、瓶子、支架、食盐等。接着要求学生先把实验的步骤写在笔记本上，她让学生用注射器把水（一定量）装进瓶子里，然后要求学生把食盐一小勺一小勺地通过漏斗放进瓶子里，盖上盖子使劲摇晃，让其溶解，直到饱和为止。最后要求学生计算出盐水的重量。方法是把溶液倒进一个杯子里，放在天平的一边，把同样量的水倒进另一个杯子里，放在天平的另一边，天平因两边重量不平衡而倾斜。然后要求学生把塑料块（每个1克重）放进水杯子里，直到平衡。学生每个人都要记录每次实验的结果。实验结束后，师生一起讨论实验过程和结果，结合一开始教给学生的那些概念，深化对它们的理解。

这两节课给我的总的感觉是学生合作学习、动手操作的活动比较多，时间比较充分。小组成员之间一边活动、一边交流是很自然的学习形式，似乎也没有特别的分工。小组合作—探究以后，教师注重组织课堂讨论，讨论中教师重视引出学生自己的观点，帮助他们修正和发展自己的观点，体现了学习科学时合作—建构的特征。另外比较突出的一点是，每个学生都有一个课堂实验记录本，上面记录着实验的结果。

3. 阅读下面的资料，思考英国小学科学教育的特点，交流自己所获得的启示。

感受英国小学的科学教育

我访问了英国的 Reading Parkland School，发现学校和社会非常重视科学教师。科学老师素质很好，其中有一位还是当地非常有影响力的植物学专家，受到学生和家长的尊重。这所学校的教室里，摆满了琳琅满目、各式各样的教具和玩具，学生在科学课堂中的很大一部分活动就是在教师的指导下操作这些教具、玩具。这所学校体现了英国小学科学教学注重学生实践、培养学生的动手能力的特色。

教室的墙上到处贴满了各种各样学生的作品，学校还有专门的场地给孩子们种植花草和庄稼，专门的教室让学生掌握日常生活中必备的技能，如电工、水工、木工技能等。学校有很多奖励措施鼓励孩子们参加科学活动。学生们科技创新能力非常强，而且开展独立的科学研究能够得到家长、科学研究机构的支持。学校鼓励每一位孩子参加科学活动，尽管学生的科技作品比较粗糙，但是都会得到学校很高的评价。

我曾经听了两堂科学课，课的内容是学生设计餐具。课堂上，学生们很随意地自由走动，和伙伴们攀谈，互相讨论自己的创意。有的学生坐到桌上或躲到桌子底下，各种姿势都有，老师和助教也很随意地走动，进行个别指导。第二节课的时候，孩子们开始用材料制作自己的餐具模型，秩序看上去挺乱，但气氛活跃，课堂生机勃勃。偶尔学生们还会主动围上来和我打招呼，甚至打听中国课堂的情况。到汇报展示的时候，学生们发言极为踊跃，他们的作品体现了很强的动手操作能力。

这所学校绿化面积达到 90%以上，一所学校就是一个森林公园，科学课生物部分的内容基本上可以在校园中进行，经过长期的熏陶，学生们随时随地都会想着进行研究，这形成了一种独特的校园文化。同时，学校利用优美的自然人文环境和文明的社会氛围，培养学生的环保意识。关心大自然、关爱生命的思想深入孩子们的心灵。学校附近经常会有狐狸、野兔等野生动物出没，教师会教育孩子们不要捕捉它们，而且还要种上动物们喜欢的果树以及其他植物，如樱桃树、猕猴桃树、苹果树等。师生们还约定：绝不吃这些树上长出的水果，要把这些果实留给动物们。

英国人非常注重对孩子进行科学人文精神的教育。英国的科学教材内容把科学教育与人文教育有机结合起来，把自然知识、社会知识的传授和人道主义、国家意识的渗透有机结合起来。在教学中，英国小学普遍要求教师对教学内容的选择既要体现科学观念，又要体现正确的价值观和人文精神，要求每个教师在教学过程中以身作则，为人师表，用自己的人格品行对学生进行言传身教，他们认为这是对学生进行人文教育的最好的方式之一。

同时，学校还努力创设具有特色的科学文化氛围。学校常请英国著名的科学家、企业家及其他志愿者到学校讲学，这些讲学的专家学者一般是不收取报酬的，学生们在与这些专家学者的交流中体验到科学研究所应该具有的品质。

4. 阅读下面的资料，思考校外科技场馆在科学教学中的作用，交流自己过去在参观科技场馆过程中的学习活动情况。

在日本我们参观了四个科技场馆。几乎在每一个场馆内都能看见很多学生。前去参观的学生不是简单地走走看看，而是带着教学任务，很多学生手拿记录表对比着展品进行学习。日本的科技馆已经成为科学教学的一个重要场所，不仅仅面向社会公众，而且能够为学校的教学服务。日本的科技馆也分为不同的类型，有些是专门为青少年设置的互动性比较强的科学探究馆。其中的展品大部分可以互动，参与性很强，深受青少年喜欢，很多孩子玩在其中、流连忘返。

展品与学校的科学内容相结合，展品设计的新颖性和趣味性也是吸引儿童的重要方面。日本科技馆展品的设计在形式上比较新颖，色彩和造型非常具有冲击力，比较重视对现象的直观呈现，以及与生活的联系。比如在磁铁展区中，不仅有很多关于磁铁性质的有趣实验，还展示了生活中磁铁的应用，例如汽车中哪些地方有磁铁，电视机中有哪些磁铁零件等。在展示分子结构的同时，还会展示这种物质的实物，使参观者对其有直观的感受。

5. 阅读下面的资料，思考香港小学生科学专题探究展览评比活动所反映出来的科学教学特点，交流自己的体会。

2007 年 4 月 13—14 日，由香港教育学院、香港科学馆、教育统筹局等机构联合主办的第十届香港“常识百答”科学专题探究展览评比活动在香港科学馆特备展览厅举行。本次活动的主要目的是培养学生的创造力及分析能力，提高学生对周遭环境的好奇心及探究技巧，加强学生应用资讯科技研习科学的能力，促使学生了解科学、科技与社会的相互关系。来自百余所学校的 132 支代表队的香港小学生，以展板、资料陈列、示范、讲解等形式向评委及观众展示自己在科学上的研究成果。展览会上，热闹非凡，有的学生津津有味地向评委及参观者讲述自己的成果，有的学生抽出时间去参观其他代表队的作品，边看边认真地填写选票，把自己宝贵的一票投给最喜爱的代表队。

所有展出作品在制作中均是运用所掌握的科学知识及科学方法，探究日常生活中的事物或现象，尝试找出原因并加以解释，或是针对生活中遇到的问题提出改善方案或建议解决方法，从而达到改善生活质量的目的。这些作品内容贴近生活，问题的提出范围广泛，有的主题来自人类弱势社群，从帮助老人、小孩及残弱人士方便生活的角度展开研究，如香港元朗公立中学校友会英业小学的作品“盲人防坠轨手杖”、香港圣公会青衣村何泽芸小学的作品“保护婴儿感应器”等；有的主题围绕生活环境展开，涉及空气、天气、能源等方面，如沙田循道卫理小学的作品“环保水晶灯”及香港慈幼叶汉千禧小学的作品“课室空气净化器”等；而有的主题是从人们家居、学校、日常用品等起居作息角度进行探究，如香港路德会圣马太学校的作品“防风沙雨伞”，给人耳目一新的感觉，使参观的成年人感到这一代小学生在享受着现代科技带来的方便生活的同时，也在不断创造和改善生活的品质。

第十一章

小学科学学习资源的开发

内容提示与思考

◎ 为什么要重视开发科学的学习资源？
◎ 科学学习资源开发的原则有哪些？
◎ 科学学习资源开发的途径有哪些？
◎ 怎样创设安全的教学环境？
◎ 怎样创设探索性的教学环境？

长期以来，我国小学科学的学习资源实际上被限制为教材、教学参考书和学生用书。新的课程标准要求教师引导学生在校园、家庭、社会、大自然中学科学、用科学。不要把学生束缚在教室这个狭小的空间里，教室外才是孩子们学科学、用科学的更广阔的天地。不要拘泥于教科书上规定的内容，要拓展学生的信息渠道，广泛利用存在于教科书以外的各种资源。为了使学生的科学学习具有广阔的智力背景，科学教学必须开发多种多样的课程资源。

第一节　小学科学学习资源的分布

小学科学学习资源是指那些能够为小学生和科学教师所利用并有利于提高小学生科学素养的物质、信息和人员。实物性的学习资源主要指实验设施、设备、仪器、动植物、矿物质及其标本以及自然界的其他物质，它们广泛存在于教室、家庭、社区的人工环境和大自然之中。信息资源主要存在于书刊报纸和媒体网络之中，主要表现在知识性的文字资料及影像资料等方面。人力性资源主要存在于教师、学生、家长和社区科技人员之中，主要表现为他们所掌握的知识、思考问题的方法以及动手技能。科学学习资源的开发就是多方寻找并充分利用这些资源为学生学习科学服务，发挥这些资源对科学学习的促进作用。

一、大自然中的科学学习资源

科学以自然为研究对象，学习科学多从观察自然开始，在自然中探究科学，培养热爱自然的情感，树立科学的自然观，因此小学科学教学必须关注校内外自然资源的开发和利用。学校和教师应当创造条件搞好校园生态环境，建立小型的植物园、动物园、气象园、观天园等；还应当对当地可利用的自然资源进行调查，掌握这些资源的类型和特点。在此基础上，有计划地开发这些资源，使它们在科学学习中发挥作用。例如，让学生观察校园内的生物，了解生物的多样性；给校园植物挂牌，尝试编制检索表；让学生走出校园，了解当地环境中的生物类群并区别不同的生物群落，感受生物与环境的关系；让学生了解本地区的地形地貌、土壤、水资源；让学生观察星空，学习寻找一些知名的星座和星，区分恒星、行星等。

> **著名教育家陶行知**
>
> 陶行知（1891—1946），安徽歙县人。1910年考入南京金陵大学中文系。1914年赴美留学，先入伊利诺伊大学市政专业学习，获政治学硕士学位，后转哥伦比亚大学研究教育，成为美国教育家杜威和孟禄的学生。1917年秋回国，积极提倡平民教育和生活教育。1927年，创办南京试验乡村师范学校，主张以万物为导师，以宇宙为教室，以生活为课程。1931年从日本回国后，提倡“科学下嫁运动”，创办自然科学园，编辑科学丛书。同时提出创办工学团计划，认为工学团就是一个小工厂、一个小社会、一个小学校，规定工学团要普遍地进行军事、生产、科学、识字、民权和体育六大训练。1946年7月25日陶行知在上海病逝。毛泽东亲笔题词：“痛悼伟大的人民教育家”。1981年教育科学出版社出版了《陶行知教育文选》。

我国教育家陶行知十分重视科学学习资源的开发。他在科学教育的理念上师承杜威的“从做中学”，但陶行知并没有照搬“学校即社会”的教育思想，而是依据国情，提出了“社会即学校”的教育思想。这一话语的颠倒反映出科学学习资源开发的新思路。“原来大家误会得很，以为施行科学的教育，一定要大大地花一笔钱，不知有些科学不十分花钱，有些教学简直一钱都不花。我们在无钱的时候，可以做无钱的科学，玩些不花钱的科学把戏。有钱便做有钱的布置，无钱便做无钱的事业。例如，可以利用现成的东西，一只杯子、一个面盆、一根玻璃管、一张白纸，可以玩二十套把戏。我们没有玻璃管，便可用芦柴管通个孔来替代，内地如果买不到软木塞，可以用湿棉花来做瓶塞，破布烂纸，都可以利用。从不花钱的地方干去，这是很有兴趣的。”①

二、社区中的科学学习资源

社区资源的开发和利用可以使学生更多地接触社会，了解科学技术与社会的关系，激发学习的动机。这些资源包括社区提供的科普教育资源，如科技馆、博物馆、各种社区的科普教育基地以及所在地区高校中可利用的科学教育资源，也包括可以作为科学教育的间接社会资源的工厂、农场、新技术农业试验基地、垃圾加工厂、动物园、植物园、商店、超市、体育场、游乐场、交通工具等，还包括社区中的人员资源。

能够被利用的社区资源是相当丰富的，例如，商店或超市中的每一个物品都能为学生提供一组系列化的探究课题：这个物品的功能是什么？它由哪些部分组成？它的成分有哪些？它是如何加工出来的？它的材料和生产地在哪里？它的价格是多少？它的原理是什么？它的发展和变化历程是怎样的？它对人、社会、自然有什么利与弊？为了能够更好地利用这些资源，应当做好调查，建立资源档案，并与相关的部门建立稳定的联系，取得他们的支持；同时，还应当从事开发这些资源的各种探究活动，包括课内的、课外的、小型的作业和探究性的专门活动等。此外，还可以邀请家长和一些有专长的社区人员与学生进行专题交流。

三、网络媒体中的科学学习资源

基于计算机信息技术的网络多媒体为科学教育提供了前所未有的崭新平台，蕴涵着丰富的科学资源。网络多媒体技术集成了文本、声音、图像、动画、视频

① 陶行知等：《生活教育文选》，437页，成都，四川教育出版社，1988。

等多种信息优势，提供给学生大量丰富多彩的感性素材，有利于激发学生学习科学的兴趣，并按照学生的认知特点进行动态的意义建构。网络科学资源由于其高度的共享性、强大的交互性以及内容的丰富性吸引了越来越多的学生。一旦这些资源组合成具有一定规模、系统性强的资源库，将会极大地方便学生进行科学探究。此外，充分地利用网络信息资源，对于培养学生检索、收集、分析与处理信息的能力有着不可替代的作用。

网络多媒体科学信息资源建设主要是硬件、软件及其管理系统的建设。随着经济的发展和投入的增加，计算机、多媒体和网络系统设施的建设会逐步发展，科学教师应当更多关注网络多媒体中的科学资源及其开发。校园网建设主要包括三部分：一是教师的备课系统，提供教师与各种科学资源的链接，实现教师间的交互；二是学生的网上学习系统，提供网上探究的主题，引导学生与各种科学资源的链接，实现学生间及师生间的交互；三是信息资源库，开发和筛选引进各种多媒体教学课件和网络课件、各种学习资料，推荐和介绍各种网站资源信息，收集学生的优秀作业和探究论文等。为促进网上资源的利用，科学教学中应有网上搜索的内容与要求，教给学生网上搜索的方法，指导网上搜索的方向，还可以提出一些网上探究的课题，并组织交流。

网络科学资源利用的教学案例

小学教师徐明荣在教学“登上月球”、“探索月球的奥秘”时设计的教学过程是：

(1) 全班学生观看登月短片，以激发学生的探究欲望；

(2) 学生小组内提出问题，相互解惑，各小组确定探究的专题；

(3) 小组成员网上检索、浏览，写出研究报告；

(4) 学生召开信息发布会，交流和展评探月成果；

(5) 学生把在网上收集到的信息进行重组，写出图文并茂的“月球探秘”电子小报。有的学生还制作了“月球”专题网页，体验到了探究成功的兴奋与欢乐。

在这一完整的探究过程中，学生充分利用了网络多媒体中的科学资源，锻炼和提高了查阅、分析和评价科学信息的技能。

我国小学科学的网上资源比较丰富，为小学科学教师开发网上学习资源提供了线索。

第二节　小学科学学习资源开发的原则与途径

一、科学学习资源开发的原则

（一）科学教师与其他人员协同合作的原则

科学教师是开发科学资源的中心人物，但是也需要其他课程教师的参与，需要家长、社区人员的广泛参与。科学教师应该主动寻求与其他人士的合作，发挥组织和协调作用。

小学生探究科学需要从亲身经历的具体事物开始，而具体事物总是涉及多方面内容的综合，科学本身是综合的，物理、化学、生物等分科是人为划分的产物，事实上没有必要在这些学科之间设置明显的界限。科学与语文、数学、思想品德等课程也密切相关，因此，科学资源的开发需要科学教师与其他教师合作，实施跨学科的教学。在探讨人口与环境这一专题时，科学教师可以着重讨论人口增长过快对环境带来的污染和影响，例如二氧化碳在大气中的浓度、酸雨和 pH 值、水质和水源。社会课教师可针对人口增多以后的社会秩序、伦理观念、经济发展等专题展开讨论，也可以做一些社会调查。语文课教师可以选择报刊上有关的文章进行讲评，也可以鼓励学生写一些专题性的短文。数学课教师可以引导学生计算一些人口发展、资源消耗等方面的数据。这样从不同的层次和视角去探究同一事物，科学资源的开发范围就扩大了。

学科专家、课程专家、教育管理人员、学生、家长、社会人士等都可能拥有科学学习资源，一些社区组织、科研团体和高等院校也拥有独特的学习资源，这些都需要科学教师主动去开发和利用。科学教师一要向他们介绍科学课程的改革与发展动态，二要礼貌地寻求帮助，明确提出需要哪些方面的帮助，三要详细了解这些潜在科学资源的特点，四要把这些潜在的资源加以教育学的审视，便于学生理解。非科学教师也应关注小学科学课程改革，与科学教师一道努力开发新的资源与信息。

（二）信息资源与实物资源相结合的原则

超越小学科学课本资源，扩大小学生的阅读量，充分利用课外书刊资料提供的信息，同时购买或采集适当的实物资源，在阅读刊物的基础上尝试去做，去探究科学，在做中学，在做中玩，这就是把书刊资源与实物资源相结合的基本要求。

陶行知说："不做无学，不学无术。科学实验要在做上学，在做上教。读科学书籍，听科学讲演，而不亲手去做实验，便是洋八股而非真科学。"[①] 在谈到编写"儿童科学丛书"时，陶行知指出："我们编辑这部书的目的，在引导小朋友把自己造成科学的孩子。科学的孩子必得动手去做，用脑去想，所以这部书是科学的孩子实验、观察思想的指南，而不是静坐在那儿'诗云子曰'一样的读书。如果买了回去，读而不做，做而不求做之所以然，那就便是违背我们编书的宗旨了。"[②] 陶行知在送"儿童科学丛书"给他的儿子时写道："这些书不是给你们看的，乃是引导你们玩科学的把戏，做科学的实验。如果你们藏而不看，看而不做，那就算是辜负我的好心了。"[③] 他说，我们提倡科学，就是要提倡玩把戏，提倡玩科学的把戏。科学的小孩子是从玩科学的把戏中产生出来的，我们要小孩子玩科学的把戏，先要自己将把戏玩给他看。任由小孩子自由地去玩，不能加以禁止。不能说玩把戏的孩子是坏蛋。在陶行知看来，自然科学的书不可不读，但在读的基础上，更要去做，对小孩子玩科学的把戏，不但不能禁止，而且还要提倡。

(三) 知识性资源与问题性资源相结合的原则

知识性资源是指科学家研究的成果，这些科研成果表现为科学思想和科学结论。问题性资源是指学生自己发现的科学问题或者科学家还没有解决的问题，这些问题能够激发学生的求知欲和好奇心。根据科学问题来获取知识资源，有助于问题的解决，而问题的解决需要一定的知识，而且还产生了新知识，积累了知识。把问题与知识两方面的资源共同开发有助于探究性教学。

探究性学习以问题为起点，针对问题提出假设，围绕假设收集资料（包括直接的验证资料，也包括间接的验证资料），通过逻辑论证，得出结论。所以在科学探究的过程中，知识性资源和问题性资源是学习过程中的两个方面。为此，科学教师要与学生一道从实际生活中发现真实的问题，也可以通过文献资料探讨前人遗留下来的问题，还可以从阅读中发现一些问题。其次，科学教师要与学生一起依据已有的知识经验，大胆地提出科学假设，通过设计一些实验方案寻找解决问题的途径，同时也要通过阅读，广泛获取知识性的资源，为论证假设提供依据。下面的案例资料显示了知识性资源与问题性资源相结合的原则。

---

① 陶行知等：《生活教育文选》，408 页。

② 同上书，429 页。

③ 同上书，417～418 页。

瓢虫引发的问题与学习活动

一天，一个学生带着一只瓢虫来到班上，顿时这只瓢虫成了学生们关注的焦点。他们提出了许多问题：它吃什么？它什么时候飞？它能活多久？为此，教师订购了100只瓢虫，把它们放在硬纸板做的盒子中，四面有观察窗口。学生们像昆虫学家一样来研究瓢虫。这项活动为学生提供了许多交流和研究的机会。每一个孩子都要写日记，记录当天的观察和发现。图书中心有很多有关瓢虫的书，教师和学生每天一起读或孩子们自己读。每个新发现都会引发集体讨论。比如：一个学生发现瓢虫聚集在角落里睡觉，另一个孩子回忆起一本书上曾经提到过瓢虫的社会性，瓢虫甚至会群聚冬眠。孩子们最喜欢的是一张瓢虫的大图，他们可以标出瓢虫的各个部分。这次活动结束后，学生们将瓢虫放生，后来写了一本"书"——《我们所知道的瓢虫》。

（四）学生的需要与资源开发的可能性相结合的原则

学生的需要是科学资源开发的出发点，但是科学资源的开发还需要考虑现实条件和科学教师的开发能力。一方面，应尽量提供学生学习科学需要的资源，同时对发现的科学资源加以重组，即将原生态的资源转化为学生能够理解和内化的资源；另一方面，要考虑科学资源开发的成本和可能性。科学教师的时间和精力毕竟是有限的，而且目前能够开发的资源也受外在客观条件的限制，加上受过科学专业培养的小学教师人数不多，他们的科学专业素养并不理想。因此，需要考虑开发科学资源的可能性。

科学教师要深入了解学生学习科学的动机、兴趣和需要，根据学生的实际需要去寻找相应的资源，更为重要的是鼓励学生去积极发现科学资源，并把这些潜在的资源转化为他们可以利用的资源。科学资源往往是孩子身边的一些常见事物，它们易于引起学生的兴趣和科学探究的欲望。如，学生身边的花草树木可以作为帮助他们认识生命世界的课程资源。以一棵小树为例，科学教师可以引导学生在仔细观察的基础上提出许多问题，如：这棵树叫什么名字？它的生长需要哪些条件？这种树到了秋天会落叶吗？有些树为什么到了秋天会落叶？水分在树内是怎样运输的？树是怎样吸收养分的？如何证明它进行了光合作用？有哪些昆虫对它的生长造成危害？如何防止这种昆虫对它的侵害？如果没有阳光，小树能活下去吗？能活多久？它与我们人类存在什么样的关系？

科学资源的开发与利用需要讲究效益。一方面，科学教师应尽可能开发与利用那些对当前科学教学有现实意义的科学资源，而不能一味等待更好的条件或时机，否则就会影响小学科学课程的教学。另一方面，课程资源的开发与利用要尽可能就地取材，不应舍近求远。如果要鼓励小学教师以探究的方式教授科学课程，就必须在合适的时间给教师们提供必需的材料。美国的“科学材料支持中心”就是一个很好的范例。美国学者认为，小学教师很少有时间去搜集教师用书里列出的科学材料。为了有效及时地给小学教师提供材料，他们建立了由学区运转的科学材料支持中心，由学区管理科学材料，在教师需要的时候提供这些材料。

二、科学学习资源开发的途径

学校要根据自身特定的自然环境和人工环境，通过多种途径开发和利用各种资源。开发学习资源的途径主要有如下三条：

（一）学校学习资源的开发和利用

学校学习资源可以分为教室内的学习资源和教室外的学习资源两类，主要包括实验室、科学教室、图书馆、阅览室及其配备资料，学校建筑、走廊的环境布置，花草树木、生物角、科技景点等。学校要注意更新科学教育设备，适时增添科技图书；充分利用校内土地，开辟科技、劳动教育基地（如百草园、气象站、饲养园地等）；在校园内设计并建立科技景点（如太阳钟、风力发电机、科技雕塑等）；组织科技方面有特长的教师积极开发科学方面的校本课程。

（二）家庭学习资源的利用与开发

学生的家庭里也存在着丰富的科学教育资源，主要包括家长的阅历与职业背景、家庭饲养的动物与种植的植物、家庭科技书刊等。教师要指导学生和家长购买适当的科普读物，关注科技信息，引导学生建立自己的小小图书馆，并积极利用书刊资料；鼓励家长和孩子一起对家庭饲养的动物和种植的植物进行一些简单的科学探究活动；鼓励家长尽可能带孩子接触大自然、参与一些与科技相关的社会科技活动。此外，还应该鼓励学生之间对家庭科学资源的相互利用。

（三）社区学习资源的利用与开发

社区学习资源主要包括科技工作者、工厂、农场、田园、科技实验基地、高新企业、植物园、动物园、科技场馆（如当地的图书馆、科技馆、博物馆、少年宫、农技站）、大专院校、科研院所等。科学教师可以指导学生开展如下活动：改善社区环境的科技活动；与社区科研、企事业单位建立联系，共建科技活动场所，开展现场科技教学活动，聘请科技人员和专家担任科技活动的指导教师，聘请家长中的科技工作者为学生开设科普讲座；组建学生科技团体，利用社区资源开展科普宣传活动和实践活动。

第三节 小学科学学习环境的创设

小学生在学校的大部分时间在教室里度过，因此，如何创设一个安全而具有探究性的课堂教学环境，整合和利用科学教学资源，乃是一个值得研究的重要主题。

一、安全的教学环境

科学教学中的安全隐患应该引起科学教师的重视。小学生经常会接触到一些有潜在危险的物品，如：化学品、剪刀、小棒、玻璃等。如果教师缺乏应有的责任感，不重视这些物品的潜在危险性，学生操作稍有不慎就可能带来不堪设想的后果。儿童是天生的“科学家”，他们在探究活动中的好奇心和求知欲是科学教育活动展开的心理基础。然而也正是那种天生的好奇心，加上他们的天生好动、情绪容易冲动、好开玩笑等年龄特点，小学生常常会做出一些他们难以预料到后果的事情。因此，防止和减少因安全问题给学校带来无谓的经济损失，避免和减少法律纠纷，是小学科学教师需要特别注意的大事。

> **学生安全问题的法律条款**
>
> 2006年修订的《中华人民共和国义务教育法》第十六条规定：“学校建设，应当符合国家规定的办学标准，适应教育教学需要；应当符合国家规定的选址要求和建设标准，确保学生和教职工安全。”第二十四条规定：“学校应当建立、健全安全制度和应急机制，对学生进行安全教育，加强管理，及时消除隐患，预防发生事故。”“县级以上地方人民政府定期对学校校舍安全进行检查；对需要维修、改造的，及时予以维修、改造。”
>
> 《中华人民共和国未成年人保护法》第二十二条规定：“学校、幼儿园、托儿所不得在危及未成年人人身安全、健康的校舍和其他设施、场所中进行教育教学活动。”“学校、幼儿园安排未成年人参加集会、文化娱乐、社会实践等集体活动，应当有利于未成年人的健康成长，防止发生人身安全事故。”

我国小学科学教育中的安全事故没有统计数据。下面以美国的资料来说明科学教育中存在的安全问题。表 11—1 直观地反映出美国学校因科学教育中的安全问题而耗费的财力。表 11—2 反映出美国科学教育中的事故多数是由化学物品和割伤引起的。

表 11—1　　1990—1996 年美国艾奥瓦州公立学校科学教育中学生身体受损及家长法律投诉情况

	1990—1993 年	1993—1996 年
学生身体受损次数（次）	674	1 002
医疗费用（美元）	1 678 075	2 300 172
家长法律投诉次数（次）	96	245
投诉金额（美元）	566 305	1 238 662

资料来源：陈华彬、梁玲编：《小学科学教育概论》，143 页，北京，高等教育出版社，2003。

表 11—2　　1990—1996 年美国艾奥瓦州公立学校科学教育事故原因分析

事故原因	所占比例	说明
化学物品	55%	45%化学物品烧伤，40%眼睛受伤，15%呼吸道受损
割伤	20%	使用玻璃器具、针、解剖刀所致
烧伤、烫伤（与化学物品无关）	10%	煤气灯、烧杯等玻璃器皿
滑倒、跌倒	10%	奔跑打闹、恶作剧、从椅子上摔下来
眼部受伤（与化学物品无关）	5%	观察日食

资料来源：陈华彬、梁玲编：《小学科学教育概论》，143 页，北京，高等教育出版社，2003。

为了消除和减少科学教学活动中的安全隐患，小学科学教师需要努力做到：

第一，提高责任意识和安全意识。保护学生的身体不受损伤是教师责无旁贷的义务。小学科学教师不是“超人”或“神仙”，并不能预见事故的发生，也不能控制学生的每一个动作，但是教师要有强烈的安全意识和责任感，事先应该采取一切可能的措施去预防那些可以避免的安全事故。这也是教师和学校保护自己避免卷入法律诉讼的重要基础。如果教师只强调事故的不可预测性而不做任何努力去预防事故的发生，那么他不仅没有履行学校保护学生身心安全的基本职责，也将使自己在法律诉讼中处于不利的地位。

第二，努力做好预先防备工作。科学教学活动中的一些材料有潜在的危险，教师虽不能预测事故发生的时间，但是应该能够根据经验及常识，想尽一切方法和手段去防止事故的发生。如：(1) 在小学科学课堂中尽量避免使用化学品，尤其是一些高浓度的有腐蚀作用的或带毒的化学溶剂。(2) 有些物品本身不一定很危险，但是会引发一些危险的后果。如，教师用两根电线与 9V 干电池连接起来让学生用舌头体验"麻"的感觉。这个实验本身没有危险，但是如果小学生回家模仿这个实验，用 220V 的电压重复在学校做过的实验，其后果就不堪设想。(3) 避免使用有潜在危险的物品，可用塑料制品代替玻璃制品。尽量避免使用的物品包括玻璃烧杯、酒精灯、钢针、220V 交流电、带尖头的剪刀、化学制品、溶剂、水银温度计及其他玻璃制品等。(4) 准备急救箱，存放一些纱布、红药水、烫伤膏等，还要准备洗眼杯、灭火器等。(5) 学生上实验课要求穿旧衣服，女同学的长发要夹好。实验时要穿好围裙、戴好眼罩，实验后要洗手。(6) 注意学生的过敏史。有的学生对某些气味或物品过敏。没有教师的允许，学生不能吃实验用的食品，即使是饼干、水果和糖果也不能吃。(7) 严禁学生在课堂上追逐戏耍。学生不能将实验物品带出教室。教师要多走动，不断地巡视小组实验情况。(8) 课堂实验结束后，要求学生不要在家里单独重复在课内所做的实验，如果特别感兴趣，可在家长的监督下去做。

第三，明确实验要求。实验说明是预防学生发生事故的重要环节。小学生在实验前一般都处于兴奋状态，对实验的要求听而不闻，急于动手。讲解实验步骤和方法最好在发放实验器材之前，口头、书面及演示三种警示方法各有特点，可以综合运用，表 11—3 说明了三种警示方法的优缺点。

表 11—3　　三种警示方法的优缺点

警示方法	优点	缺点
口头	比较灵活、直接。教师可根据要求随时调整，突出重点，比较容易引起学生的注意，也比较容易懂。	比较抽象，一些过于具体的动作描述很难用确切的语言来表达。
书面	语言比较精练，学生如有问题可以随时查看。	书面语言的理解需要一定的思维活动。大多数学生不愿意仔细地去看书面说明。
演示	具体、形象，有的步骤难以用口头和书面语言来准确表达。	过于花时间，如过多使用，学生会失去耐心，分散注意力。

第四，严肃课堂纪律和管理秩序。混乱的课堂秩序，学生之间相互打闹、追逐、开玩笑甚至恶作剧，这些都是造成课堂事故的重要原因。因此，科学教师要

制定专门的科学教育课堂纪律，并张贴在墙上。课堂纪律一旦确立，就要严格执行。对于违反课堂纪律的学生，要与家长取得联系，并组织学生讨论违规带来的安全隐患。要求每一个学生签订一份《科学实验安全操作合同》，参见表 11—4。这不是教师要推卸安全操作中的责任，而是要使小学生从小就知道自己的社会责任，形成法制观念。当然这样的合同在法律上的作用十分有限。

表 11—4　　科学实验安全操作合同样本

科学实验安全操作合同 我将严格按照教师课堂上的讲解来做实验，认真遵守课堂纪律，自觉执行安全操作规章制度。严格按照实验步骤和方法操作，服从教师的监督和劝告，不影响其他同学，不在课堂上追逐打闹，不与同学开玩笑，随时注意事故隐患，努力防止事故发生。 签名__________　_____年___月___日

安全事故案例分析

为了发展小学生低年级的分类技能，一个科学课教师把学生分成小组后发给学生很多干豆、纽扣、糖果、小石块、玻璃球……要求学生对这些物品进行分类。他认为这是一个很简单很安全的活动，在学生开始分类时，他外出教室一段时间。学生运用的这些分类材料实际上隐含着一些可能的危险，如：学生可能会吃糖果和干豆。这些食品因为与石块和玻璃球混在一起已经不能吃了；学生可能会互扔小石块和玻璃球，这些石块和玻璃球足以能够使人受伤；学生可能会打碎玻璃球而割伤手指；学生可能把玻璃球放入口中，不小心吞入肚里。因为有这些潜在的危险，所以教师不应该离开教室。

课外活动中也有一些需要注意的安全问题。例如，不要将野生的动物，尤其是有危险性的小动物带进课堂，这里包括那些来路不明的昆虫、飞鸟等。更不要饲养生病的、带病菌的动物。有的动物即使没有带病菌，如果病死在教室里也会给小学生带来不必要的心理阴影。劝告学生不要随便抚摸动物，更不要用棍棒去追打和逗弄小动物。同样，在教室中种植花草要了解这花草的习性。劝告学生不要将任何植物，包括熟悉的蔬菜放入口中。

课外考察活动中的安全问题也需要引起重视。学生到了室外一般都比较兴奋，容易做出一些出格的事情。教师要事先勘察活动场所，消除安全隐患。例如，考察的地方有小河、湖泊，就要测量水的深度和水的流速，带上一些救生圈，教师本人最好会游泳，或者有会游泳的人陪同。一个教师照顾全体学生难免会顾此失彼，如果能够邀请学生家长自愿参加，则会提高安全性。此外，还要带好急救器材，记好学生的手机号码和当地的急救电话号码。

二、探索性的教学环境

学校的教学环境应该体现探究性，让儿童有探索的机会和场所。美国的小学很注意为学生提供探索活动的条件，他们的教室很大，十几个学生一个班，教室却有近百平方米，教室划分为几个区域，有阅览区、科学区、数学区、社会区、电脑区等等。每个区有大量的材料，如数学区有码尺、卷尺、算术棒、容器等，每天学生有大量的时间在自己选择的区域内从事各种动手的探究活动。他们可以按自己的兴趣，或朗读、或动手操作、或小组讨论交流、或来回走动观察。

美国小学课堂中的学习中心

美国的学习中心（learning center）是学生独立学习的场所，一般设置在教室的角落，供学生课内课外使用，一般分为实验性学习中心和知识性学习中心。在实验性学习中心，学生可以独立完成比较简单的实验。在知识性学习中心，学生可以查阅书籍、期刊论文等文字资料，还可以查阅图片和各种多媒体资料。学习中心面向全班学生，让他们独立完成实验的整个过程，或者单独地进行专题学习。探究的课题一般只需要几十分钟，不仅培养了学生的动手能力，更重要的是锻炼了学习的独立性。专题性学习则可以开拓学生的学术视野，对某一事物、某一概念或某一现象有进一步的了解。学习中心一般配有学习指导说明书，包括专题的目的、操作步骤、所需材料清单、实验方法、评估要求等。

美国的探索性教学环境除了校内的活动空间，也包括社区内的学生活动场所。在美国旧金山、西雅图等地都有很好的“动手实验博物馆”，吸引中小学生前来自己动手做实验。例如，有专门供学生观看的机械传动装置，学生自己摇动后可观察传动过程，骑上高空单轨自行车可让学生亲身体会一下重心下降的感觉。有的博物馆还允许学生利用其设施制作自己设计的小发明、小教具。无论是校内还是校外，都为学生提供了动手的机会和条件，让学生在探索的过程中学习科学。

实验室的建设应当关注对学生探究性学习活动的支持。探究性学习活动并不要求把原有的仪器设备废除，但是教学仪器设备要改变只以验证知识和训练技术为目标的实验模式，开发它们的探究教学功能。例如，描绘小灯泡的伏安特性曲线，其基本的线路仍然是伏安法测电阻的线路，所用的仪器也是电流表、伏特表、滑动变阻器、电源等，但要求创设一种能使学生探究的情境，给学生发现的机会，构建解释异常现象的原理，学习探究的技能。为此，要努力开发一些利用普通仪器的探究性实验，或对原有的实验进行改造。有条件的学校可以建立走廊科技陈列室或小型科学探究室、自制教具活动室等。

三、课堂教学环境设置

小学科学课堂教学需要做大量的观察实验活动，它的特殊性往往被人所忽视。“科学课程是实践性很强的课程，教师需要带领和指导学生进行大量的观察实验、动手操作等活动。因此，每所学校必须开设科学专用教室，并配备相应的仪器设备，乡镇中心以上小学要按国家仪器配备目录一类标准配备，村级小学也要达到二类标准。”为落实标准要求，学校应为教师自制教具提供物质和财力保障，有条件的小学应在原有自然实验室的基础上，改建或增设科学教室，并配置科学参考书籍、图册、图片，提供各种常用工具和制作材料，存放学生搜集来的各种废旧包装容器、小生物、沙盘模型以及学生制作的各种标本等。科学教室既作为实验室，又作为学生“动手做”的活动场所，也是工具库、材料库及成果展览室，是学生们开展科学探究活动的天地。小学科学教育的专用教室有其特殊性，主要表现在以下几个方面：

（一）教室内安放的设施应能够移动

小学科学课堂教学的内容与形式多变，这就要求教室的布置，尤其是课桌椅能移动，便于调整。小学生在做实验时，一般以 4 人或者 2 人为一个小组开展合作学习，可以将四套桌椅围在一起，或者两套桌椅围在一起，组成一个“实验桌”。实验桌应保证有足够的地方放置实验器材，同学们能够面对面地进行讨论。课桌椅合并以后能腾出较大的空间便于学生在教室里走动，譬如学生去储存柜取实验器材，去水池清洗实验仪器或洗手，或者去其他组同学那里进行交流。

（二）科学教学仪器的配备要达到一定的标准

2006 年 10 月，教育部颁布了《小学数学科学教学仪器配备标准》，其中小学科学教学仪器配备参见表 11—5。这一标准规定了小学科学教学用仪器设备的配备要求，由于各地经费条件的限制，一些小学的科学教学仪器配备还达不到这一标准，应该引起当地政府部门、教育行政主管部门和学校领导的重视。

表 11—5　　小学科学教学仪器表

教学仪器分类	教学仪器名称
视听	书写投影器、视频展示台、液晶投影机、银幕、彩色电视机、录像机、影碟机、照相机、摄像机。
普通器材	打孔器、打气筒、仪器车、生物显微镜、生物显微演示装置、学生显微镜、放大镜、天文望远镜、酒精喷灯、电加热器、电冰箱、电烤箱、保温箱、听诊器、养鱼缸及辅助设备、手持移动灯、水槽。
支架	方座支架、三脚架、试管架、旋转架、百叶箱支架。
电源	学生用电源、教学用电源、电池盒。
测量工具	直尺、软尺、托盘天平、金属钩码、体重计、电子停表、温度计、体温计、最高温度表、最低温度表、条形盒测力计、多用电表、湿度计、指南针、肺活量计、雨量器、风杯式风速表。
专用仪器及材料	斜面、压簧、拉簧、沉浮块、杠杆尺及支架、滑轮组及支架、轮轴及支架、齿轮组及支架、弹簧片、小车、三球仪、太阳高度测量器、风的形成实验材料、组装风车材料、组装水轮材料、太阳能的应用材料、音叉、小鼓、组装土电话材料、热传导实验材料、物体热胀冷缩实验材料、灯座及灯泡、开关、物体导电性实验材料、条形磁铁、蹄形磁铁、磁针、环形磁铁、电磁铁组装材料、电磁铁、手摇发电机、激光笔、小孔成像装置、平面镜及支架、曲面镜及支架、透镜、棱镜及支架、成像屏及支架、昆虫观察盒、动物饲养笼、塑料注射器。
模型	照相机模型、儿童骨骼模型、儿童牙列模型、少年人体半身模型、眼构造模型、啄木鸟仿真模型、猫头鹰仿真模型、平面政区地球仪、平面地形地球仪、地动仪模型、地球构造模型、司南模型、月相变化演示器。
标本	蟾蜍浸制标本、河蚌浸制标本、爬行类动物浸制标本、蛙发育顺序标本、昆虫标本、桑蚕生活史标本、兔外形标本、植物种子传播方式标本、天然材料标本、人造材料标本、纺织品标本、各种纸样标本、矿物标本、岩石标本、金属矿物标本、土壤标本、矿物提炼物标本、植物根尖纵切、木本双子叶植物茎横切、草本植物茎横切、洋葱表皮装片、叶片横切、叶片气孔装片、动物表皮细胞装片、蛙卵细胞切片、骨细胞切片、口腔黏膜细胞装片、人血细胞装片。
挂图、软件及资料	中国政区地图、中国地形地图、小学科学安全操作挂图、小学科学生命世界教学挂图、小学科学物质世界教学挂图、小学科学地球与宇宙教学挂图、科学史挂图、植物分类图谱、动物分类图谱、小学科学生命世界教学投影片、小学科学物质世界教学投影片、小学科学地球与宇宙教学投影片、多媒体教学软件、小学科学教学素材库、小学科学实验仪器手册。

续前表

教学仪器分类	教学仪器名称
玻璃仪器	量筒、量杯、注射器、试管、烧杯、烧瓶、锥形瓶、酒精灯、漏斗、Y形管、滴管、集气瓶、燃烧匙、药匙、玻璃管、玻璃棒、培养皿、蒸发皿等。
药品	硫酸铝钾（明矾）、酒精、pH广范试纸、高锰酸钾、盐酸。
一般科学实验材料	蜡纸、锡箔纸、塑料手套、塑料管、毛细管、种子、橡皮泥、种植土、过滤纸、导线、碘酒、蜡烛塑料膜、透明塑料袋、棉布、吸管、食用油、食盐、气球、方格纸、松香等。
其他实验材料和工具	载玻片、盖玻片、测电笔、一字螺丝刀、尖嘴钳、木工锯、钢丝钳、手锤、活扳手、剪刀、花盆、小刀、塑料桶、手摇铃、手持筛子、喷水壶、吹风机、采集捕捞工具、榨汁器。

（三）留置足够的储藏器材的空间

小学科学课程的教学实验性很强，学生要经常使用大量的实验器材，这些器材大致可以分为两类，一类是常用器材，例如天平、显微镜、量杯、放大镜等，这些器材最好能够存放在教室里，便于取用。另一类器材和实验用品并不经常使用，有的用品还需要经常更换，如，学生要研究学校附近地区土壤的组成，就没有必要把土壤样本一直保存在教室里，实验时学生可以自行带来。另外有一些特殊器材或相对比较昂贵的器材、精密的仪器、较危险的物品则宜存放在学校中心储藏室。一般比较重的或比较大的器材安放在储藏柜的下层。每一个储藏柜的外面用标签纸写上存放器材的名称和数量，以利于管理和清点。储藏柜要有专人负责，定期检查和清理，已损坏的仪器设施要及时修理。实验课中经常要用水、用电，教室后面或教室附近要设置水池，教室里面要设置插座，教室上方要装上排气扇，有条件的学校在专门的教室里可配备计算机和互联网连接。

（四）课堂教学安排要便于教师与学生之间的交流

科学教师不仅在教学上起主导作用，而且还是学生的监护人，需要在课堂教学过程中及时监督和查看学生的学习行为，密切注意学生的每一个细小动作。这是预防课堂教学安全事故发生的保证，也是实现教学目标的重要条件。课堂的设置和安排要有利于教师发挥监督的作用，将学生的学习行为置于教师的视野之内。有时教师在课堂上还需要做一些演示性的实验，并作必要的讲解与提示，因此有必要保证每一个学生看清教师的演示过程，听清楚教师的解释。教师与学生之间的有效交流，包括语言交流和目光交流是保证科学教学有效性的基本条件，教师从交流中获得教学效果的反馈，及时调整教学进度与方向，随时发现学生学

习过程中存在的问题，以便进行个别辅导。同时，学生从与教师的交流中不仅能得到鼓励、信任和关怀，而且还能及时发现自己学习中的困难与问题，如果他们的行为与实验的目的、课堂纪律不相符，也可以得到劝阻、责备的暗示。

本章小结

为了使小学生的科学学习具有广阔的智力背景，科学教育不能局限于传统意义上的教材，必须利用和开发多种多样的科学资源。科学资源分布的范围很广，有大自然中的天然资源、社区中的人力资源和网络媒体中的信息资源。面对这些丰富的科学资源，科学教师应该与学生、家长、科技人士、科研机构的负责人一道共同开发它们。开发意味着寻找和发现，意味着转化和转换。开发科学资源的基本要求是科学教师和非科学教师、科技人士协调合作；信息资源与实物资源的开发相结合；知识性资源与问题性资源相结合；学生的需要和开发的现实条件相结合。通过开发学校、家庭、社区的科学资源，让小学生拥有学习科学的良好基础。科学资源的开发和利用需要一个安全的教学环境，这个教学环境的创设应该体现出探究的性质。课堂教学应该理性地整合这些潜在的科学资源，通过教学把资源转化为学生学习科学的有利条件。

阅读·思考·交流

1. 阅读下面的资料，然后举例说明农村还有哪些其他的科学学习资源。

在农村广阔的天地里，家家有田地，户户有庭院，家庭的农作物种植和动物饲养能给科学教学提供很多的实物标本，而孩子们具有一定的栽培知识，较好的劳动习惯，故利用此资源优势，不仅能在实践中培养学生爱科学、用科学的感情，而且能锻炼学生运用学到的科技知识，学会种植、饲养等方面的本领。例如：学生学习“植物与环境”时，将他们带到学校附近的玉米地进行实地教学，当学生动手拨开玉米的根系后自然会发现同一株长在沟里的玉米，靠近水沟一面的根又细又密，根毛发达，而另一面就比较稀少。纵然其他条件相同，得到水分的多少不同，决定了根系的多少。这样就懂得了植物的根具有向水性的特点。鼓励学生将学到的知识应用于家庭饲养、家庭种植。农村学习资源的合理开发能有效地突破科学课本的局限和课堂教学时间的限制。

2. 阅读下面的资料，试用科学资源开发的原则加以分析。

2008 年 1 月底，一场 50 年不遇的冰雪灾害，将南方电力线路上不少杆塔击倒，致使数省大面积断电，京广线南段电力机车无法开行，成千上万旅客滞留在春节回家的路上。灾难中，几十条宝贵的生命令人痛惜地失去。三名湖南电力工人在执行抢修作业时壮烈牺牲。我们常说稳于铁塔，看起来那么不可动摇的电力线塔怎么会倒塌？这次南方的冰雪冻灾是50年不遇，可换到北方，尤其是东北，恐怕就是家常便饭了，为什么很少听到那里的电线杆塔倒塌？这是一个高度综合性的科学问题，作为问题性的科学资源来开发很有意义。有人查阅资料后发现，工程师们在设计架空输电线时，考虑的气候因素主要是最大风速、最大覆冰、最低气温、平均气温。在四川、湖南一带，一般最大风速取10m/s；最大覆冰取5mm；最低温度取−5℃。这次反常的是（最大）覆冰，大大超过了5mm，有人说，达到了80～90mm。因而认为这就是问题所在。有人认为，随着温度的不断降低，电线越来越短，对两边的铁塔的拉力加大，南方的铁塔是依地形而建，三个铁塔多不在一条直线上，这时加上冻雨形成的碗口大的冰柱，拉力自然会加大数倍。当中间的铁塔受到的合力过大时，就会被拉倒。北方的铁塔几乎是在同一直线上的，即使温度比南方低，也不容易倒塌。

3. 阅读下面的资料，谈谈科学学习资源开发的基本原则。

许多乡村学校中都有小池塘，在一位课程资源意识很强的教师眼里，小池塘便是一个很好的课程资源，它里面蕴涵着许多可供探究的东西。如，可以引导孩子观察这个小小的生态系统究竟生存着哪些小生命？经过一番调查，学生不难发现，池塘的岸边生长着各种树木花草，还生活着许多诸如蚂蚁、蚂蚱、蚯蚓、蜜蜂、蝴蝶等小动物；池塘的水面上漂着浮萍，还不时地有蜻蜓、水蜘蛛在活动；池塘的水面下生长着水草、鱼类、青蛙，还有各种浮游生物。在此基础上我们还可以提出这样的问题：这些生命都是怎样生活的？它们之间有联系吗？这里面是否存在着食物链？如果将整个小池塘封闭起来，少了某种生物，是否会对整个生态系统的平衡产生影响？有哪些情况会对小池塘造成污染？如果池塘里的水受到了污染，哪种生物首先受到伤害？有哪些措施可以保护小池塘，使它免受或少受污染？在对这些问题思考的基础上，还可以进一步将问题拓展开，如：基于保护小池塘的思考，你对城市环保有哪些建议？这样，一片小池塘便可被我们用来作为锻炼学生观察能力，认识动植物，理解生态系统成员间的关系以及环保的重要意义等方面具体、鲜活的课程资源了。

4. 阅读下面的资料，你认为学生的课外科学探究活动是否因为安全问题要取消，为什么？应该如何预防安全事故？

贵州省遵义市绥阳县洋川小学田维胜老师认为：当前安全意识的强化给教学工作带来了一些负面影响。应该说：安全是一切工作的重中之重。学生生命都不能保障，便无所谓教学。正因为如此，一些课外活动教师便少安排或不安排，即

便安排，也只是备课本上写着，或轻描淡写向学生提一下，没有实质性的要求。教师谁都担心，学生因为要完成布置的课外活动受了伤（严重的危及生命），教师需要承担相应的责任。谁也说不清学生会在课外的什么活动中出安全事故。这样一来，原本是课堂教学需要在课外进一步学习完善的活动，或是有利于学生进一步探究学习和发展的活动便被淡化或取消，显得“活动不足”。

5. 阅读下面的资料，然后尝试设计一个类似的课题。

美国的小学设置了学习中心，下面是实验性学习中心的一个探究性课题，主题是“松香的观察”。

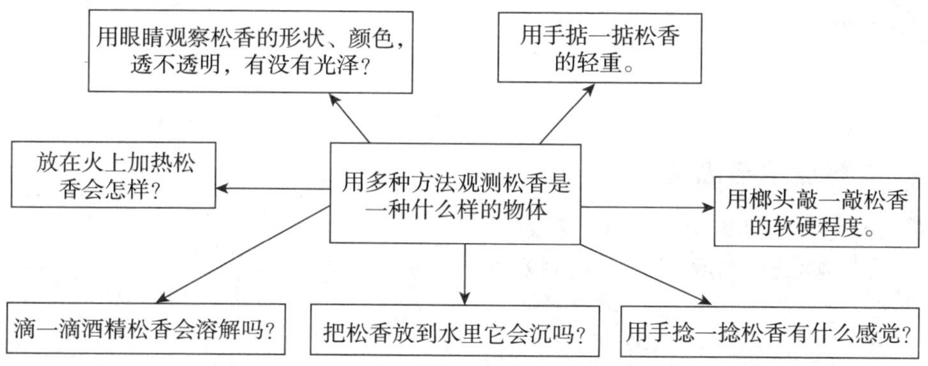

第十二章

小学科学教学评价

内容提示与思考

◎ 教学评价的含义是什么？
◎ 小学科学教学评价资料的收集有哪些方法？
◎ 有效的教学评价有哪些要素？
◎ 怎样编制一份好的小学科学试卷？
◎ 小学科学教学评价的改革有哪些趋势？

小学科学教学评价是教学的一个重要环节，其主要目的是了解学生学习科学的效果和发展状况，以利于改进教学。以往的教学评价过分重视对学生学业成绩（主要是考试分数）进行分等和排序，这样的评价观念受到越来越多的质疑。新的教学评价观念在评价主体、评价内容、评价方法和评价时机等方面都发生了一系列的变化。但是，教学评价的本质是什么，教学评价的价值在哪里，有哪些评价类型，现在的教学评价与以往的评价有什么差别，我国的教学评价与国外的有什么不同，如何用新的评价观念来影响当下的考试设计和成绩评定？这些都是教学改革的难点，需要进行多方面的深入思考。

第一节 小学科学教学评价概述

一、教学评价的概念

教学评价与考试有关，但是考试不是评价的全部。考试是一种测验，测验是对人的知识、技能和能力以及某些心理特征的测试。测验内容与结果的数量化处理过程也被称为测量。考试是个系统过程，它由主考人（多为教师）、被考人（多为学生）、试卷（试题的集合及其评分标准）、考分四要素组成。考试的过程就是主考人组织编制试题，通过考生答题，然后将评分标准与考生的答案相比较，最后给出分值的过程。考试有笔试、口试、操作和表演等方式，笔试又有开卷和闭卷之分。成绩的评定有100分制和等级制之分，等级制一般分为优秀、良好、中等、及格、不及格。一门课程的总成绩由平时成绩和考试成绩构成，前者占总成绩的20%～30%，后者占70%～80%。

“现代评价理论之父”泰勒

美国学者泰勒（Ralph W. Tyler，1902—1994）于1927年在芝加哥大学获得博士学位，1934年，他出版了《成绩测验的编制》，论述了评价原理，被誉为“现代评价理论之父”。20世纪二三十年代，泰勒作为评价委员会的领导负责了进步教育协会率先发起的“八年研究”（1933—1941），并于1949年出版了《课程与教学的基本原理》，书中分析了教育目标、课程设计和评价过程之间的密切联系，既孕育了教学评价这一新的领域，又为现代课程理论奠定了基础。泰勒提出的四个问题是：学校应该达到哪些教育目标，提供哪些教育经验才能实现这些目标，怎样才能有效组织这些教育经验，怎样才能确保这些目标得到实现？据此课程编制的四个步骤是：确定目标；选择经验；组织经验；评价结果。

考试分数能够为教学评价提供事实依据，其他的一些方式，如，学生的作业、课堂参与、课外活动、学习情趣、精神态度等方面的事实资料也是教学评价的重要依据。依据一定的价值标准对考试分数进行价值判断就是教学评价。一个学生在科学考试中获得了86分的成绩，这只是一个数量值，具有客观性。如果要追问，这个学生考得好还是不好？就需要依据一个价值标准来评判，标准不一样，得出的价值判断就不一样。如果以60分及格的标准看，这个考生的成绩非常不错，但是如果从全班的排名看，这个成绩可能还不算好，也许有大部分考生的成绩超过了86分。此外，还要看由谁来评判。对同一个分数，学习基础好的学生可能觉得考得不好，学习基础差的学生可能觉得考得好。此外，分数并不具有等值性，考了86分的学生并不能说比考了43分的学生好一倍。

小学科学教学评价就是指评价主体（如教师、学生、家长、教育专家、教育行政人员、社会人士等）依据一定的事实材料和科学教学价值标准，对小学科学的教学过程和教学结果进行价值评判的活动。教学评价有两个含义，一是广义的评价，指相关人员对教与学两方面活动的评价；二是狭义的评价，指在教学过程中对学生学习结果的评价。由谁来评价，评价什么，依据什么样的标准来评价，在什么时候评价，这四个问题是教学评价的核心问题。目前人们对这四个问题的思考已达成某些共识：

（1）评价主体的多元化。

科学教师在教学评价中发挥重要的作用，但不是唯一的评价者。学生将参与教学评价，反思自己的学习状况，并对教师的教学状况提出自己的看法；学生家长、教育管理部门、科技管理部门以及社区有关组织和人士也应该被邀请参与对科学课程的组织、实施、方法和效率等的评价。

（2）评价内容的全面化。

教学评价要依据小学科学（3—6 年级）课程标准涵盖科学素养的各个方面，既要考查学生对科学概念与事实的理解，又要评价学生在情感态度与价值观、科学探究方法与能力、科学行为与习惯等方面的变化与进步。

（3）评价方法的多样化。

单纯的书面测验和考试已经不适应科学课程的发展，科学教师需要运用多种方法对不同的目标、不同的内容进行教学评价。科学教师、学生和其他有关人员应积极探索多样化的评价方法。

（4）评价时机的全程化。

科学课程的教学评价主要是为了促进学生的学习和发展，因此评价就不能仅限于学习过程结束之后进行，而必须伴随在教学活动的整个过程之中。这就需要教师随时关注学生在课堂上的表现与反应，及时给予必要的、适当的鼓励性与指导性的评价。

二、教学评价的历史

自 19 世纪中叶起到 20 世纪 30 年代的 80 多年，为教学评价的第一个时期——“心理测验时期”。这一时期教育测量的研究取得了一系列的成果，在考试的定量化、客观化与标准化方面，取得了重要的进展，强调以量化的方法对学生的学习状况进行测量。然而，当时的考试与测验只要求学生记诵教材的知识内容，无法真正反映学生的学习过程。

20 世纪 30 年代至 50 年代是教育测量的第二个时期——“目标中心时期”。泰勒提出了以教育目标为核心的教学评价原理，即教学评价的泰勒原理，并明确提出了“教学评价”的概念，从而把教学评价与教育测量区分开来，教学评价学

就是在泰勒原理的基础上诞生与发展起来的。

20 世纪 50 年代至 70 年代是教学评价的第三个时期——“标准研制时期”。以布卢姆为主的教育家，提出了对教育目标进行评价的问题，美国教育学家斯克里文、斯塔克和凯洛格等人对教学评价理论作出了巨大的贡献。学者们把 1967 年界定为美国教学评价发展的转折点。

20 世纪 70 年代以后，教学评价发展到第四个时期——“结果认同时期”。这一时期非常关注评价结果的认同问题。这一时期的评价强调评价过程中给予个体更多被认可的可能，重视评价对个体发展的激励和促进作用，因此，又称为“个体化评价时期”。

第二节　小学科学教学评价类型

小学科学教学评价需要以事实为依据，在获取足够事实资料的基础上，教学评价就有了客观的依据，因此，需要了解收集事实资料的方法。

一、收集教学评价资料的方法

小学科学的教学评价应以真实的日常教学实践为基础，全面地反映学生学习科学的状况。科学教师可以通过多种方法收集各方面的资料。

（一）观察法

科学教师应在日常的教学活动特别是课堂教学活动中观察学生学习科学时的行为表现。小学科学教学的主要场所是课堂，教师在课堂上要善于察言观色，了解学生的学习情绪和学习问题，以调控教学的节奏和调整教学策略。发现学生不良的学习行为或学习困难，要指导解决，并给予必要的帮助，事后对观察到的问题加以记录和反思。

（二）访谈法

科学教师利用课后的时间向学生询问一些有关学习科学的问题。这些问题一般是开放性的问题，学生回答不需要作长时间的思考与准备。通过连续不断的交谈，可以就某一深层次的问题进行探讨，获得有深度的资料，但是这种方法消耗的时间太多。访谈时教师要消除学生的紧张感和焦虑情绪，让他们敢于反映学习中出现的真实问题。

（三）典型事件记录

学生在学习的过程中会有一些典型性事件，如发现有价值的科学问题，探究科学问题时独特的视角、直觉思维的灵感、具有创新意义的假设，具有共性的学习问题等。教师应准备一个笔记本，随时记录发生在科学教学中的典型事件。这些事件可以作为以后的案例资料。

（四）学习作品分析

学生的科学作业、科学笔记、科学概念图表、科学实验报告、科学调查报告、科学图画、科学诗文都属于学习作品，其中内含着他们对科学的理解与认识。对其中优秀的作品要及时展示出来，让学生、教师、学校领导、家长和其他社会人士能够看到，以鼓励学生努力学习，激发学习科学的积极性，强化学习的动机。

（五）学生成长记录袋

科学教师要组织学生经常收集自己学习的科学作品。那些能够反映学生学习科学状况的观察日记、科技小制作、科学报告、科学小论文等都可以作为重要的学习资料保存下来，那些展示过的优秀学习作品更具有保存价值。学生不定期地翻阅自己的成长记录袋，会体验到学习科学的成就感，会产生兴奋和满意的情绪。

（六）评定量表法

教师根据学生在某一科学学习活动中的表现，直接对学生学习科学的行为做出评定。量表的使用可以是描述性的，也可以是数值性的。表 12—1 就是五年级“调查池塘里的有机物”评定量表。也可以将某些学习行为分解为一些具体的项目，学生若是做到了或者完成了，就做个标记。这种方法比较容易操作，但是不容易看到深层次的学习问题。

表 12—1　　　　五年级“调查池塘里的有机物”评定量表

评定项目	描述或分数
1. 按照程序做	
2. 预测将在池塘中发现哪些有机物，并做记录	
3. 画出观察到的池塘有机物	
4. 正确的答案、结论及问题	
总分	

（七）作业法

教师根据教学的需要，布置给学生一定数量的作业，再根据作业的完成情况来判断学生的学习效果和学习状态。作业分短期作业和长期作业两类，短期作业

一般是当场完成或当天完成，最长时间不超过一周，长期作业一般是一周以上才能完成。作业的布置要让学生明确完成的时间、步骤与方法、要求与意义。作业不应该局限于书本和练习册中的习题，应该有科普阅读、探究活动、上网查阅、动手制作、专题调查、走访科技专家等多种类型。

（八）评议法

在科学学习过程中，学生的情感体验和兴趣爱好以及科学精神与态度等内容需要学生自己表达出来，在与同学的交流讨论中，学生彼此之间分享体验到的欢乐、困惑时的迷茫、验证时的期盼、发现的兴奋、成功的愉悦。同学之间的评价不应该只是给出一个量化的数值供教师参考，而应该相互肯定学习科学时的一些具体的学习方法，在评议中相互借鉴和学习，使评议起到激励的作用。

（九）测验与考试

在学习完一个单元之后，可以对学生进行测验。科学知识的记忆不是测试的唯一内容，甚至不是主要内容。测试应重视学生发现和确认问题、分析和解决问题、应用知识和反思问题、讨论和交流的能力。测验可以采用笔试、口试、操作、辩论等多种方式。测试结果不能按分数排序并公示出来，更不得讽刺挖苦分数低的学生，教师要注意保护好学生的人格尊严。教师应从测试结果的统计分析中发现一些共性的问题。

总之，通过多种方法收集评价所需要的资料是评价得以合理展开的基础。积累和分析这些资料，无论是对学生的发展还是对教师的反思教学都极有价值。

二、小学科学教学评价类型

小学科学教学评价依据不同的分类标准可以有多种类型。

（一）诊断性评价、形成性评价和总结性评价

根据教学评价的时机和在教学过程中发挥的不同作用，教学评价分为诊断性评价、形成性评价和总结性评价。

（1）诊断性评价（diagnostic evaluation）也称预备性评价，它指为查明学生的科学学习准备状况及影响学习的因素而实施的测定以及依据测验结果所做出的一系列价值判断。诊断性评价的主要作用有：1）检查学生的学习准备程度。常在小学科学某一学期或某一单元教学开始前进行；2）辨别造成学生学习科学困难的原因；3）对学生学习上的个别差异有较深入的了解，在此基础上调整教学目标、内容和方法，从而使教学更好地满足学生的多样化学习需要。

（2）形成性评价（formative evaluation）主要指在科学教学过程中为改进和完善教学而进行的对学生学习过程与结果的测验，以及在此基础上进行的价值判断活动。形成性评价以获取反馈信息、改进教学为主要目的，测验比较频繁。单元测验具有典型的形成性特点。要使形成性评价在改进教学方面发挥作用，科学教师应注意做到：1）仔细分析测试结果，逐项鉴别学生对每个试题的回答情况；2）把测验结果与日常观察结合起来，对教学情况作出综合判断；3）把测验结果尽快告诉学生，或者让学生自己评定测试结果，让学生获得及时的反馈信息；4）对测验中出现的问题采取矫正措施。

教学评价专家布卢姆

本杰明·布卢姆（Benjamin Bloom，1913—1999）是美国教育心理学家、教育学家。1942年他在芝加哥大学获得哲学博士学位。1940—1943年担任芝加哥大学主考人，1944—1990年在芝加哥从事教育研究工作。自1959年始，布卢姆一直是国际教育成就评估协会的顾问，也是该协会的创建人之一。1971年他出版《学生学习的形成性和终结性评价手册》（*Handbook on Formative and Summative Evaluation of Student Learning*），1981年出版《为了改进学习的评价》（*Evaluation to Improve Learning*）。他认为评价的目的不是像美国当时教育制度中盛行的那样把学生分等筛选，而是改进教和学，实现教学系统的反馈与矫正，保证教学具有自我纠错的功能。他的“掌握学习理论”就建立在上述教学评价观之上。我国已经翻译出版他的《教学评价》一书。

（3）总结性评价（summative evaluation）指小学科学课程较长教学时间后的考试及其价值判断活动。它的主要目的是判断学生对学期或学年教学目标的实现程度，为确定学生在后继学习中的学习起点、预估学生在后继学习中的困难程度以及制定新的学习目标提供依据。总结性评价着眼于小学科学课程或某个教学阶段结束后学生学业成绩的全面评价，考试或测验所包括的内容范围也比较广，评价的次数不多，概括水平比较高。学校中常见的期末考试或考查以及毕业考试都可视为总结性评价。

上述三种类型的评价具有相对性。若以学期为考察单位，月考和单元测验就具有形成性，期末考试具有总结性。若以小学六年为考察单位，那么毕业考试就具有总结性，学期考试则具有形成性。形成性评价的提出突出了评价的反馈和改进功能，对形成性评价的重视意味着评价从重视甄别选拔转向重视促进发展。所谓发展性的评价就是以评价促进学生的发展或者教师的发展，因而有学生发展性评价和教师发展性评价之分。

（二）目标参照评价、常模参照评价和个体参照评价

依据参照的标准不同，评价分为三种类型：目标参照评价、常模参照评价和个体参照评价。小学生参加毕业考试，科学课程成绩只要达到了毕业的标准就算合格。如果满分为100分，一般规定60分为合格标准。如果各科成绩都达到毕业标准，就应该准予毕业。有多少人达到标准，就有多少人获得毕业证书。这个毕业要求被称为标准或目标（criterion）。但是，高中生参加高考就不一样，是否被录取不是看一个考生的分数是否及格，而是看考生的分数在群体中的位置。有时高考题目难度大，考生总分即使较低，也能被录取。如果考生群体人数足够多，他们的学习能力和学习成绩会呈正态分布。这个正态分布的群体就是一个值得参照的常模（norm）。除了目标和常模作为评价的参照标准外，还有一个值得参照的标准，就是学生自身的情况，包括过去的学习情况或自身的潜力。过去的学习情况指学习基础或以往的考试成绩。三种不同的参照标准形成了三种不同的评价类型，即目标参照评价、常模参照评价和个体参照评价。

> **学生成绩的正态分布**
>
> 所谓正态分布就是指特别优秀和特别差的学生占极少数，表现中等的占大多数。心理学的测验结果表明，人的智商分数呈正态分布。根据正态分布理论，如果把学生的智商分为5个等级，那么从高到低，每一等级的学生比例分别为2.25%、13.6%、68.3%、13.6%、2.25%。美国大学的入学考试SAT（Scholastic Assessment Test）、研究生入学考试GRE（Graduate Record Examinations）、托福考试TOEFL（Test of English as a Foreign Language）① 等考试成绩都具有正态分布的特点，在成绩单上除了列出考生的分科分数和总分外，还列出该分数在整个考生群体中占的比例。

---

① 美国没有国家统一的大学入学考试。由“教育考试服务社”（Educational Testing Service）主持的“学术水平测验考试”SAT是美国高中生进入大学需要参加的考试，被多数大学用作比较不同地区、不同高中、不同评分制度的标准。其重要性相当于中国的高考。它也是其他国家高中生申请进入美国大学本科学习能否被录取、能否得到奖学金的重要参考。虽说SAT是国外高中生进入美国大学的参考，但很多本科学校都要求美国本土学生提供SAT成绩。TOEFL则是为申请去美国或加拿大等国家上大学或进入研究生院学习的非英语国家学生提供的一种英语水平考试。简而言之，托福考查的是学生的语言能力，而SAT和GRE考查的是学生的学术能力。

（1）目标参照评价是以教学目标为基准，对每个评价对象达到目标的程度作出的判断。它的最大特点是有一个统一的客观标准可以参照，它不受学生所在群体的发展状况的影响。毕业考试就是典型的目标参照测验，判断一个学生是否达到毕业水准，只看考生的成绩是否达到预设的目标。目标参照评价有时也被称为标准参照评价或绝对评价。

（2）常模参照评价是指在评价对象的群体中，为了对每个个体在群体中所处的相对位置作出区分而进行的评价，它以正态分布的常模作为参照的标准。我国的高考、研究生入学考试、学科竞赛考试就是典型的常模参照测验。常模参照评价有两种作用：一是有利于在群体内作出横向比较，如竞赛中分出名次或等级，高考中确定录取分数线；二是有利于学生在相互比较中判断自己的位置，激发学生的竞争意识。常模参照评价也被称为相对评价。

（3）个体参照评价是以评价对象自身状况为基准，就自身的发展情况进行纵向（原来的基础）或横向比较（个性特长和潜力）而作出的价值判断。这种评价是根据尊重个性、发展个性的观点提出来的，能考虑到学生的个别差异，有利于减轻学生的心理负担和压力，增强自信心，强化学习动力。

（三）他人评价和自我评价

根据评价的主体不同，评价划分为他人评价和自我评价。这里的“他人”、“自我”可以是个体的人、群体的人或者组织机构。

由谁来评价学生学习科学的行为和效果？这涉及评价的主体问题。事实上，教师、学生、行政领导、教育专家、家长和社会各界人士都可以参与教学评价。由评价对象之外的人员和组织机构所进行的评价是他人评价，而由评价对象对自己行为和结果所作的评价则是自我评价。教师的教学行为由教师自己来评价，是自我评价，由学生来评价是他人评价。学生的学习行为由学生来评价是自我评价，由教师来评价就是他人评价。

自我评价实质上就是评价对象自我认识、自我分析、自我提高的过程。学生的自我评价有利于发现自己的特长和优势，找到自己的不足和劣势，增强学好科学的自信心，明确努力的方向。我国古代的老子就曾说过：“知人者智，自知者明。”① 自知就是自我反思、自我评价。

① 参见老子《道德经》第三十三章，智：智慧。明：聪明。知人者智，是说能洞察他人品行与才能者，可谓智慧。自知者明，指能觉察到自己的优点和缺点，能知道自己的长处和短处者可谓聪明。

第三节　小学科学教学评价原则

一、教学有效评价的要素

教学评价要做到客观公正，前提条件是评价工具具有公正性和有效性。效度、信度和区分度是有效评价的三个基本要素。

（一）效度

测验的内容与测试目标之间的关联程度就是测验的效度（validity）。关联度大就是效度高，关联度小就是效度低。譬如，如果想测量同学甲的身高，但是测量的对象却不是同学甲，而是同学乙。那么这次测量就没有一点效度，测出的数值与同学甲没有一点关系。在科学测验中，想测量学生的科学探究技能，结果测试中的内容都与计算有关，科学测试变成了数学测试。想测验学生对科学的情感态度与价值观，结果测试中的内容都是知识性的结论。这些都是无效度或低效度的表现。

科学知识目标在测验中比较容易测试到，而科学探究、情感态度与价值观却不容易测试到。有的教师在编制测验题和考试题时，心中没有明确清晰的测试目标和标准，有的甚至认为测验和考试是给学生学习压力的上方宝剑，选题时随心所欲，出怪题、偏题、难题，出题的范围远远超出了课程标准和教学目标，加大了学生不该有的学习压力，削弱了他们学习科学的动机，使学生感到科学难学，从而感到无所适从，产生沮丧、紧张的焦虑情绪，以失败者的角色从小学毕业，长大以后对科学敬而远之。

（二）信度

测验的信度（reliability）指测验结果前后的一致性程度。举一个事例，如果用铁皮尺去前后两次测量某一位同学的身高，测出的结果一致，那么这个测量是有信度的。这里有个条件，前后两次测量的时间间隔不宜太长，否则，就无法判断测量是否有信度。小学生学习一学期的科学之后，用同样的试题去测试，前后测量的结果就不一致，这样的测验也就没有信度可言。如果测量不是用铁皮尺，而是用一把有弹性的尺子，由于尺子本身有弹性，即使同一天去测量同一个同学，前后两次测量的数据也不一样，这样的弹性尺子作为测量工具就没有信度可言。

编制测验题或建立题库时要重视信度问题。尽管测验题不可能像铁皮尺那样具有很高的信度，但是应该尽力提高测验的信度。如果高考试题选择信度很高的题库，那么前后几年的物理、化学、生物等理科的平均成绩就应该不会出现大的波动。如果试题库没有信度或者信度很低，前后几年的平均成绩就会波动很大，就会影响正常的教学工作。小学的科学试题也应该努力提高信度。

（三）辨别度

在常模参照评价中，为了实现测验的选拔与甄别功能，测验需要有辨别度(discrediting power)，即通过测验能够把优秀的学生、中等程度的学生、较差的学生区分开来。辨别度有时也被称为区分度。一个有效的评价需要其测验有较强的辨别度。如果测验的题目太容易，绝大多数都得高分，学习比较差的也得到高分，那么就没有办法区分学生的学习差异，但是如果题目太难，绝大多数学生都得低分，优秀学生也得不到高分，这同样也没有办法区分学生的学习差异。总之，太难或太容易的题目都没有高的辨别度。

在标准参照测验中，因为强调的是学生个体是否达到了教学目标的要求，不存在在群体中确立相对位置的要求，因此，应该根据教学目标要求来设计测验题，只要学生掌握了教学目标规定的内容，就可以获得高分，毕业考试试题对辨别度的要求可以低一些。但是在诸如选拔性考试中应该重视试题或题库的辨别度。2004 年在某市的中考中，学生的物理平均成绩高达 90 多分，这样的考试其辨别度就很低。

测验的效度、信度和辨别度是一个有效评价相互关联的三个方面。测验的效度是信度的必要条件，有效度，才可能有信度，但是有信度，不一定就有效度。效度和信度又是辨别度的必要条件，没有效度和信度，就谈不上辨别度，但是有辨别度还不能保证一定有效度和信度。测验的效度确保测验到想要测验的内容，信度确保前后测验的结果具有一致性，辨别度确保能够区分学生的学习差异。为了做好小学科学的教学评价工作，国家应该鼓励教育研究机构和小学科学教师一道建设有效的题库，确保测验的信度、效度和辨别度，为教学评价的公正提供优质的测验工具。

二、教学评价的原则

（一）教学评价的目标性原则

教学评价作为教学过程的一个环节是为实现教育目标服务的。小学科学的课程目标在《科学（3—6 年级）课程标准》中有明确清晰的表述，课程目标分总目标和分目标。分目标包括科学探究、情感态度与价值观、科学知识三个相互联

系的部分。学生在探究科学时的情感态度、具备的科学精神气质、养成的科学的行为习惯等很多内容是无法通过纸笔进行测试的。因此，小学科学教师应该寻找更多更好的其他方法去了解学生学习科学的整体状态。

我国的素质教育已经提倡了十多年，人们对应试教育的弊端已经有了越来越深刻的认识，对学生科学素养的评价不能只看考试分数，这是已经达成的共识。科学素养就其静态的结构看，包括知识、方法、精神、态度、情感、行为习惯等，就其动态结构看，包括问题的发现和确认、提出假设、收集资料、验证假设、交流和表达等要素。学生在学习科学的过程中是否提高了科学素养，怎样提高科学素养，仍然需要测验和考试，仍然需要提供可供评价用的资料作为证据，所以开展素质教育不是不要测验和考试，而是更需要合理的测验和考试。把测验、考试与素质教育对立的观点是不对的，认为有考试的教育就是应试教育，没有考试的教育就是素质教育，这样观点也是错误的，是有害的。

坚持教学评价的目标性原则就是要把科学课程的目标作为科学教学的指南，把一切有利于提高学生科学素养的教学措施都纳入教学评价者的视野。首先，我们要评价科学教师所教的，而不是让科学教师只教我们要评价的；要评价学生所学的，而不是让学生只学我们所要评价的。其次，要根据小学科学课程目标通过多种方法收集关于科学素养的论据。学生的思维发展、情感发展、操作技能的发展都可以找到相应的证据。美国学者认为，凡是存在的，都可以测量。最后，教学评价要超越考试的局限，而不是要取消考试。考试作为测验的主要手段可以为应试教育服务，也可以为素质教育服务。

（二）教学评价的全面性原则

教学评价的全面性原则有两层含义，一是评价内容的全面性，二是评价对象的全员性。科学教学评价的内容不仅要包括科学基础知识和基本技能，科学概念的理解和科学规律的掌握，还包括学生的科学情感态度与价值观、科学探究的方法与能力、科学的行为与习惯等方面的发展与问题。以往的教学评价主要集中在科学知识领域，以对知识的记忆、理解为主，其他方面很少涉及。随着素质教育观念的深入，人们对科学素养的理解日益全面和深刻，教学评价的内容已开始走向全面化。

评价的全面性也表现在如何全面地看待每一个学生。大众化的科学时代要求科学教学要面向全体学生。每个学生都是不同的学习个体，个体之间不仅体力、智力、思维过程与思维方法有差异，而且操作技能、情感态度和创造力上也有差异。教学工作要面对和尊重这种差异，教学评价也应该考虑学生之间在学习科学上的差异。在评价者的视野里，没有被遗忘的学生，没有格式化的学生，只有有差异有个性的学生，有学习方式多样化的学生。差异性和多样化不是科学教学的问题，而是科学教学中的资源。教学评价应该鼓励开发这种资源。教学评价应该给予所有的学生应有的尊重，鼓励他们既要扬长补短，也要扬长避短，既要重视个体的独立学习，也要重视同学之间的相互学习。科学教学评价不应该在学生之间制造人为的等级优劣观念，而应重视同学之间的平等合作，鼓励学生的个性发展。

（三）教学评价的反馈性原则

教学评价的反馈性原则是指在教学评价过程中，及时地把从教学活动中获得的信息经过分析和评价之后反馈给学生，让他们根据反馈的信息调整好学习。反馈就是由控制系统把信息输送出去，又把其作用结果返送回来，并对信息的再输出发生影响，起到控制的作用，以达到预定的目的。面对着永远不断变化的客观实际，科学教学是否有效，关键之一在于是否有灵敏、准确和及时的反馈。

反馈性原则首先要求评价者建立反馈的通道，即通过什么方式和途径将信息反馈给学生。其次，评价者要有时间观念，根据实际需要选择反馈信息的时机。作业和考试之后一般需要尽快地把评价信息反馈给学生。再次，多给予正面的、肯定性的反馈信息。学习科学兴趣很重要，但是兴趣往往来自正面的认可和肯定，反面的、否定性的评价往往引起学生消极的情绪，降低学生学习科学的积极性。最后，要引导学生建立自我评价系统，他人评价的目的是为了以后不需要他人评价。因此，评价者应该引导学生学会自我评价，使自己成为评价的主人。

恐龙教学中的信息反馈

一位科学教师在教恐龙这个教学单元之前，先在班上组织一次讨论，每个同学踊跃发言，交流自己对恐龙的了解。讨论时，教师一般不对同学的发言做任何评论，即使是一些错误的看法也不立即纠正，只是把学生们的发言汇集起来，有的同学说：“恐龙现在已经不存在了。”另一位同学说：“我在电视里看到，国外有人在海岛上看到过恐龙。”教师马上把学生的这些问题写在黑板上：“现在还有活着的恐龙吗？”同时还鼓励学生提出更多的问题。“恐龙吃什么？”“恐龙为什么会绝种？”“哪一种恐龙是最大的？”“恐龙会吃人吗？”“恐龙喜欢生活在什么样的环境中？”“恐龙能够复活吗？”……面对这些问题，教师不是马上回答，但是给予鼓励性的评价，鼓励他们提出问题。在讨论活动中，教师了解了学生的知识背景和他们的兴趣，就可以有的放矢地组织教学。

在恐龙教学中，教师可以检查学生小组的发言记录，看学生是如何将恐龙分类的，他们如何理解所收集的资料，如何寻找支持自己观点的论据，如何论证自己的观点等等。在此基础上引导学生把知识加以归类，获得结论，并进一步引出更深层次的问题。在这一教学过程中，教师需要对学生原有的知识加以判断，对学生的思维方式和思维过程给予引导性的评价。在教学的最后阶段，需要有总结性的评价。可以要求学生回答开始提出的一些问题，如恐龙现在已经不存在了，这个观点是对的。对于有些问题，教师自己也回答不了，需要继续探究，学生之间还有不同的观点，应该鼓励他们继续思考。总之，恐龙这一单元的教学自始至终都有评价融入其中。

（四）教学评价的全程性原则

科学教学是一个过程，科学探究也是一个过程，因而教学评价也应该渗透和融合在教学的全过程和探究的全过程之中。在教学的各个环节和探究的各个阶段应该有相应的评价活动，但是全程性原则也不是对学生所有的活动细节和话语给予连续不断的评价。下面以恐龙教学为例，说明教学评价的全程性原则。

（五）教学评价的公正性原则

教学评价的公正性原则主要指要针对学生个体之间实际情况，做出恰如其分的评价，让学生得到他们应该得到的肯定和荣誉。导致评价不公的因素有很多，一是教学本身的复杂性。人的发展主要是精神层面的发展，要测量人的科学素养还没有很完备的测验工具。二是评价者有主观愿望和偏见。教师面对一个群体，会有意无意地对某些学生产生偏爱。三是评价工作不可能面面俱到，教师要面对几十个学生，对他们学习科学的了解毕竟受时间限制。四是学校发展和个体发展过程中的“马太效应”①，教育教学活动不可能有起点的绝对平等，也不可能有机会的绝对平等。五是教育外部因素的干扰，如教育资源的分布不平衡，意识形态、时局变迁等因素也影响到教学评价的不公正。六是我国教育发展处于转型时期，教育变革十分剧烈，对于科学教学目标还不十分清晰，对教学测验和教学评价还缺乏系统深入的研究。

---

①《新约·马太福音》中有这样一个故事。一个国王远行前，交给三个仆人每人一锭银子，吩咐他们：“你们去做生意，等我回来时，再来见我。”国王回来时，第一个仆人说：“主人，你交给我的一锭银子，我已赚了10锭。”于是国王奖励了他10座城邑。第二个仆人报告说：“主人，你给我的一锭银子，我已赚了5锭。”于是国王奖励了他5座城邑。第三个仆人报告说：“主人，你给我的一锭银子，我一直包在手巾里存着，我怕丢失，一直没有拿出来。”于是，国王命令将第三个仆人的那锭银子赏给第一个仆人，并且说：“凡是少的，就连他所有的，也要夺过来。凡是多的，还要给他，叫他多多益善。”美国科学史研究者罗伯特·默顿（Robert K. Merton）称上述现象为“马太效应”，即指任何个体、群体或地区，一旦在某一个方面（如金钱、名誉、地位等）取得成功和进步，就会产生一种积累优势，就会有更多的机会取得更大的成功和进步。

教学评价的公正既与测验的有效性、收集资料的多少有关，也与评价机制和评价者的心态有关。譬如，如果在科学课堂上，有两个学生伏在桌上睡觉，教师对一个学生说："你怎么在学习的时候睡觉呢?"这带有明显的责备意味，而对另一睡觉的同学却说："同学们看啊，这个同学在睡觉的时候还在学习。"这带有明显的赞赏口气。对同样的学习行为用不同的标准来评价，反映出教师不公正的心态。只看最后考试分数的评价也是典型的不公正评价。我国教育资源分布不平衡，沿海地区、中部地区和西部地区之间，乡村和城市之间，重点学校与非重点学校之间，其学习资源存在很大的差异。教学评价应该正视这些差异，不能把对学生的评价简单地建立在分数排序之上。用名次、班级平均分、学校升学率作为唯一的指标来评价学生、教师和学校绝对不是公正的评价。

三、试卷的编制与考试

（一）试卷编制的原则

（1）统一性原则。新课程实施后，不同学校所使用的教材版本可能不同。虽然教材有异，但它们都是根据《科学（3—6 年级）课程标准》编写的。因此，试卷编制的根本依据应该是统一的课程标准。因此，编制试卷前要认真研读科学课程目标。

（2）科学性原则。试卷中的任何一道试题，其科学性是保证试卷质量的根本。试卷内容不能有知识性错误，不能与科学事实不相符，不能有害于学生的生活。试卷的语言表达要准确、清晰，符合学生的认知特点。因此，编制试卷时要仔细阅读试卷，并试做一遍。

（3）生活性原则。科学来源于生活，试卷内容需要面向学生的生活世界，结合学生的生活经验，关注个体生活中的科学问题。此外要联系科学技术的新进展，联系技术应用带来的社会问题，引导学生理解科学给个人生活和社会经济、科技发展带来的影响。

（4）开放性原则。科学试卷的开放性指试题的结论或条件、试题设置的问题情境或过程、试卷的编排形式等都可以多样化。大多数试题，其解答思路不要模式化、单一化；部分试题，其答案可以不是唯一的；少数试题，允许学生有独到的见解和不同的观点。

（5）发展性原则。试卷内容在具备一定区分度的条件下，难度必须以绝大多数学生达到及格为准。试卷应面向全体学生，促进他们的全面发展，提升他们的科学素养，使学生带着成功的喜悦感走向社会生活。

（二）试卷编写的过程

（1）设计试卷结构的框架。试卷结构包括内容结构、目标结构、要求结构、难度结构、题型结构等领域。内容结构可以以单元为单位；目标结构可以按探究过程、知识和情感态度来划分；要求结构可以按照识记、理解、运用、综合来划分层级；难度结构可分容易、较难和难三个层级；题型结构可以分封闭和开放两个类型，前者指有固定的答案，后者指没有固定的答案。表12—2提出了一个初步的框架，教师可以根据测验的目的作出合乎实际情况的调整。

表12—2　　试卷结构示意表

	内容结构				目标结构			要求结构			难度结构			题型结构	
结构要素															
分值															

（2）编制试卷双向细目表。在试卷结构方案确定后，编制具体的题目或试卷之前，要制定双向细目表，一般指考试内容和考试要求两个方面的细目，参见表12—3。

表12—3　　试卷双向细目表

考试要求		识记	理解	运用	综合	合计
考试内容	第一单元	分数	分数	分数	分数	分数
	第二单元					
	⋮					
合计分数						100分

（3）确定试题的目标要求。在完成双向细目表的前提下，可着手编制试题。试题是组成试卷的基本单位，这些试题涉及知识与能力、过程与方法、情感态度与价值观，不同目标的试题其要求不同：

1）知识与技能。知识与技能目标的试题要创设新情境，不要简单地停留在知识的再现和记忆上，尤其不能把教材的文本当试题的情境。同时要避免盲目拔高，试题编制应强调灵活地运用基本知识分析问题与解决问题，引导学生关注社会和生活中的科学。

2）过程与方法。对过程与方法目标的考核，要侧重考查学生的观察力、提出问题的能力、猜想和假设的能力、收集信息和处理信息的能力、实验操作以及交流表达的能力等目标要求。编制时应重视与科学有关的开放性问题，侧重应用已有知识解决实际问题的手段和方法。

3）情感态度与价值观。情感态度与价值观是新课程的重要目标，该目标的考核要体现两个层次的要求：一是反应水平层次，指让学生对于某些科学主题表达自己的感受；二是领悟水平层次，指学生形成的科学态度与科学情感。

（4）控制试卷的长度。当试卷初稿形成之后，编写者要审查试卷长度是否恰当。试卷的长度反映了试卷题量的多少和阅卷、审题、思考、分析、推演和解答书写所需的时间长短。在考试时间限定下，试卷的长度必然影响考生的得分率，从而影响了试卷的难度。因此，应该保证绝大多数学生有做题的时间。

（三）考试与成绩评定

在考试之前教师要做好指导学生复习的工作，提早通知学生考试时间，让学生做好应考准备。此外，要做好试卷的保密工作。在考试的过程中，要注意防止学生作弊，以保证考试的公正性和权威性。不论是单元测验，还是期末考试，都应严格要求学生以诚实的态度对待考试。考试结束后，试卷应该及时密封，对于封闭性的试题，应该重视参考答案。在试卷中出现的其他答案，也需要加以谨慎地辨别。有些学生的答案尽管与参考答案不同，但是也可能是合理的。对于开放性试卷，答案丰富多彩，但是也应该有评分的标准。试卷评阅之后，对答卷需要进行分析。试卷分析包括学生答题的正误率，错题的原因分析，通过分析试卷有针对性地提出以后教学的建议。

本章小结

小学科学的教学评价是科学教育的一个重要环节。教学评价是评价者依据多种方法收集到的资料，对教学过程和效果进行价值判断的活动。它对于指导科学教学、反馈教学信息具有重要的作用。教育界人士已经认识到了教学评价观念变化的趋势，即评价主体的多元化，评价内容的全面化，评价方法的多样化，评价时机的全程化。考试很重要，但它只是教学评价的一个有机组成部分。为了进行教学评价，需要通过考试收集学生学习科学的信息，而收集资料的方法很多，如，观察学生，访谈学生，记录典型事件，分析学生作品，查阅成长记录袋，用量表评析，布置作业，学生之间相互评议。这些具体的方法都具有内在的优点和不足，需要教师综合运用。

教学评价的类型依据评价的时机和作用可以划分为诊断性评价、形成性评价和总结性评价；根据评价的标准可以划分为目标参照评价、常模参照评价和个体参照评价；根据评价的主体可以划分为他人评价和自我评价。测验的效度、信度和辨别度是有效教学评价的三个基本要素。教学评价的基本原则包括目标性、全面性、全程性、反馈性、公正性等方面。考试可以为应试教育服务，也可以为素质教育服务。作为一种测试工具和测量过程，考试应该顺应素质教育的发展不断进行改革，科学教学不应该回避考试，更不应该废弃考试。

阅读·思考·交流

1. 阅读下面的资料，思考和讨论我国小学科学课本应如何增加教学评价的内容。

加拿大科学教材中的评价策略

加拿大安大略省科学课程标准中将科学教学的内容分为四个领域：基本概念的理解；探究与设计能力；知识的交流；科学技术与社会生活的联系。标准中有学生成绩水平表，将每个领域分为四个等级，教师据此确定学生在各方面的发展程度。在此课程标准指导下编写的科学教材非常注重评价工作，每个测评都是围绕课程标准规定的四个领域的一个或几个来设计的。

这套教材每本书一个主题（单元），每主题有10课，在学生用书后附有测评表，几乎每课都设测评活动。1—3 年级的测评是每一课的单独考核，以测评量表为主，多数分四个水平级。除教师评价外，学生可以进行自我评价。此外，还有一些测试题：匹配题、简答题、排序题、选择题（有的与量表类似）。4—6 年级书后主要是提供各种测评量表和统计表，如个人贡献比例图、小组测评表、学生测评表、1～10 课评价成绩统计表、学生学习进展表等等。此外，还有一些测试题或行为性的作业题。

教师用书中每课都有具体、细致的评价建议，对教师使用哪一页测量表、评价的重点、如何评价等提出具体建议。4 年级开始，学生有“记录与启示”本和科学课文件夹，记录学习进展情况。从 4 年级以后，除单独考核外，更注重学生的发展和进步，学生自我评价、小组评价和教师评价同时进行，互为参照。

2. 阅读下面的内容，思考和讨论撰写典型教学事件的基本要求。

30 秒事件中的选择

“空气与我们的生活”是教育科学出版社《科学》第三单元第四课的教学内容。该教材主要通过引领学生亲身参与若干项“活动”，从而使学生认识空气与人类、与动物、与植物等的密切关系。科学教师先让学生在平静状态时测试一分钟呼吸的次数，运动一分钟后再次让学生测试呼吸次数，为节省时间，教师原计划只测试30秒时间。他认为，将测得的次数再乘以2，就是学生运动后一分钟的呼吸次数。学生却认为，“这样计算出来的结果并不是一分钟的呼吸次数”，此时，强烈的矛盾左右着教师：一是为不影响教学进程，避免节外生枝，不去理会学生的“声音”；二是尊重孩子们的质疑，正视现实，让他们说说想法，并再次进行计时测试。科学教师后来选择了第二个方案。在征得学生们的意见后，再次开展了运动后一分钟呼吸次数的测试，同时还请学生分别记下了一分钟内前后30秒的呼吸次数，结果显示，前30秒的呼吸次数大于后30秒的呼吸次数。在事实面前，几位提出“质疑”的同学高兴地欢叫着。这欢呼声是学生激动心情的表白，更是学生对自我价值的肯定。

3. 阅读下面的资料，思考和讨论发现学生前科学观念的其他方法。

发现学生前科学观念的三种方法

前科学观念指学生在获得科学观念之前对事物所形成的认识。在教学中，科学教师应重视发现学生的前科学观念及其成因，引导学生意识到他们的前科学观念与教学中观察到的事实或实验结果有冲突。以下三种方法都能发现学生的前科学观念：

（1）图示思维法。如“蚯蚓”课，观察蚯蚓之前，学生给蚯蚓画图像，结果有的同学画出的蚯蚓有嘴、眼睛和脚。在一些学生的前科学观念中，蚯蚓应该有嘴、眼睛和脚。

（2）事例展示法。如“各种各样的果实”课，请学生把能找得到的果实带来，课上交流，并说明自己认为它们是果实的理由。有同学就在争论：胡萝卜是不是果实？胡萝卜是果实就是一些学生的前科学观念。

（3）归因访谈法。如“盐水的浮力”课，有些同学认为鸡蛋是会沉入水底的，但在另一杯水中却浮了起来，这是为什么？鸡蛋会沉入水中是学生的前科学观念。

4. 阅读下面的材料，思考和讨论教学评价中偏见产生的人性因素。

教学评价中的人性弱点

科学教师也是人，也有人性的弱点，他们往往把自己感兴趣的教学内容纳入教学评价之中，重视或不重视某一内容按照自己的标准决定，按照自己的理解方式要求学生去理解，把自己对科学的情感、态度和爱好、思维方式强加给学生，这很容易导致评价的不公正。此外，科学教师对学生的评价可能有“一好百好，一差百差”的心理倾向，一旦认为某个学生是好学生，那么这个学生的所有行为都是好的，因而有意无意地给予他/她更多的激励。如果一旦认为某个学生是不好的学生，那么，对他/她学习科学的所有行为都看不顺眼，因而会有意无意地给予学生不良的暗示，学生受到否定性的评价后，学习科学的积极性会降低。因此教师应该反思教学评价中的不公正言行。

5. 试用教学评价理论分析下面这份试卷，指出其合理之处和局限性。

2006—2007学年度下学期期末检测四年级科学试卷

一、填空（占36%，每空1.5%）

1. 由电池、电线、灯泡等组成的电流环路叫________。

2. 像铜丝那样可以通过电流的物质，称为________，像塑料那样不能通过电流的物质称为________。

3. 种子萌发需要足够的________、________和________。

4. 一节电池的电压是1.5伏，两节电池串联的电压是________伏，两节电池并联的电压是________伏。

5. 植物花蕊中的雄蕊产生________传到雌蕊上的________上，使雌蕊子房里的________受精，受精的胚珠发育成________。

6. 食物的腐败变质是________引起的。人们储存食物的方法有________、________、________等。

7. ________是人体肌肉、皮肤、内脏、头发、指甲和血液的主要成分。

8. 岩石在大气、水、生物等长期联合作用下发生变化的现象叫________。

9. 写出三种你观察岩石的方法________、________、________。

10. 通过学习，你认识的岩石有________、________、________等。

二、判断题（占15%，每小题3%）

1. 劳动时，小明用湿抹布去擦带电的电灯。（　　）

2. 动物产的卵都能发育成新一代生命。（　　）

3. 鱼肉是很有营养的，它含有人体所需的所有营养。（　　）

4. 人体和大地都是导体。（　　）

5. 食品的保质期越长越是好食品。（　　）

三、选择题（占15%，每小题3%）

1. 下列植物属于不完全花的是（　　）

A. 油菜花　　B. 桃花　　C. 南瓜花　　D. 凤仙花

2. 蚕豆长成茎和叶的是（　　）

A. 种皮　　B. 胚芽　　C. 胚根　　D. 子叶

3. 利用动物来传播种子的植物是（　　）

A. 苍耳　B. 蒲公英　C. 油菜　D. 栗子

4. 许多蔬菜含有丰富的（　　）

A. 蛋白质　B. 糖类　C. 维生素　D. 脂肪

5. 下列物体中属于绝缘体的是（　　）

A. 湿布　B. 铁丝　C. 干木棒　D. 人体

四、看图答题（占7%，每空1%）

1. 写出下图这朵花各部分的名称。

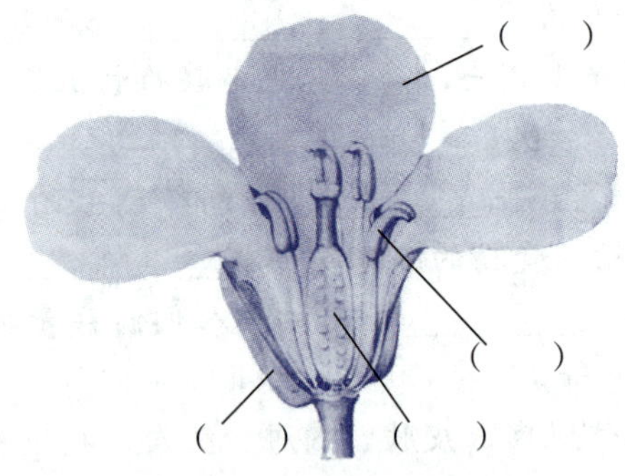

2. 在下面地球构造简图中填出地球各部分的名称。

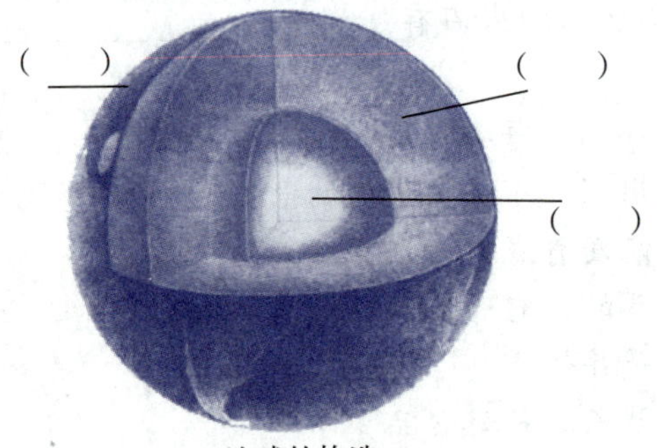

地球的构造

五、实验题（占26%，第1小题占8%，第2小题占8%，第3小题占10%）

1. 用导线把下面两幅图中的电池和灯泡连起来，并使左图中的灯泡比右图中的灯泡亮。

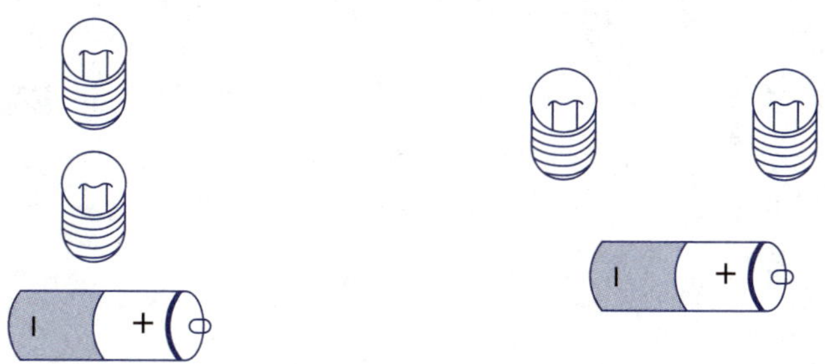

2. 设计一个实验证明温度对食物保质的影响。

实验材料：

实验过程：

3. 请你为家里设计一份四菜一汤的营养晚餐。

菜　单

主食	汤	菜			

第十三章

小学科学教师的培养

内容提示与思考

◎ 科学教师标准应该包括哪些内容?
◎ 美国培养小学教师的方案有什么特点?
◎ 我国小学科学教师职前培养的方案有什么特点?
◎ 我国小学科学教师培养中存在哪些问题?
◎ 我国小学科学教师培养的变革有哪些思路?

第一节　美国科学教师的标准与培养

小学科学教师的培养需要有一定的专业标准。美国在研制科学教师的专业标准方面取得了富有成效的成果，并产生了国际性的影响。我国目前还没有制定小学科学教师的专业标准，但是不能忽视对科学教师专业标准的研究。

一、美国科学教师的标准

美国政府部门及一些研究团体在20世纪80年代发表了一系列重要研究报告，包括“国家优质教育委员会”起草的《国家处于危机之中：教育改革势在必行》(1983)、霍姆斯小组的《明天的教师》(1986) 以及卡内基教育和经济论坛

“教育作为一种专门职业”工作组的《国家为培养21世纪的教师做准备》（1986）等，都把以促进教师专业发展为核心的教师教育改革作为主题，对教育实践产生了一定的影响。

> **美国颁布《科学教师教育标准》**
>
> 1998年，美国科学教师协会与科学教师教育促进协会联手制定了《科学教师教育标准》。2003年美国科学教师协会进行了修订。修订后标准分为10个组成部分，包括必要的科学知识内容，理解科学的本质，体验探究的过程，权衡科学在社会生活中的利弊，综合课程内容的结构，形成一定的教学技能，开发社区的科学资源，合理评价学生的学习活动，建构安全而又有效的学习环境，促进自己的专业发展。
>
> 在美国的影响下，澳大利亚、英国、日本、德国也纷纷研制科学教师的专业标准。客观地说，美国颁布的这些标准对于我们以后制定小学科学教师的标准有较大的参考价值。

1996年，美国颁布了美国历史上第一部《国家科学教育标准》，其中的科学教师专业发展标准反映出美国提升科学教师素养的新思路，为美国各大学、学院以及参与科学教师培训的机构提供了详细、具体、操作性强的质量标准。《国家科学教育标准》中的科学教师指幼儿园到高中阶段的科学教师。《国家科学教育标准》把科学教师专业发展标准分为A、B、C、D四个部分。

标准A由“科学知识和理解科学”（knowledge and understanding of science）与“学习科学”（learning science）两部分组成。“科学知识和理解科学”要求美国科学教师培养机构在科学教师专业发展的培训中，首先使科学教师形成合理的科学观，即弄清楚“什么是科学”，然后回答“什么是科学教育”，从而使科学教师充分认识到科学实际上是一种特殊的社会文化探究活动，是一种特殊的社会文化现象，作为知识系统的科学理论只是这种探究活动的结果；科学教育是关注科学技术时代的现代人所必需的科学素养的一种养成教育，是将科学知识、科学思想、科学方法、科学精神作为一个整体，使其内化成为受教育者的信念和行为的教育过程，从而使科学态度与每个公民的日常生活息息相关，让科学精神和人文精神在现代文明中交融贯通。“学习科学”要求科学教师从以下几个方面学习科学：掌握科学各学科的基本事实、概念与原理；理解科学探究的性质，学习科学探究的基本技能；具备综合各学科知识的能力；在处理个人和社会问题的时候能够使用科学的理解能力；理解科学方法和科学过程，能够做到将科学知识、科学方法与科学过程结合起来。

标准B由“科学教学知识”（teaching knowledge of science）和“学会科学教学”（learning teaching of science）两部分组成。“科学教学知识”界定了科学教师应具备的教育学、心理学、学科教学法知识的范围。科学教师的知识结构既包括学科知识也包括教育学、教学法知识；既包括陈述性知识，也有程序性知识。“学会科学教学”规定了科学教师学习教学的方式，包括融合、重构科学以及科学教育方面的知识；观察、参与课堂实践；构建科学课程知识的内容、教学策略，了解学生的学习特点；使用探究、反思、解释、模型化和实践等来建构科学教学的理解能力。标准B规定“学会科学教学”应在科学教学的真实情境（包括真实的学生、课程材料）中进行。科学教师通过在教学情境中不断地尝试、讨论、反思，将新的教学思想、方法和技能应用到教学中，不断得到反馈、调整后，再用于教学，从而开发出更多、更好的教学方法，逐渐积累科学教学的经验，形成自己的教学风格、教学策略，提高自己的专业水平。

标准C主要分为“终身学习的知识”（knowledge for lifelong learning）和“终身学习的技能”（skills for lifelong learning）两部分内容。标准C提出科学教师培训机构必须为科学教师构建终身学习的知识体系，指出科学教师从考虑做教师的第一天起至整个教师生涯结束，都必须不断地学习，不断地自我反思。学校也应在制度上保证科学教师的学习、进修机会。标准C提出科学教师在专业发展的过程中必须掌握终身学习技能，掌握终身学习技能应成为整个学习过程的有机组成部分。终身学习技能是一个由局部的、分解的块状知识发展成综合的知识，再由综合的知识转化为熟练的自动化知识输出的过程。熟练掌握终身学习的技能，可以大大提高科学教师学习的效率。科学教师终身教育思想不能仅仅只是一个理念，而应该贯彻到科学教师专业发展各阶段的多层次、多种深度、结构灵活多样、针对性强、具备学术水准的培训中。

标准D介绍了科学教师专业培养体系（system of professional development for teachers of science）。标准D规定美国科学教师的专业发展必须建立职前、在职、终身、持续性培养体系，采用训练—实践—训练的循环模式。科学教师专业培养标准必须与国家科学教育标准相一致；职前和在职培养必须保持连续性；科学教师专业的培养应体现自主选择性，可以根据教师晋级的需要和个人兴趣自主选择进行；应丰富科学教师的背景知识，重视历史、文化和学校环境的熏陶。同时，参与科学教师培养的人员应包括有经验的科学课程一线教师、科学家、教育管理者、决策者等。由于他们专门技能的多样化，能满足科学教师职业发展的多种需要。

美国科学教师专业发展标准有以下几个特点：第一，重视科学教师正确的科学观与探究能力的形成。第二，强调科学教师应构建综合、完整的知识结构。第三，倡导终身、连续的、一体化的培训。第四，主张教学方式情境化，培养反思型教师。

二、美国小学教师的培养

1839年，马萨诸塞州为培养小学教师建立了美国第一所师范学校。此后，随着工农业的进一步发展和初等教育的发展，到了第二次世界大战前夕，美国已形成了以大学和文理学院、教育学院为主体的教师教育体系。1950年以后，主要由综合性大学的教育学院培养小学教师。目前美国的小学教师一般承担一个小班（20人左右）的教学任务，所教科目包括英语、数学、科学和社会学，因此，不存在专任小学科学教师培养的问题。美国小学教师的职前培养一般是本科教育，学制为四年，其课程结构如表13—1所示。

表13—1　　佛罗里达州立大学小学教育专业的课程结构

时间	学科领域与性质	课程门数	学分数值	学分比例（%）	学科范围与学科主题	说明
大学前两年的通识教育课程 共计66学分	A. 基础学科	3	9	7.0	英语写作Ⅰ和Ⅱ为必修；数学为限定性选修	从5门数学课程中选1门
	B. 公共选修学科	2	4	3.1	人的思维、人的语言、文化比较和全球化问题	从4门课中选择2门课程
	C. 人文学科	4	12	9.3	文学学科组、艺术学科组、语言学科组	从3个学科组中选2个组，每组选2门课程
	D. 科学、数学与技术	3	11	8.5	天文、地理、气象、生物、化学、物理共有6个学科领域，每个领域都开设2门课程供学生选择	从6个学科中选2个学科，其中一个学科选2门课程，另一学科选1门课程

续前表

时间	学科领域与性质	课程门数	学分数值	学分比例（%）	学科范围与学科主题	说明
大学前两年的通识教育课程 共计66学分	E. 社会学科	4	12	9.3	美国历史和美国政府为2门必修课程；此外，还有世界历史、全球问题、经济学、人类学、心理学、社会学、犯罪学、人文地理、女性研究等领域的学科可供选修	从世界历史、全球问题、经济学等4门课程中选修1门；此外，从其他学科的11门课程中选修1门
	F. 与专业相关的学科	6	18	14.0	教育问题；人的成长与发展；特殊儿童心理与教育；计算机技术；数学原理；艺术教育	从2门艺术课程中选1门，其他均为必修课程
大学后两年的专业教育课程 共计63学分	第一学期学前教育（含实习）	4	12	9.3	4门课程：儿童教育中的文化多元性；早期儿童教育入门；语言和阅读教学；课堂管理	在学前班和幼儿园实习
	第二学期低年级教学（含实习）	4	15	11.6	4门课程：语言和阅读教学；课堂管理；数学教学与技术；儿童发展/课堂管理	在小学一、二、三年级实习
	第三学期高年级教学（含实习）	5	15	11.6	5门课程：语言和阅读教学；数学教学；小学社会课的教与学；小学科学课的教与学；教学实践	在小学四、五年级实习
	夏季学期数学课程	3	9	7.0	3门数学课程	必修
	第四学期学生实习		12	9.3	一个学期实习	可以选择自己所喜欢的年级实习
总计		38	129	100	教育专业课程占55.8%，非教育专业课程占44.2%	其中实习累计学分15学分*，占总学分的11.6%

注：*前三个学期的实习各算一个学分，加上最后一个学期的学分，实习的总学分为15学分。

从课程结构上看，美国小学教师的培养具有如下特点：

（1）通识教育与专业教育相结合。通识教育的课程在大学的前两年开设，涉及英语语言与数学、人文与社会、科学与技术等多个学科领域，真正为未来的小学教师奠定了多学科的学术视野。后两年的专业教育体现了教育的专业性，教育学科不是单纯地学习教育理论，而是结合小学各学科的具体内容和实际教学场景，分析和探讨具体的教育问题。

（2）学生可以根据自己的爱好来选择通识教育课程，并且有较大的选择范围，但是专业教育课程几乎没有选择的余地。通识教育的课程领域比较广泛，有助于培养学生多领域的学习兴趣，而专业教育课程是进入教师职业岗位的基本条件，几乎都是必修的。

（3）在专业教育期间，以儿童发展的阶段性为主线来设计两年的专业教育课程，按照从学前班、幼儿园①到小学低年级，再到小学高年级的顺序来学习相应的课程，并进行教育实习，体现了教育专业课程的阶段性和连续性。这可以让学生在毕业之前具有从幼儿园到小学所有年级的教学实践经验。

（4）重视教育实习。在教育学院的四个学期都安排了实习，前三个学期的实习分别从学前班、幼儿园到小学五年级，最后一个学期是学生自己选择一个年级实习。这种连续性实习模式让实习学生能够充分了解各个年龄段小学生身心发展的特点，对小学生的成长有一个全程性的认识。在最后的一个学期，学生实习期间的角色要求与正式的小学教师相同，包括到校离校的时间、着装、参加家长会或校务会等等。

（5）小学教育专业的课程体系包括幼儿园的部分学习内容，这意味着把幼儿园教师与小学教师作为一个整体来培养，既扩大了大学生的知识面，也扩大了他们就业的范围。

第二节　小学科学教师的培养与中美比较

小学科学教师的培养分职前（pre-service）和在职（in-service）两个阶段。在美、英、法等国家，小学教师的职前培养一般是四年的本科教育，而在职培养一般是1～2年的硕士学位教育。在我国，小学教师的培养在20世纪90年代中期以前是在中等师范学校，90年代中期之后，小学教师的培养逐步转移到高等

① 在美国，四岁儿童进入学前班（preschool），五岁儿童进入幼儿园（kindergarten），六岁儿童进入小学（elementary school）。

师范院校，职前教育主要有专科和本科两个层次，在职教育除了专科和本科层次之外，还有教育硕士层次的小学教育专业。

一、我国小学科学教师的培养

（一）小学教师培养的历史

我国现代意义上的小学教师培养产生于1903年，当时清政府颁布的“癸卯学制”规定师范教育自成系统，同时颁布《奏定初级师范学堂章程》，规定初等师范学堂培养小学师资。这标志我国以师范学校为主的小学师资培养体系的建立。当时“科学科目”又称“格致”，包括“理化”、“博物”等科，“地理”学科的地位比较高，被专门列出。

相对第一时期的初等师范教育阶段（1903—1911年），20世纪30年代的中等师范教育（1912—1949年）已经逐渐成熟，参见表13—2。师范生在学校可以接受完整的科学教育，另外，对小学各学科的教材教法的研究也被提升到较高的位置。这个时期的师范教育已经开始了“分科师范教育”的尝试，并制定了体育、音乐、美术、卫生、劳作和博物等学科的专业课程标准。小学教师的培养已经有了走向专业化的迹象。

表13—2　　三年制中等师范学校课程标准（1934年9月）

科目 \ 年级	一年级（课时/周）		二年级（课时/周）		三年级（课时/周）		总计（课时/周）
地理	3	3					6
生物	5	4					9
化学			4	4			8
物理					4	4	8
小学教材及教学法			3	3	3	3	12

新中国成立后，基本上是由师范学校培养小学教师，直到20世纪90年代中期。在这期间，1952年、1980年、1989年、1995年对师范学生的科学课程体系进行了调整。在建国以来50多年的时间里，中等师范学生科学素质的培养呈现一个不断弱化的趋向。在1952年的课时计划中，理、化、生、地再加上自然教材教法的课时量约占总课时量的28%。在1980年三年制的课时计划中，上述比例下降到27.13%，且把“小学自然常识教学法”删掉，参见表13—3。在四年制的课时计划中，比例进一步下降到19.04%，“小学自然常识教学法”只被作

为选修课程，占总课时的1.60%左右。到了1989年，“科学”课程的比重为19.90%，到了1995年，情况更加严重，上述数字下降到只有15.60%，而且小学科学教材教法课再也不见踪影。

表13—3　　　　三年制中等师范学校教学计划（1980年9月）

学年 / 科目	第一学年（课时/周）	第二学年（课时/周）	第三学年（课时/周）	三学年总计（课时）
物理	3	3	3	303
化学	3	3		210
生理学	4			144
生理卫生		2		86
地理			3	93

进入20世纪90年代以后，小学教师的学历标准逐渐提升。许多中等师范学校纷纷在校内开办大专班，开始培养具有大专学历的小学教师。1995年2月，原国家教委颁布了《大学专科程度小学教师培养课程方案（试行）》，到1995年5月，全国共有65所学校经国家教委批准进行培养大专学历小学教师的实验。1996年9月召开全国第五次师范教育工作会议以后，教师职前教育的师范教育体系，逐渐由三级师范（中师、师专、师范大学）向两级师范（师专、师范本科）过渡。上海师范大学、南京师范大学在全国率先成立初等教育学院，专门培养本科学历的小学教师。

1996年湖南省怀化师专（后改名为怀化学院）在国内率先开展了培养科学教师的尝试，1997年设置综合理科专业的专科试点班，2000年开始招收本科生，2003年将专业正式更名为科学教育专业。2002年教育部审批9所高校开设科学教育专业，2003年增加到23所。我国首届科学教育专业建设研讨会于2003年在重庆师范大学召开，第二届科学教育专业建设研讨会于2004年在长春师范学院召开。广西师范大学于2000年成立了科学教育研究中心。一些高校正在按照教育学的二级学科或三级学科，招收科学教育硕士研究生。北京师范大学在全国率先开始招收科学教育专业博士研究生。

（二）小学科学教师的职前培养

从本科层次的培养目标上看，小学科学教师的培养一般分为文科和理科两个方向。理科方向培养小学数学和科学教师。极少数院校的小学教育专业设置有科学方向，专门培养小学科学教师。南京晓庄师范学院2007年的小学教育专业（数学与科学方向）本科专业人才培养方案在一定程度上反映出小学科学教师职前培养的现状。

南京晓庄师范学院2007年小学教育专业（数学与科学方向）本科专业人才培养方案

一、培养目标与培养规格

（一）培养目标

本专业培养德、智、体、美、劳诸方面全面发展，具有现代教育理念和“教学做合一”的教育思想，具有良好的职业道德素养，具有较为深厚的小学教育专业知识和扎实的专业基本技能，具有较强的适应性和一定的教育研究能力，能够创造性地从事小学教育工作的“敬业爱生，勤学善教，睿智博雅”的合格小学师资。

（二）培养规格

1. 具有较高的政治素养，坚持四项基本原则，掌握马克思主义、毛泽东思想和邓小平理论的基本立场、观点和方法，树立科学的世界观、人生观、价值观。

2. 热爱小学教育事业，秉承“教学做合一”的教育理念，具备科学与人文基础素养，具有高尚的人格、良好的师德和求实创新的精神。

3. 具有系统的教育理论知识和丰富的科学文化知识；掌握小学教育教学的基本知识，具有小学教育教学的基本能力，并具有初步的教育科研能力；能承担小学数学和小学科学课程的教学工作，并能兼教其他学科，能承担班级的教育管理工作。

4. 具有稳定的心理素质和健康发展的体魄；了解小学教师的职业属性和工作特点；具有多方面的兴趣和良好的艺术修养；具有广泛的社会适应性和人际沟通能力。

二、学制与学位

基本学制为4年，弹性学制为3～6年。授予学位为教育学学士学位。

课程结构及学时、学分分配表

课程类别	学分	所占学分比例（%）	学时	所占学时比例（%）
公共必修课程	42	24.70	846	26.44
专业必修课程	69	40.59	1 268	39.62
公共选修课程	8	4.71	120	3.75
专业选修课程	51	30.00	966	30.19
总计	170	100	3 200	100

三、主要课程名称、学分与学时

公共必修课（42学分，846学时）

课程名称	学分	学时	课程名称	学分	学时
1. 大学英语	16	340	6. 思想道德修养与法律基础	3	51
2. 体育	4	136	7. 中国近现代史纲要	2	34
3. 军事理论	2	24	8. 大学计算机基础	4	72
4. 马克思主义基本原理	3	51	9. 陶行知教育思想	2	36
5. 毛泽东思想、邓小平理论和“三个代表”重要思想概论				6	102

专业必修课程（69学分，1 268学时）

课程名称	学分	学时	课程名称	学分	学时
1. 现代汉语	3	64	11. 教育科学研究方法	4	72
2. 中国古代文学	4	72	12. 小学班级管理与指导	2	36
3. 中国现当代文学	4	72	13. 课程与教学论	3	54
4. 儿童文学	3	54	14. 小学语文课程与教学论	4	72
5. 高等数学（Ⅰ）	6	128	15. 小学数学课程与教学论	4	72
6. 初等数论	4	72	16. 音乐教育	4	72
7. 教育心理学	3	54	17. 美术教育	4	72
8. 儿童概论	2	36	18. 手工制作	2	36
9. 儿童发展心理学	3	54	19. 教师语言技能	4	72
10. 教育概论	2	36	20. 汉字文化与书写技能	4	68

公共选修课程

课程名称（全校范围选修）	学分数	学时
总计	8	120

说明：从第二学期开始，公共选修课程根据学校各学期所开设的课程选修。

专业限选课程（17学分，354学时）

课程名称	学分	学时	课程名称	学分	学时
1. 高等数学（Ⅱ）	3	66	4. 线性代数	3	54
2. 小学科学实验	3	90	5. 小学信息技术——小学课件设计与制作	4	72
3. 小学科学课程与教学论	2	36	6. 小学生健康教育	2	36

专业任选课程（从44门课程中选修34学分，612学时）

课程名称	学分	学时	课程名称	学分	学时
1. 小学数学教学研究	3	54	23. 小学信息技术——智能机器人设计与制作	2	36
2. 离散数学	2	36	24. 小学语文教学研究	2	36
3. 概率统计	2	36	25. 写作	3	54
4. 数学史	2	36	26. 人类与社会	2	36
5. 初等数学研究	2	36	27. 美学与美育	2	36
6. 小学数学解题方法	2	36	28. 中西文化比较	2	36
7. 小学数学奥赛研究	1	18	29. 英语语音	2	36
8. 小学数学教学技能训练	1	18	30. 专业英语阅读	2	36
9. 现代数学概论	3	54	31. 英语国家文化导记	2	36
10. 生命科学概论	2	36	32. 英语视听说	2	36
11. 小学综合实践活动设计	2	36	33. 小学生行为矫正	2	36
12. 普通地理学	2	36	34. 生涯发展与职业辅导	2	36
13. 人口、资源与环境	2	36	35. 特殊儿童的心理与教育	2	36
14. 现代自然科学概论	4	72	36. 小学教育案例及其写作	2	36
15. 人类与自然	3	54	37. 小学教育热点问题透视	2	36
16. 科学技术史	2	36	38. 心理学漫话	2	36
17. 普通物理学	2	36	39. 人格心理学	2	36
18. 社会中的化学	2	36	40. 社会心理学	2	36
19. 科学与宗教	2	36	41. 教育社会学	2	36
20. 小学信息技术——小学信息技术基础（理论、基础）	2	36	42. 教育思想史	2	36
21. 小学信息技术——小学教学工具软件（图、音、视等常用工具）	2	36	43. 学校管理学	2	36
22. 小学信息技术——小学校园网设计与制作	2	36	44. 小学师生互动原理与技巧	2	36

（三）小学科学教师的在职培养

我国于 1997 年开始面向中小学教师招收教育硕士生，2007 年招生人数达到 1.2 万人，在校生达到 3.5 万人，毕业生累计人数达到 3 万余人，其中包括少数的小学教师。2004 年教育硕士专业学位增设了小学教育和科学教育技术专业。这两个专业都可以培养小学科学教师。下面以西南师范大学 2005 年教育硕士专业学位小学教育方向培养方案为例，直观地了解教育硕士的培养特点。

西南师范大学 2005 年教育硕士专业学位小学教育方向培养方案

一、学位性质与培养目标

教育硕士专业学位小学教育方向是具有特定教育职业背景的专业性学位，是已经实施的教育硕士专业学位培养工作向小学教育阶段的延伸，以在职小学骨干教师和专业管理人员为培养对象。

教育硕士专业学位小学教育专业方向的培养目标为未来的小学教育专家。具体要求为：热爱祖国，热爱社会主义教育事业，具有为国家强盛、人民富裕和儿童健康成长而勤奋工作的高度责任感、事业心，具有正确的教育观念、良好的职业道德；熟练掌握所从事学科的系统基础理论、专业知识和专业技巧，掌握一门外国语，掌握计算机和网络技术；能够有效地开展教育、教学、学校管理工作与研究；能自觉地关注和投入教育改革；具备自我和所在工作群体的专业发展意识与能力，成为学校教育、教学、科研和管理工作的带头人，并具备胜任高级专业技术职务的素质和水平。

二、招生对象与入学考试

教育硕士专业学位小学教育方向的招生对象为：具有大学本科学历和学士学位、三年以上第一线小学教育工作经历的在职人员（小学文化基础课的优秀教师和学校领导、管理干部，省、市、区、县教育行政部门的有关干部、管理人员和教师进修学院的教研员）。仅具有大学本科学历而无学士学位者，则需具备小学高级及以上教师专业技术职称。

入学考试按国家有关规定，参加全国教育硕士专业学位研究生统一考试。

考试科目为外国语、政治、教育学、心理学和专业课五门。外国语、教育学、心理学三门课程为教育硕士专业学位全国统一（联合）考试科目，政治、专业课考试由各试点单位自行组织。专业课考试为“写作”。

三、培养方式与学习年限

考虑到小学教育工作的实际需要，教育硕士专业学位小学教育方向之下不再设置二级培养方向，学员的未来发展需要通过设置不同的选修课程来满足。学习年限为两年到四年。

四、课程设置和教学方式

课程设置考虑学员在职学习的特点，考虑学员实际工作的需要，考虑学员未来发展的需要。出于培养目标的考虑，课程设置强调教育专业的一般基础理论与小学教育实践需要相结合。通过专业必修课程造就学员宽厚的教育专业理论基础和宽广的学术视野，通过专业选修课程提高学员的学校实际工作能力。

按一年半教学时间设置课程。课程分为公共学位课程、专业必修课程和专业选修课程三大类，要求修读课程不少于36个学分。

教育硕士课程结构表

1. 公共学位课程	18学分	3. 专业选修课程（以专题研究为主，每组至少选修一门）	不少于8学分
外语	3学分	A. 教育法规与政策研究	2学分
政治理论（二门）	3学分	学校改革与发展策略研究	2学分
教育学原理专题研究	3学分	学校教育评价研究	2学分
教育心理学	3学分	学校环境与文化建设研究	2学分
儿童发展心理学	3学分	学校教育资源集聚与辐射研究	2学分
教育科学研究方法	3学分	B. 校本课程与课件开发研究	2学分
2. 专业必修课程（括号内表示联系实践的主要方面）	10学分	教师专业发展与校本培训研究	2学分
		校本教育研究	2学分
德育理论（小学道德教育）	2学分	科学教育课程设计	2学分
课程理论（小学课程）	2学分	综合实践活动课程设计	2学分
教学理论（小学教学）	2学分	C. 学校儿童工作研究	2学分
学校管理（小学管理）	2学分	儿童身心健康教育研究	2学分
教育史（学校发展史）	2学分	教育伦理研究	2学分
		小学语文教学专题与案例研究	2学分
		小学数学教学专题与案例研究	2学分
		小学英语教学专题与案例研究	2学分

教学方式以课程学习为主，注重案例教学。加强教学、科研和社会实践三方面的联系，聘请教育实际工作部门中具有高级专业技术职称的专家参与培养工作。加强实践环节，建立稳定的培养基地，并强调发挥学员所在工作单位的作用。对已有较丰富教育工作经验的学员，强调理论学习，注重思想、观念、理论、知识和方法的更新，提高专业素质。

五、学位论文与学位授予

学位论文的选题要求密切联系教育实际，提倡结合学员的本职工作，就教育、教学和管理实践中的问题提出研究课题，开展研究工作。论文写作强调理论与实际结合，形式不限，字数必须在 2 万字以上。对论文的评价，着重于考察学员综合运用教育基础理论、知识与方法解决实际教育、教学和管理实践问题的能力，强调论文的先进性、技术难度和工作量，注重考察论文解决问题的新材料、新思想、新方法和新进展。

对论文的指导和答辩，要求导师组和答辩委员会成员中，至少要有一名教育实际部门具有高级专业技术职称的优秀学科教师或教育行政管理人员。课程考试合格并通过论文答辩者，经审批，可授予教育硕士专业学位。

二、小学教师培养的中美比较

设置师范学校培养小学教师的时间，美国比我们早 60 多年，把小学教师的学历从中师提升到本科，也比我们提前约半个世纪。中美小学教师的培养既有文化观念、制度方面的地域性差异，也有时代发展过程上的历时性差异。然而，在全球化的时代，也有一些类似的共同追求，存在着一些相近的困惑。下面从八个不同的视域加以比较：

（1）从小学教育专业的生源来看，两国都难以吸引较多数量的优秀青年报考小学教育专业，女生人数在学生总数中占有绝对的优势，多达 80%以上。但是，我国高中毕业生在对高校专业不太了解的情况下，填报高考志愿，选择小学教育专业有一定的盲目性，进入高校后转专业的可能性很小。而美国的高中毕业生可以迟至大学二年级来选择专业，而且转换专业相当容易。因此美国的青年基本上是自愿选择小学教师职业。

（2）从培养层次看，中美两国小学教师的职前培养都是以本科为主，但是我国还有少数师范学校培养小学教师。美国小学教师的在职教育以硕士研究生为主，有相当多的教师可以利用工余时间在两年内取得硕士学位，具有硕士学位的小学教师年薪可以增加 6 000 美元，增加了教师进行在职学习的积极性。少数小学校长和教师还获得了博士学位。我国的教育硕士学位虽然面向小学教师招生，而且还设置小学教育方向，但是能够有条件攻读教育硕士专业学位的小学教师比例很小。

（3）从培养目标看，两国都重视培养学生具备比较广博的知识和教育教学技能。但是，我国的小学教育专业培养规格仅限于小学教师，美国小学教育专业的毕业生能够到幼儿园任教，也可以到初中学校的低年级任教，还可以到相关的教育机构从事专业工作。

（4）从课程体系结构看，两国小学教育专业的课程基本可以分为四大块，通识课程、学科课程、教育心理课程、教育实习课程。但是二者的差异仍不可忽视，美国大学的通识课程和学科课程基本融合在一起，而且是重要的基础课程，我国有公共必修、选修课，有学科专业必修、选修课，专业课比公共课更受重视。我国的教育心理类课程与学科课程联系不够紧密。我国学生实习时间短，而美国的教育与心理理论渗透在学科教育课程中，二者联系十分紧密，实习时间充足，几乎从学前班到小学各年级都实习到了。美国课程的门类、学分和学时都比较少，而我国的相对较多。

（5）从教学方法看，传承性的讲授和探究式的活动是两种主要的教学方法。但是在我国偏重前者，而美国偏重后者。我国强调系统的讲授，重视学生对课本内容的理解，学生的主动探究和创新不够，教学资源局限于教材。美国则提倡对多种资料的研读，超越了课本给定的信息，学生提出的不同观点能够得到认可和鼓励，学习资源除了教材，还有其他的参考书、影像资料以及网络资料。我国学生之间的小组讨论与合作较少，而美国学生之间的小组作业和交流较多。

（6）从成绩评定看，两国师生都很重视考试，成绩的评定都是把平时的课堂表现和期末的考试结合起来。我国的考试多为闭卷，偏重对知识的识记，即使一些简述题、分析题也都是考识记的内容。美国的考试题目多半为开放性的题目，大多为开卷考试，平时成绩占的比例较大。中美两国对考试作弊的处分都很严厉。

（7）从教育实习环节看，我国的教育实习有的放在第七学期，有的放在第八学期，时间只有 6～8 周。美国的教育实习放在最后的一个学期，时间为一个完整的学期。中国的实习学生在实习期间是配角，美国的实习学生是当主角。中国的本科生需要撰写毕业论文，而美国的本科生不需要撰写毕业论文。

（8）从大学师资水平看，两国的师资水平具有显著性的差异。美国小学教育专业的教师几乎都具有博士学位，只有在一般性的大学里，一个学院有一两个教师是硕士毕业，但是具有某些方面的特长。在美国获取博士学位需要 5～6 年的时间，因此受过严格学术训练和长时间文化熏陶的大学教师在教学和科研上都具有自己的专长。我国小学教育专业教师具有博士学历的不多。

第三节　小学科学教师培养中的问题与变革

一、小学科学教师培养中的问题

目前尽管小学科学教师的培养由高师院校来承担，小学教育专业毕业的学生获得了专科、本科学历，但是有多种因素制约着小学科学教师培养水平的提高，主要有如下问题：

（一）小学教育专业难以吸引理科素养好的高中毕业生

我国的高考文理分科，男生较多报考理科，女生较多报考文科。男生一般不希望当小学教师。小学教育专业一个 40 人的班级里往往只有几位男性。小学教师的社会地位依然不理想，工资及其含金量不高，热爱小学教育事业的师范学生为数极少。在校小学生人数近些年锐减，小学不能充分吸纳小学教育专业的毕业生。他们如果在教育领域不能找到工作，那么转到其他领域找工作就更难。所以学理科的男生基本不考虑选择小学教育专业。

（二）小学教育专业缺少高素质的理科教师

师范学校升格为大专，或者并入师范院校，或者在师范院校新设小学教师专业，小学教师培养的规格升高了，但是，小学教育专业的师资水平并没有获得相应的提高。过去是本科学历的教师教中师学生，现在是本科学历的教师教本科学生。在研究生学位建设上，我国有学前教育的硕士学位，也有中学各学科专业教育的硕士学位，但是几乎没有小学教育专业的硕士学位。没有硕士和博士学位点就很难吸引高学历的教师从事小学教育专业的教学工作。

（三）小学教育专业地位的边缘化

小学教育专业在高等院校中是“小荷才露尖尖角”，是还没有变成“天鹅”的“丑小鸭”。生源和师资的弱势先天地弱化了小学教育专业在一所高校的地位，而非文非理、既文既理的学科“杂交”也没有显示出当代学科渗透带来的优势。在一所大学的初等教育学院或小学教育专业里，教育学、心理学、中文、数学、人文、社科、科学、音乐、美术多学科的教师聚合在一起，目前还远没有发生“化学反应”，未能形成具有发展潜力的边缘学科或交叉学科，但与此同时却失去了传统单一学科的强势力量。在其他强势专业面前，小学教育专业不可避免地陷入被边缘化的困境，而其中的科学教育则更为难堪。

（四）小学教育专业课程建设的艰巨性

小学教育专业课程体系结构及相应的学科建设、课程建设、教材编写还处于探索之中，这无疑影响了小学教育专业教学质量的提升。就专业的课程体系结构而言，即使分设了文科、理科两个方向或更多的方向，专业或方向的课程体系结构还是缺乏应有的整合。而小学课程改革背景下学科的综合性越来越突出，课程体系结构要综合中文、数学、人文、社科、科学、教育学、心理学、实践性教学等众多学科领域，其难度之大超出了其他任何专业。由于小学教育专业是新设的专业，学科建设和课程建设几乎是在“一穷二白”的基础上开始，没有传统的积累和前辈的经验。

（五）科学课程没有得到应有的重视

在小学教育专业本科课程体系结构中，有的过分强调中文和数学的系列课程，有的重视教育学与心理学的系列课程。科学课程在一定的意义上遭到了普遍的轻视。例如，很少有人系统地研究小学科学教育课程与教学，有些物理、化学、生物教研组的教师尝试性地开设“小学科学教育选修课”，但由于大学本、专科小学教师培养教学计划中没有明确的要求，所以选修者寥寥无几。在一些初等教育学院的培养方案中，几乎没有开设物理、化学、生物、地理等专业课程，仅仅开设“现代科学技术概论”。课程体系不重视科学，课外活动也是如此。在这样的情况下，以科学探究和理性思维为核心的科学素养没有获得应有的发展。

（六）在短暂的实习期间忽视了科学教学的实习

小学教育专业的专科、本科学生比中师生的学习时间长了 3～4 年。原来初中毕业的学生学习 3 年的师范课程，目前是高中毕业的学生在高师院校学习 3～4 年的小学教育专业课程。师范生学习时间的总量增加，但并没有相应地增加实习时间。小学教育专业学生的实习时间大致为 6～8 周。在短暂的实习阶段，实习学生大多只需要教小学数学、小学语文，很少明确要求他们一定要教小学科学课程。根据皮亚杰的儿童发展理论，小学生的这个年龄阶段是属于前运算阶段和具体运算阶段，需要依靠动作来探究世界。原本应该重视科学教学的实习活动却缺乏明确的要求。在实习阶段，科学遭受了不应有的冷落，被迫躲在语文、数学等所谓主科的后面。

（七）小学科学教师的职前培养与在职培养脱节

我国小学教师的职前培养和在职培养一直是“两张皮”，以前的职前培养由师范院校完成，在职培养则是省市教师进修学院（校）的事情，这导致两个不同阶段的教师教育在目的目标、课程结构、教育理论与教育实践等层面缺乏清晰的划界。小学教师在科学素养方面本来就存在着先天的不足，在职培养时更是少有人问津。教师进修院校开设的科学教育课程不仅课时少，而且不受重视，这导致小学教师在科学教学活动中只好“摸着石头过河”。

（八）小学科学教师与初中科学教师的培养体系脱节

当前小学科学教育与初中科学教育互不衔接，首先由于初中科学课程的内容不是以小学科学内容为基础，所以在小学阶段学生学习科学的质量对初中科学教育无根本性的影响。另外，由于以前小学科学教师大多由师范学校培养，初中科学教师大多由高师院校培养，所以，小学和中学的科学教师相互不了解，两个阶段的教育严重脱离。

二、小学科学教师培养的变革

小学科学教师培养的变革应该针对小学教师培养过程中出现的问题，为此提出如下变革的思路：

（一）扩大小学教育专业的社会影响以吸引更多的高中毕业生

小学教育专业在高等院校已经设置了十余年，在教育界内外已经有了一定的影响，但是还需要多维度地扩大其社会影响。高校自己要有主动的宣传意识和宣传策略。宣传要面向高中学生和家长，面向当地教育行政部门、小学以及社区，面向相关的教育机构。设置有小学教育专业的高校应加强与大众媒体的联系，利用多种媒体全方位、多视角、有层次、持续地介绍小学教育专业，树立小学教育专业的品牌意识。还要建设好自己的专业网站，利用见习实习的机会向当地小学宣传自己的办学理念和办学优势，同时听取小学负责人、教育行政负责人和第一线小学教师的意见和建议，在宣传的同时努力提高专业教育质量。

（二）加快小学教育专业研究生学位点的建设以提高师资学术水平

小学教育专业应该在已有学士学位的基础上加快硕士、博士学位点的建设。优秀小学教师的培养需要有高学历、高素养的大学教师。具有高学术素养的大学教师是小学教育专业发展的基础性条件，学者未必是良师，但是良师首先应该是学者。深厚的学术基础，宽广的学术视野，强烈的探究意识、浓厚的学术氛围，这些都是任何一个专业应该努力追求的目标。虽说地方性师范院校不必模仿重点大学，但是加快研究生学位点建设应该成为一个重要的办学目标。

（三）优化小学教育专业的课程体系结构

小学教育专业的课程领域范围几乎涉及了所有的重要学科，尽管目前学科水平较低，处于劣势地位，小学教育专业在一所大学里存在被边缘化的态势，但是若以“小学”为支点、以“教育”为主线，对学科群组加以有效地整合，很有可能把学科渗透的潜在优势转化为现实，这是小学教育专业走出被边缘化困境的内在力量。因此，小学教育专业的教师群体应该依据自身的条件和需要，建立多个学科交叉渗透的机制，并在此基础上组合具有不同特色的研究和教学的共同体，如科学与语文、科学与数学、科学与美学、科学与人文历史、科学与社会研究等学科组合。

（四）编写优质的小学教育专业系列教材

目前小学教育专业的教材已出版了好几套，各有特色和优势。以小学科学教育领域的教材为例，有的侧重联系小学教育实践，有的重视介绍国外的教育思想和改革，有的强调课程改革的文件政策，有的提倡对教育案例的理性思考。小学科学教材的编写应该重视培养学生的问题意识，选编第一手资料，如，引用小学教师、教育家的原话，摘录来自教育实践的调查资料，介绍优秀教师和教育家的人生，提供教学案例资料，某些教育事件和教育观点应该引起争鸣。

（五）提高科学课程的地位以提高学生的科学素养

在科学技术日益发展的今天，在科教兴国的时代背景下，在科学精神缺乏的历史文化中，应该提高科学课程在小学教育专业课程体系中的核心地位。就学生的发展而言，真善美是一个人和谐发展的不同侧面，片面地求善，没有“真”作为基础，很容易导致伪善、假善。提高科学课程的地位，首先，要扩大科学类课程在整个课程体系中的比例。其次，要对学生学习科学课程有明确的要求，至少要了解两个科学领域，至少要学习一门科学实验课程。再次，要增设科学史学、科学哲学、科学社会学以及科学、技术与社会等选修课。此外，其他学科的教学应该渗透科学内容，如现实中重大的科技事件，历史上的科学发现，社会中与科学活动有关的决策，科学主义思潮，伪科学与反科学思潮等。最后，应建立常规的机制，鼓励学生从事探究性的科学实验活动。

（六）在实习活动中提出科学课程教学的明确要求

在小学，科学课程从三年级开始开设，而且课时较少，但是科学应该成为小学的核心课程，引起学校领导、家长、社会和师生的重视。小学教育专业的教育实习应该突出科学课程的教学，对实习学生提出明确的要求，包括上科学课的教学时数、课程教案、教学观摩、教学反思、实习总结等，还应该包括指导小学生的课外科技活动。

（七）系统开展对小学教师科学素养的调查

职前教育与在职教育有分工也有合作。小学教师的培养在职前教育阶段需要重视科学素养的提高，通过增加课时、优化内容、加强实习等途径，多方面理解科学的历史和本质，科学、技术与社会的互动关系，科学探究的基本过程，物质科学，生命科学，地球和空间科学，让未来的小学教师不仅获得丰富的科学知识，也能养成对科学探究的兴趣和行为，体验科学探究的成功与欢乐，欣赏科学

文化，追求科学精神。同时也能理解小学生学习科学的基本特点和科学教学的基本过程。在职教育应该重在指导小学教师依据学校和社区条件，多方位多层次开发科学教学资源，进一步深刻理解学生个体学习的独特性、差异性，同时关注科学研究及科学教育的前沿发展与热点问题，鼓励小学教师形成自己的教学风格。

（八）小学教育专业的培养目标应该超越小学教师职业

小学教育专业不仅有专业性和职业性，同时也有通识性和基础性。小学教育专业的培养目标应该不局限于小学教师这一单一的职业，而应该能够到相关的社会职业领域寻找就业与发展的机会。即使在教育领域就业，小学教育专业的毕业生应该能够到幼儿园、学前教育机构或初级中学低年级段从事教育工作，这不仅是扩大就业的范围，更重要的是有利于加强小学与学前教育、初级中学的联系。就学生个体而言，有的学生不适合、不乐意从事小学教师职业，有的需要到教育领域之外的社会天地发展自己，有的需要进一步发展自己的学术兴趣。因此，小学教育专业的学生在转专业问题上应该有更大的自由度。

本章小结

无论是专职还是兼职的小学科学教师都需要有较高的科学素养，为此应该制定相应的小学科学教师标准。美国从不同的视角探索了小学教师的科学素养标准问题，尽管有文化差异和办学条件的不同，我们还是可以从中获得许多的启迪。美国的小学教师多是负责一个小班，承担英语、数学、科学和社会课的教学，因此没有培养专职小学科学教师的方案，但是他们在硕士生和博士生两个层次上，培养科学教育的研究生。职前教师教育为本科生层次，在职教师教育为研究生层次。我国在20世纪90年代中期之前也没有培养专职的小学科学教师的方案。在高师院校设置小学教育专业之后，职前教育就逐步有了专科和本科两个层次，而在职教育除了这两个层次之外，还有硕士层次的研究生教育。我国小学教师的培养工作中还存在着一些需要解决的问题，小学教师的科学素养有待于进一步提高。

阅读·思考·交流

1. 下面是美国新教师评定和支持专业委员会（Interstate New Teacher Assessment and Support Consortium）制定的小学教师十条标准。试依据这些标准，分析自己作为小学科学教师在哪些方面还有待进一步的努力。

标准1：学科知识。教师要了解所教学科的基本内容、探究方法以及知识结构，并能够使各学科的教学都成为对学生有意义的学习过程。

标准2：学生的发展。教师要了解儿童是怎样学习和发展的，并提供促进学生智力、社会交往及个性发展的机会。

标准3：满足个体需要的教学方法。教师要了解学生在学习方法上的个体差异，所采取的教学方法能够适用各种不同学习方式的学生。

标准4：多样化的教学策略。教师要了解并运用多样化的教学策略以促进学生批判性思维、解决实际问题和操作能力的发展。

标准5：学习动机和管理。教师要了解个体和群体的动机与行为，以创造良好的学习环境来鼓励积极的社会性交往，主动参与学习并提高学习的自觉性。

标准6：交流与技术。教师要运用有效的言语、动作和媒体技术等方面的知识，促使学生在课堂积极探究、合作和相互交流。

标准7：教学计划。教师要根据学科知识、学生情况、社区情况和课程目标合理安排教学。

标准8：评估。教师要了解并运用各种正式和非正式的评价手段来进行评价，并确保学生在心智、社会和身体方面的不断发展。

标准9：反思行为与专业发展。教师要成为一个积极反思的实践者，能够经常地评价自己的选择和行为对其他人（学生、家长和学习领域的其他的专业工作者）的影响，还能够积极地寻求专业发展的机会。

标准10：学校和社区的参与。教师要与学校同事、学生家长以及附近的社区机构建立良好的关系以支持学生的学习，保护其合法的利益。

2. 阅读下面的资料，思考和讨论美国科学教师的培养为什么会有这些变化？

美国科学教师专业进修重点的改变

不大强调	比较强调
1. 以讲课方式传播教学知识和技能； 2. 通过讲课和阅读学习科学； 3. 科学与教学知识相脱离； 4. 理论与实践相脱离； 5. 前后不相联系、讲一讲结束一讲的一次性授课活动； 6. 短训班和进修班； 7. 仅靠外部的专业知识； 8. 肩负提高教师专业水平职责的人只是施教者；	1. 对教学与学习加以探究； 2. 通过调查研究和探究活动学习科学； 3. 科学与教学知识相结合； 4. 在学校的环境下理论与实践相结合； 5. 前后相互联系而贯通一气的长期计划； 6. 各种不同的专业进修活动； 7. 既靠外部的专业知识又靠内部的专业知识； 8. 肩负提高教师专业水平职责的人是他们的帮助者、出主意者和计划制定者；

续前表

不大强调	比较强调
9. 教师只是掌握了教学技能和技巧的人； 10. 教师只是教学知识的接受者； 11. 教师只是别人怎么说自己就怎么做的人； 12. 教师只是置身于课堂中的一个人； 13. 教师只是被动改变的对象。	9. 教师是需要才智的能思善断的教学实践者； 10. 教师是教学知识的产出源； 11. 教师是可以在荆棘中踏出新路的人； 12. 教师是一个在学习中大家共同分担责任的专业集体的一员； 13. 教师是变化源也是变化的促动者。

3. 阅读下面的新闻报道，思考和讨论科学教育专业的毕业生走出就业困境的可能性方案。

科学教育专业毕业生的就业困境

我国新一轮课程改革将小学的自然课改为科学课，其初衷是要克服传统的分科教育中存在的知识割裂、内容封闭、学生负担过重的弊端，培养中小学生的科学素质。但在一些地方，科学课却走进了一个怪圈：一方面学校师资的缺乏严重阻碍了科学课程的推广；另一方面，一些师范院校专门培养的科学教育专业的教师又难以找到就业岗位，而且在一些地区，越是科学课教师短缺的学校，科学教育专业的毕业生越是进不去。

云南是一个多民族聚居的省份，教育发展的地区不平衡特征比较明显。相对科学课的教学要求，该省的科学课教师显得格外吃紧。2003 年 9 月，云南省 129 个市、县先后开设了小学三至六年级的科学课程。但是，由于缺乏专门的师资，绝大多数地区的科学课教学只能由其他课程的任课教师来完成，难以实现让学生在科学探究中学习的目标。师资匮乏是目前推行科学教育的主要瓶颈之一。然而，令人不解的是，像重庆师大、陕西师大、上海师大等高校培养的科学教育专业的教师，毕业后却难以顺利进入那些科学教师奇缺的中小学任教。2006 年重庆师范大学科学教育专业毕业的 37 名学生中，除了 12 人进入中小学从事科学课教学外，其他毕业生大多因找不到接收学校，最终只得被迫临时转行。

资料来源：《中国教育报》，2007－10－30。

4. 阅读下面的统计报告，思考和讨论小学教师参与继续教育为什么多数人报考文科专业而不报考理科专业。

小学教师参与继续教育时多数人选报文科专业

1998 年江苏省的统计结果表明，1990 年苏州市报考语文的有 496 人，其中 308 人及格；报考数学的有 10 人，没有人不及格；报考自然的有 1 人，不及格；

报考地理的有649人，其中440人不及格。镇江市报考语文的有234人，其中143人及格；报考数学的有15人，其中4人及格；报考自然的2人，其中1人及格；报考地理的有157人，其中117人不及格。1992年盐城市报考语文的613人，其中224人及格；报考数学的68人，其中8人及格；报考自然的20人，其中5人及格；报考地理的257人，其中139人不及格。

5. 阅读下面的资料，思考和讨论在大学学习生活中应该怎样提高自身的科学素养。

科学教师的时代要求

成为胜任的、愉快的科学教师应该是教师从其大学时代的职前准备时期一直到职业生涯的结束须臾不可无的奋斗目标。科学是以日新月异的知识为基础的，科学与社会的一些焦点问题的联系越来越广泛，所以，教师将无时无刻不需要机会来扩充自己的知识，来提高自己的能力。此外，教师们也必须有机会来了解兴趣、能力和经历各异的学生都是如何理解科学观念的以及教师应该如何帮助和引导所有这些学生。因此，教师们也需要机会去学习和参与研究科学教学和科学学习，去跟同行和同事交流他们的研究所得。

第十四章

小学科学教师的专业发展

内容提示与思考

◎ 教师专业发展的本质特征是什么？
◎ 小学科学教师专业化的目标体系包括哪些？
◎ 小学科学教师的专业发展包括哪些阶段？
◎ 影响小学科学教师专业发展的因素有哪些？
◎ 小学科学教师的专业发展有哪些范式？

第一节 教师专业发展的历史与内涵

一、教师专业化的历史进程

二战以后，特别是20世纪60年代以后，教师专业化成为一种强劲的思想浪潮，极大地推动了许多国家教师教育新理念和新制度的建立。教师专业化已经成为促进教师教育发展和提高教师社会地位的成功策略。1966年联合国教科文组织和国际劳工组织提出《关于教师地位的建议》，首次以官方文件形式对教师专业化作出了明确说明，提出“应把教育工作视为专门的职业，这种职业要求教师经过严格的、持续的学习，获得并保持专门的知识和特别的技术”。1996年，联合国教科文组织召开第45届国际教育大会，提出，“在提高教师地位的整体政策中，专业化是最有前途的中长期策略”。

1986 年，美国相继发表《国家为培养 21 世纪的教师作准备》、《明天的教师》两个重要报告，同时提出以教师的专业发展作为教师教育改革和教师职业发展的目标。报告倡导大幅度改善教师的待遇，建议教师培养从本科教育过渡到研究生教育。这两个报告对美国教师教育的发展产生了深远的影响。日本在 1971 年通过了《关于今后学校教育的综合扩充与调整的基本措施》的文件，该文件指出：“教师职业本来就需要极高的专门性”，强调应当确认、加强教师的专业化。英国在 20 世纪 80 年代末建立了旨在促进教师专业化的校本培训模式，1998 年颁布了新的教师教育专业性认可标准《教师教育课程要求》。2007 年世界科学与技术教育大会在澳大利亚召开，会后发表的《科学与技术教育帕斯宣言》指出，与会者深信科学与技术对于可持续的、负责任的、全球性的发展具有重大意义，需要弥合科学技术与公众之间的距离，再次强调了科学教师专业发展的重要性，倡导要“提供资源，促进科学与技术教师持续的、有效的专业发展，以满足学生变化的需求与社会的热切期望”。

教师专业发展的缘起

1681 年拉萨尔在法国创立世界上第一所师资培训学校，早期的师资培训机构以“学徒制”为主，教师的培训仅被视为一种职业训练而非专业训练。18 世纪中下叶，随着普及初等义务教育逐步在一些国家实施，教师开始作为一种职业从其他行业中分化出来，形成自己独立的特征。欧美各国相继出现了师范学校并颁布了师范教育的法规，包括中等师范学校的设置、师资的训练、教师的选定、教师资格证书的规定以及教师的地位、工资福利待遇等，师范教育开始出现系统化、制度化的特征。师范教育机构在对教师进行文化知识教育的同时，开始注重教师教学方法的培训，开设教育学、心理学课程，对教师进行专门的教育训练。

我国早在 20 世纪 30 年代就对教师职业展开过讨论，当时有一种很鲜明的观点，即“教师不独是一种职业，并是一种专业……性质与医生、律师、工程师相类”。但至今，对教师是不可替代的专门职业仍未达成共识。1994 年开始实施的《教师法》指出，教师是履行教育教学职责的专业人员，第一次从法律角度确认了教师的专业地位。2000 年出版的第一部对职业进行分类的权威性文件《中华人民共和国职业分类大典》首次将我国职业归并为八大类，教师属于“专业技术人员”一类。我国香港和台湾分别从 20 世纪 80 年代后期开始加大教师专业化教育制度的改革，教师专业化的观念成为社会的共识。

在世界各国教育改革的政策与实践中，教师专业发展的重要性日益凸显。教师专业发展在所有教育改革策略中居于中心地位，没有它，改革策略就仅仅只是理想而不能变为现实。随着教师教育改革的推进，人们希望教师通过专业发展提升自身素质，从而促进学生的发展。因此可以说，教师专业发展是学校发展和教育改革成败的关键。

二、教师专业发展的特征与内涵

专业（profession）一词最早从拉丁语演化而来，原初的意思是公开地表达自己的观点或者信仰，这时它与行业（trade）相对。现在它更多地指需要接受特殊教育和训练的工作职位。德语中专业一词的含义是指具备学术的、自由的、文明的特征的社会职业。在《现代汉语词典》中，专业一词有多种含义，其中之一是指专门从事的某种工作或职业。

要评价一个职业是否达到专业水平，需要界定专业的本质特征与标准。1948 年美国教育协会提出了专业的八条标准，一些学者对专业的标准进行了更深入的探讨。综合来看，一种职业要被认可为专业应该具备三个基本特征：第一，专门职业比普通的职业具有更重要的社会作用，它是社会存在与发展不可缺少的，倘若专业服务不足或者服务水准低下，则会对社会构成严重的伤害。第二，专门职业具有完善的专业理论和成熟的专业技能。这要求专业人员接受比其他职业更长时间的专业训练。专业领域知识非一般职业人员所能理解和掌握，同时也只有专业人员才获准运用这些知识。第三，专门职业的专业组织拥有高度的自主权和权威性，专业知识为专业人员所垄断。因此，只有专业人员才能对专业内的事务做出判断和裁决，同时，专业人员也需要一个强大的专业组织以保证专业权限、

美国教育协会关于专业的八条标准

1. 含有基本的心智活动；
2. 拥有一套专门化的知识体系；
3. 需要长时间的专门训练；
4. 需要持续的在职成长；
5. 提供终身从事的职业生涯和永久的成员资格；
6. 建立自身的专业标准；
7. 置服务于个人利益之上；
8. 拥有强大的、严密的专业团体。

资料来源：教育部师范司组织编写：《教师专业化的理论与实践》，33～34 页，北京，人民教育出版社，2003。

专业水准和专业地位的提升。依此标准，在西方国家，医生、律师是社会公认的成熟的专业。现代教师职业还没有达到医生、律师那样的成熟程度，尽管需要较高的专业知识、技能和修养，但还只是一个“形成中的专业”。

一个职业要达到成熟专业的水平需要一个相当持久的过程，这一过程被称为“专业化”过程。专业化的含义是指一个普通的职业在一定时期内，逐渐符合专业标准，成为专门职业并获得相应的专业地位。教师的专业化包含两个方面的内容：一是教师作为专业人员获得教育界外部的承认，享有应有的专业地位，这是教师群体的专业化，其目标是争取专业的权利和地位以及教师群体向社会上层的流动；二是在教育界内部，教师需要不断提高专业水准和专业发展能力，这是教师个体追求的专业化，其目标是发展教师的教育教学知识和技能，提高教育教学水平。

被社会认可为专业的职业群体一方面对社会有不可或缺的作用，社会赋予从业人员极大的责任，同时也提出了很高的要求；另一方面，从业人员需要花费更多的时间来掌握专业知识和技能，因而拥有更高的社会地位和更多的社会资源，包括权力、工资、晋升机会、发展前途、工作条件、职业声望等。从制度层面看，教师“专业化”的实现将是一个漫长的过程。美国教师“专业化”的观念与制度的确立经历了整整一个世纪。日本教师的专业化也经历了一个多世纪。

美国卡内基财团组织的“全美教师专业标准委员会”制定的专业化量表的基本准则

(1) 教师接受社会的委托负责教育学生，认识学生的个别差异并采取相应的措施；理解学生的发展与学习的方法；公平对待学生；教师的使命不限于学生认知能力的发展。

(2) 教师了解学科内容与学科的教学方法，理解学科的知识是如何创造、如何组织、如何同其他领域的知识整合的；能够运用专业知识把学科内容传递给学生。

(3) 教师负有管理学生的学习并提出建议的责任，探讨适合目标实现的多种方法；注意集体化情境中的个别化学习；鼓励学生完成学习作业；定期评价学生的进步。

(4) 教师系统地反思自身的实践并从自身的经验中学到知识，能验证自身的判断，不断作出困难的选择；征求他人的建议以改进自身的实践；参与教育研究，丰富学识。

（5）教师是学习共同体的成员。同其他专家合作提高学校的教育效果；同家长合作推进教育工作；运用社区的资源与人才。

20世纪80年代以来，人们越来越认识到，提高教师专业地位的有效途径是不断改善教师的专业教育，从而促进教师的专业发展。只有不断提高教师的专业水平，才能使教师职业成为受人尊敬的一种专业，具有较高的社会地位。

综上所述，我们可以把教师专业发展理解为教师不断成长、不断接受新知识、提高专业能力的过程。它包含教师在生涯过程中各方面得到提升的所有活动。在专业化过程中，教师通过不断的学习、反思和探究来拓宽其专业内涵，提高专业水平，从而达到专业成熟的境界。教师专业发展强调教师的终身学习和终身成长，是职前培养、新任教师培养和在职培养，直至教育生涯结束的整个过程。教师专业发展不仅包括教师个体生涯中知识、技能的获得与情感的发展，还涉及学校、社会等更广阔情境中的道德与政治因素。

第二节　小学科学教师专业发展的目标

一、小学科学教师专业化的时代要求

社会职业只有专业化才有社会地位，才能受到社会的尊重。如果一种职业人人可以从事，具有可替代性，则在社会上的地位不可能很高。小学科学教师如果不追求专业发展，就没有社会地位，不会被社会尊重。即使在小学教育领域，小学科学教师如果没有走向专业化，也将没有与其他课程教师平等的地位，得不到教师同行应有的尊重。

我国小学科学教师走向专职化

《科学（3—6年级）课程标准（实验稿）》指出，由于科学课程承担着培养小学生科学素养的重任，在整个小学教育中的地位越来越重要，因此，提高科学教师的素质与水平就显得非常紧迫，不能再让上不了语文、数学课的教师教科学，必须逐步建立一支专职的小学科学教师队伍。

首先要做的是在师范教育中设置和科学教育有关的课程，以保证新任的小学科学教师有充分的科学知识基础与能力水平。对现任小学科学教师，要设立专门的上岗培训计划，按《标准》中规定的必须具备的科学素养设计培训课程与教材，分期分批实施上岗培训。

教师专业发展是教师职业生涯的内在组成部分，教

师知识、技能与判断力的不断拓展、更新和成长有助于改进教学实践。教师的专业发展有三个基本目的：

（1）拓展，指教师在原有认知基础上吸纳和增加新的知识与技能；

（2）更新，指用最新成果取代过时的内容，是对原有知识与实践的转换与变革；

（3）成长，指教师专业知识、技能、精神、情感等方面的提升。

小学科学教师的专业发展是时代发展的必然要求，是实施科教兴国战略的国家需要，是基础教育课程改革的实际需要，是小学科学教育改革的自身需要，也是小学科学教师自身发展的需要。

“科教兴国”战略的实施要求全民族的科学文化素养必须达到一个较高的水平，而当前中国公众科学素养水准普遍偏低的情况从深层次上制约着国家的可持续发展，同时也给一些人利用迷信活动和邪教组织危害民众和社会提供了土壤。学校的科学教育直接影响着全民族的科学素养，科学教育的质量取决于科学教师的专业化程度。

我国科学教育的研究尚处于起步阶段，人们对科学教育特别是小学科学教育普遍重视不够，小学科学教育的地位和作用在小学教育阶段还没有被充分认识到。小学科学课教师远没有专职化，科学课的时间被挤占挪用的现象更是司空见惯。21 世纪初的基础教育课程改革对小学科学教师的科学素养提出了更高的要求，要求科学教师变单一的科学知识传播为全面的科学素养培养；变以课堂为中心的教学为引导学生走向自然、生活与社会；变以教师为中心的训练为教师引导下的学生自主探究过程。当前的科学教育面临这样重大的变革，必须尽快建设一支专业化的小学科学教师队伍。

小学科学教育是小学生在教师的指导下，通过自身活动，运用多种感官，对周围物质世界进行探索、研究和寻找答案的过程。所以“科学探究”是科学课的灵魂，教师必须给学生提供充分的科学研究的机会，让学生通过手脑并用的探究活动，体验探究过程的曲折和乐趣。通过初步学习科学方法，理解科学本质，形成一定的科学态度、情感和价值观，培养创新意识和实践能力。这种科学探究的教学方式对科学教师的素质提出了很高的要求，并不是其他学科教师可以胜任的。

小学科学教师的职业生涯也需要发展。没有专业上的发展，不但学生的科学素养水平难以提高，而且教师自身也没有成就感。教师自身的生命价值与学生的生命价值是相互关联的，教师没有专业上的发展就不可能有学生的精神成长。专业发展是小学科学教师生命发展的核心所在，是他们取得教育成就、实现自我价值和社会价值的基础，充分的专业发展是教师人生价值的重要目标。

二、小学科学教师专业发展的目标体系①

小学科学教师的专业发展目标表现在情感、态度、价值观、科学方法、科学精神、科学知识、科学探究能力七个方面。

（一）情感方面的发展目标

（1）对与科学有关的事物都有浓厚的兴趣；

（2）能够在设计、参与和指导小学生的科学探究活动的过程中体验到科学活动的乐趣；

（3）能够欣赏科学具有的和谐、秩序、简洁、对称、统一的美；

（4）对自己作为科学的传播者有一种神圣的使命感；

（5）培养一些与科学有关的业余爱好。

（二）态度方面的发展目标

（1）关注科学，追求科学，能以主动的态度通过各种方式去获取和探究新的科学问题；

（2）热心科学教育事业，积极主动地带领学生参与科学探究活动；

（3）崇尚科学，努力实践科学而不是对科学怀着一种半信半疑或者是敬而远之的态度；

（4）深刻地理解科学认识与实践的关系，知道科学认识源于实践，并受实践检验，它与实践存在互动的关系；

（5）对前人的观点有怀疑和批判的精神，相信科学的结论而不是迷信权威，有用实事求是的态度和实证的方法筛选和处理信息的意识和能力；

（6）能正确对待自己，善于发现、勇于承认自己的错误，能够主动地剖析产生错误的根源；

（7）明白儿童的科学素养主要是在科学探究活动中或者在“做科学”的过程中形成的，书本只为探究活动提供指导和案例，因此必须乐于根据具体情况设计科学探究活动，善于创造性地运用书本知识。

（三）价值观方面的发展目标

在教育价值观方面：

（1）懂得教育的目的不只是知识的传授、智力的训练，而是从全人类的科

① 参见张平柯：《小学科学教师的科学素养结构要素及其具体要求》，载《湖南师范大学教育科学学报》，2006（7），110页。

技、经济发展与文化、价值发展相统一的角度，培养能意识到自己的使命、具有责任感和能力探索人类发展方向、创造新文明的社会人；

(2) 必须抛弃历史形成的英才教育观，牢固树立大众教育的教育理念，面向全体学生，使全体学生都能在平等的关爱中健康成长；

(3) 能以学生的发展为本位，抛弃强制、灌输，提倡陶冶和启发，根据学生的特点和需要，关心学生的个性发展，为学生终身学习奠定基础；

(4) 把学会学习、学会合作、学会创造、学会关爱放在教育的中心位置；

(5) 明白教学过程是师生共同完成的，科学教育是师生共同活动、共同提高的过程，活动中师生之间应平等对话、交流；

(6) 懂得科学精神的培养、科学行为习惯的养成比获取科学知识有更加重要的意义；

(7) 掌握现代教育评价的多种方法，能从综合的角度、整体的角度对学生在科学探究、情感态度、科学知识等方面的发展进行科学的评价，并具有通过反思调整教育、教学行为的习惯和能力。

在科学价值观方面：

(1) 理解世界的物质性，在由精神和物质组成的二元世界里物质是第一性的；

(2) 承认自然规律的客观性，尊重事实，尊重客观规律；

(3) 懂得科学认识来源于实践活动，同时对实践有指导作用；

(4) 知道认识是受自身实践能力限制的，有时代局限性，因此科学真理具有相对性和发展性，对待前人的结论能用科学的态度进行独立思考，敢于怀疑、敢于批判、敢于探索、敢于创新；

(5) 懂得人是自然的产物，人在与自然的对话中掌握了自然规律会对自然产生能动的作用，但人不能违背自然规律，不能破坏自然环境，人和自然应该是协调、和谐、统一、共同发展的关系；

(6) 了解科学技术对人类具有两重性，树立科学的生态观。

(四) 科学方法方面的发展目标

(1) 认识科学方法的三大部类，即经验方法（观察、测量、实验等）、理性方法（逻辑、数学、统计等）、臻美方法（直觉、对称、类比等）；

(2) 对以伽利略、牛顿为代表的，用数学与实验、假设与验证、归纳与演绎、分析与综合诸方法构建起来的近代科学方法有深刻的认识；

(3) 认识科学方法的多元性，对无序的猜测、想象、灵感、顿悟、幻想等创造性的心理活动持宽容和欢迎的态度；

（4）认识科学方法的创新性，防止以固定模式束缚学生的探究过程，鼓励学生在研究方法上的创新；

（5）认识科学方法的开放性，能主动跟踪新的研究方法如系统方法、计算机模拟方法、拟人化方法等等；

（6）对自然科学的几个基础门类的具体研究方法要有本质上的把握，对于一些比较通用的研究方法更要融会贯通，比如变量控制法、图表法、理想模型法、能量分析法、科学统计法、类比法、结构法、等效方法、近似处理方法等等；

（7）对现代科学方法（如逻辑经验论、科学理性论等）有所了解。

（五）科学精神方面的发展目标

（1）能够认识到“科学与非科学”之间的差异，同时也意识到二者之间存在不可逾越的界限，反对伪科学，对反科学思潮有辩证的认识；

（2）能正确认识“科学假说与科学理论”之间的关系，认识到科学假说与科学理论之间不存在不可逾越的界限，对儿童建立在自身经验基础上的猜想应该持宽容和鼓励的态度；

（3）鼓励儿童凭好奇心、直觉等提出创造性问题，但必须拒绝在假说检验与评价过程中的非理性，比如为“证实”自己的猜想，在实践检验过程中受情感和爱好等非理性因素的影响；

（4）了解科学理论需要的经验证据必须是有效的，在收集证据时按照科学规范进行，在引导儿童进行科学探索的过程中，要保证通过实际观测和实验所得的经验证据真实可靠，不仅不能伪造、任意修改经验证据，要防止因疏忽造成的经验证据失真，同时还要注意采用的权威证据其来源是真实可靠的；

（5）要坚毅，执著于科学事业，但不能固执己见，在与学生的共同探究活动中，不管是对自己的观点，还是对他人的观点都要有理性的态度和耐心，绝对不能以势压人；

（6）应该乐于、善于与同行合作，同时还应该在科学探究过程中鼓励学生互相交流合作，培养团队精神；

（7）具有献身科学的精神和捍卫科学的勇气。

（六）科学知识方面的发展目标

（1）具有扎实的科学基础知识，具体来说，应该在生命世界、物质世界、地球与宇宙等方面达到较高的水平；

（2）对贴近生活的科学知识应该有比较全面和系统的了解；

（3）对科技发展史、科学与技术的区别与联系、科技与社会、科学知识与人文知识、科学与当代人的生活等都有相当程度的了解；

(4) 知识结构以广博为主，渊深为次，对一些重要的科学原理应该从哲学的高度去认识，而不拘泥于复杂而精确的计算；

(5) 对一些具有重大意义的科学概念、思想和方法都应该有比较深刻的认识；

(6) 了解现代科技发展的主要方向，并能从科普的层面上了解前沿科技知识。

（七）科学探究能力方面的发展目标

(1) 高度的注意力和敏锐的观察力，能够通过观察儿童科学探究的过程，捕捉到儿童思想的闪光点，发现儿童探索中遇到的困难，引领儿童以科学的方法去探索客观世界；

(2) 有丰富的想象力和比较强的思维能力，能理解儿童以感性为主的认识方式、以想象为主的理解方式，并能逐步地引导儿童从形象到抽象、从个别到一般，形成规律性的认识和科学概念；

(3) 较强的动手能力，或者“做科学”的能力，能带领儿童进行有效的科学探究活动；

(4) 有较强的科学交流能力，能用书面语言和口头语言准确地表达科学探究过程、科学概念、科学思想、科学理论；

(5) 具有对学生的科学探究活动水平的评价能力，并能在正确判断的基础上，有效地改进活动设计，提高活动的价值；

(6) 具备终身学习的愿望和能力，主动跟踪科技的高速发展；

(7) 有关心“身边的科学问题”的习惯，有用科学原理对它们进行分析并做出判断的能力，乐于、善于解答儿童提出的问题，满足儿童好奇的天性；

(8) 具备计算机等方面的基本操作能力，能利用它们进行辅助教学，熟悉internet、e-mail等，具备多种获取信息、处理信息的能力。

第三节　小学科学教师专业发展的阶段

对专业发展阶段的研究有助于职前与在职教师培养方案的整体优化设计，也有利于教师个体对自己职业生涯发展过程的设计，促使师范学生清楚地意识到职业生涯不同阶段的特点和问题，从而发挥各个阶段的优势，避免可能出现的问题。

一、教师专业发展阶段的划分

教师专业发展阶段是指教师专业发展进程中以其学科素养和教育教学行为方面的质的变化为发展特征的不同时段。教师作为教育专业人员在每一个发展阶段都会呈现出某些变化特征，如专业信念、专业需求、教学关注和课堂教学行为等。这些变化特征为判断其专业发展阶段提供了依据。

（一）国外关于教师专业发展阶段的划分

从 20 世纪 60 年代开始，教师专业发展阶段引起教师教育界的关注，国外的研究者从不同视角对教师专业发展的过程及其规律进行研究，出现了多种教师专业发展阶段理论。

美国得克萨斯大学的富勒（Fuller）在 60 年代提出了职前教师专业发展阶段理论，他认为职前教师的专业发展要经历四个发展阶段。

（1）教学前的关注阶段（pre-teaching concerns）。此阶段的师范学生满足于学生的角色，没有教学经验，对给自己上课的教师及其教学行为没有从教的视角加以观察，对教师的角色仅仅满足于想象。

（2）早期关注生存阶段（early concerns about survival）。此阶段师范学生初次接触教学工作，他们关注对课堂的控制、自己是否受到学生的欢迎、其他教师和有关人员对自己教学的评价，感受到作为教师的生存压力。

（3）关注教学情境阶段（teaching situational concerns）。此阶段师范学生能够关注到教学和在特定教学情境下如何完成教学任务，重点关注自己的教学行为表现，还不大关注学生的学习。

（4）关注学生阶段（concerns about pupils）。此阶段师范学生能够关注到教学对象的存在、需要和反应，并根据中小学生的反应调整自己的教学策略和教学任务，体现出初步的教学灵活性。

也有一些美国教育学者提出了教师职业生命周期不同发展阶段的理论。20 世纪 70—80 年代是教师专业发展阶段研究的黄金时代，出现了伯顿（Burden）、费斯勒（Fessler）、斯德菲（Steffy）、休伯曼（Huberman）等人提出的多种教师专业发展阶段的理论（参见表 14—1）。

还有学者从认知发展理论、概念发展理论及道德判断理论出发把教师的专业发展分为四个阶段：第一阶段的教师相信教学权威，简单地搬用教学理论和教学策略；第二阶段的教师有了一定的教学经验，并相信自己的经验是最好的经验，因而表现得墨守成规；第三阶段的教师能够意识到特定教学情境中教学策略的多种可能性，具有较强的自我选择意识；第四阶段的教师能够从多视角分析遇到的课堂情境，对教学情境中的问题能灵活有效地加以处理。

表 14—1　　　　关于教师专业发展阶段的理论

伯顿（1979）	1. 求生存阶段	2. 调整阶段	3. 成熟阶段	
费斯勒（1985）	1. 职业教育阶段	2. 入职阶段	3. 能力形成阶段	4. 热心和成长阶段
	5. 职业受挫阶段	6. 稳定和停滞阶段	7. 职业低落阶段	8. 职业退出阶段
斯德菲（1989）	1. 预备阶段	2. 专家阶段	3. 退缩阶段	4. 更新阶段
	5. 退出阶段			
休伯曼（1993）	1. 求生和发现期	2. 稳定期	3. 实验和歧变期	4. 重新估价期
	5. 平静和关系疏远期	6. 保守和抱怨期	7. 退休期	

资料来源：教育部师范司组织编写：《教师专业化的理论与实践》，49 页。

对于教师专业发展阶段的研究，国外多采用观察、调查及跟踪调查、心理测试等方法进行，比较重视客观地描述教师在专业发展过程中其专业知识、专业能力、专业情意等变化发生的过程和机制，对一系列导致教师专业发展阶段发生质的变化的状况做出解释。

（二）我国关于教师专业发展阶段的划分

我国对教师专业发展阶段的研究始于 20 世纪 80 年代末，林崇德、申继亮等从认知心理学角度对教师素质结构进行研究的成果和叶澜等从教育学、伦理学研究视角出发构建的教师专业化理论框架，为我国教师专业发展阶段的研究奠定了理论基础。钟祖荣从教师素质和工作业绩的角度出发，把教师专业发展过程划分为准备期、适应期、发展期和创造期四个阶段，四阶段的终点分别对应新任教师、合格教师、骨干教师和专家教师（学科带头人、特级教师等）。

白益民以“教师自我专业发展意识”为指标，把教师专业发展过程划分为非关注、虚拟关注、生存关注、任务关注、自我更新关注五个阶段，对教师专业发展阶段做出了明确界定①：

（1）非关注阶段。时间范围是进入师范教育专业之前。在长达 12 年的学习生活中，师范学生的头脑中存储了无数学校生活、课堂教学场景的活生生的画面，对于教学的理解在进入大学之前已经进入了潜意识，一旦后来选择教师作为职业，这些前师范的、直觉式的经验、意识、理解和信念就对教师专业发展有着不可忽视的影响。当然在这一阶段还谈不上专业发展意识和专业发展能力。

（2）虚拟关注阶段。时间范围为在师范院校学习期间。这一阶段的师范学生

---

① 参见叶澜、白益民等：《教师角色与教师发展新探》，278～302 页，北京，教育科学出版社，2001。

选择了教师职业，但是在高校的学习活动中，他们的身份还是学生，在见习时也只是教学活动的旁观者，在实习活动中只能算是“准教师”——实习教师。高校提供的虚拟的专业学习环境，使师范生的专业人员意识比较淡漠。在实习活动中，专业意识有所萌芽，原有的教学观念受到冲击。这一阶段师范学生的专业知识和专业能力为以后的专业发展奠定了基础。

(3) 生存关注阶段。时间范围为毕业以后走上教学岗位的前几年，对不同的人而言时间长短不一。这是教师专业发展的关键期，也是教育理论与教育实践互动的磨合期。新教师面临着由师范学生向正式教师角色的转换，面临着从大学校园文化到中小学校园文化的变化。环境的骤变激起了新教师对专业发展的忧患意识，这迫使他们关注专业活动中的“生存”技能，急切地想解决课堂纪律、激发学生学习动机、帮助个别后进生、理性对待学生的成绩、处理好与家长等人的关系等问题。在现实问题的冲击下，专业发展意识上可能会发生一些消极的变化。

(4) 任务关注阶段。教师在初任期掌握了教学工作的基本知识和技能，自信心得到提高，从心理上接纳了教学专业，把注意力和精力集中到教学专业上来，希望圆满地完成教学任务。在这个阶段，专业知识的充实和教学方法的完善成为专业发展的重点，教师积极吸收一切好的教育资源，自觉寻求专业发展的各项活动，如阅读教育报刊，与其他教师交流，参加教师进修辅导，参加教研活动和研讨会等。

(5) 自我更新关注阶段。这一阶段的教师其专业发展的动力不再受外部评价和职务升迁的牵制，而是有意识地自我规划和追求，专业发展成为日常生活的一部分，经常保持着对专业知识和技能的自我更新，追求教育的智慧。教师更关注课堂内部的真实情况和实效，对教育活动不再局限于就事论事，而是有了一个整体性的思路和安排，心里多了一份自信和从容，人生的目标是追求卓越和专业成熟，有一种独上高楼、高瞻远瞩的愉悦感。

台湾地区的学者对教师专业发展阶段的研究也十分活跃，王秋绒按照教师专业社会化的过程与内涵提出了三阶段理论。他把教师发展分成三个阶段，每个阶段又分为三个时期，参见表 14—2。

表 14—2　　台湾学者王秋绒关于教师专业发展的三阶段

阶段	时期一	时期二	时期三
第一阶段　师范学生	(1) 探索适应期	(2) 稳定成长期	(3) 成熟发展期
第二阶段　实习教师	(1) 蜜月期	(2) 危机期	(3) 动荡期
第三阶段　合格教师	(1) 新生期	(2) 平淡期	(3) 厌倦期

国内对教师专业发展阶段的研究方法多数为文献研究、直觉判断或理论思

辨，研究样本也多取自某一学校或某一地区，所提出的阶段划分理论重在整体描述职业状况的外显水平，较少采用大样本调查研究和心理测试的研究方法。

二、小学科学教师专业发展的阶段特征

小学科学教师的专业发展是一个复杂、艰辛的过程，同时也是充满挑战、能够产生内在愉悦的人生过程。一方面，小学科学课没有同语文和数学相当的地位，但是科学在社会生活中越来越重要；另一方面，中国的城市化走向要求有专职的科学教师，但是却没有专门培养小学科学教师的专业。这在客观上需要那些立志于小学科学教育事业的人更早地自觉追求专业发展。上述教师专业发展阶段的理论对小学科学教师的专业发展具有启示价值，但也需要注意小学科学教育具有自身的独特性。小学科学教师的专业发展可以划分为非定向阶段、定向阶段、初任适应阶段、反思提升阶段、成熟稳定阶段。

（一）非定向阶段

在立志成为小学科学教师之前的这一段时间属于非定向阶段，这一阶段的主要特征是那些还是小学生、中学生的少年儿童还没有明显地觉得以后要成为教师，但是他们可能对自然界充满了好奇心，在学习活动中，对科学有较浓厚的兴趣，在某些场景中，有人还希望成为科学家。这一阶段的生活尽管还没有专业意识，但是其长达十多年的生活经验和学习经历对以后的科学教育无疑具有很大的影响。

（二）定向阶段

这一阶段起始于师范院校的大学生活。小学教育专业的学生如果希望在小学就业，应较早考虑毕业以后课程教学的选择问题。若选择以后从事小学科学教学，则应有较长的准备时间，关注科学文化、科学哲学、科学史和科学教育等领域的学科知识和前沿研究动态，关注科学教师特别是小学科学教师的职业与生存状态。其他专业的大学生对于小学科学教学的选择很多是临近毕业或到了小学工作以后才发生的，因此属于定向阶段的时间很短，但是他们多具有较好的科学文化素养，在大学阶段，他们基本上是理工科专业的学生。

（三）初任适应阶段

刚开始从事小学科学教学工作，教师会有一种兴奋感和新奇感，学生对于科学探究也充满期待和冲动，但是可能因为缺乏教学经验，管理课堂秩序会有一些困难，科学探究课毕竟不同于语文和数学等课程，它需要书本之外的一些教学资料和材料，保持良好课堂秩序的难度更大，需要教师有高超的教学管理技巧，有处理突发事件的智慧，在一些有实验操作的教学活动中，还需要特别注意安全。

有的科学教师可能会产生一种后悔心理，认为当初不应该选择科学教学，个别的甚至认为自己缺乏科学教学的能力。但是若能够意识到这是一个新教师的适应阶段，同时积极向其他教师学习课堂教学和管理的先进经验，在 2～3 年的时间内会顺利度过这个阶段。

（四）反思提升阶段

处于这一阶段的小学科学教师基本上掌握了科学教学的基本过程和基本特点，也有了较为丰富的教学管理经验，对自己的科学教学能力充满了信心。这个时期的主要目标是如何超越业已形成的教学模式，追求创新和卓越。由于能够保持良好的课堂秩序，对教学内容也比较熟悉，因此，如何结合学生的个别差异和学习特点，开发校园和社区的科学教育资源，反思自己的教学过程和他人的教学经验，创造性地尝试新的教学方法，这些都成为科学教师的主要任务。在这个阶段，科学教师会自觉地强化科学教学的专业意识，提升自己的专业能力，为此他们努力地参与科学教学相关的各种研讨活动、学术会议，主动地与同行交流，了解科学教学研究的前沿。

（五）成熟稳定阶段

处于这一阶段的科学教师具备了较强的教育教学能力，教学效果好，教学经验丰富。这一阶段专业发展的主要目标是在合理吸纳他人教学思想和教学经验的基础上整合和优化自己的教学素养，建构自己先进的教学思想，形成自己独特的教学风格。专业发展的动力主要不是外在的因素，诸如职务职称的晋升、奖励等，而是出于对专业的热爱和执著，有着自我实现的强烈愿望。这一阶段，科学教师还需要继续研究与科学教育相关的领域以及学生学习科学的心理特点、科学课程与教学的最新前沿研究动态等。他们通过研究课题、发表论文、开设讲座、指导青年教师等方式发挥自己在科学教学界的影响。

第四节　小学科学教师专业发展的范式

一、影响教师专业发展的因素

影响教师专业发展的因素十分复杂，包括教师自身的专业知识和能力、个人的生活和专业经历、情感和态度等个人因素。此外，学校环境等因素也会对之产生影响。教师专业发展是一个高度个体化的学习过程，是教师个体与教育情境及社会情境交互作用的结果。这些情境可以分空间情境和时间情境。

教师专业发展的空间情境是指教师工作于其中的社会、组织和文化环境。教师工作情境由不同层面构成。例如，教师与同事、家长、学校领导等人员之间的多重人际交往；学校中特有的文化，包括规范、习惯与传统及其内含的价值取向；学校及教育行政部门的组织机构及其教育行政制度。教师专业发展的时间情境由教师个人生活经历和教学生涯构成。教师在某一时段的学习、过去的经历、过去发生的事件、对未来的期望都影响到教师的专业发展。可以说，过去、当下和未来构成了影响教师专业发展的时间情境因素。

我国设置科学教育专业

从 2001 年到 2004 年全国先后有 46 所高等院校设置有科学教育专业。重庆师范大学于 2001 年在全国首次设置科学教育专业。2002 年广西师范大学等 8 所院校开设此专业，2003 年上海师范大学等 24 所院校设置科学教育专业，2004 年哈尔滨师范大学等 13 所院校设置科学教育专业。

科学教育专业是在我国 20 世纪 90 年代后期基础教育课程改革的背景下出现的具有新理念和特色的专业。科学教育专业的设置为科学教师的专业发展提供了较高的起点。但是科学教育专业的培养目标多是初中的科学教师。小学科学教师的培养目前主要依靠小学教育专业。

20 世纪 90 年代以来，教育界日益清晰地认识到专业发展在学校发展和教育变革中的中心地位。教师专业发展逐渐走向以学校为本，逐渐融入教师和学校的生活。表 14—3 反映了美国教师专业发展范式的变革。

表 14—3　　美国教师专业发展范式的变革

内容	20 世纪 60 年代	现在强调
专业发展的主体	个体发展	个体与组织发展的平衡
专业发展的计划性	零星、片断式	清晰、连贯、系统的计划
专业发展的区域	以学区为中心	以学校为本
专业发展的期望	成人的需要和满足	学生的需要和学习成就；工作行为的改变
专业发展的方式	脱离工作的培训	多种形式融入工作的学习
专业发展的知识	专家的知识传递	教师对教学与学习过程的学习
专业发展的技能	普通教学技能	普通与具体内容技能的结合
专业培训者的角色	培训者	咨询者、计划者、协调者、培训者
专业发展的责任	专业发展部门的功能	管理者与教师的多重责任
专业发展的针对性	针对教师	针对影响学生学习的每一个人
专业发展的重要性	可有可无的附加物	成长必不可少的过程
专业发展的标准	衡量个体成就	衡量学生成就

资料来源：卢乃桂、钟亚妮：《国际视野中的教师专业发展》，载《比较教育研究》，2006（2），73 页。

二、小学科学教师专业发展的范式

小学科学教师的专业发展除了系统的职前学历、学位教育（如专科和本科）和系统的在职学位教育（如硕士研究生和博士研究生）之外，还可以通过其他一些专业发展范式提高自己的专业素养。下面的这些专业发展范式更具有灵活性和针对性。

（一）案例型范式

通过对教学案例的分析和思考可以促进教师的专业发展。教学案例是对教学事件的描述，是一个教学情境的故事。在这个教学情境中，包含着一个或多个疑难问题，同时也可能包含解决这些问题的方法。具体地说，一个教学案例具有如下的特征：第一，具有真实性，它来源于真实的教学实践活动，不是“摇椅上杜撰的事实”，也不是从抽象的、概括化的理论中演绎出来的虚拟故事。第二，具有完整性，它反映出教学事件发生的时间、地点和背景，还反映事件发生的整个过程，有完整的情节和内在的矛盾与冲突，有时还需要有相关人员的评论。第三，具有疑难性，它内隐着一些值得思考的问题。如，反映出教学事件中人物的内心世界（态度、动机等）的矛盾与冲突，甚至是出现的两难问题，也可能是教学事件中的相关人物在教学思想观念上存在的分歧与对立。第四，具有选择性，它在同类教学事件中是最为典型的，因此需要从大量的教学事件中加以全面的判断，做出慎重的选择。第五，具有主题性，它必须有一个中心论题，使研究者把注意力集中在这一生动有趣的论题上，案例材料内隐的问题不应远离主题。

一个好的案例既包含着教学实践活动中存在的客观事实，同时也内含着丰富的知识与学术信息。① 一方面教学案例的异质性强，教学活动中没有两个完全相同的案例，另一方面案例又具同质性，大量案例的背后隐藏着某种规律性的知识。教学案例的异质性使得众多的案例与抽象的理论之间出现空白，已有的教学理论无法完全解释或解决教学实践中众多的案例问题，这使得教师通过案例的学习在这些空白之间发现新的思想与理论、新的观念或规则成为可能。案例的同质性使案例多到一定数量的时候会显现一些基本的数量关系。解决实际问题或进行决策不仅需要定性分析，还需要进行量化分析。教师通过对教学案例的分析，可以更加深刻地理解教育理论，证实、完善或修正自己的教育理念，提出新的教育

---

① 参见白建军：《案例与学术研究》，见文池主编：《在北大听讲座》，第七辑，100 页，北京，新世界出版社，2002。

观点。因此，小学科学教师应该注意积累案例资料，包括自己亲历的案例和他人的案例，国内的案例和国外的案例，经常讨论和分析现实中的科学教学案例，从案例学习中提升自己的专业水准。

（二）反思型范式

教师的专业发展需要教师自身的主动参与，反思是其中的一种参与方式。反思的对象是教师亲历的教育实践活动。反思型教育思潮起始于20世纪80年代的美国、英国等西方国家，理论渊源可以追溯到杜威的教育理论。现在认知心理学、教育批判理论和后现代主义思潮为反思型教师的专业发展丰富了内容。反思型教育思潮中出现了许多名词，如反思型教师（reflective teacher)/反思型实践(reflective practice)、教师即研究者（teacher as researcher)、研究为本（reserch-based）等。虽然提法不同，但是都认可教师既是实践者，又是自身教学行动的研究者。传统意义上的教师只是一个技术人员，是知识的传授者，是用别人设计好的课程达到别人设计好的目标。反思型教师不仅具有课堂教学知识、技能与技巧，而且还具有对自己的教学内容、教学方法进行反思、研究和改进的能力，以及对教育的社会价值、个人价值等更深刻的问题的探究和处理能力。

“点亮我的小灯泡”教后反思

看了“点亮我的小灯泡”一课的内容后，我的第一感觉就是挺简单的。于是我给每位学生提供了一个小灯泡，一节干电池，一根电线，让每个学生都有机会亲自接一接。没想到花了七八分钟还只有极少部分学生能接亮小灯泡。这大大出乎我的意料。而且接亮小灯泡的同学都不愿意把自己的办法教给其他同学，他们把自己的“专利”保护得很好。这样就使得许多同学没有办法接亮小灯泡。第一次教学以失败告终。

第二次教学，我吸取第一次失败的教训，采用平时常用的前后4人一组合作学习的方式。学生通过合作探究，注重了组内的互助，组间的交流，比较顺利地点亮了小灯泡。而在后面采用多种方法点亮一个小灯泡时却出现了问题。我观察到每组最活跃的是几个男同学，大部分女同学似乎不是很积极地投入，而且办法也不是很多。

于是在第三次教学时，我又改变了策略，对学生分组作了调整，原来的四人小组分解成两女对两男两人小组，采取组内竞争的办法。这样一来，女同学也必须积极动手了，最后通过小组内的交流和互帮互学每个人都学会了接亮小灯泡的方法，学生非常有成就感。

由此我想到，对学生进行分组也真是一门学问，在给学生进行分组时，既要考虑学生交往能力的强弱，也要考虑学习任务的难易程度，还要考虑男女搭配。只有选择最合适的小组形式，才能让探究得到最大的收获。

案例型范式和反思型范式有一些共同点，二者都要面对真实的教育情境，而且都是已经发生的教育事件，都需要发现教育事件中的疑难问题，并提出改进教育效果的设想。但是二者也有某些差别，如案例可以是自己的，也可以是他人的，具有一定的公共性，可以集体讨论，但是在反思型范式中，反思的事件往往是教师自己亲身经历的，带有一定的私密性，有时不一定可以作为公开讨论的话题。

（三）专业发展学校范式

专业发展学校（professional development school，PDS）是 20 世纪 80 年代中期以来在美国出现的一种培养教师的新形式，即中小学校通过与大学的合作把教师教育改革与公立学校的教育改革紧密结合起来，使教师教育质量的改进与中小学教育质量的全面提高形成一种共生的关系。专业发展学校的兴起蕴涵着这样的教育理念：如果师范学生不能到优秀的中小学实习，他们以后的专业发展就会受到影响。因此，要有效地提高教师专业发展水平，就需要改进整个的教育制度。师范学生的实习、在职教师的培训、大学的教师教育与中小学的教育等诸方面的内容在专业发展学校中获得了整合。在这个意义上，专业发展学校是美国教师教育制度的一种创新。

美国研究性大学教育学院院长组成的霍姆斯小组在 1986 年《明天的教师》报告中最早提出专业发展学校这一概念。专业发展学校的倡导者认为，教育实践活动跟医药、法律和建筑等其他行业一样需要有高质量的实习，因而非常注重实习经验的作用，把教师的专业发展和学校改革视为两个同样重要的目标。这种平等的合作伙伴关系表现在：共同探讨学生的学习问题并寻求解决之道；共同在大学和中小学进行教学；对教育实践中的问题开展合作研究；对未来的教师和教育管理人员之间的合作进行督导，为中小学教师和行政人员提供专业发展的机会。

（四）校本培训范式

教师专业发展的需要是在学校教育和课堂中产生的，学校应该也必须成为教师专业化的重要基地。校本教师培训（school-based teacher training）就是以这样的理念为基础，以改善学校的教育教学实践活动为目的，主张教师的在职培训活动在学校内进行。校本培训范式可以使教师的专业发展更有针对性，有利于学校积极性的发挥，有利于利用学校资源，有利于教育理论与教育实践的结合。在20世纪70年代中期，校本教师培训作为教师在职培训的新概念与新策略在英美等国产生，80年代中期以后，英美等国大规模地实施校本培训计划，80—90年代校本培训项目被推广到东南亚、非洲和拉丁美洲的一些国家。以学校为基地的教师专业发展培训范式受到普遍的欢迎。

谢菲尔德大学的教育学院设计了校本培训的“六阶段”模式：

（1）确认培训的需要。校长和教师感到有进修培训的需要后，进一步确认需要进修的主要内容。

（2）联系培训机构。学校得到地方教育当局的认可后，一起与大学或其他培训机构取得联系。

（3）制定研修计划。提出培训需要的学校和地方教育当局共同研制出比较详细的培训方案，交给参与培训的教师修改。

（4）前期培训。大学培训人员用两三天的时间在大学里向进修教师介绍有关的科学技术发展近况和新的教学方法论原理，拓展他们的学术视野。

（5）主体培训。大学教师深入学校教育实践，与学校教师一起备课，研究教学课程内容，选择和尝试新的教学方法，并评价教学效果。

（6）总结反思。学校教师对进修过程中的体验，获得的知识、技能与教学策略等进行反思性总结，并反馈给学校和大学，为以后的培训提供依据。

校本培训范式需要小学科学教师积极发现小学科学教育活动中的问题和难点，主动向学校管理者提出进修的需要，并提出具体的校本培训计划，同时与大学或其他科学教育研究机构取得联系，以得到支持和配合。

专业发展学校范式和校本培训范式有很多的共同点，如大学教师、中小学教师和教育管理者、教研人员的平等伙伴关系，共同面临教育实践情境中的真实问题，努力提高教师的专业素养和改进基础教育的质量。但是两者之间的差别也很明显，在专业发展学校范式中，大学处于主动地位，师范学生的实习处于中心地位，重在培养新教师，旨在使新教师的专业发展有一个良好的开端。而校本培训范式中，中小学处于主动地位，重在解决学校面临的教育实践问题，旨在提高在职教师的专业水平。

本章小结

20世纪中叶以后，教师专业化的思潮推动了许多国家教师教育新理念和新制度的确立。联合国教科文组织和一些国家的研究团体、政府部门相继发表了一些研究报告和政府文件，力图提高教师专业化的水平。教师的专业发展有多维指向，就教师群体而言，需要建立教师专业标准和准入制度；就教师个体而言，需要追求专业化，达到专业发展的水准；就外部而言，教师的专业地位需要获得社会的认可和尊重。客观地说，现在的教师职业是形成中的准专业，尚在走向专业化的进程中。

小学科学教师的专业化是一个难度更大的发展过程，职前教育没有相应的专业作为发展起点。在小学里，也很少有专门的教学岗位。但是小学科学教师还是应该有专业发展的意识和追求。小学科学教师的专业发展阶段可以分为非定向阶段、定向阶段、初任适应阶段、反思提升阶段、成熟稳定阶段。影响教师专业发展的因素也很多，小学科学教师的发展有不同的范式：案例型范式、反思型范式、专业发展学校范式和校本培训范式。这四种范式不是并列的关系，而是交叉渗透的关系。

阅读·思考·交流

1. 阅读下面关于美国建立教师质量保证体系的资料，思考和交流我国教师成长过程（教师职前培养、新教师指导、在职教师进修）中存在的一些问题，试提出解决这些问题的初步想法。

国家的整体教育质量要依赖于教师队伍的整体素质的提高，因此有必要在教师的成长过程中建立环环相扣的全国性的教师质量保证体系，力争每位教师都成为高质量、高水平的优秀教师。1999 年美国第三次全国教育高峰会议认为，要使将来学校的每间教室拥有高素质的优秀教师，“美国各州必须加快努力，全面改革培养和保留优秀教师的全过程——大学招生、职前培养、初次颁证、就职录用、专业发展、高级专业发展”。

2. 阅读下面关于医学专业演进的资料，思考和交流教师专业发展的前景，现在正在形成中的教师专业以后能否像医学专业那样达到成熟的专业水准？试说出你的观点和理由。

现在已经成熟的医学专业曾经历了一番复杂的历史演进过程。1869 年，曾有人这样评价医学，“如果如今正在应用的医学沉入海底，那将是人类最大的幸事，又是鱼类的最大灾难”。19 世纪中期，当时的大学生都明白这样的一个道理：当一个人学术无能，不善于言辞、写作，任何目标都无法实现时，他还有一个避难的永远不会失败的去处——医学专业。如今的医学专业尽管还存在着一些问题，但是这些没有影响到它在人们心目中的地位。这让人难以想象

100 多年前医学没有获得专业地位时的处境。今日教育专业正如一个世纪前的医学专业那样，成为社会批判的对象，那么以后它会像医学专业那样获得成熟的专业地位吗？

3. 阅读下面的资料，思考和交流在科学教师专业发展过程中如何培养和鼓励师范学生正确理解教学原理的一般原则与教学实践之间的关系。

教师们经常不能看出他们在课堂中所遇到的各种事件与他们在高等院校中所学到的各种教学原理之间的关系。有很多教师说，他们在学院里所学到的教学原理很少有价值，直到他们真正从事教学实践后，才懂得教学是怎么一回事。所以，教师培训计划应当制定出一些有效的办法，以帮助未来的教师和有经验的教师，将教学的一般原则与课堂所发生的具体事件和问题联系起来。

资料来源：《科学教育改革的蓝本》，211 页。

4. 阅读下面的资料，讨论政府在教师专业化进程中的作用，结合我国的实际，谈谈我国政府是否应该在教师专业化过程中在法律和经费方面提供保障。

发达国家在推进教师专业化的进程中，常以法律形式规定接受教师的专业发展是中小学教师应尽的义务；同时，又创造条件，采取各种激励措施，保证促进专业发展成为中小学教师应有的权利。克林顿政府 1994 年的《中小学教育法》和《美国 2000 年战略》都有联邦政府资助教师教育改革的条款。现在凡是教师专业发展活动符合一定的要求就可以得到联邦政府的资助。1998 年用于教育研究和推广的经费为 4.31 亿美元，1999 年为 6.89 亿美元。这些经济上的保障对促进教师专业化起了积极的作用。

5. 阅读下面的资料，思考和交流关于师范院校和小学共同促进科学教师专业发展的一些想法。

美国著名教育家、霍姆斯小组成员古德莱德在一篇学术演讲中曾生动地描述了大学与公立学校之间互补互动的伙伴关系：“学校若要变革进步，就需要有更好的教师。大学若想培养出更好的教师，就必须将模范中小学作为实践的场所。而学校若想变为模范学校，就必须不断地从大学接受新的思想和新的知识，若想使大学找到通向模范学校的道路，并使这些学校保持其高质量，学校和教师培训院校就必须建立一种共生关系，并结为平等的伙伴。”

6. 阅读下面的资料，思考和讨论美国的家庭科学项目对于教师专业发展的价值，试设想一个帮助学生家庭开展科学活动的项目计划。

美国家庭科学项目作为一项全国性的活动计划，一方面使家庭成员拥有有趣的科学经历——将科学学习与将来的学习和工作相互关联，并使家长参与孩子们的科学教育；另一方面，该计划还包括科学教师的在职培训计划，用于向教育工作者和社区成员提供科学和职业性活动、组织管理信息和计划构思。作为一项全国性的活动计划，家庭科学项目采用实际操作的学习活动来提高 K—8 年级（相当于中国的幼儿园到初中二年级）学生的科学课学习，并且将教师的在职教育与家庭学习计划结合在一起，是一个非常有价值的创意。

参考文献

1. ［英］J.D. 贝尔纳．科学的社会功能．上海：上海人民出版社，1982

2. ［英］J.D. 贝尔纳．历史上的科学．北京：科学出版社，1959

3. ［英］W.C. 丹皮尔．科学史——及其与哲学和宗教的关系．北京：商务印书馆，1975

4. ［美］托马斯·S·库恩．必要的张力——科学的传统和变革论文选．福州：福建人民出版社，1981

5. ［美］乔治·萨顿．科学的生命——文明史论集．北京：商务印书馆，1987

6. ［美］巴伯．科学与社会秩序．北京：三联书店，1991

7. ［美］C.P. 斯诺．两种文化．北京：三联书店，1994

8. ［美］郭颖颐．中国现代思想中的唯科学主义．南京：江苏人民出版社，1989

9. 杜威文选·新旧个人主义．上海：上海社会科学院出版社，1997

10. ［美］约翰·杜威．人的问题．上海：上海人民出版社，1965

11. 美国科学促进协会．面向全体美国人的科学．北京：科学普及出版社，2001

12. ［美］巴格莱．教育与新人．北京：人民教育出版社，1996

13. ［德］雅斯贝尔斯．时代的精神状况．上海：上海译文出版社，1997

14. 联合国教科文组织国际教育发展委员会．学会生存——教育世界的今天和明天．北京：教育科学出版社，1996

15. 张君劢等．科学与人生观．沈阳：辽宁教育出版社，1998

16. 王恒等主编．48 位诺贝尔科学奖获得者寄语中国．海口：海南出版社，2001

17. 张奠宙编．杨振宁文集．上海：华东师范大学出版社，1998

18. 王善博. 追求科学精神——中西科学比较与融通的哲学透视. 南宁：广西人民出版社，1996

19. 赵祥麟，王承绪编译. 杜威教育论著选. 上海：华东师范大学出版社，1981

20. 段治文. 中国现代科学文化的兴起. 上海：上海人民出版社，2001

21. 肖峰. 科学精神与人文精神. 北京：中国人民大学出版社，1994

22. ［德］雅斯贝尔斯. 什么是教育. 北京：三联书店，1991

23. ［美］约翰·杜威. 民主主义与教育. 北京：人民教育出版社，1991

24. ［美］赫德，加拉赫. 小学科学教育的新方向. 北京：文化教育出版社，1980

25. 斯宾塞教育论著选. 北京：人民教育出版社，1997

26. ［英］托·亨·赫胥黎. 科学与教育. 北京：人民教育出版社，1990

27. ［英］斯宾塞. 教育论. 北京：人民教育出版社，1962

28. 王天一等编. 外国教育史. 北京：北京师范大学出版社，1984

29. 青岛外国教材研究所编译. 社会中的科学与技术. 青岛：青岛出版社，1999

30. 美国国家理事会编著. 国家科学教育标准. 北京：科学技术文献出版社，1999

31. ［美］国家科学资源中心、国家科学院史密森协会. 面向全体儿童的科学——改进小学科学教育的指南. 北京：科学普及出版社，2005

32. 美国科学促进协会. 科学教育改革的蓝本. 北京：科学普及出版社，2001

33. ［美］国家研究理事会等. 科学探究与国家科学教育标准. 北京：科学普及出版社，2001

34. ［美］大卫·杰纳·马丁. 建构主义教学方法. 长春：长春出版社，2003

35. ［美］威廉·艾勒斯等. 全景式教学方法. 长春：长春出版社，2003

36. ［美］乔治·C·洛比尔. 美国小学科学活动设计与示范. 北京：华夏出版社，2004

37. ［日］伊藤信隆. 学校理科课程论. 北京：人民教育出版社，1988

38. 叶澜. 让课堂焕发出生命的活力. 教育研究，1997（10）

39. 韦钰，［加］P. Rowell. 探究式科学教育教学指导. 北京：教育科学出版社，2005

40. 国家教育发展研究中心编. 发达国家教育改革的动向和趋势. 第四集.

北京：人民教育出版社，1992

41. 中华人民共和国教育部．全日制义务教育科学（3—6 年级）课程标准（实验稿）．北京：北京师范大学出版社，2001

42. 教育部基础教育司组织、科学（3—6 年级）课程标准研制组编写．科学（3—6 年级）课程标准（实验稿）解读．石家庄：河北教育出版社，2002

43. 郎盛新主编．科学课程标准教师读本．武汉：华中师范大学出版社，2002

44. 叶澜主编．“新基础教育”探索性研究报告集．上海：上海三联书店，1999

45. 丁邦平．国际科学教育导论．太原：山西教育出版社，2002

46. 曹磊，谭树杰．各国物理教学改革剖析．上海：上海教育出版社，1996

47. 王素，吴颖惠．小学科学教育．北京：学苑出版社，2005

48. 李方，刘海涛，程可拉主编．科学素养教育的理念与实践．广州：广东高等教育出版社，2006

49. 王磊等编译．科学学习心理学．海口：海南出版社，2000

50. 胡艳，蔡永红．发达国家中小学教师教育．海口：海南出版社，2000

51. 陶行知等．生活教育文选．成都：四川教育出版社，1988

52. 陶行知．中国教育改造．台北：东方出版社，1996

53. 陈华彬，梁玲编．小学科学教育概论．北京：高等教育出版社，2003

54. 教育部师范司组织编．教师专业化的理论与实践．北京：人民教育出版社，2003

55. 袁运开，蔡铁权主编．科学课程与教学论．杭州：浙江教育出版社，2003

56. 汪新，杨小红编．科学课教学论．安徽：合肥工业大学出版社，2004

57. 冯增俊等．当代小学课程发展．广州：广东高等教育出版社，2006

58. 钟启泉编．现代课程论．上海：上海教育出版社，2003

59. 江山野．课程改革论．石家庄：河北教育出版社，2001

60. 江山野主编．英国学校课程．石家庄：河北教育出版社，2001

61. 李其龙，陈永明主编．教师教育课程的国际比较．北京：教育科学出版社，2002

62. 郭志明．美国教师专业规范历史研究．北京：中国社会科学出版社，2004

63. 黄崴．教师教育体制国际比较研究．广州：广东高等教育出版社，2003

64. 刘捷. 专业化：挑战21世纪的教师. 北京：教育科学出版社，2002

65. 刘德华. 科学教育的人文价值. 成都：四川教育出版社，2003

66. 刘德华. “点击”学校课程——走在十字路口的科学教育. 福州：福建教育出版社，2001

67. 郑金洲编. 案例教学指南. 上海：华东师范大学出版社，2000

68. 李方等主编. 科学素养教育的理念与实践. 广州：广东高等教育出版社，2006

69. 李慎之. 中国传统文化中有技术而无科学. 新华文摘，1998（4）

70. 孟建伟. 论科学的人文价值. 自然辩证法研究，1998（8）

71. 丁邦平. 国际小学科学教育的发展趋势——兼谈我国小学自然课的若干问题. 教育研究与实验，1998（3）

72. 钟媚，高凌飚. 西方小学科学课程发展的历史回顾与展望. 比较教育研究，2007（6）

73. 叶立群. 日本的教育改革（一）. 课程教材教法，1994（7）

74. 丁邦平. 中美基础科学教育的差异. 课程教材教法，2007（2）

75. 孟令红. 日本小学科学教学特点. 科学课（小学版），2007（8）

76. 孟令红. 日本小学新理科课程改革的一个课例. 小学自然教学，2002（12）

77. 张平柯. 小学科学教师的科学素养结构要素及其具体要求. 湖南师范大学教育科学学报，2006（7）

78. 刘德华，欧阳荣华. 美国高校小学教育专业课程设置的基本特点与启示. 课程教材教法，2006（11）

79. 徐学福. 多层面理解学生的科学素养. 学科教育，2001（6）

80. 王素. 科学素养与科学教育目标比较. 比较教育研究，1999（2）

81. 蔡铁权. 公众科学素养与STS教育. 全球教育展望，2002（4）

82. 陈琴. 科学探究：本质、特征与过程的思考. 教育科学，2005（2）

83. 刘英健. 国外小学科学教材的编写特点. 教育科学研究，2002（10）

84. 胡献忠. 新版英国《国家科学教育课程标准》及其启示. 全球教育展望，2001（3）

85. 赵光平，罗星凯. 一堂“失败”的好课. 人民教育，2002（10）

86. 张红霞. 国内外小学科学教材中教学评价策略的研究. 科学课，2004（2）

87. 张红霞，郁波. 小学科学教师科学素养调查研究. 教学研究，2004（11）

88. 陈彦芬，高秀玲．英国国家科学课程标准中的科学探究．上海教育科研，2005（6）

89. 刘德华．中国科学教育的困境与出路．嘉应大学学报，2001（1）

90. 刘德华．科学发展史：有待开发的教育资源．现代大学教育，2001（1）

91. 刘德华．科学课程与学生生活世界的关系．集美大学学报（教科版），2004（3）

92. 甘阳．大学通识教育的两个中心环节．读书，2006（4）

93. 郭元婕．科学文化及其对科学教育的影响．教育研究，2006（6）

94. 曾晓杰．多元智能理论的教学视野．比较教育研究，2001（10）

95. 靳淑敏．小学自然教师科学素养观研究．华南师范大学 2003 年硕士学位论文

96. 刘克建．小学科学课程资源的开发与利用．南京师范大学 2003 年硕士学位论文

后　记

《小学科学课程与教学》系“21 世纪小学教师教育系列教材”之一，编者在编写本教材的过程中努力体现 21 世纪小学教师教育系列教材编委会提出的编写原则，即科学性、实用性和开放性。具体地说，在本教材中，我们在吸收了以往科学教育教材经验的基础上做了一些探索。这些探索体现在如下方面：

第一，教材从多维度的视角揭示科学的本质以明晰科学教育的目标。小学教育专业的学生学习的课程门类多、任务重，但是在专业教学计划中几乎没有涉及科学文化、科学史、科学哲学等领域的基础理论，而这些内容对科学教学又非常重要。多维度地理解科学的本质是实施科学教育的前提条件，那些认识了科学本质的小学教师能更好地理解科学教育的目标，形成正确的科学教育理念。

第二，教材反映了科学教育领域中的一些真实问题以强化学习者的研究动机。小学科学教育领域中有许多亟须解决的问题，研究型的小学教师应该对这些问题有敏感性，并有研究兴趣和动力。小学教师研究科学教育问题不仅有利于提升自己的专业化水准，而且也是培养小学生科学探究能力的必要条件。照本宣科地从事科学教学、只要小学生死记硬背科学结论的教师几乎不可能培养学生的科学探究能力，只有研究型的教师才可能提高小学生的科学思维能力。

第三，教材提供了原初性的资料以促进学习者对原始文本的研读。科学教育及相关领域中前人的研究成果是学习者重要的学习资源。只有站在前人的肩膀上，学习者才可能在科学教育领域理解得更深刻、更全面。教材精选了名家名著中的一些重要内容，让学习者阅读原始文本中的经典话语，可避免经典思想在解说与传承中失真。培养大学生阅读原著、名著的兴趣应该是时代的合理要求。

第四，教材精心选择了一些教学案例资料以引导学习者面向科学教学的真实情况。从教学实践活动中精选科学教育的案例资料在一定程度上可以避免教材内容“上不着天，下不着地”的尴尬。案例内隐着教育实践问题和教育思想观念，是理论联系实际的中介，研读案例是学习者了解科学教育实践活动的重要途径，也是理解教育理论、提升教育理论素养的重要方式，可读性强的案例资料可供学习者多视角思考问题。

第五，教材注意结合小学科学课程标准以帮助学习者理解小学科学课程与教学改革的时代精神。《科学（3—6 年级）课程标准（实验稿）》从整体上反映了社会向小学科学教育提出的时代要求，也反映了小学科学教育的发展趋势。研读小学科学课程标准，把握课程改革精神是学习者的重要任务之一。

第六，教材吸纳了国外以及我国香港地区同行的研究成果以拓展学习者的视野。国外小学科学教育，尤其是英美等国家的小学科学教育有比较长的发展历史，有比较多的改革经验，值得我们学习和借鉴。我国香港地区的科学教育也处在改革的进程之中，在小学科学课程与教学方面显示了自己的特色和研究成果。英国、美国、日本和我国香港地区的科学课程改革政策、课程内容和教学案例都在教材中有所体现，可供学习者批判性地思考。

第七，教材关注小学科学教师的专业发展以使学习者理解教师自身的存在与价值。大学不是转运科学知识的中转站，学习者不仅需要获得从事科学教学的专业理论知识和专业技能，也应该关注自身的生活和发展空间，兼顾处理好此时的大学生活和未来职业生活的关系。为了认识自己，认清未来，学习者需要了解小学科学教师的培养与专业发展。

第八，教材联系科学教育的历史以使学习者动态把握小学科学课程与教学的发展趋势。理解科学教育也需要以史为鉴，无论是科学课程的演变，还是教学方法的改革，都是以一定的科学教育价值观为指导，科学教育价值取向的历史变化显示了科学教育的人文化走向。在科学教学中培养学习者的人道情怀具有现实意义，也有可行性。

总之，理解科学教育的本质，明晰科学教育的目标，直面科学教育的现实问题，精心选择案例资料，研读名家名著中的经典话语，全面理解科学课程标准，以史为镜，面向世界，理解学生学习科学的心理特点，认清教师自身的成长环境和专业发展，最终实现科学教师的人生价值，是编写本教材的基本理念，也应该是小学教育专业学生的努力方向。决心从事科学教学的学习者更应深刻理解这些基本的理念。

本教材共有 14 章，各章具有相对的独立性，也具有一定的内在联系。第一至五章分别是：科学的本质、科学教育的历史、科学教育中的问题与改革、科学教育的理论基础、科学教育目标，这部分是本教材的基础篇。第六至十二章分别是：小学科学课程标准、小学科学课程改革、小学科学教学理论、小学科学教学设计、小学科学教学案例、小学科学学习资源的开发、小学科学教学评价，这部分聚焦于小学科学课程与教学，是本教材的核心。最后两章分别是小学科学教师的培养和小学科学教师的专业发展，它们构成了本教材的第三部分，主题是科学教师教育，前一章重点是职前教育和大学学业，后一章主要涉及在职教育和职业生涯的规划，在某种意义上也指向科学教师作为人的生存境遇和人生价值。

本教材在表述上也有一些新的特点，一是在正文中插入了一些重要的文献资料，旨在让学习者接触一些第一手资料，有利于避免编者对原始文献的过多解说和概括。二是在正文中设置了方框内容，主要介绍了相关领域里一些著名学者的人生历程和科学教育史上发生的重大事件。学习者也许能从这些内容中获得人生问题上的某些启示，或理解科学教育改革的历史背景。三是尽可能设计了一些图表，用图表反映某些内容给人以清晰简洁的感觉，可以减少阅读疲劳。四是每章开始有“内容提示与思考”，每章后有“本章小结”。在主题内容方面进行思考，通过思考学习主题内容，并有一定的总结，这也是引导学生学会学习的一个途径。五是在每章后设置“阅读·思考·交流”栏目作为作业内容，旨在促进学习者进一步思考，避免把作业视为简单地复述或识记书本中的某些定论。六是在书中提供了较多的参考文献，尽量注明重要内容资料的来源，这既是对原作者的尊重，也是有意识地为学习者提供进一步学习的文献线索。

本教材是集体合作的结晶，刘德华负责拟订教材的编写提纲，并撰写第一至七章、第十一章和第十二章，胡江倩撰写第八至十章，谢娟撰写第十三章和第十四章。全书由刘德华负责统稿、修改和定稿。陈辉、李海蓉、贺百花、欧阳叶、刘丽娟和罗超做了认真的校阅工作。

“21 世纪小学教师教育系列教材”总主编张民选教授、惠中教授对本教材的编写提出了方向性的指导，关注编写进程，帮助解决编写中的困难，提出了有价值的建议。在此对他们的信任、支持和鼓励表示衷心的感谢。教材的编写参考了众多学者、同仁的学术成果，也向他们表示诚挚的谢意。其中有的学术成果无法注明来源，特请原作者谅解。

因编写人员的水平和时间所限，书中定有错漏之处，诚请读者批评指正。

刘德华

2008 年 7 月 1 日于岳麓山新华村

图书在版编目（CIP）数据

小学科学课程与教学/刘德华主编.
北京：中国人民大学出版社，2009
（21 世纪小学教师教育系列教材）
ISBN 978-7-300-11162-9

Ⅰ. 小…
Ⅱ. 刘…
Ⅲ. 科学知识－教学研究－小学－师资培养－教材
Ⅳ. G623.62

中国版本图书馆 CIP 数据核字（2009）第 157908 号

21 世纪小学教师教育系列教材
小学科学课程与教学
主编　刘德华

出版发行	中国人民大学出版社		
社　　址	北京中关村大街 31 号	邮政编码	100080
电　　话	010－62511242（总编室）		010－62511770（质管部）
	010－82501766（邮购部）		010－62514148（门市部）
	010－62515195（发行公司）		010－62515275（盗版举报）
网　　址	http://www.crup.com.cn		
经　　销	新华书店		
印　　刷	天津鑫丰华印务有限公司		
开　　本	720 mm×1000 mm　1/16	版　　次	2009 年 9 月第 1 版
印　　张	21	印　　次	2024 年 7 月第 17 次印刷
字　　数	379 000	定　　价	43.00 元